Ute Frevert · Christoph Wulf (Hrsg.)

Die Bildung der Gefühle

Zeitschrift für Erziehungswissenschaft
Sonderheft 16 | 2012

Ute Frevert
Christoph Wulf (Hrsg.)

Die Bildung der Gefühle

Zeitschrift für
Erziehungswissenschaft

Sonderheft 16 | 2012

Zeitschrift für Erziehungswissenschaft

Herausgegeben von:
Jürgen Baumert (Schriftleitung), Hans-Peter Blossfeld, Yvonne Ehrenspeck, Ingrid Gogolin (Schriftleitung), Bettina Hannover, Stephanie Hellekamps, Heinz-Hermann Krüger (Schriftleitung), Harm Kuper (Schriftleitung, Geschäftsführung), Dieter Lenzen, Meinert A. Meyer, Manfred Prenzel, Thomas Rauschenbach, Hans-Günther Roßbach, Uwe Sander, Annette Scheunpflug, Christoph Wulf

Herausgeber des Sonderheftes Die Bildung der Gefühle:
Ute Frevert und Christoph Wulf

Redaktion und Rezensionen:
Friedrich Rost

Seit 2006 in SSCI

Anschrift der Redaktion:
Zeitschrift für Erziehungswissenschaft
c/o Freie Universität Berlin, Arbeitsbereich Weiterbildung und Bildungsmanagement,
Arnimallee 12, 14195 Berlin
Tel.: +49 (30) 8 38-55888; Fax: -55889, E-Mail: zfe@zedat.fu-berlin.de
Homepages: http://zfe-online.de Volltexte: http://zfe-digital.de

Beirat: Neville Alexander (Kapstadt), Jean-Marie Barbier (Paris), Jacky Beillerot † (Paris), Wilfried Bos (Dortmund), Elliot W. Eisner (Stanford/USA), Frieda Heyting (Amsterdam), Axel Honneth (Frankfurt a.M.), Marianne Horstkemper (Potsdam), Ludwig Huber (Bielefeld), Yasuo Imai (Tokyo), Jochen Kade (Frankfurt a.M.), Anastassios Kodakos (Rhodos), Gunther Kress (London), Sverker Lindblad (Göteborg), Christian Lüders (München), Niklas Luhmann † (Bielefeld), Joan-Carles Mèlich (Barcelona), Hans Merkens (Berlin), Klaus Mollenhauer † (Göttingen), Christiane Schiersmann (Heidelberg), Wolfgang Seitter (Marburg), Rudolf Tippelt (München), Gisela Trommsdorff (Konstanz), Philip Wexler (Jerusalem), John White (London), Christopher Winch (Northampton)

Springer VS | Springer Fachmedien Wiesbaden GmbH
Abraham-Lincoln-Str. 46 | 65189 Wiesbaden, www.springer-vs.de
Amtsgericht Wiesbaden, HRB 9754
USt-IdNr. DE811148419

Geschäftsführer: Dr. Ralf Birkelbach (Vors.)   *Gesamtleitung* Anzeigen und Märkte: Armin Gross
   Armin Gross   *Gesamtleitung Marketing und Individual Sales:* Rolf-Günther Hobbeling
   Albrecht F. Schirmacher   *Gesamtleitung Produktion:* Christian Staral
Director Sozialwissenschaften & Forschungspublikationen: Dr. Reinald Klockenbusch
Programmleitung: Dr. Andreas Beierwaltes

Kundenservice: Springer Customer Service Center GmbH; Service VS Verlag, Haberstr. 7, 69126 Heidelberg,
Telefon: +49 (0)6221/345-4303; Telefax: +49 (0)6221/345-4229; Montag bis Freitag 8.00 Uhr bis 18.00 Uhr
E-mail: springervs-service@springer.com
Marketing: Ronald Schmidt-Serrière M.A.; Telefon: (06 11) 78 78-280; Telefax: (06 11) 78 78-439
E-Mail: Ronald.Schmidt-Serriere@springer.com
Anzeigenleitung: Yvonne Guderjahn; Telefon: (06 11) 78 78-155; Telefax: (06 11) 78 78-430
E-Mail: Yvonne.Guderjahn@best-ad-media.de
Anzeigendisposition: Monika Dannenberger; Telefon: (06 11) 78 78-148; Telefax: (06 11) 78 78-443
E-Mail: monika.dannenberger@best-ad-media.de
Anzeigenpreise: Es gelten die Mediadaten vom 1.11.2011
Produktion: Dagmar Orth; Telefon: (0 62 21) 4 87-8902
E-Mail: dagmar.orth@springer.com

Bezugsmöglichkeiten 2012: Jährlich erscheinen 4 Hefte. Jahresabonnement/privat (print+online) € 107,–; Jahresabonnement/ privat (nur online) € 89,–; Jahresabonnement/Bibliotheken/Institutionen € 208,–; Jahresabonnement Studierende/Emeriti (print+online) – bei Vorlage einer Studienbescheinigung € 49,–. Alle Print-Preise zuzüglich Versandkosten. Alle Preise und Versandkosten unterliegen der Preisbindung. Die Bezugspreise enthalten die gültige Mehrwertsteuer. Kündigungen des Abonnements müssen spätestens 6 Wochen vor Ablauf des Bezugszeitraumes schriftlich mit Nennung der Kundennummer erfolgen. Jährlich können Sonderhefte (Beihefte) erscheinen, die nach Umfang berechnet und den Abonnenten des laufenden Jahrgangs mit einem Nachlass von 25% des jeweiligen Ladenpreises geliefert werden. Bei Nichtgefallen können die Sonderhefte innerhalb einer Frist von drei Wochen zurückgegeben werden.
Zuschriften, die den Vertrieb oder Anzeigen betreffen, bitte nur an den Verlag.

© Springer VS | Springer Fachmedien Wiesbaden.

Springer VS ist eine Marke von Springer DE. Springer DE ist Teil der Fachverlagsgruppe Springer Science+Business Media.

Alle Rechte vorbehalten. Kein Teil dieser Zeitschrift darf ohne schriftliche Genehmigung des Verlages vervielfältigt oder verbreitet werden. Unter dieses Verbot fällt insbesondere die gewerbliche Vervielfältigung per Kopie, die Aufnahme in elektronische Datenbanken und die Vervielfältigung auf CD-Rom und allen anderen elektronischen Datenträgern.

Jedes Abonnement Print und Online beinhaltet eine Freischaltung für das Archiv der Zeitschrift für Erziehungswissenschaft. Der Zugang gilt ausschließlich für den einzelnen Empfänger des Abonnements. Für eine Freischaltung des Unternehmens/ Bibliothek/Institution wenden Sie sich bitte an Herrn Rüdiger Schwenk (Tel.: +49(0)611-7878317 oder ruediger.schwenk@ springer.com).

Satz: Crest Premedia Solutions, Pune, Indien
www.zfe-digital.de
ISSN 1434-663X (Print)
ISSN 1862-5215 (Online)

Ute Frevert
Christoph Wulf (Hrsg.)

Die Bildung der Gefühle

Zeitschrift für
Erziehungswissenschaft

Sonderheft 16 | 2012

Zeitschrift für Erziehungswissenschaft

Herausgegeben von:
Jürgen Baumert (Schriftleitung), Hans-Peter Blossfeld, Yvonne Ehrenspeck, Ingrid Gogolin (Schriftleitung), Bettina Hannover, Stephanie Hellekamps, Heinz-Hermann Krüger (Schriftleitung), Harm Kuper (Schriftleitung, Geschäftsführung), Dieter Lenzen, Meinert A. Meyer, Manfred Prenzel, Thomas Rauschenbach, Hans-Günther Roßbach, Uwe Sander, Annette Scheunpflug, Christoph Wulf

Herausgeber des Sonderheftes Die Bildung der Gefühle:
Ute Frevert und Christoph Wulf

Redaktion und Rezensionen:
Friedrich Rost

Anschrift der Redaktion:
Zeitschrift für Erziehungswissenschaft
c/o Freie Universität Berlin, Arbeitsbereich Weiterbildung und Bildungsmanagement,
Arnimallee 12, 14195 Berlin
Tel.: +49 (30) 8 38-55888; Fax: -55889, E-Mail: zfe@zedat.fu-berlin.de
Homepages: http://zfe-online.de Volltexte: http://zfe-digital.de

Seit 2006 in SSCI

Beirat: Neville Alexander (Kapstadt), Jean-Marie Barbier (Paris), Jacky Beillerot † (Paris), Wilfried Bos (Dortmund), Elliot W. Eisner (Stanford/USA), Frieda Heyting (Amsterdam), Axel Honneth (Frankfurt a.M.), Marianne Horstkemper (Potsdam), Ludwig Huber (Bielefeld), Yasuo Imai (Tokyo), Jochen Kade (Frankfurt a.M.), Anastassios Kodakos (Rhodos), Gunther Kress (London), Sverker Lindblad (Göteborg), Christian Lüders (München), Niklas Luhmann † (Bielefeld), Joan-Carles Mèlich (Barcelona), Hans Merkens (Berlin), Klaus Mollenhauer † (Göttingen), Christiane Schiersmann (Heidelberg), Wolfgang Seitter (Marburg), Rudolf Tippelt (München), Gisela Trommsdorff (Konstanz), Philip Wexler (Jerusalem), John White (London), Christopher Winch (Northampton)

Springer VS | Springer Fachmedien Wiesbaden GmbH
Abraham-Lincoln-Str. 46 | 65189 Wiesbaden, www.springer-vs.de
Amtsgericht Wiesbaden, HRB 9754
USt-IdNr. DE811148419

Geschäftsführer: Dr. Ralf Birkelbach (Vors.)   *Gesamtleitung* Anzeigen und Märkte: Armin Gross
           Armin Gross   *Gesamtleitung Marketing und Individual Sales:* Rolf-Günther Hobbeling
           Albrecht F. Schirmacher   *Gesamtleitung Produktion:* Christian Staral
Director Sozialwissenschaften & Forschungspublikationen: Dr. Reinald Klockenbusch
Programmleitung: Dr. Andreas Beierwaltes

Kundenservice: Springer Customer Service Center GmbH; Service VS Verlag, Haberstr. 7, 69126 Heidelberg,
Telefon: +49 (0)6221/345-4303; Telefax: +49 (0)6221/345-4229; Montag bis Freitag 8.00 Uhr bis 18.00 Uhr
E-mail: springervs-service@springer.com
Marketing: Ronald Schmidt-Serrière M.A.; Telefon: (06 11) 78 78-280; Telefax: (06 11) 78 78-439
E-Mail: Ronald.Schmidt-Serriere@springer.com
Anzeigenleitung: Yvonne Guderjahn; Telefon: (06 11) 78 78-155; Telefax: (06 11) 78 78-430
E-Mail: Yvonne.Guderjahn@best-ad-media.de
Anzeigendisposition: Monika Dannenberger; Telefon: (06 11) 78 78-148; Telefax: (06 11) 78 78-443
E-Mail: monika.dannenberger@best-ad-media.de
Anzeigenpreise: Es gelten die Mediadaten vom 1.11.2011
Produktion: Dagmar Orth; Telefon: (0 62 21) 4 87-8902
E-Mail: dagmar.orth@springer.com

Bezugsmöglichkeiten 2012: Jährlich erscheinen 4 Hefte. Jahresabonnement/privat (print+online) € 107,–; Jahresabonnement/privat (nur online) € 89,–; Jahresabonnement/Bibliotheken/Institutionen € 208,–; Jahresabonnement Studierende/Emeriti (print+online) – bei Vorlage einer Studienbescheinigung € 49,–. Alle Print-Preise zuzüglich Versandkosten. Alle Preise und Versandkosten unterliegen der Preisbindung. Die Bezugspreise enthalten die gültige Mehrwertsteuer. Kündigungen des Abonnements müssen spätestens 6 Wochen vor Ablauf des Bezugszeitraumes schriftlich mit Nennung der Kundennummer erfolgen. Jährlich können Sonderhefte (Beihefte) erscheinen, die nach Umfang berechnet und den Abonnenten des laufenden Jahrgangs mit einem Nachlass von 25% des jeweiligen Ladenpreises geliefert werden. Bei Nichtgefallen können die Sonderhefte innerhalb einer Frist von drei Wochen zurückgegeben werden.
Zuschriften, die den Vertrieb oder Anzeigen betreffen, bitte nur an den Verlag.

© Springer VS | Springer Fachmedien Wiesbaden.

Springer VS ist eine Marke von Springer DE. Springer DE ist Teil der Fachverlagsgruppe Springer Science+Business Media.

Alle Rechte vorbehalten. Kein Teil dieser Zeitschrift darf ohne schriftliche Genehmigung des Verlages vervielfältigt oder verbreitet werden. Unter dieses Verbot fällt insbesondere die gewerbliche Vervielfältigung per Kopie, die Aufnahme in elektronische Datenbanken und die Vervielfältigung auf CD-Rom und allen anderen elektronischen Datenträgern.

Jedes Abonnement Print und Online beinhaltet eine Freischaltung für das Archiv der Zeitschrift für Erziehungswissenschaft. Der Zugang gilt ausschließlich für den einzelnen Empfänger des Abonnements. Für eine Freischaltung des Unternehmens/ Bibliothek/Institution wenden Sie sich bitte an Herrn Rüdiger Schwenk (Tel.: +49(0)611-7878357 oder ruediger.schwenk@springer.com).

Satz: Crest Premedia Solutions, Pune, Indien

www.zfe-digital.de
ISSN 1434-663X (Print)
ISSN 1862-5215 (Online)

Zeitschrift für Erziehungswissenschaft

15. Jahrgang · Sonderheft 16 · 2012

Inhaltsverzeichnis

Editorial

Ute Frevert/Christoph Wulf
Die Bildung der Gefühle 1

Teil I: Kindheit und Familie

Andreas Gestrich
Solidarische Rivalen: Geschwisterbeziehungen in der Frühen Neuzeit aus der Sicht
der Emotionsgeschichte 11

Ursula Stenger
Bildung der Gefühle in der frühen Kindheit 25

Eva-Maria Engelen
Emotionen als Lernprozesse. Eine Theorie zur Semantisierung von Emotionen
als Voraussetzung für das Verstehen seiner selbst und anderer 41

Sabine Seichter
„Schule der Gefühle". Über die Bildung der Liebe 53

Teil II: Schule und Peergroup

Jürgen Reulecke
Mannmännliche Gefühlswelt im jugendbewegten Jungmännerbund 65

Anja Tervooren
Tanz der Gefühle. Bildungsprozesse in der Gleichaltrigengruppe 81

Ingrid Kellermann
Emotionen – Formen – Gesten. Ein ethnographischer Blick auf verborgene
Dimensionen von Unterricht 97

Teil III: Medien und Bildung

Helen Watanabe-O'Kelly
„Angstapparat aus Kalkül". Wie, wozu und zu welchem Ende erregt
die Literatur Angst? 115

Susann Böhner/Jörg Zirfas
Die Bildung der Trauer. Eine pädagogisch-anthropologische Betrachtung 125

Sven O. Müller
Primadonnen und Prostituierte. Zur Disziplinierung emotional motivierter
Geschlechterverhältnisse im Musikleben des 19. Jahrhunderts 143

Benjamin Jörissen
The Expression of the Emotions in Man and Avatars: Zur „Bildung der Gefühle"
in virtuellen Umgebungen 165

Teil IV: Kultur und Lernen

Monique Scheer
Protestantisch fühlen lernen. Überlegungen zur emotionalen Praxis der Innerlichkeit 179

Dieter Langewiesche
Gefühlsraum Nation. Eine Emotionsgeschichte der Nation, die Grenzen zwischen
öffentlichem und privatem Gefühlsraum nicht einebnet 195

Leberecht Funk/Birgitt Röttger-Rössler/Gabriel Scheidecker
Fühlen(d) Lernen: Zur Sozialisation und Entwicklung von Emotionen
im Kulturvergleich 217

Die Bildung der Gefühle

Ute Frevert · Christoph Wulf

Zusammenfassung: Das, was Friedrich Schiller „Bildung des Herzens" und Wilhelm von Humboldt „Bildung des Gemüths" nannten, gilt in der deutschen Tradition als wichtiges Element „vollständiger Menschenbildung". Wie aber konnte eine solche Bildung aussehen? Wie ließen sich Neid und Gier, Zorn und Hass in der Gesellschaft minimieren? Wie weckte man Mitgefühl? Schon in der Antike, besonders aber seit dem 18. Jahrhunderts beschäftigten diese Fragen viele Pädagogen und Bildungstheoretiker. Der Streit, wie solche Bildungsziele erreicht werden können, ist heute kaum weniger heftig als damals. Angesichts der Rolle, die Gefühle in Politik, Wirtschaft und Medien, in Gender-Fragen sowie in der psychotherapeutischen Arbeit spielen, ist ihre Bedeutung für die menschliche Entwicklung offensichtlich. Dieses Sonderheft untersucht die Bildung der Gefühle in vier zentralen Bereichen: Kindheit und Familie, Peergroup und Schule, Medien und Bildung, Kultur und Lernen.

Schlüsselbegriffe: Herzensbildung · Bildung der Gefühle · Gefühl · Emotion

Education of emotions

Abstract: What Friedrich Schiller called "education of the heart" and Wilhelm von Humboldt called "education of a state of mind" is seen as an important element of comprehensive human development in the German education tradition. But what would such an education look like? How can jealousy, greed, anger and hate be minimized in society? How can empathy be awakened? Such questions have occupied educationalists and pedagogues since antiquity, and especially since the eighteenth century. The debate on how such educational goals could be reached is hardly less fiercely discussed today. In view of the role which feelings play in politics, industry and media, in gender questions and psychotherapeutic work, their importance for human development is plain to see. This special edition investigates the education and formation of emotions in four central areas: childhood and family, peer groups and school, media and education, culture and learning.

Keywords: Education of the heart · Education of emotions · Feelings · Emotion

---

© VS Verlag für Sozialwissenschaften 2012

Prof. Dr. U. Frevert
Max-Planck-Institut für Bildungsforschung, Lentzeallee 94,
14195 Berlin, Deutschland
E-Mail: sekfrevert@mpib-berlin.mpg.de

Prof. Dr. C. Wulf (✉)
Freie Universität Berlin, Arnimallee 11, 14195 Berlin, Deutschland
E-Mail: chrwulf@zedat.fu-berlin.dew

I.

Die deutsche Sprache kennt ein schönes Wort: Herzensbildung. Es ist so wenig in andere Sprachen übersetzbar wie der Begriff der Bildung überhaupt, in dem sich viele Bedeutungen mischen und der Prozesse des Entstehens und Entwickelns ebenso umfasst wie gezielte Anstrengungen der Selbstvervollkommnung und Erziehung durch andere.

Von Herzensbildung sprach man besonders gern in jener Epoche, die verklärend-pathetisch als „Goethezeit" firmiert. Ein idealistischer und idealisierender Ton schwang mit, wenn sich Dichter und Pädagogen über die „Bildung des Herzens" (Schiller 1784) oder die „Bildung des Gemüths" (von Humboldt 1982) ausließen. Nicht nur der Verstand bedurfte der Bildung und Aufklärung; es reichte nicht aus, bloß „richtigere Begriffe, geläuterte Grundsätze" und das „Licht der Weisheit" unter die Menschen zu bringen. Ebenso wichtig war es, „reinere Gefühle [...] durch alle Adern des Volks" fließen zu lassen, „Menschlichkeit und Sanftmut in unser Herz" zu senken (Schiller 1784, S. 237, 244 f.; von Humboldt 1982, S. 190).

Das Herz galt damals als Sitz von Gefühl und Gemüt (Rolfus und Pfister 1863, S. 394–396 – „Herz, *dessen Bildung*"; Scheller 1780; Rüdiger 1990). Noch heute benutzen wir Ausdrücke und Zeichen, die sich dieser Topographie verschreiben: Wer liebt, verschenkt Ringe oder Schokolade in Herzform; wer Liebeskummer hat, dem wurde das Herz gebrochen, und es schmerzt ihn am und im Herzen. Wer glücklich ist, dem weitet sich das Herz, und wer trauert, dem krampft es sich.

Wie aber lässt sich ein Herz bilden? Sind Gefühle nicht angeboren und damit eigentlich unverfügbar? Haben wir nicht alle, wie viele Psychologen behaupten, ein Set sogenannter Basisgefühle, wie Angst und Freude, Hass und Trauer, Ekel und Wut? Und folgen jene Gefühle nicht einem natürlichen Rhythmus, einem biodynamischen Konzept, das sich den Menschen evolutionär vermittelt und eingeprägt hat? Was könnte unter solchen Umständen Bildung heißen und bewirken?

II.

Das sind Fragen, die schon in der Antike diskutiert wurden, die aber seit dem sogenannten pädagogischen Jahrhundert – dem achtzehnten – an Bedeutung und Sprengkraft gewannen. Wer den Menschen in Körper, Geist und Seele als bildungsfähiges und bildungsbedürftiges Wesen ansah und wer sich von seiner Bildung einen zivilisatorischen Fortschritt versprach, konnte an der Herzensbildung nicht achtlos vorbeigehen. Gebildet werden sollte nicht nur der Geist, der Verstand, also das, was Humboldt „Kenntnis der Kenntnis" nannte. Gebildet werden sollten auch Gefühle und Empfindungen. Sie galten einerseits als naturgegeben und dem Menschen unmittelbar zugänglich. Andererseits schien es problematisch, sie im ungefilterten Naturzustand zu belassen. Sicher war jeder Mensch, wie die schottischen Moralphilosophen betonten, fähig zum Mitgefühl (*sympathy*). Aber ob diese Fähigkeit auch genutzt und gepflegt wurde, stand auf einem anderen Blatt. Bei manchen Menschen konnte sie verschüttet oder von konkurrierenden Gefühlen der Selbstliebe bedrängt sein. Hier tat Erziehung not, um das, was dem Menschen eignete, auch zum Vorschein kommen zu lassen und in die Praxis umzusetzen.

Andere Gefühle – Neid und Gier, Zorn und Hass – waren hingegen vielleicht im Übermaß vorhanden und störten das gedeihliche Zusammenleben in einer bürgerlichen Gesellschaft. Wer sich von solchen negativen Gefühlen und Leidenschaften beherrschen ließ, war eine Gefahr für sich selber und für andere. Auch hier mussten Eltern und Erzieher intervenieren, um Exzesse zu verhindern und für wohltemperierte emotionale Haushalte zu sorgen. Das Ziel solcher Interventionen war der selbstgesteuerte Mensch, der sich beobachtete, kontrollierte, kultivierte und dessen Gefühlsvermögen den Prozess der Zivilisation unterstützte, anstatt ihn zu behindern.

Wie wichtig die Aufklärungspädagogik eine solche Bildung der Gefühle nahm, lässt sich an ihren praktischen Erziehungslehren deutlich ablesen. Basedows *Elementarwerk* von 1774 bspw. räumte den „Trieben", „Begierden", „Affekten" und „Gemüthsbewegungen" der Kinder einen zentralen Platz ein. Unterstützt von Daniel Chodowieckis Kupfertafeln, erfuhren Schüler, Lehrer und Eltern einen gründlichen Gefühlsunterricht: Sie lernten, was gute und schlechte, positive und negative, heftige und sanfte Gefühle waren, welche zu welcher Lebenssituation und Beziehung passten und welche unbedingt vermieden werden sollten. Furcht und Raserei, Ekel, Trauer und Verwunderung wurden hier ebenso in Szene gesetzt wie „feindselige Affekte" oder die „Neigung zu Geiz, Wollust und Stolz". Besonderes Gewicht erhielten „Selbstliebe und Menschenliebe", Mitleid, Ehrliebe und Dankbarkeit. Der „geordnete Vorrath aller nöthigen Erkenntniß zum Unterricht der Jugend" enthielt folglich ein ausgefeiltes Bildungs- und Bildprogramm menschlich-kindlicher Gefühle.[1]

Über die konkrete Praxis und Organisation jenes Programms aber gab es schon unter den Zeitgenossen Dissens. Manche Pädagogen legten großes Gewicht auf eine ästhetische Erziehung, die Gefühle des Schönen und Erhabenen in der jugendlichen Seele verankern sollte. Eine frühe Hinführung zu Musik, Lyrik und bildender Kunst schien dafür unverzichtbar. Andere warnten vor zu viel Schöngeistigem. Die Lektüre von Romanen galt ihnen als gefährlich, für beide Geschlechter: Bei Frauen konnte sie zu übersteigerter Einbildungskraft und unerfüllbaren Wunschphantasien führen, die das wahre Leben nur enttäuschen würde. Junge Männer vergäßen über den Romanen ihre eigentliche Bestimmung in der Welt und bildeten zartbesaitete Gemüter aus, die mit ihren handfesten Pflichten in Politik, Wirtschaft und Gesellschaft schwer vereinbar seien. Zwar stand Empfindsamkeit in der zweiten Hälfte des 18. Jahrhunderts hoch im Kurs, und nicht nur Gotthold Ephraim Lessing hielt den mitleidigen Menschen für den besten. Dennoch durfte man des Guten nicht zu viel tun. Wem die Tränen allzu locker saßen, wer daraus geradezu einen Kult des authentischen Gefühls machte, der gab sich, wie Immanuel Kant kritisierte, der „Empfindeley" hin. Gefragt war nicht bloß ein mitleidiges Herz, sondern auch Mut und Energie, das empfundene Mitgefühl in die Tat umzusetzen und aktiv zu helfen, wo es not tat.

Dass Gefühlsbildung ihren Ort auch, wenn auch nicht allein in der Schule fand, war unter Pädagogen unumstritten. Ebenso einig war man sich darin, dass sie stets mit Verstandesbildung einhergehen müsse. Wer bei Kindern und jungen Leuten nur Empfindungen und Empfindsamkeit kultiviere, erziehe Schwärmer und Enthusiasten, warnte 1780 der Gymnasialrektor Immanuel Johann Gerhard Scheller. Der Verstand dürfe nicht schlafen, sondern müsse das Gefühl und die Phantasie kenntnisreich und urteilsstark an die Hand nehmen. Joachim Heinrich Campe, Hauslehrer der Humboldt-Söhne und einflussreicher Schulreformer, verwendete das Bild vom Körper als Schiff, dem die Vernunft das Steuer führte und die Empfindsamkeit die Segel setzte (zit. in Heinze 2008, S. 151 f.).

Schulische Lehrpläne enthielten denn auch gemeinhin drei Schwerpunkte: Körper-, Geistes- und Herzensbildung. Seine Schüler, versprach der Leiter einer 1801 neugegründeten Berliner „Erziehungsanstalt für Söhne von sechs bis vierzehn Jahren", würden dort zu „moralisch guten Menschen" erzogen, „an Verstand und Herzen gebildet", an „Reinlichkeit, Ordnung, Thätigkeit, Bescheidenheit und Gefälligkeit" gewöhnt und mit Liebe für „ihr Vaterland und die Verfassung desselben" erfüllt. „Herzensbildung" umfasste hier die „sanfte, liebreiche Lenkung der jugendlichen Triebe", „Abmahnung von Fehltritten" und „Vorstellung der natürlichen Folgen der Tugend und des Lasters durch Beispiele aus dem Menschenleben" (Krüger 1801, S. 1–8).

III.

Wie „sanft" und „liebreich" Schulen im 19. Jahrhundert die Gefühle und „Triebe" ihrer Zöglinge tatsächlich lenkten, steht auf einem anderen Blatt. In den Volksschulen beschränkte sich Herzensbildung im Wesentlichen darauf, den Jungen und Mädchen Pflichtbewusstsein und Gehorsam gegen die kirchliche und staatliche Obrigkeit beizubringen. Gymnasien warteten zwar mit einem differenzierteren moralischen und ästhetischen Curriculum auf. Doch nicht nur Harry Graf Kessler erlebte seine Hamburger Schulzeit in den 1880er Jahren als „Abrichtung": „Wir sollten eigentlich gar nicht Griechisch oder Latein lernen, sondern Arbeiten. Arbeiten um seiner selbst willen; man wollte uns abrichten zu Arbeitstieren. Vom Ideal des humanen, die ganze Menschheit und ihre Kultur in Kopf und Herz tragenden Menschen, das die Goethezeit entflammt hatte, war nur der ungeheure Fleiß übriggeblieben, der nötig war, um den unermeßlichen Stoff aufzunehmen." Statt die „Seele sowohl nach ihrer Geistes- wie auch nach ihrer Gefühlsseite" aufzuschließen, vermittelte die Schule nurmehr Fertigkeiten und Einstellungen, die, wie Kessler schalt, „den Herren der neuen Zeit die für die Mechanisierung der Wirtschaft benötigten unermüdlichen und selbstzufriedenen Sklaven" lieferten (Kessler 1988, S. 128, 131 f.).

Wenig Herz und Humanität ließ der gymnasiale Bildungskanon auch dort erkennen, wo es um soziale Fragen ging. Für die Sorgen, Nöte und Sehnsüchte unterbürgerlicher Schichten hatte man kein Sensorium. Je mehr sich zudem nationale Belange und Orientierungen in den Vordergrund schoben, desto blasser wurde auch die kosmopolitische Botschaft der Weimarer Dioskuren. Schillers emphatische Forderung und Prognose einer weltumspannenden Brüderlichkeit rückte in weite Ferne. Obwohl die Welt mittels kolonialer Großprojekte spürbar zusammenwuchs, war der imperiale Habitus nicht von Solidarität und Geschwisterliebe geprägt, sondern von sozialem, zunehmend rassisch überformten Überlegenheitsdünkel. Wer den eigenen zivilisatorischen Standards nicht entsprach, erntete Herablassung, Verachtung und, im Extremfall, Vernichtung.

Wie schlecht es um die allgemeine Herzensbildung bestellt war, zeigte sich nicht nur während des wilhelminischen Zweiten Reichs, das sich bei der aggressiven Identifizierung innerer und äußerer Feinde schwer überbieten ließ. Es zeigte sich noch viel radikaler und rabiater in den Jahren des nationalsozialistischen Dritten Reichs, das Feindschaft nicht allein politisch, sondern auch und v. a. rassisch begründete. Mitleid, hieß es 1939 in *Meyers Lexikon* (1939, Bd. 7, Sp. 1455), gelte lediglich für „Gemeinschaftsgenossen"; nur mit denjenigen, die zur Volksgemeinschaft gehörten, könne man miterleben und mitfühlen, und nur ihnen werde „tätige, leidlindernde oder leidbehebende Hilfe" zuteil. Das Leid derer, die sich aus dieser Gemeinschaft ausgeschlossen sahen, zählte nicht. Wer ihnen Mitgefühl bekundete oder gar half, machte sich verdächtig und riskierte scharfe Sanktionen.

Gerade diese Erfahrung, so steht zu vermuten, bewog manche Zeitgenossen nach 1945, Gefühlsbildung als schulisches Erziehungsziel ausdrücklich zu betonen. Der Vorschlag des sozialdemokratischen Ministerpräsidenten Wilhelm Hoegner, dies in der neuen Verfassung des Freistaates Bayern zu verankern, wurde von der Verfassungsgebenden Landesversammlung einstimmig angenommen. Bis heute erlegt Paragraph 131 bayerischen Schulen die Aufgabe auf, „nicht nur Wissen und Können [zu] vermitteln, sondern auch Herz und Charakter [zu] bilden". „Oberste Bildungsziele sind Ehrfurcht vor Gott, Achtung vor religiöser Überzeugung und vor der Würde des Menschen, Selbstbeherrschung, Verantwortungsgefühl und Verantwortungsfreudigkeit, Hilfsbereitschaft, Aufgeschlossenheit für alles Wahre, Gute und Schöne". Außerdem seien Schüler „in der Liebe zur bayerischen Heimat und zum deutschen Volk und im Sinne der Völkerversöhnung zu erziehen".[2]

Der Streit der Pädagogen, ob und wie solche Bildungsziele erreicht werden können, tobt heute nicht weniger heftig als um 1800. Manche lehnen sie als arrogante und naive Zumutung ab, andere bringen ein „Schatzbuch der Herzensbildung" heraus und übersetzen letztere in die managementtaugliche Sprache der „emotionalen Intelligenz" (Liebertz 2004; kritisch: März 1993, S. 321). Während viele Politiker dabei vornehmlich an Werteerziehung denken, experimentieren neuerdings immer mehr Schulen mit Empathietraining – die seit langem konkreteste und praktischste Umsetzung der alten Idee, dass „allgemeine Menschenbildung" nicht nur Körper und Geist, sondern auch das Herz und seine Gefühle umfasst.

Dem Ziel einer „allgemeinen Menschenbildung" ist auch die UNESCO-Empfehlung „Learning – The Treasure within" verpflichtet, die unter Federführung von Jacques Delors für das 21. Jahrhundert erarbeitet wurde. Sie geht von einem Erziehungs- und Bildungsbegriff aus, der nicht nur den Erwerb von Wissen umfasst, sondern auf eine allgemeine Bildung des Menschen (human development) zielt. Diese soll in der globalisierten Welt vier Dimensionen umfassen: learning to know, learning to do, learning to live together/ learning to live with others, learning to be.[3] Wenn die Entwicklung von Neugier in Bezug auf Wissen, die Herstellung von Dingen und das Realisieren von Handlungen, das Zusammenleben mit anderen und die Akzeptanz der individuellen Existenz Ziele menschlicher Entwicklung sind, spielen Gefühle dabei eine zentrale Rolle. Deshalb ist es merkwürdig, wie wenig die Bildung der Gefühle in den letzten Jahrzehnten in der Erziehungswissenschaft zum Thema geworden ist. (vgl. erste Ansätze dazu: Dörr und Göppel 2003; Klika und Schubert 2004; Wulf und Prenzel 2011; Nussbaum 2001.)

IV.

Jene Bildung findet in allen gesellschaftlichen Bereichen statt, in denen Menschen agieren und interagieren (Friedelmeier und Holodynski 1999). Gefühle entstehen in sozialen und kulturellen Relationen; der Umgang mit ihnen wird gelernt. In mimetischen Prozessen beziehen sich Kinder und Jugendliche auf die Gefühle von Menschen, die ihnen wichtig sind. Sie nehmen wahr, wie diese Menschen welche Gefühle in welchen Situationen empfinden, wie sie Emotionen körperlich erfahren, inszenieren und aufführen, wie sie sie darstellen, sprachlich fassen und reflektieren. In solchen alltäglichen Praktiken überlagern sich unterschiedliche, manchmal auch widersprüchliche Gefühle, sodass häufig keine eindeutigen, sondern eher „gemischte" Gefühle entstehen. Bei ihrer Genese und Ausprägung wirken kollektive und individuelle Elemente zusammen. Viele dieser mit dem praktischen Wissen der Menschen verbundenen Gefühle gelangen nicht ins Bewusstsein, sondern bleiben „halbbewusst" oder gar unbewusst. Die Erforschung dieser Prozesse steht noch am Anfang und stellt eine „Ethnographie der Emotionen" vor schwierige Aufgaben.

Die Bildung der Gefühle findet nicht nur in den klassischen Institutionen menschlicher Erziehung und Bildung statt. Auch außerhalb dieser Institutionen werden Gefühle geformt, geprägt, verhandelt und in Frage gestellt (vgl. Böhme 2010). Einige gesellschaftliche Felder und Prozesse, die auch in den Beiträgen dieses Sonderhefts eine wichtige Rolle spielen, seien hier thesenartig skizziert:

Kommerzialisierung und Politisierung; Am Arbeitsplatz kommt Gefühlen und dem Umgang mit ihnen erhebliche Bedeutung zu. Häufig als „emotionale Intelligenz" und „emotionale Kompetenz" bezeichnet, sind sie bzw. ist der Umgang mit ihnen zentrale Voraussetzung für gelingende Kooperation in der Wirtschaft. Auch und gerade beim Marketing spielt das Kalkül mit den Emotionen der Konsumenten eine zentrale Rolle. In den kapitalistisch organisierten Gesellschaften durchdringt die Kommerzialisierung alle Bereiche menschlicher Beziehungen und Emotionalität (Martin et al. 2003; Gobé 2001). Auch aus der politischen Kommunikation sind Gefühle nicht wegzudenken: Politiker spielen mit den Ängsten und Hoffnungen der Menschen und manipulieren sie, um ihre politischen Ziele zu realisieren (Furedi 2005).

Gender und die Modellierung von Emotionen; Bereits in der Kindheit zeigt sich, dass Emotionen nicht *gender*-neutral sind. Wie sollen sich junge Mädchen und junge Frauen, wie Jungen und junge Männer fühlen, wie mit ihren Gefühlen umgehen? Gibt es *gender*-spezifische Formen des Fühlens? Wie verbinden Jungen und junge Männer und Mädchen und junge Frauen Gefühle, die ihnen gemeinsam sind, mit denen, durch die sie sich voneinander unterscheiden? Gab es früher leicht identifizierbare *Gender*-Schemata in den Gefühlen von Männern und Frauen, scheinen sie heute ihre Eindeutigkeit und Trennschärfe weitgehend verloren zu haben (Butler 1990; Vandekerckhove et al. 2008).

Neue Medien; Besonders auffällig ist die Inszenierung und Aufführung von Gefühlen in den neuen Medien, in Talkshows, im Reality TV oder in Sendungen, in denen Millionen Zuschauer einzelne Personen in Situationen der Enttäuschung, Kränkung, Eifersucht usw. beobachten (Hill 2005). Offenbar erleben viele Menschen dadurch, dass sie ihre Gefühle öffentlich und vor Publikum darstellen, eine Intensivierung dieser Gefühle. Die anonyme Inszenierung von Gefühlen in Internetforen wie Facebook, Second Life, You

Tube oder Twitter scheint ähnlich zu wirken: Sie hilft Menschen, Gefühle zu empfinden, die sie nicht haben, jedoch gerne hätten (Ben-Ze´ev 2004). Die weltweite mediale Verbreitung von Katastrophen wie Erdbeben, Tsunami-Wellen und Wirbelstürmen ist von der Zurschaustellung intensiver Gefühle des Leidens und Schmerzes begleitet, die bei den Zuschauern schaurige Lustgefühle wecken.

Psychotherapeutische Arbeit mit Gefühlen; Immer dann, wenn die Bildung der Gefühle nicht oder nur unzureichend gelungen ist, wird die psychotherapeutische Arbeit wichtig. Ihre Ausweitung und Professionalisierung reflektiert einen Problemdruck, der mit der Modernisierung der Gesellschaft, der Auflösung traditioneller Familienbindungen, der zunehmenden Individualisierung und den damit verbundenen emotionalen Verunsicherungen zusammenhängt. Viele Menschen sind nicht mehr in der Lage, mit ihren Gefühlen zurechtzukommen, und benötigen Hilfen. Die Sorge für sich und für das emotionale Wohlbefinden wird in modernen Gesellschaften zu einer wichtigen Bedingung für die Qualität individuellen und gemeinschaftlichen Lebens (vgl. Greenberg und Paivio 1997).

In diesen für die Bildung der Gefühle zentralen gesellschaftlichen Feldern lassen sich Gefühle als soziokulturelle Praktiken begreifen, die auf andere Menschen bezogen sind und Wirkungen auf sie haben. Wie sich diese Praktiken vollziehen, ist von den jeweiligen kulturellen Werten, Normen, Sprach- und Handlungsspielen (Wittgenstein) abhängig. Besondere Aufmerksamkeit verdienen mimetische Prozesse, in denen sich Kinder und Jugendliche auf zugleich rezeptive und aktive Weise dem Verhalten, Handeln und Fühlen anderer Menschen „anzuähneln" versuchen. Mit ihrer Imagination nehmen sie gleichsam einen „Abdruck" der Handlungen und emotionalen Äußerungen anderer vor und integrieren ihn in ihre mentale Welt (vgl. Tomasello 2006; Gebauer und Wulf 1998). Bei der Erforschung dieser mimetischen Prozesse kommt es darauf an, Gefühle nicht zu isolieren, zu verdinglichen, zu objektivieren. Gefühle sind keine Substanzen; sie sind mit vielen anderen Merkmalen des Menschen verbunden. Ohne Körper, Bewusstsein, Imagination und Sprache gäbe es keine Gefühle In vielen Fällen tragen Sprache und Imagination erst dazu bei, dass Gefühle entwickelt, empfunden und unterschieden werden können.

V.

Das Sonderheft ist in vier Abschnitte gegliedert, deren erster sich der Emotionsentwicklung in der Kindheit widmet. Dabei werden zunächst Geschwisterbeziehungen in der Frühen Neuzeit untersucht, vornehmlich unter Berücksichtigung religiöser Texte und der in ihnen enthaltenen Normen (*Gestrich*). Daran schließt sich eine dichte ethnografische Untersuchung zeitgenössischer Kinderkrippen an, die darlegt, wie wichtig die Spiegelung und Modulierung von Gefühlen in sozialen Situationen für die emotionale Bildung und Differenzierung ist. Mikroanalytisch wird herausgearbeitet, wie Gefühle zwischen Kindern in konkreten Interaktionen artikuliert und modifiziert werden und welche Herausforderungen dies für professionelle Erzieherinnen darstellt (*Stenger*). Bereits von Geburt an werden Emotionen in einem sozialen Miteinander gelernt. Die soziale Gemeinschaft ist eine Bedingung dafür, Empfindungen zu identifizieren. In diesen frühen Lernprozessen führt die gemeinsame Aufmerksamkeit von Kind und Bezugsperson auf einen Gegenstand zu einer Semantisierung der Gefühle. Die Verbindung von Emotion und Sprache schafft die Voraussetzungen dafür, sich und andere zu verstehen (*Engelen*). Zuwendung und Liebe spielen dabei eine wichtige Rolle. Aufgrund der verbreiteten Trennung von Vernunft und Gefühl, Kognition und Emotion ist nicht genügend gesehen worden, wie wichtig Liebe für die Sorge, das (Miteinander-) Handeln und die Reflexion dieses Handelns in pädagogischen Zusammenhängen ist (*Seichter*).

Der zweite Abschnitt stellt die Emotionsbildung in Jugendgruppen und in der Schule in den Mittelpunkt. Der erste Beitrag beleuchtet die Gefühlswelt in jugendbewegten Jungmännerbünden des frühen 20. Jahrhunderts. Er rekonstruiert erfahrungsgeschichtlich, wie die Alterskohorte junger Frontsoldaten und Kriegskinder des Ersten Weltkriegs von solchen Gefühlswelten geprägt wurde (*Reulecke*). Es folgt eine ethnographische Untersuchung, wie Mädchen in einer zeitgenössischen Peergroup ihre Gefühle inszenieren und aufführen, v. a. im Verhältnis zum Selbst, zu anderen und zur Welt (*Tervooren*). Der nächste Beitrag analysiert an empirischen Beispielen aus der heutigen Unterrichtspraxis den sozialen und performativen Charakter von Gesten und arbeitet den Zusammenhang zwischen Gesten und Emotionen heraus (*Kellermann*).

Im dritten Abschnitt wird in exemplarischer Absicht gezeigt, wie Emotionen in oder im Zusammenhang mit unterschiedlichen Medien dargestellt und modelliert werden. Der erste Beitrag zeigt, wie wichtig der literarische Umgang mit Angst für die allgemeine Menschenbildung ist. Er erinnert Leser und Leserinnen an ihre Vergänglichkeit, fordert sie zur Sorge um ihr Seelenheil auf und bringt sie dazu, ihre Gefühle zu kontrollieren und moralisch zu läutern. Die literarische Thematisierung soll den Leser mit den Grenzen menschlicher Planung und Macht konfrontieren (*Watanabe-O'Kelly*). Wie Angst kann die mit Verlust und Tod verbundene Trauer zu vielschichtigen theoretischen, praktischen und ästhetischen Veränderungen im Verhältnis zur Welt, im Verständnis anderer Menschen und im Selbstverständnis führen. Trauer entbindet Menschen, führt zu Fremdheitserfahrungen und zur Wahrnehmung menschlicher Zerbrechlichkeit (*Böhner/Zirfas*). Wie eng Gefühle und musikalisches Erleben miteinander vertaktet sind, ist Thema des nächsten Beitrags. Er untersucht die ästhetische, erotische und kommunikative Funktion von Emotionen anhand des Opernpublikums von Berlin, Wien und London im 19. Jahrhundert (*Müller*). Daran schließt sich eine Studie über virtuelle Umgebungen an, deren soziale und subkulturelle Räume zu Orten des Ausdrucks und der Artikulation, der Inszenierung und Darstellung von Emotionen werden. Dabei spielen Avatare eine wichtige Rolle, mit deren Hilfe komplexe Prozesse emotionalen Lernens organisiert werden. In diesen Prozessen spielen die szenische Situiertheit, die visuelle Artikulation, die hybriden Handlungsstrukturen und die hybride Präsenz eine wichtige Rolle (*Jörissen*).

Der vierte Abschnitt macht deutlich, welche Wirkungen Religion, Nation und Kultur auf die Bildung der Gefühle haben. Im ersten Beitrag geht es um die Gotteserfahrung im Protestantismus und die Entwicklung einer spezifischen Innerlichkeit. Ausgefeilte Gefühlspraktiken helfen, die Aufmerksamkeit nach innen zu richten, wo Liebe, Glaube und Hoffnung, eng miteinander verbunden, eine innige Beziehung zu Gott stiften. Innerlichkeit wird entsprechend hoch bewertet, im Kontrast zum äußeren, an seinen Leib gebundenen Menschen (*Scheer*). Wie Religion ist auch Nation ohne ausgeprägte Emotionen nicht denkbar und erlebbar. Dass Liebe und Hass zur Bildung von Nationen beitragen, ist in der Nationsforschung unbestritten. Wenig Beachtung aber finden die Wirkungen nationaler Gefühle im Privaten und in der Öffentlichkeit und wie diese beiden sozialen Felder miteinander verbunden sind. An zwei Briefserien aus dem Ersten Weltkrieg wird gezeigt, wie sich Autoren im privaten Bereich gegen eine „national-emotionale Hochrüstung" sperren (*Langewiesche*). Der abschließende ethnographische Beitrag nimmt die zentrale Bedeutung von Kultur und kulturellen Unterschieden bei der Bildung von Gefühlen in den Blick. In kulturvergleichender Absicht werden die Erziehungs- und Sozialisationspraktiken unter den Bara in Madagaskar und den Tao auf der taiwanesischen Insel Lanyu untersucht. Dabei spielen Furcht und Scham, aber auch Ärger und Trauer eine wichtige Rolle (*Funk/Röttger-Rössler/Scheidecker*).

Die Mehrzahl der Beiträge geht auf eine im Dezember 2010 gemeinsam veranstaltete Tagung zurück.

Berlin, im Juni 2012 Ute Frevert und Christoph Wulf

Anmerkungen

1 Basedow 1774; ähnlich Joachim Heinrich Campe, dessen *Kleine Seelenlehre für Kinder* 1784 erstmals erschien und bis 1844 12 Auflagen erlebte.
2 Verfassung des Freistaates Bayern vom 2.12. 1946, Dritter Hauptteil, 2. Abschnitt: Bildung und Schule. Stenographische Berichte über die Verhandlungen des Verfassungs-Ausschusses der Bayerischen Verfassungsgebenden Landesversammlung, Bd. 1. – München 1946, S. 257 f.
3 Learning – The Treasure within, ed. UNESCO. – Paris 1996; deutsche Fassung: Lernfähigkeit: Unser verborgener Reichtum. UNESCO-Bericht zur Bildung für das 21. Jahrhundert, hg. von der Deutschen UNESCO-Kommission. – Neuwied 1997.

Literatur

Basedow, J. B. (1774). *Elementarwerk* (4 Bde). Dessau: Selbstverlag.
Ben-Ze'ev, A. (2004). *Love online: Emotions on the internet*. Cambridge: Cambridge University Press.
Böhme, H. (2010). Gefühl. In Ch. Wulf (Hrsg.), *Der Mensch und seine Kultur. Hundert Beiträge zur Geschichte, Gegenwart und Zukunft menschlichen Lebens* (S. 525–548). Köln: Anaconda.
Butler J. (1990). Performative acts and gender constitution. An essay in phenomenology and feminist theory. In S.-E. Case (Hrsg.), *Performing feminism. Feminist critical theory and theatre* (S. 270–282). Baltimore: John Hopkins University Press.
Dörr, M., & Göppel, R. (Hrsg.). (2003). *Bildung der Gefühle*. Gießen: Psychosozial.
Friedelmeier, W. H., & Holodynski, M. (1999). *Emotionale Entwicklung. Funktion, Regulation und soziokultureller Kontext*. Heidelberg: Spektrum Akad.
Furedi, F. (2005). *Politics of fear. Beyond left and right*. London: Continuum.
Gebauer, G., & Wulf, Ch. (1998). *Spiel, Ritual, Geste. Mimetisches Handeln in der sozialen Welt*. Reinbek: Rowohlt
Gobé, M. (2001). *Emotional branding. The new paradigm of connecting brands to people*. New York: Allworth.
Greenberg, L., & Paivio, S. C. (1997). *Working with emotions in psychotherapy*. New York: Guilford Press.

Heinze, K. (2008). *Zwischen Wissenschaft und Profession. Das Wissen über den Begriff „Verbesserung" im Diskurs der pädagogischen Fachlexikographie vom Ende des 18. bis zur Mitte des 19. Jahrhunderts*. Opladen: Budrich University Press.
Hill, A. (2005). *Reality TV: Audiances and popular factual entertainment*. London: Routledge.
von Humboldt, W. (1982). *Schriften zur Politik und zum Bildungswesen* (3. Aufl). Darmstadt: Wiss. Buchges.
Kessler, H. G. (1988). *Gesichter und Zeiten. Erinnerungen*. Frankfurt a. M.: Fischer-Taschenbuch.
Klika, D., & Schubert, V. (Hrsg.). (2004). *Bildung und Gefühl*. Baltmannsweiler: Schneider.
Krüger, W. (1801). Kurze Darstellung der Grundverfassung meiner in Berlin bestehenden Erziehungsanstalt für Söhne von sechs bis vierzehn Jahren. In *Jahrbücher der preußischen Monarchie unter der Regierung Friedrich Wilhelms des Dritten* (Bd. 2). Berlin: Unger.
Liebertz, Ch. (2004). *Das Schatzbuch der Herzensbildung. Grundlagen, Methoden und Spiele zur emotionalen Intelligenz*. München: Don Bosco.
Martin, B., Roach, A., & Sharyn-Zadoroznyj, M. (2003). Editor's introduction to the special issue „Commercializing Emotions". *Journal of Sociology, 39*.
März, F. (1993). *Macht oder Ohnmacht des Erziehers*. Bad Heilbrunn: Klinkhardt.
Meyers L. (1939). 8. Aufl., Bd. 7. Leipzig: Bibliographisches Institut.
Nussbaum, M. C. (2001). *Upheavels of thought. The intelligence of emotions*. Cambridge: Cambridge University Press.
von Rolfus, H., & Pfister, A. (Hrsg.). (1863). Real-Encyclopädie des Erziehungs- und Unterrichtswesens nach katholischen Principien (Bd. 2). Mainz: Florian Kupferberg.
Rüdiger, H. (1990). Die Metapher vom Herzen in der Literatur. In von W. R. Berger & E. Koppen (Hrsg.), *Goethe und Europa* (S. 117–159). Berlin: de Gruyter.
Scheller, I. J. G. (1780). *Kurzgefaßte Gedanken über die Bildung des Herzens, ob sie ohne Bildung des Verstandes möglich sey, und zugleich über Empfindsamkeit, Unempfindsamkeit und Enthusiasmus*. Breslau.
Schiller, F. (1784). Die Schaubühne als eine moralische Anstalt betrachtet. In *Schillers Werke* (Bd. 1, S. 237–247). Berlin: Aufbau (1967).
Tomasello, M. (2006). *Die kulturelle Entwicklung des menschlichen Denkens. Zur Evolution der Kognition*. Frankfurt a. M.: Suhrkamp.
Vandekerckhove, M., von Scheve, Ch., Ismer, S., Jung, S., & Kronast, S. (Hrsg.). (2008). *Regulating Emotions. Culture, Social Necessity, and Biological Inheritance*. Malden: Blackwell.
von Wulf, Ch., & Prenzel, M. (Hrsg.). (2011). Themenschwerpunkt Emotion. *Zeitschrift für Erziehungswissenschaft, 14*(2).

Ute Frevert, Dr. phil., ist Direktorin des Max-Planck-Instituts für Bildungsforschung in Berlin und Honorarprofessorin an der FU Berlin. Sie ist Historikerin und arbeitet über die Geschichte der Gefühle in der Moderne.

Christoph Wulf, Dr. phil., ist Professor für Anthropologie und Erziehung, Mitglied des Interdisziplinären Zentrums für Historische Anthropologie, des Exzellenzclusters „Languages of Emotion" und des Graduiertenkollegs „InterArts Studies" an der Freien Universität Berlin. Seine Arbeitsschwerpunkte liegen in der historisch kulturellen Anthropologie und in der Pädagogischen Anthropologie. Er ist Vizepräsident der Deutschen UNESCO-Kommission.

Solidarische Rivalen: Geschwisterbeziehungen in der Frühen Neuzeit aus der Sicht der Emotionsgeschichte

Andreas Gestrich

Zusammenfassung: Im Anschluss an die von Carole und Peter Stearns getroffene Unterscheidung zwischen „emotionology" und „emotions" untersucht der Beitrag am Beispiel der Geschwisterbeziehungen im Europa der Frühen Neuzeit zunächst den Wandel der kollektiven Standards und „zulässigen" Ausdrucksformen für Emotionen zwischen Geschwistern. Dabei wird die Bedeutung biblischer Verhaltensvorgaben und speziell der neutestamentlichen religiösen Konnotierungen des Geschwisterverhältnisses (z.B. Bruderliebe) besonders hervorgehoben. In einem zweiten Abschnitt wird der Frage nachgegangen, welche Möglichkeiten für Historiker bestehen, zu untersuchen, wie die gesellschaftlichen Standards Gefühle tatsächlich modelliert und das Ausdrucksrepertoire von Geschwistern bestimmt haben.

Schlüsselwörter: Emotionology · Gefühlskulturen · Geschwisterneid · Intimisierung der Geschwisterbeziehungen · Religion

Solidary rivals: sibling relations in early modern times in the light of the history of emotions

Abstract: Following Carole and Peter Stearns' distinction between emotionology and emotions this paper takes sibling relations in early Modern Europe as an example to, firstly, examine the collective standards for and permitted forms of expressing emotions between brothers and sisters. In doing so the paper puts a particular emphasis on the importance of emotional standards derived from biblical texts and of the religious connotations of sibling relations (e.g., brotherly love) derived from the New Testament. Secondly, the paper examines possible ways for historians to analyze how social norms influenced the way brothers and sisters actually felt and expressed their emotions.

Keywords: Emotionology · Cultures of feeling · Intimication of sibling relations · Religion · Sibling envy

---

© VS Verlag für Sozialwissenschaften 2012

Prof. Dr. A. Gestrich (✉)
German Historical Institute,
17 Bloomsbury Square, WC1A 2NJ London, UK
E-Mail: gestrich@ghil.ac.uk

> *Wir sind geistig weit getrennt. Aber die große brüderliche*
> *Treue [...] tat mir doch ungemein wohl.[...] Wir sind doch*
> *alle eine Familie u. die älteren Brüder helfen mir.*
>
> Victor Klemperer (1996)

Geschwisterbeziehungen gehören zu den prägendsten lebensgeschichtlichen Erfahrungen. Wie in das Eltern-Kind-Verhältnis wird man auch in die Geschwistergruppe hineingeboren und bleibt ihr – wie den Eltern – emotional lebenslang verbunden, so ambivalent die Bindungen auch immer sein mögen. Geschwisterbeziehungen überdauern i. d. R. die Eltern-Kind-Beziehungen. Sie stellen daher die langfristigsten sozialen Verbindungen dar, über die wir verfügen (Cicirelli 1994b). Geschwisterbeziehungen sind nicht statisch, sondern unterliegen meist einem deutlichen Wandel im Lebenslauf. In der Psychologie, Soziologie oder Ethnologie sind Geschwisterbeziehungen daher seit langem etablierte Forschungsfelder (Cicirelli 1994a, b). Die Geschichtswissenschaft hat dieses Thema im Rahmen der sozialhistorischen Familien- und Verwandtschaftsforschung in den letzten Jahren ebenfalls entdeckt. Das Schwergewicht der Forschung lag dabei jedoch zunächst auf Fragen nach der Rolle von Geschwistern in den Haushaltsstrukturen (Kinderzahl, Zusammenwohnen) oder nach den Regeln der Erbteilung und den damit verbundenen Konflikten (Fertig 2005).

Nur wenige historische Untersuchungen verbanden bisher die Geschichte der Geschwisterbeziehungen explizit mit der Geschichte der Emotionen (z. B. Davidoff 1995; Ruppel 2006). Allerdings zählen zu diesen wenigen Studien auch einige besonders wichtige Arbeiten wie diejenigen der Pioniere der Emotionsgeschichte, Carol und Peter Stearns (z. B. Stearns und Stearns 1988; Stearns 1990, 1993, Stearns und Haggerty 1991; Stearns und Lewis 1998). Sie haben im Rahmen ihrer Untersuchungen zum Wandel der innerfamilialen Gefühlsbeziehungen in den USA die in der Emotionsforschung inzwischen häufig aufgegriffene Unterscheidung zwischen „emotionology" und „emotions" eingeführt (Stearns und Stearns 1985). Der Kunstbegriff „emotionology" bezeichnet danach das in einer Gesellschaft oder Gruppe geläufige Set an kollektiven Standards für Emotionen und an „zulässigen" Formen, sie auszudrücken. Diese Regeln sind zu unterscheiden sind von den emotionalen Erfahrungen von Individuen und Gruppen selbst (ebd., S. 813). Die Standards bestimmen und begrenzen – implizit oder explizit – die Formen des Ausdrucks von Emotionen, die in einer Gesellschaft erwartet werden. Sie wirken auch auf die Erfahrung von Emotionen selbst ein, sind mit diesen dennoch nicht zu vermischen (ebd.; Kessel 2006, S. 31).

Diese Differenzierung zwischen Norm und Erfahrung scheint heute selbstverständlich. Sie war im Hinblick auf manche Arbeiten der 1970er und 1980er Jahre, die häufig zu rasch vom Wandel der Beschreibung in normativen Texten auf die Veränderung der Gefühle selbst schlossen, jedoch sinnvoll und notwendig. (So beruhte z. B. das Buch von Ariès (1960) im Wesentlichen auf normativen Quellen, und die Kritik an seinen Thesen richtete sich v. a. auch auf die Vermischung von normativen Quellen und sozialgeschichtlichen Befunden.) Das Konzept der Emotionology geht jedoch über den mahnenden Verweis auf die Beachtung der „Handwerksregeln" der Historikerzunft hinaus und enthält zwei Anregungen, die auch von der neueren Forschung wenig aufgegriffen wurden: Zum einen ist dies die implizite Annahme, dass emotionale Standards nur im Verbund analysiert werden können, weil sie Teil von Gefühlskulturen (Kessel 2006, S. 32) oder Gefühlsregimen sind, über die die Bewertung und Regulierung verschiedener Emotionen zusammenhängen. Diese Perspektive wurde jüngst besonders gewinnbringend in verschiedenen begriffs- und theoriegeschichtlichen Arbeiten aufgegriffen (Frevert et al. 2011; Dixon 2003, 2008). Zum anderen verweist die Unterscheidung zwischen „emotionology" und „emotions" auf die besonders lohnende Aufgabe, das Spannungsfeld zwischen beiden Ebenen in den Blick zu nehmen: „to examine people's efforts to mediate between emotional standards and emotional experience" (Stearns und Stearns 1985, S. 825). Der folgende Beitrag versucht, auf der Grundlage von Forschungsergebnissen aus unterschiedlichen Bereichen für diese beiden Felder einige Perspektiven für eine Emotionsgeschichte der Geschwisterbeziehungen besonders in der Frühen Neuzeit zu entwickeln.

1 Der Wandel von Gefühlsregimen in der Frühen Neuzeit

Die Frage nach dem Wandel der gesellschaftlichen Standards und des Vokabulars für die normative Beschreibung und öffentliche Thematisierung der emotionalen Beziehungen zwischen Geschwistern hat in unterschiedlichen Disziplinen Interesse gefunden. Eine systematische Zusammenführung des Forschungsstandes im Sinne einer Rekonstruktion des Wandels von Emotionsregimen existiert jedoch noch nicht (ein guter Überblick über die Forschung, in der empirischen Studie allerdings begrenzt auf den Adel, jetzt bei Ruppel 2006). Dabei geht es zum einen um das zeitspezifische Umfeld und die Verbindung von Emotionen, zum anderen um deren Wandel, der für Historiker meist auch mit einem Wandel oder Wechsel zentraler Quellengattungen verbunden ist.

Peter Stearns hat Untersuchungen zum Geschwisterneid in den USA (Stearns 1990) sowie umfassendere Studien zum Umgang von Familien mit Angst, Zorn und anderen Emotionen sowie zum Wandel ihrer geschlechtsspezifischen Kodierung vorgelegt (Stearns 1993; Stearns und Haggerty 1991). Er fasst damit v. a. besonders starke und häufig negativ codierte Emotionen zusammen. In seiner Studie zum Geschwisterneid arbeitet Stearns allerdings heraus, dass Neid unter kleinen Kindern in der Ratgeberliteratur für Eltern vor dem zwanzigsten Jahrhundert kaum ein Problem darstellte (Stearns 1990, S. 85). Erst seit dem frühen zwanzigsten Jahrhundert wurde er in dieser Literaturgattung zunehmend als selbstverständlich vorausgesetzt und gewissermaßen zum natürlichen, aber destruktiven Bestandteil von Geschwisterbeziehungen erklärt. Das habe seither die Realität der Familien geprägt, da Eltern nun im Rahmen der Erziehung neidbetonte Geschwisterkonflikte früh einhegen und (um späteren Schaden zu vermeiden) nach Möglichkeit zu deren Überwindung beitragen mussten (ebd., S. 89 f.) Obwohl die Arbeit an einem harmonischen Familienleben in den USA im frühen zwanzigsten Jahrhundert zur zentralen Aufgabe für Eltern geworden sei, sei der Unterschied zu den Geschwisterbeziehungen im neunzehnten Jahrhundert markant und betreffe keineswegs nur die Kleinkindbeziehungen: „Indeed, most twentieth-century Americans, particularly in the middle classes, though ultimately taught to override overt jealousy with their siblings, have difficulty imagining how close siblings in the ninteenth century could feel, how fundamental their relationship might be life-long" (ebd., S. 97; ähnlich Atkins 2001; Glover 2000; Hemphill 2011).

Stearns untersuchte für diese Studie zur „emotionology" der Geschwisterbeziehungen besonders die amerikanischen Erziehungsratgeber des neunzehnten und zwanzigsten Jahrhunderts. Vor dem Aufstieg dieser Literaturgattung waren jedoch die Bibel und die religiösen Katechismen die zentralen Leitfäden für alle Verhaltensfragen auch in Familiendingen. Sie spielen in den Untersuchungen von Stearns eine erstaunlich untergeordnete Rolle (Stearns 1990, S. 86), waren in der Breite der Bevölkerung jedoch auch im neunzehnten Jahrhundert sicher noch wirksamer als die neue Erziehungsliteratur. Sie vermitteln ein etwas anderes Bild als die Ratgeber.

Im Unterschied zum Kind-Eltern-Verhältnis reguliert die Bibel die emotionalen Normen für Geschwisterbeziehungen nicht über direkte Verhaltensvorschriften. In verschiedenen biblischen Geschichten werden allerdings Grundkonstellationen von Geschwisterbeziehungen festgehalten, die z. B. auch das Thema des Neids und der Rivalität unter Geschwistern thematisieren: Neben Kain und Abel (Genesis 4, 1–24), Jakob und Esau (Genesis 25, 29–34), die sich um Gottes Wohlgefallen bzw. das väterliche Erbe stritten, steht im Alten Testament für die Ambivalenz von Geschwisterbeziehungen v. a. Joseph, den seine Brüder aus Neid verkauften, der ihnen aber verzieh (Genesis 37 ff.).

Neben die realistischen Erzählungen des Alten Testaments traten im Neuen Testament die besondere Rhetorik der Brüderlichkeit und auch das enge Verhältnis zu den Schwestern, z. B. zu Maria und Martha. Die Apostel schrieben und sprachen zu den Brüdern und Schwestern der frühchristlichen Gemeinden. Die familienbezogene christliche Begrifflichkeit wertete in den folgenden Jahrhunderten jedoch auch die realen Geschwisterbeziehungen auf und verlieh ihnen über die biblische Aufforderung zur Bruderliebe ($\varphi\iota\lambda\alpha\delta\epsilon\lambda\varphi\alpha$) eine spezielle religiöse Konnotation (1 Petr. 1,22). Diese wird besonders deutlich im Katechismus Luthers, der in der Erklärung zum 5. Gebot, dem Tötungsverbot, auf die Möglichkeit der Übertretung des Gebotes „in Gedanken" und „in Worten" verweist und dabei Mt. 5,21 f. zitiert: „Ihr habt gehört, dass zu den Alten gesagt ist: ‚Du sollst nicht töten'; wer aber tötet, der soll des Gerichts schuldig sein. Ich aber sage euch: Wer mit seinem Bruder zürnt, der ist des Gerichts schuldig; wer aber zu seinem Bruder sagt: Du Nichtsnutz!, der ist des Hohen Rats schuldig; wer aber sagt: Du Narr!, der ist des höllischen Feuers schuldig."

Obwohl der Bruder des Neuen Testaments natürlich nicht nur der leibliche Bruder war, missbilligten christliche Verhaltenslehren durch die Jahrhunderte den Streit unter Geschwistern in besonderer Weise und rückten das Verhältnis zu den Geschwistern in eine direkte Beziehung zum Verhältnis der Kinder zu den Eltern. Neid – auch der unter Geschwistern – zählte zu den sieben Hauptsünden der katholischen Kirche, das lernten auch dort die Kinder. In der Pädagogik des Pietismus war der Neid wie der Zorn und andere negativen Emotionen verbunden mit der Erbsünde und dem „Eigenwillen" des Kindes, den es zu „brechen" galt, um es empfänglich zu machen für den Willen und die Gebote Gottes (Loch 2004, S. 278). Dieser Kampf um die Seelenrettung setzte in der pietistischen Pädagogik schon beim Kleinkind ein.

Katechismen und entsprechende Bibelverse wurden bis ins zwanzigste Jahrhundert auswendiggelernt, abgefragt und meist täglich Kindern und Enkeln vorgelesen. Auch die Thematisierung der Geschwisterbeziehungen in normativen Texten wie Predigten (z. B. Dexter 1791; Spanaugle 1751) oder in der fiktionalen Literatur unter Bezugnahme auf biblische Themen (z. B. Weise 1695) durchziehen nicht nur die gesamte Frühe Neuzeit, sondern auch das neunzehnte Jahrhundert (Rank 1912). Es ist daher zu vermuten, dass diese starken religiösen Konnotationen des Geschwisterverhältnisses einen wesentlichen Teil des westlichen Emotionsregimes bildeten und den Kontext darstellten, in dem sich geschwisterliche Nähe, Zuneigung und Solidarität nicht nur als Norm, sondern auch als der scheinbare Normalfall etablieren konnten.

Der religiöse Kontext war allerdings nicht der einzige, in dem destruktive Geschwisterbeziehungen thematisiert wurden. Prägend waren auch – nicht nur im Adel – Vorstellungen von der Bedeutung und Kontinuität des Hauses und der Familie als überindividuellen Institutionen und Werten, deren Gedeihen auch von den gegenseitigen emotionalen Beziehungen ihrer Mitglieder abhing. Die Gruppe der Geschwister war dabei nur ein Element, allerdings ein sehr wichtiges für die intergenerationelle Sicherung des materiellen Wohlstands und der Ehre der Familie. Diesen Kontext illustriert auf der normativen Ebene gut das hauspolitische Testament, das der preußische Freiherr von der Marwitz für seine Kinder verfasst hatte:

> Ich hoffe, daß alle meine Kinder sich beständig des Geschlechtes erinnern werden, aus dem sie entsprossen sind, – eines Geschlechtes, welches niemals sein Trachten gesetzt hat auf irdisches Gut, sondern immer nur auf die Ehre, auf das Wahre und Rechte, von welcher Richtung des Sinnes es mehrere glänzende Beispiele gegeben hat. Ich hoffe daher, daß alle meine Kinder dieser Richtung folgen und in steter Einigkeit und Liebe zu einander verbleiben werden, so daß sie den Bruder nicht beneiden werden, wenn das Glück ihn begünstigen sollte, und daß hinwiederum er nicht murren wird, wenn seine Geschwister ihm vielleicht viele Mühe und Arbeit verursachen werden. Sie müssen alle stets eingedenk sein, daß sie nicht zu Verzehrern gesetzt sind des irdischen Guts, sondern nur zu treuen Verwaltern, und daß sie es auf ihre Nachkommen bringen sollen, so wie ihre Väter es ihnen hinterlassen haben. (Marwitz 1908, Bd. 1, S. 716)

Derartige Verhaltensaufforderungen erfuhren Kinder von Ihren Eltern sicher nicht erst nach deren Tod. Sie wurden aber häufig als letzte Ermahnung auch in Form von solchen „Testamenten" weitergegeben, wodurch sich ihr Verpflichtungscharakter besonders erhöhte. Sie wurden, wie der Text von Marwitz zeigt, nicht unbedingt religiös begründet. Dennoch stellten religiöse Begrifflichkeiten (z. B. „Mühe und Arbeit", irdisches Gut") auch die Ermahnungen dieses Textes in einen religiösen Kontext und machten sie gewissermaßen anschlussfähig an die Emotionsregeln der Bibel und der Katechismen.

Wenn neuere Untersuchungen zur Darstellung von Geschwistern in der europäischen Literatur nahelegen, dass Geschwister in der frühneuzeitlichen Literatur als überwiegend eng verbunden und solidarisch porträtiert wurden (Finlay 2006; Yavneh 2006), dann ist dies zu verbinden mit der Tatsache und dem Wissen um die breite und stark religiös geprägte Normproduktion auf diesem Gebiet. Sie war Lesern oder Zuschauern von Stücken, in denen abweichendes Verhalten dargestellt wurde, immer gegenwärtig. Wenn Stearns die geringe Aufmerksamkeit auffällt, die besonders dem Neid kleinerer Kinder in der Erziehungsliteratur bis ins neunzehnte Jahrhundert entgegengebracht worden sei, dann ist dies vielleicht auch der Fall, weil diese Probleme in anderen normativen Quellen implizit und auf effektive Weise mit reguliert wurden.

Seit dem ausgehenden achtzehnten Jahrhundert verschob sich allerdings der emotionologische Kontext der Gefühlsregulierung von Geschwisterbeziehungen. In den spezifisch auf ein bürgerliches Publikum zielenden Erziehungsratgebern, die mit der Erziehungseuphorie der Aufklärungszeit ihren Aufstieg auf dem Buchmarkt begannen (Wild 1986, S. 3–5), spielte die ausführliche Darstellung von Geschwistern und ihren gegenseitigen Beziehungen eine zentrale Rolle. Ihr Verhältnis zueinander wurde ebenfalls als eines von prinzipieller Nähe und Solidarität portraitiert. Der Bezugsrahmen war aber nun nicht mehr auf das Seelenheil oder die Kontinuität des Hauses, sondern sehr deutlich auf die Dynamik der Kernfamilie konzentriert, die zugleich als Modell der Gesellschaft als ganze genommen wurde. Der „Republik" der Geschwister kam dabei besondere Bedeutung zu, die im Kleinen den sozialen Umgang unter Gleichberechtigten einüben sollte, gleichsam als Vorschule der Reform der bürgerlichen Gesellschaft. Dabei scheint in dieser Literatur immer wieder durch, dass diese Nähe und Solidarität prekäre Beziehungen waren, die es besonders vor dem Hintergrund von strukturellen Interessengegensätzen, die zwischen Geschwistern (wie zwischen Bürgern) auftreten können, durch Erziehung zu befestigen galt. In der Rahmenerzählung des Kinderschauspiels *Die Geschwisterliebe* von Christian Weiße heißt es entsprechend: „Indessen giebt es unzählige Gelegenheiten, wo sich die Geschwisterliebe äußern kann, ja, ich möchte sagen, es geht beynahe keine Stunde vorbey, wo die Geschwister nicht durch Uneigennützigkeit, Freygebigkeit, Sorgfalt, Antheil an das andern Schmerz und Freude, Proben von ihrer Liebe und Wohlwollen gegen einander ablegen können, da ihr gemeinschaftliches Interesse so oft in Gegensatz zu kommen scheint, und doch so genau verbunden ist" (Weiße 1777, S. 29 f.).

Gerade die nicht entrinnbare Verbundenheit der Geschwister über „gemeinschaftliche Interessen" konnte zur Ursache von Konflikten, aber auch zum Trainingsfeld für ein breites Spektrum erwünschter „sozialer Kompetenzen" werden, die weit über die Kindheit und den familialen Rahmen hinaus für das Gelingen der bürgerlichen Gesellschaft im Sinne der Aufklärung von Bedeutung waren. Auch wenn die explizite Auseinandersetzung mit dem Thema von Konflikt und Neid unter den Geschwistern in den pädagogischen Schriften des ausgehenden achtzehnten und frühen neunzehnten Jahrhunderts nicht so prominent behandelt wurde wie dies seit dem zwanzigsten Jahrhundert der Fall ist, kann dennoch die implizite „Betonung der geschwisterlichen Solidarität, die Nachdrücklichkeit, mit der sie gefordert wird, [...] auch als erzieherische Gegenstrategie gegen das in der altershomogenen Geschwistergruppe gegebene Konfliktpotential" gesehen werden (Wild 1986, S. 178).

Es ist dennoch vermutlich kein Zufall, dass selbst das neunzehnte Jahrhundert, folgt man dem Grimmschen Wörterbuch, einen Begriff wie „Geschwisterneid" noch nicht kannte, der heute selbstverständlich in Buchtiteln pädagogischer und psychologischer Ratgeberliteratur auftaucht und bei einer Internetrecherche zu zehntausenden Treffern führt. Das neunzehnte Jahrhundert war, das wurde vielfach dargestellt, eine Zeit, in der besonders bürgerliche Geschwisterbeziehungen in der Malerei und Literatur extrem intimisiert wurden (Davidoff 2002; Grabbe 2005). Geschwister wurden auf Familienbildern wie Liebespaare dargestellt, körperlicher Kontakt zu einem Symbol von Nähe. Auch die Literatur thematisiert vielfach enge Geschwisterbeziehungen. Diese Intimisierung vollzog sich besonders in bürgerlichen Familien einerseits im Kontext einer zunehmenden Verknüpfung von Verwandtschaft durch Heiratsverbindungen (*cousin marriages*), die bisher, besonders nach den strikteren Regeln der katholischen Kirche, als Inzest gegolten hatten (Davidoff 1995, S. 212–219; Sabean 2007, S. 311). Andererseits bildete die stärkere Konzentrierung der Erziehungsaufgaben bei den Müttern, die sich auch in einem Wechsel der Adressaten von Erziehungsratgebern von den Vätern auf die Mütter niederschlug, einen wichtigen Zusammenhang für die stärkere Fokussierung emotionaler Bindungen zwischen Geschwistern in der normativen Literatur. Interessant ist besonders der in diesem Kontext sich vollziehende Paradigmenwechsel von Erziehung durch Kontrolle zu Erziehung durch Liebe, der sich im frühen neunzehnten Jahrhundert besonders bei Schleiermacher findet. Für Schleiermacher waren die Liebe und das Vertrauen des Kindes in seine familiale Umgebung die Basis für die spätere Entwicklung sittlichen Verhaltens: „und wenn nur die Harmonie zwischen den Familiengliedern nicht gestört wird, so kommt das Kind vermöge seiner Liebe zur Mutter und vermöge des Verhältnisses anderer zu dieser, in ein Verhältnis der Liebe, das nach und nach sich erweitert; es entwickelt sich so allmählich eine gemeinsame Liebe, und diese ist das Fundament aller Gesinnung und des ganzen sittlichen Daseins" (Schleiermacher 2000, S. 196 f.). Die psychoanalytische Literatur, die den Hintergrund für Peter Stearns' Befund vom Geschwisterneid als konstitutivem Element der Familiendynamik bildet (List 2009, S. 118 f.; Wild 1986, S. 178) ist eingebettet in diesen breiteren sozialgeschichtlichen und normativen Kontext, der die Emotionsregime des neunzehnten und zwanzigsten Jahrhunderts sehr deutlich von denen der Frühen Neuzeit absetzt.

2 Emotionen in den Akten: Die Vermittlung von Emotionology und Emotionen in der Sozialgeschichte der Geschwisterbeziehungen

Die biblische Geschichte von Jakob und Esau verwies neben der religiösen Dimension auf zwei strukturelle Determinanten, die die Geschwisterbeziehungen und das Dreiecksverhältnis zwischen Geschwistern und Eltern prägen konnten: das Erbrecht und die Geschwisterposition (Vorpahl 2008). Die sozialhistorische Familien- und Geschwisterforschung hat sich v.a. mit den unterschiedlichen Erbrechtsformen und ihren Auswirkungen auf innerfamiliale Konflikte beschäftigt. Besonders für die Frühe Neuzeit liegen dazu inzwischen einige Untersuchungen vor, die auch die emotionale Bedeutung und „Bearbeitung" der strukturellen Konfliktzusammenhänge analysieren. In adligen und bäuerlichen Familien mit strikter Primogenitur und ziemlich radikalem Erbausschluss der nachgeborenen Kinder befestigte das Erbreglement früh die Hierarchie unter den Geschwistern (Reif 1979; Ruppel 2006, S. 124–130, 154–162). Aber auch in Regionen, wo dies nicht so klar fixiert war, stellte sich i. d. R. bald heraus, welcher Sohn erbte, welcher dem geistlichen Stand gewidmet werden oder ins Militär sollte. Welches Konfliktpotential solche Konstellationen enthielten und wie Geschwister damit umgingen, bietet ein interessantes emotionsgeschichtliches Beobachtungsfeld. Hier kann nur auf einige Ebenen und Forschungsergebnisse verwiesen werden.

Blickt man auf die europäische Forschung, so sieht man, dass zumindest in manchen Regionen Gerichtsprozesse zwischen adligen Brüdern in der Zeit des Ancien Régime sehr häufig waren. In Kastilien z. B. gab es im siebzehnten und achtzehnten Jahrhundert kaum eine adelige Familie, die nicht in langwierige Rechtsstreitigkeiten um Erbanteile verstrickt gewesen wäre. Wie früh die Antagonismen besonders unter Brüdern in diesen Familien einsetzten, ist schwer auszumachen. Interessant ist allerdings, dass eine Studie zeigen konnte, dass ihr Rechtsstreit die Brüder nicht daran hinderte, in anderen Fragen gemeinsam aufzutreten und die Interessen des Hauses gegenüber Dritten zu verteidigen. Der Historiker Antonio Terrasa Lonzano interpretiert dies in einer Untersuchung so, dass den Kindern die Bedeutung der Einheit des Hauses und der Linie offensichtlich intensiv vermittelt wurde. Dazu gehörten in adligen Haushalten auch die Ahnengalerien und elaborierten Stammbäume als Orte, an denen die Kinder symbolisch ins Kollektiv eingefügt wurden. Das oben zitierte Testament des Freiherrn von Marwitz gehört ebenfalls in diesen Zusammenhang. Die Orientierung am Haus vertrug, das zeigen diese Untersuchungen, durchaus Spannungen. Sie durften aber über ein bestimmtes Maß nicht hinausgehen, um die notwendige Kooperation im Interesse des Hauses nicht zu unterminieren (Terrasa Lozano 2009, 2010; auch Ruppel 2006, S. 219–229).

Ein besonders interessantes Beispiel für frühneuzeitliche Geschwisterbeziehungen bieten die Nürnberger Patriziergeschwister Pirckheimer, der gelehrte Kaufmann und Humanist Willibald und seine sieben Schwestern, die Anfang des sechzehnten Jahrhunderts alle bis auf eine in Nürnberger Klöster eintraten und dort meist rasch in hohe Funktionsstellen aufstiegen. Die nicht standesgemäße Verheiratung einer Tochter Willibalds, der ihr eine Liebesehe gestattete, brachte besonders seine Schwester Caritas, mit der er eigentlich am engsten verbunden war, gegen ihn auf. Sie war Äbtissin eines Klarissenklosters in der Stadt und fürchtete um die Familienehre, worunter auch der Ruf ihres Klosters leiden würde. Der sonst intensive briefliche Kontakt zwischen den beiden brach daraufhin für ein Jahr ab (Knackmuß 2005, S. 89). Interessant ist an diesem Fall nicht nur die enorme Bedeutung der Familienehre, die auch für eine Nonne eine zentrale Konfliktursache mit ihren Geschwistern darstellen konnte, sondern auch die Rolle der anderen Geschwister, die als Vermittler auftraten, sowie besonders die Einordnung des Konflikts in ein religiöses Bezugssystem durch Caritas. Sie teilte dem Bruder mit, dass Gott um ihre Unschuld in diesem Zwist wisse und dass der Grund des Zerwürfnisses „nit in irem herzen ist" (Knackmuß 2005, S. 90). Der Streit mit dem Bruder verlangte auch von der Nonne – fast im Sinne des Lutherischen Katechismus – Introspektion, Überprüfung der eigenen Gedanken, Worte und Taten, die zu dem Unfrieden Anlass gegeben haben könnten.

Die Geschichte der Geschwister Pirckheimer ist auch deshalb als Konfliktkonstellation interessant, da aus den Briefwechseln deutlich wird, dass mit der Übernahme des Erbes der Eltern durch Willibald ein deutliches Autoritätsgefälle zwischen den Geschwistern eintrat. Die Schwestern waren nun z. T. direkt von ihm abhängig. Die väterliche Autorität ging auf ihn über. Kritik an seiner Handlungsweise führte daher bei ihm zu deutlichen Irritationen und zum Konflikt mit der Lieblingsschwester.

In einer interessanten Untersuchung zur Familiensprache und zu Familienkonflikten in englischen Gesellschaftsromanen des achtzehnten Jahrhunderts arbeitete Tadmor (1992) heraus, dass innerhalb der englischen Gentry keineswegs das für das achtzehnte Jahrhundert häufig angenommene relativ unhierarchische und offene Familienklima herrschte, sondern dass innerfamiliale Hierarchien sehr präzise und subtil z. B. über Anreden markiert wurden. Geschwister unterschieden über die Anreden untereinander klar nach Alters- und Machtpositionen. Besonders der designierte Erbe wurde dadurch von den jüngeren Geschwistern deutlich abgehoben. Diese benutzten in der Anrede untereinander

i. d. R. Vornamen, z. B. „my dear brother Francis", während der älteste Bruder immer mit Bruder und dem Familiennamen adressiert wurde. Auch im deutschen Adel lassen sich diese Differenzierungen finden (Ruppel 2006, S. 124–136). Interessant ist allerdings auch, wie und warum sie durchbrochen wurden.

Ein bekanntes Beispiel für sehr informelle und unhierarchische Geschwisterbeziehungen im deutschen Adel ist das Verhältnis der preußischen Königin Luise, der Frau Friedrich Wilhelm III., zu ihren Schwestern und zu ihrem älteren Bruder Georg, Großherzog von Mecklenburg Strelitz. Die Geschwister waren nach dem frühen Tod der Mutter und auch der Stiefmutter (der Schwester der Mutter) im ausgehenden achtzehnten Jahrhundert am Hof der Großmutter in Darmstadt aufgewachsen. Ihre gegenseitige Verbindung war extrem eng und die besondere Vertrautheit und Vertraulichkeit hielt auch ins Erwachsenenalter hinein an. Sie schlug sich in einer sehr informellen Anredeform und Sprache in den intensiven Briefwechseln zwischen den Geschwistern nieder. Dabei hob sich i. d. R. die Informalität der Sprache zwischen den Geschwistern deutlich vom Umgangston mit dem jeweiligen Ehepartner ab (Philipps 2010, z. B. S. 130–132, 146–149). Besonders mit ihrer jüngeren Schwester Friederike hatte Luise ein geradezu symbiotisches Verhältnis, das sich schon sehr früh herausbildete und bis in das frühe Erwachsenenalter fortdauerte (ebd., S. 179 f.). Nach einem Besuch bei der Schwester im Jahr 1803 schrieb Luise an ihren Bruder Georg: „Diese Zusammenkunft war beinahe mehr schmerzlich wie erfreulich. Ich glaube, wir empfanden im Augenblick des Wiedersehens und der ersten Umarmung den ganzen Umfang des Unglücks, voneinander getrennt zu sein, denn sie weinte so heftig, daß sie sich nicht erholen konnte, und ich, als sie mich aus ihren Armen losließ, [war] beinahe ohnmächtig" (ebd., S. 183).

Hintergrund dieses engen adligen Geschwisterverhältnisses an der Wende zum neunzehnten Jahrhunderts war zum einen das fast bürgerliche Familienleben am kleinen Darmstädter Hof, an dem zudem aufgeklärte Erzieherinnen und Erzieher sich um die Kinder bemühten, die mit den Schriften Rousseaus und anderer Aufklärer aufwuchsen (ebd., S. 53–56). Zum anderen war es die Differenz zwischen dieser Kindheit und der Realität der politischen Ehen, die sie eingehen mussten und die i. d. R. allen ihren Vorstellungen von Liebe und emotionalen Familienbindungen widersprachen.

Es gab sicher auch Spannungen zwischen den Geschwistern. Interessant ist aber auch hier, dass es sich z. B. bei den bestürzten Reaktionen der Geschwister, als die früh verwitwete Friedrike ein uneheliches Kind von einem Prinzen Solms-Braunfels erwartete, nicht mehr um die konventionellen Reaktionen auf eine Bedrohung der Ehre und des Status des adeligen Hauses handelte. In den Korrespondenzen mit den Geschwistern ging es primär nicht um Schande, sondern um die Frag nach den Möglichkeiten von Glück in solchen Beziehungen und auch um die Frage von Moral und Tugend. Zumindest zwei der anderen Geschwister brachen in der Folgezeit ebenfalls aus unglücklichen Ehen aus und begaben sich in nicht-standesgemäße Beziehungen. Andererseits spielte aber bei den langwierigen Versuchen des ältesten Bruders Georg, eine Frau zu finden, die Frage der standesgemäßen Wahl und der richtigen Religion eine wichtige Rolle für die Schwestern, die sich aus diesen Gründen auch gegen mögliche Kandidatinnen sperrten. Umgekehrt engagierten sie für die Erziehung ihrer Kinder – oft zum Unwillen des jeweiligen Hofes – meist Pädagogen aus dem Umkreis von Pestalozzi oder von deutschen Reformpädagogen, stillten selbst und sahen die intensive Zuwendung zum Kind im Sinne der oben zitierten

Argumentation Schleiermachers als wichtigste Grundlage nicht nur der harmonischen persönlichen Entfaltung, sondern auch der Entwicklung von Verantwortungsbewusstsein als Landesherr (Philipps 2010, S. 360–369). Den demokratischen Bewegungen im neunzehnten Jahrhundert standen sie jedoch alle ablehnend gegenüber.

Das Beispiel dieser hochadligen Geschwister an der Wende zum neunzehnten Jahrhundert ist in mehrfacher Hinsicht aufschlussreich. Auf einer eher psychologischen Ebene zeigt es, wie das aus bürgerlichen oder auch aus Arbeiterfamilien des neunzehnten Jahrhunderts gut bekannte Phänomen des Zusammenwachsens von Geschwistern als Überlebensgemeinschaft in Zeiten der Bedrohung von Lebenschancen durch den Verlust von Bezugspersonen oder äußere Zwänge auch in solchen adligen Familien funktionierte. Es hatte besonders langfristig intensive Geschwisterbeziehungen zur Folge. Die Art und Weise, wie diese Beziehungen verbalisiert wurden, wie die Geschwister ihre Gefühle ausdrückten, sich z. T. auch untereinander stritten, folgte deutlich dem neuen, auf dem Bedürfnis nach authentischem Ausdruck des Individuums basierenden Emotionsregime, das zugleich die engen Mutter-Kind- und Geschwisterbeziehungen in den Vordergrund familialer Normalitätskonstruktionen stellte. Sie benützten das Vokabular der Zeit, um sich ihrer gegenseitigen Gefühle zu versichern. Daneben blieb bei allen Geschwistern trotz verschiedener eigener Ausbruchsversuche ein eher reaktionärer politischer Wertehorizont, in den gerade die Gefühlsrhetorik, die eigentlich mit bürgerlicher Emanzipation und Selbstverwirklichung verbunden war, sich nur schwer einfügte.

Derartige Übergangsphänomene und Gemengelagen lassen sich auch in anderen Schichten des neunzehnten Jahrhunderts natürlich zahlreich feststellen: Geschwister aus Familien aller Schichten haben sich z. B. für ihre Emanzipation von als antiquiert angesehenen Umgangsstilen der Eltern solidarisiert, transportierten dabei aber auch untereinander durchaus traditionelle Geschlechterrollen weiter; Geschwistergruppen können sich über solche Fragen auch spalten und verfeinden. Auf all das kann hier nicht weiter eingegangen werden.

Was die wenigen Beispiele insgesamt verdeutlichen sollten, ist die Tatsache, dass die „Lektüre" von Tagebüchern und Briefen zwischen Geschwistern, von Akten ihrer gegenseitigen Rechtsstreitigkeiten oder auch von literarischen Bearbeitungen der Thematik einen guten Einblick bieten kann in die Produktion und Vermittlung von Gefühlslagen im Kontext von zeitgenössischen Verhaltensstandards, Begriffsrepertoires und individuellen Bedürfnissen. So sehr Geschwisterbeziehungen eine „natürliche" Beziehungsform sind, so sehr sind sie eingelassen in kulturelle Konventionen des familialen Fühlens, in allgemeinere Erklärungsmuster über die Entstehung und Qualität von Gefühlen, in gegenseitige Verhaltenserwartungen und (geschlechts-) spezifische Belastungen, denen auch Geschwister und Geschwisterrollen jeweils ausgesetzt sind. Peter und Carole Stearns' Aufforderung „to examine people's efforts to mediate between emotional standards and emotional experience" (Stearns und Stearns 1985, S. 825) mag zwar durch die Trennung von „standards" und „experience" der Gefahr nicht entgehen, emotionale Erfahrung als unabhängige Größe zu essentialisieren. Dies war aber mit diesem Ansatz nicht wirklich beabsichtigt. Es handelt sich vielmehr um die Aufforderung, die Spannungsfelder, in denen Gefühle sich bilden, genauer auszuleuchten und ihren Wandel im Kontext sich verändernder Normen zu analysieren. Für die Geschwisterbeziehungen wurde dies bisher noch wenig systematisch bearbeitet. Sowohl die Geschichte der Emotionen wie die Familiengeschichte könnten davon sehr profitieren.

Literatur

Ariès, P. (1960). *L'enfant et la vie familiale sous l'ancien régime*. Paris: Librairie Plon.
Atkins, A. (2001). *We grew up together. Brothers and sisters in nineteenth-century America*. Urbana: University of Illinois Press.
Cicirelli, V. G. (1994a). Sibling relationships in cross-cultural perspective. *Journal of Marriage and the Family, 56*(1), 7–20.
Cicirelli, V. G. (1994b). The longest bond. The sibling life cycle. In L. L'Abate (Hrsg.), *Handbook of developmental family psychology and psychopathology* (u. a., S. 44–59). New York: Wiley.
Davidoff, L. (1995). Where the stranger begins. The question of siblings in historical analysis. In L. Davidoff (Hrsg.), *Worlds between: Historical perspectives on gender and class* (S. 206–225). Cambridge: Polity Press.
Davidoff, L. (2002). Eins sein zu zweit. Geschwisterinzest in der englischen Mittelschicht des späten 18. und frühen 19. Jahrhunderts. *L'homme Zeitschrift für Feministische, 13*(1), 29–50.
Dexter, S. (1791). *Thoughts upon several passages of scripture, both in the old and new Testament, relative to Jacob and Esau; with incidental excursions. By Philotheorus*. Massachusetts: Worcester.
Dixon, T. (2003). *From passions to emotions: The creation of a secular psychological category*. Cambridge: Cambridge University Press.
Dixon, T. (2008). *The Invention of altruism: Making moral meanings in Victorian Britain*. Oxford: Oxford University Press.
Fertig, G. (2005). Geschwister – Eltern – Großeltern. Die historische Demographie zwischen den Disziplinen. In G. Fertig (Hrsg.), *Geschwister – Eltern – Großeltern: Beiträge der historischen, anthropologischen und demographischen Forschung: Historical Social Research* (Sonderheft 30, 3, S. 5–14). Köln: Zentrum für Historische Sozialforschung.
Finlay, A. (2006). Sisterly feelings in Cavendish and Brackley's srama. In N. Miller, & N. Yavneh (Hrsg.), *Silbling relations and gender in the early modern world: Sisters, brothers and others* (S. 195–205). Aldershot: Ashgate.
Frevert, U., et al. (2011). *Gefühlswissen. Eine lexikalische Spurensuche in der Moderne*. Frankfurt a. M.: Campus Verlag.
Glover, L. (2000). *All our relations: Blood ties and emotional bonds among the Early South Carolina gentry*. Baltimore: Johns Hopkins University Press.
Grabbe, K. (2005). *Geschwisterliebe: Verbotenes Begehren in literarischen Texten der Gegenwart*. Bielefeld: Aisthesis-Verlag.
Hemphill, C. D. (2011). *Siblings: Brothers and sisters in American history*. Oxford: Oxford University Press.
Kessel, M. (2006). Gefühle und Geschichtswissenschaft. In R. Schützeichel (Hrsg.), *Emotionen und Sozialtheorie. Disziplinäre Ansätze* (S. 29–47). Frankfurt a. M.: Campus Verlag.
Klemperer, V. (1996). *Leben sammeln, nicht fragen wozu und warum: Tagebücher* (1918–1932) (2 Bde.). Berlin: Aufbau-Verlag.
Knackmuß, S. (2005). „Meine Schwestern sind im Kloster…" Geschwisterbeziehungen des Nürnberger Patriziergeschlechtes Pirckheimer zwischen Klausur und Welt, Humanismus und Reformation. In G. Fertig (Hrsg.), *Geschwister – Eltern – Großeltern: Beiträge der historischen, anthropologischen und demographischen Forschung: Historical Social Research* (Sonderheft 30, 3, S. 80–106). Köln: Zentrum für Hostorische Sozialforschung.
List, E. (2009). *Psychoanalyse: Geschichte, Theorien*, Anwendungen. Wien: Facultas.

Loch, W. (2004). Pädadgogik am Beispiel August Hermann Franckes. In H. Lehmann (Hrsg.), *Geschichte des Pietismus: Bd. 4. Glaubenswelt und Lebenswelten* (S. 264–308). Göttingen: Vandenhoeck&Ruprecht.

Von der Marwitz, F. A. L. (1908). In F. Meusel (Hrsg.), *Ein märkischer Edelmann im Zeitalter der Befreiungskriege* (3 Bde.). Berlin: Mittler.

Miller, N., & Yavneh, N. (Hrsg.). (2006). *Silbling relations and gender in the early modern world: Sisters, brothers and others*. Aldershot: Ashgate.

Philipps, C. (2010), *Luise. Die Königin und ihre Geschwister*. München: Pieper.

Rank, O. (1912). Das Bruderhaß-Motiv: Von Sophokles bis Schiller. In O. Rank (Hrsg.), *Das Inzest-Motiv in Dichtung und Sage: Grundzüge einer Psychologie des dichterischen Schaffens* (S. 585–603). Leipzig / Wien: Deuticke.

Reif, H. (1979). *Westfälischer Adel 1770–1860. Vom Herrschaftsstand zur regionalen Elite*. Göttingen: Vandenhoeck&Ruprecht.

Ruppel, S. (2006). *Verbündete Rivalen. Geschwisterbeziehungen im Hochadel des 17. Jahrhunderts*. Wien: Böhlau.

Sabean, D. (2007). Kinship and Class Dynamics in Nineteenth-Century Europe. In D. Sabean, S. Teuscher, & J. Mathieu (Hrsg.), *Kinship in Europe. Approaches to Long-Term evelopments (1300–1900)* (S. 301–312). Oxford: Berghahn Books.

Schleiermacher, F. (2000). Grundzüge der Erziehungskunst (Vorlesungen 1826). In V. M. Winkler, & J. Brachmann (Hrsg.), *Texte zur Pädagogik. Kommentierte Studienausgabe* (Bd. 2.) Frankfurt a. M.: Suhrkamp.

Spanaugle, J. (1751). *An essay towards the true understanding of the spiritual sense of the history of Jacob and Esau*. Leeds: James Lister.

Stearns, P. (1990). The rise of sibling jealousy in the twentieth century. *Symbolic Interaction, 13*(1), 83–101.

Stearns, P. (1993). Girls, boys, and emotions: Redefinitions and historical change. *The Journal of American History, 80*(1), 36–74.

Stearns, P. N., & Haggerty, T. (1991). The role of fear: Transitions in American emotional standards for children, 1850–1950. *The American Historical Review, 96*(1), 63–94.

Stearns, P. N., & Lewis, J. L. (Hrsg.). (1998). *An emotional history of the United States*. New York: New York University Press.

Stearns, C. Z., & Stearns, P. N. (1985). Emotionology: Clarifying the history of emotions and emotional standards. *The American Historical Review, 90*(4), 813–836.

Stearns, C. Z., & Stearns, P. N. (Hrsg.). (1988). *Emotion and social change: Toward a new psychohistory*. New York: Holmes and Meier.

Tadmor, N. (1992). Dimensions of inequality among siblings in eighteenth-century English novels: The cases of Clarissa and the history of Miss Betsy thoughtless. *Continuity and Change, 7*(3), 303–333.

Terrasa Lozano, A. (2009). Aristocracy and litigation in the 17th century: A transnational space for family lawsuits. *European Review of History, 16*(5), 637–653.

Terrasa Lozano, A. (2010). Legal enemies, beloved brothers: High nobility, family conflict and the aristocrats' two bodies in early modern castile. *European Review of History, 17*(5), 719–734.

Vorpahl, D. (2008). *„Es war zwar unrecht, aber Tradition ist es": Der Erstgeburtsrechts- und Betrugsfall der Brüder Jakob und Esau*. Potsdam: Universitätsverlag Potsdam.

Weise, C. (1695). *Comoedien-Probe/ Von Wenig Personen/ In einer ernsthafften Action Vom Esau und Jacob/ Hernach in einem Lust-Spiele Vom Verfolgten Lateiner: Nebst einer Vorrede De interpretatione dramatica*. Leipzig: Gerdesius.

Weiße, C. F. (1777). Die Geschwisterliebe. Ein Schauspiel für Kinder. In Ch. F. Weiße (Hrsg.), *Der Kinderfreund. Ein Wochenblatt* (3. Teil). Leipzig: Crusius.

Wild, R. (1986). *Die Vernunft der Väter. Zur Psychographie von Bürgerlichkeit und Aufklärung in Deutschland*. Stuttgart: Metzler.

Yavneh, N. (2006). Playing the Game: Sisterly relations in sofonisba Anguissola's the chess game. In N. Miller, & N. Yavneh (Hrsg.), *Sibling relations and render in the early modern world: Sisters, brothers and others* (S. 166–181). Aldershot: Ashgate.

Andreas Gestrich ist Direktor des Deutschen Historischen Instituts London und Prof. für Neuere Geschichte an der Universität Trier (beurlaubt). Seine Forschungsinteressen richten sich u. a. auf die Sozialgeschichte von Kindheit, Jugend und Familie, die Geschichte von Armut, Armenfürsorge und Philanthropie sowie auf die Sozialgeschichte religiöser Gruppen in der Neuzeit. Neuere Veröffentlichungen sind u. a. *Familie im* neunzehnten und zwanzigsten *Jahrhundert*, 2. Aufl. München 2010; (mit Lutz Raphael und Herbert Uerlings, Hg.) *Strangers and Poor People. Changing Patterns of Inclusion and Exclusion in Europe and the Mediterranean World from Classical Antiquity to the Present Day*, Frankfurt a. M. 2009.

Bildung der Gefühle in der frühen Kindheit

Ursula Stenger

Zusammenfassung: Es wird zunächst in wenigen Grundzügen der Beitrag der Entwicklungspsychologie und Psychoanalyse zur Frage der Bildung der Gefühle, ihrer Differenzierung und Modulierung (Regulation) in Interaktionen skizziert. In einem zweiten Schritt soll eine phänomenologische Mikroanalyse einer Videoszene aus einem Forschungsprojekt in einer Krippe Aufschluss darüber geben, wie in konkreten Situationen Gefühle in Interaktionen in einer Kleingruppe artikuliert und kommuniziert werden und welche Rolle sie für die Deutung und Bewertung komplexer und dynamischer Situationen spielen. Welche Herausforderungen entstehen daraus für pädagogische Fachkräfte in Bezug auf die Bildung der Gefühle in früher Kindheit?

Schlüsselwörter: Frühe Kindheit · Bildung der Gefühle · Phänomenologie · Mikroanalyse

Development of emotions in early childhood

Abstract: First of all, the contribution of developmental psychology and psychoanalysis to the question of the development of emotions, their differentiation as well as their regulation within interactions will briefly be outlined. Essentially, a phenomenological microanalysis of a video scene from a research project in a day nursery gives information about how emotions in interactions within a small group are being articulated and communicated in practice and which role they play for the interpretation and evaluation of complex and dynamic situations. Which challenges arise from this for pedagogic specialists regarding the development of emotions on the early childhood?

Keywords: Early childhood · Development of emotions · Phenomenology · Microanalysis

---

© VS Verlag für Sozialwissenschaften 2012

Prof. Dr. U. Stenger (✉)
Humanwissenschaftliche Fakultät Institut I für Bildungsphilosophie,
Anthropologie und Pädagogik der Lebensspanne Frühe Kindheit und Familie,
Universität zu Köln, Triforum Cologne, Innere Kanalstraße 15,
50823 Köln, Deutschland
E-Mail: ursula.stenger@uni-koeln.de

1 Einführung

Die Bildung der Gefühle ist eine zentrale Herausforderung in der frühen Kindheit. In kulturvergleichenden Studien kann man große Unterschiede in Erregbarkeit, Art der Verarbeitung, Bewertung und Konsequenz aus emotionsauslösenden Ereignissen feststellen (vgl. Kojima 1999; Trommelsdorff und Friedlmeier 1999). Der Umgang mit den Gefühlen ist dementsprechend unterschiedlich, je nachdem in welchem historisch-kulturell-gesellschaftlichen Kontext man sich bewegt (vgl. Ratner 1999). Differenzen in der Bedeutungszuweisung für Gefühle bestehen aber auch in der Behandlung der Geschlechter. So sprechen Mütter mit Mädchen viel häufiger über erlebte Emotionen als mit Jungen; Nähe und Distanz sowie die Art der Verarbeitung von Emotionen im sozialen Kontext sind verschieden (vgl. ebd.). Für die Frage nach der Bildung der Gefühle in der frühen Kindheit ist dies für weitere Untersuchungen von Interesse. In diesem Beitrag soll die Fragestellung bearbeitet werden, auf welche Weise sich Gefühle bilden, aufbauen, artikulieren und wie sie moduliert werden. Welche Rolle spielen dabei pädagogische Fachkräfte?

Während es zur emotionalen Entwicklung und zu den frühen Abstimmungsprozessen mit Bezugspersonen mehr Forschung gibt (vgl. Dornes 2004; Friedlmeier und Holodynski 1999; Dörr und Göppel 2003; Grossmann und Grossmann 2003; Greenspan und Greenspan 1988), fehlen Untersuchungen zur Bedeutung von Abstimmungsprozessen mit Gleichaltrigen und pädagogischen Fachkräften im Alltag weitgehend. Wenig berücksichtigt sind pädagogisch gestaltete Gruppensituationen in Institutionen wie bspw. gemeinsame Mahlzeiten und ihr ritueller Beginn mit einem Fingerspiel, Morgenkreise mit gemeinsamem Singen und Tanzen oder Geburtstags- und Weihnachtsfeiern, alles Situationen, in denen Gefühle inszeniert und hervorgerufen werden. Schon einjährige Kinder stellen sich auf diese Situationen ein, lassen sich anstecken und nehmen sie als Orientierungen. Diese Prozesse sind wichtig, wenn es um den Umgang mit und die Bedeutung von Gefühlen als kollektive Wertschöpfungen in gemeinsam erlebten und gestalteten Situationen geht (vgl. Wulf et al. 2004; Wulf und Zirfas 2005). Gemeinsam gesungene und inszenierte Lieder transportieren ebenso wie Geschichten emotionale Grundmuster, auch Umgangsmöglichkeiten mit starken negativen Gefühlen, die für eigene Bildungs- und Verstehensprozesse herangezogen werden können. Gerade auch negative Gefühle können im Spiel bearbeitet und probeweise Lösungen können durchgespielt werden (vgl. Stenger 2005).

2 Bildung der Gefühle in der frühen Kindheit

Die Entwicklungspsychologie, die Psychoanalyse, die Bindungsforschung und die moderne Säuglingsforschung haben unser Wissen über die emotionale Entwicklung von Kindern enorm erweitert. Hier sollen zunächst wesentliche Erkenntnisse zusammengefasst werden.

Differenzierung der Gefühle durch Spiegelung und Repräsentation. Ausgehend von basalen oder wie Greenspan und Benderley (2001) und Dornes (2000) sagen, den primären Gefühlen zu Beginn des Lebens – Freude, Furcht, Wut und Trauer –, differenziert und entwickelt der Säugling in Interaktionen mit seinen nächsten Bezugspersonen einen in seiner Umgebung praktizierten und codierten Umgang mit Gefühlen und auch ein größeres Repertoire an Gefühlen. In angenehmen und interessanten Stimulationen wendet sich das Kind schon gleich nach der Geburt einer Sache oder Person zu oder dreht sich weg. Es lässt sich von den Gefühlen seines Gegenübers anstecken, stellt sich darauf ein und vermag die Mimik seines Gegenübers zu imitieren. Zentral ist in den ersten Lebensjahren die Feinabstimmung bzgl. der in der Situation empfundenen und gezeigten Gefühle in Dialogen und Situationen mit geteilter Aufmerksamkeit (vgl. Stern 2004, S. 108–115). Der Säugling erfährt, dass eine bestimmte Gefühlsäußerung vom Gegenüber wahrgenommen, mimisch und sprachlich markant gespiegelt, eine bestimmte Bedeutung zugewiesen und prompt und angemessen (vgl. Ainsworth 1974 und 1999; Bowlby 1987/2003) geantwortet wird: Bei Kummer wird getröstet, Freude wird gesteigert und geteilt. Durch die Spiegelung des eigenen Gefühls im Gesicht des Gegenübers kann das Kind einen Repräsentanten des Gefühls bilden und dieses Gefühl und seinen Ausdruck besser kennen lernen. Papousek und Papousek (1999) sehen hier einen ersten entscheidenden Schritt der Symbolisierungsfähigkeit.

Bildung der Fähigkeit zur Modulierung von Gefühlen in sozialer Abstimmung. In einem zweiten Schritt lernen die Kinder über die Modulation in der Mimik und Gestik, aber auch durch die Handlung des Anderen Möglichkeiten kennen, mit Gefühlen umzugehen (Containement) (vgl. Dornes 2004, S. 175–226). In diesen Prozessen lernt das Kind Strategien der Beantwortung emotionaler Befindlichkeiten kennen, etwa der Beruhigung oder der Stimulation, also mögliche Formen der Bewertung und Regulation von Emotionen, die es verinnerlichen und zukünftig selbst einsetzen kann (vgl. Friedlmeier und Holodynski 1999, S. 205). Das Kind kann sich als selbstwirksam erleben, wenn es in seinem Ausdruck von seinem Gegenüber verstanden wird. Wenn es nicht verstanden wird, beginnt es seinen eigenen Gefühlsausdruck für falsch zu halten und äußert sich mit mehr Nachdruck oder zieht sich zurück. Ein Teufelskreis der misslingenden Abstimmung beginnt. Im Engelskreis der gelingenden Affektabstimmung wird die Dramaturgie kleiner Szenen (Füttern, Baden) wiedererkannt und mit früheren Erfahrungen verknüpft (vgl. Papousek 2004, S. 101). In Situationen geteilter Aufmerksamkeit orientiert sich das Kind an emotionalen Bewertungen seiner Bezugspersonen (*social referencing*). Im Versuch ermutigten lächelnde Mütter ihre Babys dazu, über eine scheinbare Kluft zu krabbeln, ein besorgtes Gesicht verhinderte dies (vgl. Harris 1992, S. 29). Nicht mehr körperliche Nähe und direkte Interaktion, wie zu Beginn des Lebens, sondern Blickkontakt reicht in einer sicheren Bindung (Bowlby 1987 und 2003) nun zur Ermunterung zu weiterer Exploration. Die emotionale Reaktion der anderen hat also auch in Bildungs- und Lernprozessen einen direkten Einfluss darauf, ob der begonnene Erkundungsprozess aufrecht erhalten und ausdauernd verfolgt wird, ob Interesse und Motivation sich bilden oder nicht. Kinder, die weitaus mehr Entmutigungen (Verbote, Missfallensäußerungen) hören als Ermutigungen, haben deutlich mehr Probleme, soziale und emotionale Kompetenzen zu entwickeln.

Erziehende führen Kinder in Artikulation und Umgang mit Gefühlen ein, sie sind selbst „Modelle". Angemessene und unmittelbare Reaktionen sowie gut abgestimmte Stimulationen ermöglichen dem Kind, Gefühlsausdruck, inneres Erleben und Verarbeitungsmöglichkeiten aufeinander zu beziehen. Die Verbalisierung von Gefühlen schafft Distanz, verhindert ein bloßes Ausgeliefertsein und eröffnet Wahrnehmungs- und Umgangsmöglichkeiten. Die stellvertretend artikulierte Emotion ermöglicht ein Heraustreten aus der eigenen wütenden Reaktion, das Wahrnehmen der Emotionen des anderen sowie der

Notwendigkeit, die eigenen Reaktionen auf das soziale Umfeld abzustimmen. Der Kreis der erlebten Emotionen erweitert sich, Scham, Schuld, Dankbarkeit u. a. kommen hinzu, sobald die Reaktionen von anderen einbezogen werden. Absichten und Gefühle von anderen können nun auch, wenn sie different von den eigenen sind, wahrgenommen werden.

3 Bildung von Gefühlen. Phänomenologische Analyse

Im Folgenden soll in einer Mikroanalyse die Komplexität und Dynamik der Entstehung von Gefühlen im Alltag junger Kinder aufgezeigt werden.

3.1 Datenerhebung und Darstellung

Die diesem Beitrag zugrunde liegende Videoszene stammt aus einem Forschungsprojekt zur Frage früher Formen und Prozesse kultureller Bildung in der Krippe. Hierzu wurden in einem Zeitraum von 2 Jahren und 5 Monaten jeweils 14-tägig einen Vormittag Kinder in einer Krippengruppe (12 Kinder im Alter von 10 Monaten bis 3 Jahren) teilnehmend beobachtet. Die Kinder wurden von zwei Erzieherinnen und einem wechselnden Elterndienst betreut. Zeitlich war ich von 8.30 bis 13 Uhr in der Gruppe, meist mit einer Mitarbeiterin, so dass jeweils eine videografieren konnte und die andere schriftliche Beobachtungen festhielt, die den Gesamtrahmen wie Einzelszenen betrafen und für die Auswertung wichtiges Material zur Ergänzung der Videoszenen lieferten. Auf diese Weise entstand zu jedem Vormittag ca. eine Stunde Videomaterial, das transkribiert und zusammen mit den schriftlichen Beobachtungen, wie auch mit Transkriptionen von Gesprächen mit den Erzieherinnen zum pädagogischen Alltag, ausgewertet wurde.

Für diesen Beitrag wurde zunächst anhand der Transkriptionen und schriftlichen Beobachtungen eine Vorauswahl an Szenen getroffen, die folgenden Kriterien genügen sollten: Kleingruppen von Kindern mit Erzieherinnen.

Ein Kind allein zeigt zumeist, wenn es sich unbeobachtet fühlt, kein sehr ausgeprägtes Ausdrucksverhalten, deshalb sollten mehrere Kinder interagieren. Auch ist von Interesse, welche Rolle die Erzieherin bei der Frage der Bildung der Gefühle einnimmt. Die Szenen sollten technisch ausreichende Qualität ausweisen, so dass die Kinder gut verständlich sind, und in ihren Interaktionen sollten gefühlshafte Äußerungen und Ausdrucksformen eine sichtbare Rolle spielen. Diese Szenen wurden unter thematischen Gesichtspunkten gruppiert und in Form kontrastiv angelegter Fälle verglichen. Dabei konnten gemeinsame Merkmale herauskristallisiert werden, die im weiteren Verlauf als Dimensionen dargestellt werden.

Zentrales Moment phänomenologischen Arbeitens ist die detaillierte Arbeit mit Einzelfällen (vgl. Dietrich 2010; Peez 2007).

3.2 Phänomenologie als Herangehensweise

Die Phänomenologie wird hier als Herangehensweise gewählt, da die Fragestellung der Bildung der Gefühle in der frühen Kindheit im Alltag untersucht werden soll. Welche Bedeutung haben Gefühle für die Konstitution der Wirklichkeitserfahrung von Kindern?

Wie entstehen Gefühle, wie werden sie kommuniziert und wie verändern sie sich? Dabei stehen Mikroprozesse im Zentrum des Interesses, nicht primär, ab welchem Alter Kinder zu welchen Gefühlen in der Lage sind, sondern wie in konkreten Situationen Gefühle „gebildet" werden. Ein Hauptanliegen der pädagogischen Phänomenologie, soweit überhaupt verallgemeinert werden kann, besteht in der Rehabilitierung lebensweltlicher Erfahrung. Gefühle werden hier als ein Phänomen des menschlichen Lebens betrachtet, das Menschen immer schon betrifft und ihren Blick auf die Wirklichkeit sowie die Weise, wie sie ihre Wirklichkeit erleben und erfahren, fundamental mitbestimmt, bevor Gefühle zum Gegenstand wissenschaftlicher Reflexion gemacht werden können.

Bereits Husserl (1985) hat die objektivistische Verdinglichung der Wirklichkeit als eine Naivität aufgedeckt. Er zeigt, dass zum Erscheinen eines Gegenstandes, ja einer bestimmten Art von Gegenständlichkeit, eine ganz bestimmte korrelative Bewusstseinsleistung notwendig ist. Auf dieser Grundlage untersucht er verschiedene Typen von Gegenständen und korrelativ dazu die Typen der Auffassungsweise, die diese Arten von Gegenständen erst hervorbringen. Ein Beispiel: Für die pädagogische Fachkraft in einer Kita ist der Bau einer großen Burganlage durch eine Gruppe von Kindern ein Konstruktionsspiel und ein komplexer Bildungsprozess. Für die Putzfrau ist das Bauwerk inmitten des Zimmers ein Ärgernis oder eine Herausforderung. Verschiedene Intentionalitäten bringen also verschiedene Arten von Gegenständlichkeit hervor. Gemeint ist jedoch keine nachträgliche Interpretation eines vermeintlich gleichen Gegenstandes.

Mit Husserl wird die Konstitution von Sinn in den Mittelpunkt des Interesses gestellt. Diese Frage ist auch für alle nachfolgenden Phänomenologen zentral, aber für sie ist die Frage der Intentionalität als einer bestimmten Bewusstseinsleistung noch nicht weitgehend genug, da etwa Merleau-Ponty (1994) und in anderer Weise Heidegger (1986) die Verstricktheit des Menschen in die Erfahrung vor aller intentionalen Hinwendung zu ihr zum Thema machen.

Für Merleau-Ponty ist die leibliche Erfahrung eine wesentliche Erfahrung des Menschen. Das Berühren und Berührt-Werden ist eine grundlegende Beziehungsaufnahme zur Welt, die nicht als Feststellen von Eigenschaften von Objekten durch ein erkennendes Subjekt verstanden wird. Das Abtasten der Dinge, mit Händen und Augen Eindrücke aufnehmend, ist eine Erfahrung, deren innere Struktur, deren Genese und Art Merleau-Ponty phänomenologisch aufweisen möchte. Es ist eine Dimension von Erfahrung, an die er sich schreibend herantastet, an das „Unsichtbare *dieser* Welt, das, was diese Welt bewohnt, sie stützt, sie sichtbar macht, sie ist ihre innere ureigene Möglichkeit, das Sein dieses Seienden" (Merleau-Ponty 1994, S. 198).

Auch Heidegger zeigt auf, inwiefern das neuzeitliche Subjekt, das sich als der Welt gegenüberstehend erfährt, gewissermaßen eine abstrahierte (oder abgeleitete) Form des Menschseins darstellt, das ursprünglich als In-der-Welt-sein immer schon in konkreten Zusammenhängen einer Welt mit anderen lebt. Ein Beispiel für die Erschlossenheit einer bestimmten Welterfahrung ist die Stimmung, die im Einzelnen als Gefühl für eine Situation sich äußert. „Die Stimmung hat je schon das In-der-Welt-sein als Ganzes erschlossen und macht ein Sichrichten auf... allererst möglich" (Heidegger 1986, S. 137). Die Stimmung ist nichts Nachträgliches, sondern der vorgängige Modus, wie uns unsere Welt zugänglich ist.

Anliegen der Phänomenologie ist es, diese ursprünglich erfahrenen Phänomene zugänglich zu machen. So haben etwa die im Projekt beobachteten zweijährigen Kinder sich ihre Spielsituation für sich erschlossen, sie entwickeln sie handelnd und deuten sie im Medium des Spiels. Ein ganz wesentliches Mittel der Arbeit, die Sinngenese und die Bedeutung von Gefühlen in diesen Prozessen der Wirklichkeitskonstitution erschließen zu können, ist das Beispielverstehen. Lippitz (1993, S. 131–143) beschreibt in seinem Kapitel „Das Zeiterleben von Kindern. Zur phänomenologischen Methode der exemplarischen Deskription" die Vorgehensweise von Langeveld. Es geht dabei um die „Schilderung exemplarischer und typischer Situationen und Begebnisse, [...] und die daran sich anschließende um Generalisierung bemühte Deutung, die nach dem Sinn dieses Phänomens für das Leben des Kindes und für den Sinn unserer Existenz überhaupt fragt" (ebd., S. 138). Dimensionen der Gefühlsbildung stellen derartige Generalisierungen dar.

Um also der Komplexität und Eigendynamik des Handelns einer Kindergruppe im Alltag mit einer Erzieherin gerecht zu werden und die Bedeutung dieser Situationen als Bildungssituationen für Gefühle auch darstellen zu können, ist es notwendig, eine Situation auszuwählen, um sie genauer analysieren zu können. Diese Situation wurde für diesen Beitrag von 25 min auf 2,5 min geschnitten und dicht beschrieben, um die emotionalen Konnotationen der Handlungen mit einzufangen. Eine bloße Transkription der Dialoge mit in Klammern gesetzten direkt sichtbaren Gefühlsäußerungen wie (lacht) erschien hierfür nicht geeignet, da die Interpretation auf die plastische Darstellung der Handlung angewiesen ist. Emotionen begleiten und deuten die Handlungen der Kinder, ja sie bringen sie mit hervor. Sie müssen gewissermaßen zwischen den Zeilen herausgelesen werden, da die Kinder ihre Gefühlsäußerungen nicht markieren, sondern oft beiläufig durch den Klang der Stimme oder eine bestimmte Körperhaltung zum Ausdruck bringen.

Wie Dornes (2000, S. 26) beschreibt, ist der Affektausdruck bis zum dritten Lebensjahr noch wenig sozialisiert und die Fähigkeiten zu Verdrängung und Vorspiegelung anderer Gefühle entwickeln sich erst, so dass der Affektausdruck über Mimik, Gestik und Körpermotorik, beschrieben in der Videoanalyse, herangezogen werden kann.

Hier sollen nun die Prozesse der Bildung der Gefühle in ihren Dimensionen differenzierter betrachtet werden, um Rückschlüsse auf Herausforderungen und Aufgaben für die Gestaltung dieser Prozesse ziehen zu können, denn Gefühle spielen von Geburt an eine entscheidende Rolle bei der Bildung von Erfahrungen. Dynamiken der Übersetzung von Innen und Außen (Ein- und Verkörperung; vgl. Böhme 1997, S. 530) sind ebenso zu berücksichtigen wie Dynamiken zwischen unterschiedlichen Perspektiven und Deutungsmöglichkeiten. Fühlen ist kein punktueller Zustand, sondern ein Prozess.

3.3 Spielszene am Steinhaufen im Krippenalltag

1) Nadine und Lea rennen auf einen Steinhaufen zu und rufen freudig: „Da kann man hochklettern!" und beginnen sogleich damit. Die Erzieherin geht langsam mit Helene an der Hand zu dem Steinhaufen. Die beiden Kletternden ziehen sich mit Händen und Füßen tastend geschickt hoch und klettern, ohne sich mit Worten und Blicken abzustimmen, eng nebeneinander, immer drei Punkte am Fels nach oben. Lea ist als erste oben und beginnt frohgemut mit einem Singsang, auf den die Erzieherin melodisch passend antwortet. Lea endet jeweils mit einer nach oben führenden Melodie, die Erzieherin schließt die Melodie

jeweils nach unten ab. Lea: „Wir sind oben." Erzieherin: „Prima!" Lea: „Hier ist unser Haus!" Erzieherin: „Hier ist euer Haus." Lea: „Da wohnen wir." Erzieherin: „Da wohnt ihr." Nun äußert sich Helene: „Ich will auch da hoch!" Ihre Stimme ist etwas unsicher, fordernd. Nadine setzt sich kompakt auf einen Stein, sieht sie abweisend an und konstatiert mit fester, fast schriller Stimme: „NEE, da wohnen WIR. Du darfst nicht hochklettern." Die Erzieherin macht einen Versuch, Helene ins Spielgeschehen zu bringen, indem sie darauf hinweist, dass für jeden ein Haus (ein Stein) da sei, aber das interessiert die Kinder nicht.

2) Nadine und Lea entwickeln viele Ideen und bewegen sich dabei flink auf den Steinen auf und ab. Helene versucht nach etwa 4 min, nachdem sie mit der Erzieherin die nähere Umgebung erkundet hat, erneut nach oben zu kommen. Wieder sind die beiden anderen ganz oben und Nadine wendet sich erneut vehement in einer sicheren Hocke, mit dem Rücken zur Bergspitze sitzend, gegen Helene, die im wackeligen Stand vor ihr steht mit dem Rücken zum Abgrund. Nadine fasst Helene am Oberkörper und versucht sie am Emporklettern zu hindern. Helene jammert laut und hilfesuchend, worauf die Erzieherin umgehend ihren Oberkörper stützt und sich unmissverständlich mit klarer, bestimmter und ernster Stimme an Nadine wendet: „Nadine, Nadine, Nadine auf den Steinen wird nicht geschubst. Das ist gefährlich. Du kannst es der Helene sagen. (Nun wechselt der Klang ihrer Stimme und klingt eher beiläufig, ein Einverständnis zu einem nun von ihr spontan vorgeschlagenen Vorhaben voraussetzend.) Sie will euch nur mal besuchen. Dann geht sie wieder." Lea sagt im Hintergrund mehr zu sich selbst: „Das ist meine Höhle, das ist unser Holter polter. Da wohnen wir." Die Erzieherin wiederholt noch einmal wie selbstverständlich: „Die Helene will euch nur mal besuchen. Dann geht sie wieder." Helene klettert nun nach oben, während Nadine den Weg freigibt. Lea und Nadine empfangen Helene oben und präsentieren stolz ein Loch zwischen zwei Steinen. „Das ist unsere Höhle." Lea ergänzt: „Da gießen wir hinein." Helene erwidert leise mit bittender Stimme „Ich will auch gießen." Nadine bekräftigt noch einmal „Da gießen wir." Als Helene nicht aufhört ihren Wunsch nach Gießen mehrfach zu wiederholen, breitet Nadine etwas genervt die Arme aus und erklärt: „Nein, wir haben keine dabei!" Die Erzieherin geht mit Helene zur Krippe zurück, wo Helene mit einer Gießkanne Blumen und Gräser gießt, als weniger Minuten später die beiden anderen zurückkehren.

Zur Interpretation der Szene: Die Kinder bewegen sich in spontan sich entwickelnden Sinnräumen, in denen wechselnde Aufmerksamkeiten entstehen und Gefühle sich auf- und abebbend entfalten und so gedeutet werden, dass sie in Bezug auf die augenblickliche Handlung einen Sinn erhalten oder aber Motivation für bestimmte Handlungsimpulse darstellen. Im Folgenden soll gezeigt werden, wie in begleiteten Spielprozessen Gefühle und Imaginationen aus und in kooperativen Handlungen entstehen und wie sie moduliert werden.

Wenn die Szene unter dem Fokus der Bildung der Gefühle betrachtet wird, können eine vielschichtige Dynamik, ein Wechselspiel und Wechselbad der Gefühle gesehen werden, sofern aus Körperausdruck, stimmlicher Geste und den sprachlichen Artikulationen auf sie zurück geschlossen werden kann. Zu berücksichtigen ist, dass diese Szene in einer pädagogischen Institution mit einer pädagogischen Fachkraft in einer „vorbereiteten" Umgebung stattfindet. Das Außengelände mit den Steinen ist eine gewollte und gewünschte Herausforderung, der sich die Kinder in früheren Situationen bereits gestellt haben. Kulturelle Kontexte sind somit nicht nur in Form kognitiver Strukturen und Erinnerungen im Kopf der Subjekte vorhanden, sondern stellen leibhafte und im Stein sichtbare positiv oder negativ besetzte Erfahrungen dar. Pädagogische Ziele und Wünsche finden sich hier verkörpert im Material und auch im pädagogischen Umgang. Leider können nur wenige Punkte herausgegriffen werden, um darauf einen Spot zu richten.

Szene 1: Zwei Mädchen fassen die Idee zum Steinhaufen zu gehen. Sie laufen in Vorfreude und klettern behände hoch. Der Erfolg, oben auf dem Steinhaufen angekommen zu sein, ist eine Freude für Lea. Oben sein, groß sein ist ebenso emotional besetzt, besitzt in unserer Kultur eine andere Wertigkeit als unten zu sein. Von oben kann man auf andere und auf die Welt herabblicken. Leas Freude über das Oben-Sein äußert sich im Singsang. Sie benennt und symbolisiert das Oben-Sein als zu Hause sein, die Erzieherin steigt spontan in einen Wechselgesang ein, teilt somit ihr Gefühl, spiegelt es, gibt ihm Raum, so dass es sich über die passende Melodie steigern und entfalten kann. Dieser Moment des Inne-Seins wird von Nadine nicht geteilt, sie ist auch oben, grenzt sich aber als Gruppe sofort von Helene ab, die nicht hoch darf. Ihre Körperhaltung des sicheren Sitzens und Abwehrens spiegelt sich in ihrer festen Stimme wider: Sie genießt nicht das Glück, sondern will „das Haus" mit Engagement absichern. Die Erzieherin macht einen Vorschlag: „Jeder hat ein Haus", der in die Imagination der Kinder einsteigt und für Helene eine Möglichkeit schafft, die körperlich unsicherer als die anderen von außen in die Gruppe kommen will. Auch hier sind frühere Erfahrungen, aber auch die implizite Auffassung der Erzieherin emotional positiv besetzt: Zu dritt spielen, dabei sein, nicht allein sein und zusehen müssen, ist ein Gefühl, das sich in Form von Helenes Wunsch äußert: Ich will auch hoch! Ihre Stimme klingt dabei bittend und unsicher.

Szene 2: Obwohl das Spiel an den Steinen mehr als 15 min geht und die Erzieherin sich kaum einschaltet, soll noch eine konflikthafte Szene herausgegriffen werden, da hier besondere Bildungsgelegenheiten für Gefühle versteckt sind. Wieder können wir von Körperhaltungen der Abwehr oder Unsicherheit dahinterliegende Gefühle vermuten. Die Erzieherin sieht inzwischen, dass Helene aus vielen Gründen hier kein gleichrangiger Spielpartner sein kann und macht den Vorschlag des Besuchs. Dieser Vorschlag bezieht die Gefühlslagen aller Kinder respektierend ein. Sie greift mit der Besuchsidee auf eine uralte kulturelle Praktik des Umgangs mit dem unliebsamen Anderen zurück, es geht nicht mehr um das Entweder-Oder des Dabeiseins, sondern um das zeitweise „Besuchen". Besuchen eröffnet eine neue Situation mit einer neuen Gefühlslage. Helene darf hochklettern, jetzt sogar ganz hoch und die Benennung: Das ist unser Haus, unsere Höhle, hat nun einen anderen Klang. Nicht mehr die apodiktische Verteidigung, die andere ausschließt, sondern ein fast stolzes Zeigen des Heims an den Besucher, der „dann wieder geht", ist zu erkennen. Die Umdeutung erfolgt wiederum innerhalb der von den Kindern vorgeschlagenen Spielidee/Imagination des „Zu-Hause-Seins".

Interessant ist auch eine Äußerung von Lea: „Holter polter". Sie zitiert hier ein häufig gelesenes Buch, *Wir gehen auf Bärenjagd*, in dem sich eine Familie gemeinsam in viele Gefahren stürzt, um dann schließlich vor dem Bären davonzulaufen und nach Hause zurückzukehren. Geschichten mit ihren emotionalen Dramaturgien werden im Spiel re-inszeniert. Die Erzieherin hatte etwa 6 min vorher ein anderes Zitat aus dem Buch gebracht: „Wischel waschel, das hohe Gras", als sie durch hohes Gras auf den Steinhaufen zugelaufen sind. Darauf hatte jedoch keines der Kinder reagiert. Das „Holter polter" ist Fragment einer symbolischen Spielidee: Man inszeniert eine Gefährlichkeit und weiß doch, dass es gut ausgehen wird. Lea spielt mit der „Gefährlichkeit" und der Angst vor dem möglichen Herunterfallen, indem sie sich hinauslehnt und genießt dies.

Die Videoszene endet mit dem Gießen in die Höhle, das Lea und Nadine mit imaginären Gießkannen spielen. Helene besteht darauf, auch gießen zu wollen. Sie steigt nicht einfach in die symbolische Handlung ein, sondern fordert das Gießen „realistisch" ein. Wieder ist ihre Stimme unsicher, beharrlich äußert sie ihren Wunsch. Sie ist nicht in der Gruppe und nicht im Spiel, da sie den imaginären Raum nicht teilt. Nadine öffnet schließlich die Arme zu einer Geste und sagt: „Nein, wir haben keine dabei". Sie weist damit nicht nur auf die fehlende Gießkanne hin, sondern auf ihre gespielte Ratlosigkeit: Im Symbolspiel gibt es nun mal keine realen Gegenstände – was soll man da noch erklären.

3.4 Verallgemeinernde Folgerungen: Dimensionen der Bildung der Gefühle

Gefühle werden durch Situationen evoziert, begleiten Handlungen, verleihen ihnen eine spezifische Bedeutung, werden mit Erinnerungen verknüpft und führen zu Imaginationen und neuen Spielentwürfen, Erwartungen und weiterführenden kooperativen Inszenierungen. Die Komplexität des Geschehens wird im Blick auf eine einzelne Szene deutlich.

Bildung der Gefühle bedeutet, den Eindrücken, die eine Situationsdynamik erzeugt, nachzuspüren, sie aktiv zu verarbeiten und so zu komplexen Bewertungen und Entscheidungen zu kommen, in denen auch verborgene Wünsche und Erwartungen sichtbar werden. Der Ausdruck von Gefühlen kann als Antwort gesehen werden, die Auskunft gibt, wie Welt aus der Perspektive jedes Einzelnen wahrgenommen wird. Gefühle sind einerseits Befindlichkeiten von Einzelnen und aus deren bisherigen Erfahrungen, ihren Sichtweisen, Haltungen und ihrem Temperament in der Dynamik des Austauschs mit anderen mitkonstituiert. Zum anderen enthalten sie auch kulturelle wie gesellschaftliche und kontextuell anerkannte Wertungen.

Anhand der in Punkt 1 referierten Erkenntnisse der Entwicklungspsychologie wird beim erneuten Blick auf die Szene die Spiegelung und Beantwortung der Gefühle durch die Erzieherin (beim Singsang) deutlich, aber auch ihre Vorschläge zur Modulation der Gefühle, indem sie Strategien für Helene aufzeigt, die Situation so umzudeuten, dass sie Teil der Gruppe und Teil des Spiels werden kann (jeder hat sein Haus oder aber nur zu Besuch kommen). Die Feinabstimmung in der Interaktion, das Erkennen und Beantworten der Absichten und Erwartungen der anderen ist Voraussetzung und Kernpunkt einer Bildung der Gefühle. Helene erscheint etwa in der Szene als defensiv und schwach. Wenn man allerdings die ganze Szene hinzunimmt, sieht man, wie beharrlich und unermüdlich sie ihren Wünschen Ausdruck verleiht, wie sie nicht aufgibt und schließlich am Ende mit ihrer Gießkanne in der Krippe eine neue Idee entwickelt, an der die andern dann teilnehmen wollen.

Ein Punkt kann an dieser Stelle herausgestellt werden, der in der Szene deutlich wurde: die Bedeutung der Symbolisierung von Gefühlen im Spiel. Über die Sprache, aber auch durch körperliche Inszenierungen und Gesang werden im Spiel Gefühle symbolisch dargestellt. Im Rückgriff auf verfügbare kulturelle Bilder werden Bilder von Gefühlen entworfen (zu Hause sein, Holter polter), die als Möglichkeiten inszeniert und erprobt werden. Gefühle können externalisiert und in Form von Spielfiguren im „als ob"-Modus als energetische Symbole dargestellt werden (z. B. kommt auch ein „böser Hund", vor dem Lea und Nadine sich in der Steinhöhle verstecken). Imaginationen stellen Gefühlswelten und Gefühlsdynamiken dar. Einzelne fragmentarische Szenen wie das Besuchen verbildlichen Gefühle und organisieren sie zu komplexeren Geschichten und inszenieren so Handlungsentwürfe. Gefühle werden in Bildern dargestellt, diese Bilder kommen von weit her, sie deuten die Erfahrungen, aber sie führen im Verlaufe der Dynamik der Situation auch zu neuen Erfahrungen.

Will man nun Aufbau, Artikulation und Bildung der Gefühle, wie sie in derartigen Situationen sichtbar werden, in konstitutiven Dimensionen zusammenfassen, so ist neben einem Vergleich mit weiteren Szenen die Heranziehung und Weiterentwicklung eines Modells von Katharina Scherke: Dimensionen des Emotionalen (2009, S. 31) hilfreich. Scherke benennt die physiologische Ebene von Emotionen sowie deren körperliche Inszenierung für andere, die bewusste Regulation von Emotionen nach sozialen und kulturellen Mustern, die emotionale Bewertung von Außenreizen als positiv oder negativ und Handlungsimpulse und Motivationen, die sich aus Emotionen ergeben (vgl. ebd.). Diese fünf Dimensionen findet sie gewissermaßen als je unterschiedliche gewichtete Schnittmenge in den Definitionsversuchen und Thematisierungen von Emotionen in verschiedenen Disziplinen. Diese Dimensionen bieten wichtige Anregungen zur Fassung der Ausgangsfrage.

Mein Forschungsanliegen ist die Konstitution von Gefühlen in interaktiven Situationen. Insofern entstehen im Weiteren auch andere Dimensionen. Ich arbeite dabei phänomenologisch, indem ich theoretische Anregungen wie die von Scherke überprüfe, ob sie für die Analyse meines Beispiels hilfreich sind und frage, welche anderen Dimensionen benannt werden müssen, um die Konstitution der Emotionen in derartigen Situation fassen zu können. Die so gewonnenen Dimensionen bilden ein Instrumentarium, das an weiteren Situationen überprüft und verändert werden kann.

Körperliche Reaktion auf eine Situation, in die ein Kind/Mensch involviert ist, von der es/er betroffen ist (vgl. Scherke, a. a. O.).

Deuten und Bewerten von Situationen vor dem Hintergrund biografischer Erfahrungen, institutioneller und kulturell-gesellschaftlicher Kontexte mit ihren Wahrnehmungs- Denk- und Handlungsmustern vor dem Hintergrund von deren Werten und Normen. Das Ereignis wird also vor unterschiedlichen Horizonten gedeutet und emotional bewertet in seiner Wirkung auf „mich". Gefühle bedeuten immer Ich-Beteiligung. Reflexionen, Imaginationen und Erinnerungen können das Gefühl steigern, abmildern oder verändern und so Intensität, Qualität und Verlauf der Gefühle beeinflussen/regulieren. In der vorgestellten Interpretation der Szene habe ich zudem versucht deutlich zu machen, wie etwa kulturelle Vorstellungen vom Glück gemeinsamen Kinderspiels überhaupt dazu führen, dass bei Helene ein Gefühl von Ausgegrenztheit entsteht.

Inneres Erleben, Spüren und Wahrnehmen des Gefühls, von dem man berührt und getroffen ist. Dieses Inne-Werden auch in Form des Innehaltens ist in der Szene mehrfach zu sehen, wenn man sie in *slow motion* betrachtet. Diesem Gefühl sich zuwenden, es erkunden und ihm Raum geben nennt Böhme „präsentisches Gewahr-Werden" (1997, S. 536).

Körperlicher Ausdruck (Gestik, Mimik, Körperspannung, Bewegung), der für andere sichtbar ist. Dieser kann beeinflusst werden, er muss nicht dem inneren Erleben entsprechen, kann inszeniert sein für andere (vgl. Scherke 2009, S. 31). In dem Augenblick, als Helene die Szene verlässt, scheint für die beiden anderen ein wesentliches Element ihres Spieles zu fehlen: Die Zuschauer, vor denen sie ihr Erkunden des Steinhaufens zelebriert haben. Körperlichen Ausdruck ausbilden zu können und zugleich den Körperausdruck von anderen zu verstehen, ist zentrale Bildungsaufgabe der frühen Kindheit.

Symbolischer Ausdruck über Sprache, Spiel und bildnerisch-musikalische Gestaltung von Material im Kontext von kulturellen Deutungen und Werten: Kinder rezipieren kulturelle Symbole und symbolische Ausdrucksformen und lernen sie selbst zu produzieren. Leas Gesang ist hier ebenso zu nennen wie ihre Re-Inszenierung von Elementen aus dem Bilderbuch der Bärenjagd.

Handeln und sich Abstimmen in Ko-Produktionen: Spontane Handlungstendenz wahrnehmen und regulieren durch Abgleich mit weiteren Möglichkeiten: Was will ich, was wollen die anderen und was ist möglich bzw. was könnte sich entwickeln? Resonanz und Beantwortung von Gefühlen in Interaktionen/Handlungen entwickeln: Choreografie von Gefühlen, in der das Ergriffen- und Bewegt- Werden von Gefühlen artikuliert wird (aufkommen, steigern und in sich zum Abschluss kommen). Dies kann den Einzelnen betreffen, aber häufiger ist es Ergebnis der Interaktion mit anderen: Es bedeutet das Initiieren, Aufrechterhalten und Beenden von Beziehungen. Nicht nur im Bezug zu Menschen, auch beim Lesen, Musizieren, etc. sind die begleitenden Gefühle entscheidend, denn sie sorgen dafür, dass das Interesse angefacht, mit Ausdauer weitergearbeitet wird, weil sie den Bezug zur Sache beschreiben und auch für die Speicherung im Gedächtnis wichtig sind. Auch Erwachsene lesen einen Artikel nicht zu Ende, wenn sie das Gefühl haben, hier nichts Neues zu lernen.

Bedeutung von Gefühlen in Erziehungs- und Bildungsprozessen: *Rolle der Fachkraft.* Die Fachkraft nimmt die Gefühle der Kinder sowie deren Deutungen wahr, schlägt neue Deutungen auf der Grundlage kultureller und sozialer Praktiken und Werte vor und regt die Kinder an, ihr Spiel weiter zu entwickeln. Dieser Punkt soll im Folgenden noch weiter vertieft werden.

4 Herausforderungen bei der Bildung der Gefühle

4.1 Emotionale Intelligenz zur Nutzung des Humankapitals

Wenn wir mit der Soziologie der Kindheit von jeweiligen historisch-gesellschaftlichen Konstruktionen von Kindheit ausgehen, so muss ein kritischer Blick auf die Erwartungen öffentlicher, politischer und wirtschaftlicher Handlungsträger an Kindertageseinrichtungen geworfen werden. Ein Konstrukt von Kindheit als „Humankapital" wird dort entworfen, das alle Interventionen auf Wirksamkeit überprüfen lassen möchte, damit auch effektiv investiert werden kann.

In Vergleichsgruppendesigns mit pre- und post-Tests werden Unterrichtseinheiten mit Kindern durchgeführt, die z. B. die Fähigkeit der Benennung von Emotionen befördern sollen, indem auf Bildtafeln dargestellte Emotionen zugeordnet werden müssen (vgl. Janke 1999, S. 75 f.). Das ist aufschlussreich, doch das Aussprechen der bildhaft dargestellten Emotionen kann diese auch verfälschen und missverstehen, denn sie sind oft komplex und vieldimensional. Das Modell, das dahinter steht, geht von einem Gefühle konstruierenden Subjekt aus, das über zielkorrigierende Selbststeuerung mittels anzutrainierenden Emotionswissens möglichst umfassende Ich-Kontrolle erreichen will. „Das Gefühlsleben ist ein Bereich, der genau wie Rechnen oder Lesen mit mehr oder weniger Können gehandhabt werden kann und der spezifische Kompetenzen erfordert" (Goleman 1997, S. 56). Ziel ist die Regulation von Emotionen. Regulationsmechanismen sind nicht interessiert an den Gründen, warum ein Kind etwa traurig, wütend oder verzweifelt ist, sondern nur daran, dass es gut funktioniert. Regulation in dieser Form kann also auch als Verharmlosen und Vereinnahmung von Emotionen durch das kontrollierende, rationale Subjekt angesehen werden. Trainings zur emotionalen Intelligenz, auch zur Resilienzförderung arbeiten mit Technologien zur Verhaltensänderung, zum vermeintlich „korrekten" Umgang mit Emotionen.

In diesem Hype beim Thema Frühe Bildung ist der komplexe Alltag von Kindern, ihre unvorhersehbaren Wege und Dynamiken in den Kitas wenig interessant; man setzt auf kurzfristige Präventions- und Interventionsmaßnahmen, die beheben sollen, was vom Bildungssystem als solchem nicht geleistet wird (vgl. Hirblinger 2003, S. 210): Kindern Entwicklungs- und Bildungssettings zu bieten, die Räume der Entfaltung, des eigenen und moderierten Erprobens in Konflikten zulassen. M. Dörr plädiert dafür, sich „einer Technisierung von Bildungsprozessen der Gefühle entgegen zu stellen. [...] Trainingsprogramme [...] vernebeln sozial-ökonomische und sozial-kulturelle Missachtungsstrukturen" (2003, S. 120). Die aufgezwungene Normalität emotionaler Reaktionen findet im Inneren der Kinder keine Entsprechung. Bereits Winnicott (1973) hatte auf die Gefahr hingewiesen, dass sich in Interaktionen, bei denen der Impuls des Kindes keinen Raum zum Handeln bekommt, sondern stattdessen die Bezugsperson vorgibt, wie zu handeln ist, ein falsches Selbst ausbilden kann (vgl. Schäfer 1995, S. 50–53).

4.2 Bildung der Gefühle als Herausforderung an die Fachkräfte im Alltag

Emotionales Lernen ist im Alltag kein isoliertes Ereignis, sondern findet in einer Dynamik von Situationen im Alltag statt. Gefühle machen den Bezug des Ichs, welches das Gefühl empfindet, zu seiner Situation deutlich. Deshalb kann hier diese Situationsdynamik mit all ihren Hintergründen und Vorgeschichten auch nicht weggeblendet werden, sondern muss einbezogen werden, wenn Bildung der Gefühle nachhaltig sein soll. Gefühle entstehen in realen, bedeutsamen Erfahrungen und müssen von Bezugspersonen und Fachkräften wahr- und ernstgenommen, gespiegelt und womöglich moduliert werden. Vorschläge zur Bewältigung, zum Umgang mit den Gefühlen, aber auch Handlungs- und Deutungsmöglichkeiten ergeben sich aus dieser Wahrnehmung. Die Dimensionen der Gefühlsbildung können hier hilfreich sein. Didaktisch-methodische Überlegungen können nicht abgetrennt von der Bildung der Gefühle angestellt werden, nicht nur, weil der Lernerfolg vom Interesse und der Involviertheit in eine Sache abhängt. Bei dem vielschichtigen Aufgabenprofil für Fachkräfte im Kontext der „Bildung der Gefühle" spielt der Umgang mit eigenen Gefühlen auf Seiten der Pädagogin eine große Rolle. Gerade in der frühen Kindheit äußern Kinder ihre Gefühle sehr direkt und inszenieren dabei auch ausgebildete Beziehungsmuster. Hier gilt es eine professionelle Haltung zu entwickeln und sensibel auf die zwischen den Zeilen oft nonverbal geäußerten Botschaften zu hören, zugleich aber sich nicht verstricken zu lassen, also etwa sich von einem aggressiven, lauten Kind nicht anstecken und provozieren zu lassen, sondern diese bei sich selbst beobachteten Gefühle für das Verständnis des anderen zu nutzen und dann wertschätzend zu modulieren.

Neben der Ebene der Bildung der Gefühle der Kinder und dem Beachten der eigenen geht es auch um die Frage, wie im Studium und in der Ausbildung von Fachkräften Bildungsgelegenheiten für Gefühle geschaffen werden können. Menschen orientieren sich in der Praxis häufig an implizitem Wissen, das erfahrungsgestützt reflektiert werden sollte, damit es zu professionellem Handeln werden kann (vgl. Datler 2003, S. 242 ff.). Über die Beachtung und Reflexion von Gefühlen lernen wir viel über individuelle Befindlichkeiten, aber auch über mögliche Impulse für weiteres Vorgehen. Wo kann ein Prozess hingehen, in dem alle Beteiligten respektiert und einbezogen werden?

Wie die Aufgabe der Bildung der Gefühle verstanden wird, bestimmt sich aus dem Bild vom Kind und aus dem Bildungsverständnis. Gefühle in ihrer Bildungsbedeutsamkeit anzuerkennen, bedeutet auch die Unwägbarkeit und Unsicherheit von Bildungsprozessen zu akzeptieren. Gefühle bewerten Handlungen, erzeugen Motivation, weiter zu fragen und zu forschen. Sie führen uns zu den Menschen und Dingen hin, sind Motivation oder Hemmung.

Gegenüber all den Anstrengungen, wie Böhme (1997, S. 543) sagt, „Herr und Subjekt der Gefühle zu werden", plädiert er für eine „Kultur der Gefühle [...], in der die ältere und phänomenologische triftigere Erlebnisform wieder zugelassen und eingeübt wird: Gefühle als Mächte zu erfahren, die das Ich betreffen und ergreifen, mitreißen und durchwehen, erheben und niederdrücken, [...] erschauern und entgrenzen [...] können [...]: In ihnen sind wir dezentriert und gerade deswegen ganz und gar lebendig."

Nicht nur *Bildung der Gefühle* müsste es folgerichtig heißen, sondern auch „*Bildung durch Gefühle*", Gefühle, die uns als komplexe und leiblich spürbare Erlebnisformen, aber auch als Interpretamente angehen und uns hinweisen auf Bedeutungshorizonte und Entwicklungen, die uns nicht immer bewusst sind. Daraus entstehen wichtige Wahrnehmungs- und Verstehensmöglichkeiten, die in einer komplexer werdenden Welt Orientierung bieten können, weil sie „summarische und umfassende Form(en) der Perzeption und Kommunikation" (Schön 2003, S. 165) sind.

Starke Gefühle können Menschen beherrschen, indem sie das Ichbewusstsein vorübergehend auslöschen. Wer im Affekt handelt, ist nicht zurechnungsfähig. Gefühle wahrzunehmen, sie zu nutzen, zu verarbeiten und zu gestalten ist eine Bildungsaufgabe in der frühen Kindheit.

Literatur

Ainsworth, M. D. S., Bell, S. M., & Benderley, B. L. (1974/2003). Die Interaktion zwischen Mutter und Säugling und die Entwicklung von Kompetenz. In K. E. Grossmann & K. Grossmann (Hrsg.), *Bindung und menschliche Entwicklung* (S. 217–241). Stuttgart: Klett-Cotta.

Bowlby, J. (1987/2003). Bindung. In K. E. Grossmann & K. Grossmann (Hrsg.), *Bindung und menschliche Entwicklung* (S. 22–28).Stuttgart: Klett-Cotta.
Böhme, H. (1997). Gefühl. In Ch. Wulf (Hrsg.), *Vom Menschen. Handbuch historische Anthropologie* (S. 525–547). Weinheim: Beltz.
Datler, W. (2003). Erleben, Beschreiben und Verstehen: Vom Nachdenken über Gefühle im Dienste der Entfaltung von pädagogischer Professionalität. In M. Dörr & R. Göppel (Hrsg.), *Bildung der Gefühle* (S. 241–264). Gießen: Psychosozial.
Dietrich, C. (2010). *Zur Sprache kommen?* München: Juventa.
Dörr, M., & Göppel, R. (Hrsg.). (2003). *Bildung der Gefühle.* Gießen: Psychosozial.
Dornes, M. (2000). *Die emotionale Welt des Kindes.* Frankfurt a. M: Fischer.
Dornes, M. (2004). *Der kompetente Säugling.* Frankfurt a. M: Fischer.
Friedlmeier, W., & Holodynski, M. (1999). *Emotionale Entwicklung. Funktion, Regulation und soziokultureller Kontext.* Heidelberg: Spektrum.
Goleman, D. (1997). *EQ – Emotionale Intelligenz.* München: Dtv.
Greenspan, S. I., & Benderley, B. L. (2001). *Die bedrohte Intelligenz. Die Bedeutung der Emotionen für unsere geistige Entwicklung.* München: Bertelsmann.
Greenspan, S. I., & Greenspan, N. T. (1988). *Das Erwachen der Gefühle. Die emotionale Entwicklung des Kindes.* München: Piper.
Grossmann, K. E., & Grossmann, K. (Hrsg.). (2003). *Bindung und menschliche Entwicklung.* Stuttgart: Klett-Cotta.
Harris, P. L. (1992). *Das Kind und die Gefühle. Wie sich das Verständnis für andere Menschen entwickelt.* Bern: Huber.
Heidegger, M. (1986). *Sein und Zeit.* Tübingen: Max Niemeyer.
Hirblinger, H. (2003). Wenn die toten Eltern im Unterricht lebendig werden – Warum das systematische Training „emotionaler Intelligenz" die situative Auseinandersetzung mit emotional bedeutsamen Themen im Unterricht nicht ersetzen kann. In M. Dörr & R. Göppel (Hrsg.), *Bildung der Gefühle* (S. 183–212). Gießen: Psychosozial.
Husserl, E. (1985). Die phänomenologische Fundamentalbetrachtung. In E. Husserl, *Die phänomenologische Methode. Ausgewählte Texte I* (S. 131–195). Stuttgart: Reclam.
Janke, B. (1999). Naive Psychologie und die Entwicklung des Emotionswissen. In W. Friedlmeier & M. Holodynski (Hrsg.), *Emotionale Entwicklung. Funktion, Regulation und soziokultureller Kontext* (S. 70–98). Heidelberg: Springer.
Kojima, H. (1999). Emotionale Entwicklung und zwischenmenschliche Beziehungen im kulturellen Kontext Japans. In W. Friedlmeyer & M. Holodynski (Hrsg.), *Emotionale Entwicklung. Funktion, Regulation und soziokultureller Kontext* (S. 294–312). Heidelberg: Springer.
Lippitz, W. (1993). *Phänomenologische Studien in der Pädagogik.* Weinheim: Deutscher Studienverlag.
Merleau-Ponty, M. (1994). *Das Sichtbare und das Unsichtbare. Die Verflechtung – Der Chiasmus.* München: Fink.
Papousek, H., & Papousek, M. (1999). Symbolbildung, Emotionsregulation und soziale Interaktion. In W. Friedlmeyer & M. Holodynski (Hrsg.), *Emotionale Entwicklung. Funktion, Regulation und soziokultureller Kontext* (S. 135–155).Heidelberg: Spektrum.
Papusek, M. (2004). *Regulationsstörungen der frühen Kindheit. Frühe Risiken und Hilfen im Entwicklungskontext der Eltern-Kindbeziehung.* Bern: Huber.
Peez, G. (2007). Laras erste Kritzel. Eine phänomenologische Fallstudie zu den frühesten Zeichnungen eines 13 Monate alten Kindes. In G. Peez (Hrsg.), *Fallforschung in der Kunstpädagogik. Ein Handbuch qualitativer Empirie für Studium, Praktikum und Unterricht.* Baltmannsweiler: Schneider.
Ratner, C. (1999). Eine kulturpsychologische Analyse der Emotionen. In W. Friedlmeyer & M. Holodynski (Hrsg.), *Emotionale Entwicklung. Funktion, Regulation und soziokultureller Kontext* (S. 244–258). Heidelberg: Spektrum.

Schäfer, G. (1995). *Bildungsprozesse im Kindesalter*. Weinheim: Juventa.
Scherke, K. (2009). Auflösung von Dichotomien. Rationalität und Emotionalität. Wissenschaftssoziologische Anmerkungen. Kapitel: Dimensionen des Emotionalen. In S. Flick & A. Hornung (Hrsg.), *Emotionen in Geschlechterverhältnissen: Affektregulierung und Gefühlsinszenierung im historischen Wandel* (S. 23–42). Bielefeld: Transcript.
Schön, B. (2003). Bildung der Gefühle durch Programme der Gewaltprävention? Einige Anmerkungen. In M. Dörr & R. Göppel (Hrsg.), *Bildung der Gefühle* (S. 163–182). Gießen: Psychosozial.
Stenger, U. (2005). Das „Schreckliche" in der Kinderkrippe. Aspekte bildlichen Verstehens. In G. Bittner (Hrsg.), *„Wider die Spinnweben dogmatischen Denkens" Menschen verstehen* (S. 105–118). Würzburg: Königshausen & Neumann.
Stern, D. N. (2004). *Tagebuch eines Babys, Geburt einer Mutter*. München: Piper.
Trommelsdorff, G., & Friedlmeier, W. (1999). Emotionale Entwicklung im Kulturvergleich. In W. Friedlmeier & M. Holodynski (Hrsg.), *Emotionale Entwicklung. Funktion, Regulation und soziokultureller Kontext* (S. 275–293). Heidelberg: Spektrum.
Winnicott, D. W. (1973). *Vom Spiel zur Kreativität* Stuttgart: Klett.
Wulf, Ch., Althans, B., Audehm, K., ‚Bausch, C., Göhlich, M., Jörissen, B., Mattig, R., Tervooren, A., Wagner-Willi, M., Zirfas, J. (2004). *Bildung im Ritual Schule, Familie, Jugend, Medien*. Wiesbaden: VS Verlag.
Wulf, Ch., & Zirfas, J. (2005). *Ikonologie des Performativen* München: W. Fi.

Emotionen als Lernprozesse
Eine Theorie zur Semantisierung von Emotionen als Voraussetzung für das Verstehen seiner selbst und anderer

Eva-Maria Engelen

Zusammenfassung: Um die Emotionen und Gefühle der anderen verstehen und nachempfinden zu können, müssen die eigenen emotionalen Anlagen geformt, d. h. gebildet worden sein. Letzteres kann nur im sozialen Miteinander geschehen. Die Möglichkeit zu sozialer Orientierung im Verstehen der emotionalen Befindlichkeiten des Anderen setzt also voraus, dass eine Bildung der Gefühle von der Geburt an erfolgt ist. Das „sich selbst verstehen Lernen" als empfindendes Individuum geht auf erfolgreiche Semantisierung der emotionalen Prozesse zurück, die von den ersten Tagen nach der Geburt an erfolgt und als eine Bildung der Gefühle bezeichnet werden kann. Letzteres ist nicht nur eine Voraussetzung dafür, dass man sich selbst verstehen lernt, sondern zugleich eine dafür, dass man lernt, nachzuempfinden, wie es anderen geht und sein soziales Umfeld versteht.

Schlüsselwörter: Emotionstheorien · Basisemotionen · Semantisierung von Emotionen · Identifizierung von Emotionen · Empathie

Emotions as learning processes – A theory on the semantics of emotions as a basis for understanding the self and others

Abstract: In order to understand and empathize with other people's emotions and feelings, it is necessary to have formed one's own emotions. This can only occur in a social context. The opportunity for a social orientation in understanding the emotional sensibilities of others is only given if a formation of emotions succeeds from birth onwards. "Learning about one's self" as a sensitive individual calls for a successful semantization of emotional processes from birth and can be called the formation of feelings. This is not only a prerequisite for learning about one's self, but also for learning to be empathetic towards other people's feelings and to understand their sensibilities and actions within their social context.

Keywords: Theories of emotions · Basal emotions · Semantics of emotions · Identifying emotions · Empathy

---

© VS Verlag für Sozialwissenschaften 2012

Prof. Dr. E.-M. Engelen (✉)
Fachgruppe Philosophie, 78457 Konstanz, Deutschland
E-Mail: eva-maria.engelen@uni-konstanz.de

Viele, wenn auch nicht alle Emotionstheorien stimmen dahingehend überein, dass der menschliche Säugling (und nicht nur er) mit einer bestimmten emotionalen Grundausstattung zur Welt kommt. Außerdem gehen zahlreiche Ansätze darauf ein, dass kulturelle Einflüsse zur Veränderung und Formung dieser angeborenen Anlagen beitragen. Wie die Bildung bzw. Formung der Emotionen, die mit der Identifizierung bestimmter Emotionen einhergeht, von statten geht und welchen Anteil soziales Miteinander und kulturelle Einflüsse darauf haben, ist hinsichtlich der einzelnen Emotionstheorien allerdings durchaus unterschiedlich. Dementsprechend unterschiedlich ist es auch, welchen Einfluss das soziale Miteinander auf die Bildung der Gefühle,[1] auf ihre Identifizierung und auf die Emotionsregulierung hat, und damit einhergehend, welche Bedeutung der Spracherwerb für Formung, Bestimmung und Beherrschung von emotionalen Prozessen hat.

Dass in einer sozialen Gemeinschaft erst gelernt werden muss, die eigenen emotionalen Empfindungen zu identifizieren, wozu Begriffsfähigkeit erforderlich ist, wird meist gar nicht gesehen. Auf Grund dieses Mankos wird allerdings auch nicht diskutiert, inwiefern dieser Lernprozess, der es erst ermöglicht, die eigenen emotionalen Empfindungen bestimmen und einordnen zu können, erforderlich ist, um die emotionalen Ausdrucksnuancen von anderen und die daraus resultierenden Handlungsmuster richtig verstehen zu können.

1 Verschiedene Emotionstheorien und die Berücksichtigung kultureller Einflüsse

1.1 Evolutionstheoretische Emotionstheorien

Evolutionstheoretische Theorieansätze gehen zumeist auf Charles Darwins Überlegungen zurück, die er in seinem Buch *The Expression of the Emotions in Man and Animal* von 1872 dargelegt hat. Dort stellt er die Frage, ob wir die Mimik, die wir zeigen, wenn wir traurig sind, fröhlich oder wütend, erlernt haben oder ob sie ererbt ist. Zwar interessiert ihn dieses Problem im großen Kontext seiner Evolutionstheorie, doch wenn er zu zeigen versucht, dass die verschiedenen Ausdrucksformen und das mit ihnen einhergehende emotionale Empfinden vererbt und nicht erworben sind, verfolgt er damit auch ganz spezielle gesellschaftspolitische Interessen. Zum einen möchte er nachweisen, dass zusammen mit dem emotionalen Ausdruck (der schon nach Darwin Mimik, Laute, Körperhaltung und Bewegung umfasst) auch das phänomenale Empfinden eine evolutionäre Geschichte hat, die bereits in der Tierwelt nachweisbar ist, aber auch, dass es hinsichtlich des emotionalen Ausdrucks und den damit einhergehenden Gefühlen keine Unterschiede zwischen den Rassen und den Geschlechtern gibt.

Der Nachweis der Evolutionsgeschichte der Emotionen hängt nicht zuletzt damit zusammen, dass Emotionsausdruck und Empfinden nach Darwin immer zusammen auftreten und man, da der Ausdruck sich in der Evolution der Organismen herausgebildet hat, zudem davon ausgehen kann, dass sich auch das phänomenale Empfinden in der Evolution herausgebildet hat. Wesentlich ist für Darwin, und in dessen Nachfolge auch für Paul Ekman und seine Schule (Ekman 1972), dass bei so genannten Basisemotionen, die universal bei allen Menschen gleich auftreten, also angeboren sind, stets ein unmittelbarer Zusammenhang von Gefühlsausdruck und Gefühlsempfindung besteht.

Da sich die Universalität aus der gemeinsamen Evolutionsgeschichte ergibt, sind emotionale Ausdrucksformen (und man darf annehmen, damit einhergehend auch das emotionale Empfinden) für Darwin auch nicht durch Kultur, soziale Umgangsformen oder Sprache geprägt. Prosodie und sprachlicher Ausdruck folgen nach Darwin eher den angeborenen emotionalen Empfindungen, als dass Empfindungen bzw. Emotionen von Sprache geformt wären.[2]

Folgte man einem solchen Ansatz, wären sowohl Emotionsausdruck als auch Emotionsempfindung angeboren und es wäre dementsprechend determiniert, was man sich an emotionalen Zuständen und Situationen vorstellen kann. Um einen universalistischen Ansatz zu belegen, werden von Darwin allerdings kulturelle Dokumente wie die Werke Homers oder die Bibel herangezogen, um zu zeigen, dass der Emotionsausdruck auch zu den damaligen Zeiten derselbe war wie zu seiner eigenen.

1.2 Neurophysiologische Emotionstheorien

Anders verhält es sich hinsichtlich kultureller Formung von Emotion hingegen bei den Theorien, die Emotionen als so genannte angeborene Affektprogramme (*innate affect program*) verstehen. Auch im Rahmen dieser Theorien wird davon ausgegangen, dass die biologischen Anlagen für den emotionalen Ausdruck und das emotionale Empfinden angeboren sind, aber eben nur im Sinne eines Programms, das Vorgaben macht, deren Umsetzung nicht im Einzelnen determiniert ist.

Dieser Ansatz ist daher prinzipiell offener für kulturelle Formung und Bildung von Emotionen. Ein solches angeborenes Affektprogramm wollen bspw. Le Doux (1996, 2000) und Panksepp (1998, 2004) entdeckt haben. Sie verweisen darauf, dass der Mensch diese angeborenen Affektprogramme mit anderen Säugetieren teilt und postulieren, dass das Programm und die dazugehörigen diskreten Emotionen phylogenetisch determiniert sind. Sie liefern zudem ein Konzept für so genannte Basisemotionen (wie Freude, Angst,[3] Ekel, Wut und Trauer) als biologisch determinierte emotionale Prozesse.

Dennoch, diese Mechanismen werden von den Forschern, obgleich als angeboren, nicht als unmodifizierbar angesehen. So hat Jaak Panksepp etwa argumentiert, dass basale emotionale Prozesse bei Säugetieren durch „homologe" Gehirnmechanismen entstehen. Durch die weitere Entwicklung des Organismus und durch die Erfahrungen, die er im Verlauf der Entwicklung macht, werden diese Mechanismen oder Affektprogramme dann weiter geformt. Bemerkenswerter Weise führt Panksepp im Falle des Menschen eigens die Denkfähigkeit als eine besondere Weise der Einflussnahme auf diese Mechanismen an, durch welche sie geformt werden.

Emotionsausdruck und Emotionsempfindung sind gemäß diesen neurophysiologischen Theorien dann zwar angeboren, werden jedoch im Laufe der Entwicklung eines Organismus noch geformt. Dementsprechend ist, was man sich an emotionalen Zuständen und Prozessen vorstellen kann, zwar biologisch partiell determiniert, wird aber z. T. in der Ontogenese noch geformt.

Der spezifische Einfluss von Sprache auf Emotionsausdruck und emotionales Empfinden ist im Rahmen dieser Theoriebildung jedoch nicht gezielt untersucht worden. Hingegen wurde untersucht, inwiefern die emotionale Ausstattung eine Grundlage zur Voraussetzung für das Entstehen von Sprache gewesen sein könnte (Panksepp 2008).

Die Bedeutung von Sprache und Narration für das, was als Gefühle oder Emotionen bezeichnet wird und für das emotionale Empfinden, ist indessen für die Vertreter narrativer Ansätze in der Emotionsforschung der vorrangige Ansatzpunkt.

2 Emotionen und Sprache

2.1 Narrative Emotionstheorien

Ein prominenter Vertreter einer narrativen Emotionstheorie ist etwa Peter Goldie. Für Goldie sind die einzelnen Komponenten emotionaler Erfahrungen durch so genannte Narrative in einer narrativen Struktur miteinander verbunden (Goldie 2002). Ein solches Narrativ muss erstens Ereignisse miteinander erzählend verbinden und zweitens dürfen diese Verbindungen keine logischen Ableitungen darstellen (Lamarque 2004).

Auf den Fall der Emotionen angewendet, bedeutet das, dass es für jede emotionale Erfahrung eine paradigmatische narrative Struktur in einer Kultur gibt, die paradigmatische Reaktionen ebenso enthält wie Motivation und Empfindungen (Goldie 2002). Oft werden Märchen herangezogen, um das etwa für die Emotion der Angst zu illustrieren. Dabei ist zu bemerken, dass bei der Gattung der Märchen noch keine psychologischen Erklärungsmuster vorkommen, sondern in erster Linie Gesichtsausdruck und Körperausdruck beschrieben werden, um den Angstausdruck zu beschreiben. Märchen haben für Vertreter narrativer Emotionstheorien den Vorzug, dass sie sehr viel älter sind als Romane, womit man dem Einwand entgehen kann, narrative Emotionstheorien passten nur auf eine Zeit nach der Entstehung des modernen Romans, in dem emotionsbezogene Narrative eine besondere Rolle spielen.

Einer Fokussierung auf das rein verbale, erzählende Moment als ausschlaggebendem für Emotionen kann man entgehen, wenn man das Augenmerk auf den Spracherwerb und die Verbindungen von Sprache und Emotionen oder Gefühle richtet. Dieses Vorgehen lässt zudem mehr Raum für die Rolle natürlicher Reaktionen, kann daher auch das universale Moment bei Emotionen erklären und die Formung bzw. Bildung von Emotionen und Gefühlen durch Sprache und Kultur berücksichtigen.

2.2 Emotionen und Spracherwerb

Um sowohl die biologische Basis von Emotionen berücksichtigen zu können als auch die Rolle von Sprache und Kultur für ihre Bildung, greift der hier vorzustellende Ansatz durchaus auf die so genannten Basisemotionen zurück, um dann ein bekanntes Modell für den Spracherwerb zu nutzen, weil damit sowohl die Bedeutung und der Einfluss von Sprache auf die Emotionsempfindung erklärt werden kann als auch die kulturelle Formung von Emotionen durch Sprache.

Dafür ist zunächst einiges dazu zu erläutern, wie Spracherwerb heute erklärt wird und damit zu dem, was Michael Tomasello hinsichtlich sprachlicher Referenz als einem sozialen Akt dargelegt hat.[4] Nach Tomasello sind für den Spracherwerb bekanntermaßen Szenen gemeinsamer Aufmerksamkeit erforderlich, in denen das Kind, das Sprache erlernt, seine Aufmerksamkeit gemeinsam mit den Bezugspersonen auf einen dritten Gegenstand richtet. Wichtig ist dabei, dass es jeweils auch auf die Aufmerksamkeit des Anderen hinsichtlich des dritten Gegenstands achtet (Tomasello 2006), es sich bei dieser Form der gemeinsamen Aufmerksamkeit also um einen sozialen Vorgang handelt und nicht um einen solchen, welcher ein Nebeneinander von Aufmerksamkeitsausrichtungen darstellt.

Szenen gemeinsam geteilter Aufmerksamkeit stellen erst den intersubjektiven Kontext bereit, in dem sprachliche Referenz als solche verstanden werden kann. Die Intersubjektivität und die damit einhergehende soziale Verfasstheit der Situationen sind daher Voraussetzung für Sprachentstehung, Sprachentwicklung und Spracherwerb.

Zum Konzept der gemeinsamen Aufmerksamkeit gehört, dass sie zumeist auf einen dritten Gegenstand gerichtet ist. Hier wird nun vertreten, dass das nicht so sein muss, da das Vorhandensein eines Gegenstandes als Fokus der gemeinsamen Aufmerksamkeit nicht unbedingt erforderlich ist. Macht man diese Annahme, lässt sich Tomasellos sprachtheoretischer Ansatz auch heranziehen, um zu erläutern, inwiefern Emotionen semantisiert sind und selbst so genannte Basisemotionen in der jeweiligen (Sprach-)Kultur geformt sind und einer Bildung unterzogen werden, die auch das phänomenale Empfinden umfasst.

Im hier vorgestellten emotionstheoretischen Ansatz wird davon ausgegangen, dass der dritte Gegenstand kein eigentlicher Gegenstand ist, sondern eine angeborene physiologische emotionale Reaktion, auf die sich die Aufmerksamkeit nur deshalb gemeinsam richten kann, weil sie für die Beteiligten jeweils eine ihnen entsprechende Ausdrucksform hat. Die physiologische emotionale Reaktion ist das Moment, auf das sich die Aufmerksamkeit des Spracherwerbenden und des Sprachlehrenden sowie die Worte des Sprachlehrenden beziehen können. Emotionen sind zwar kein unabhängiger, dritter Gegenstand im Sinne der Referenz, sondern körperliche Veränderungen des Organismus, die gespürt werden. Aber der Erwachsene kann sich so bspw. sprachlich und in anderer Weise auf den emotionalen Ausdruck eines spracherwerbenden Kindes beziehen, also auf sein Lachen und Weinen, das Erstaunen oder den Ekel. Diese zeigen sich sowohl in Mimik und Körperhaltung als auch in prosodischen Äußerungen.

Das spracherwerbende Kind kann seine eigenen emotionalen Ausdrücke hingegen nicht sehen, im Höchstfall könnte man annehmen, dass es sie im Falle akustischer Äußerungen hören kann. Um Letzteres annehmen zu können, müsste man aber unterstellen, dass es zudem in der Lage ist, zu erkennen, dass es sich dabei um die eigenen Laute handelt, um sie auch auf eigene Empfindungen und damit auf den phänomenalen Ausdruck der Emotion beziehen zu können. Da das Kleinkind, das seinen eigenen Ausdruck nicht sehen kann, die emotionalen Veränderungen aber spürt, hat es auf Grund dieses phänomenalen Ausdrucks der emotionalen Reaktion die Möglichkeit, zu verstehen, worauf sich die Bezugsperson mit ihrer Aufmerksamkeit richtet.

Um das Gesagte nochmals kurz zusammenzufassen und anschließend weiter ausführen zu können: Die Aufmerksamkeit des Lehrenden richtet sich auf den Emotionsausdruck des Kleinkindes und die Aufmerksamkeit des spracherwerbenden Kindes ist auf das eigene phänomenale Empfinden gerichtet. Der dritte Gegenstand als Gegenstand der Referenz bei Tomasello ist mithin kein eigentlicher Gegenstand, sondern etwas, das sich zur Konzeptualisierung dennoch eignet, weil die Sprachteilnehmer gemeinsam darauf ihre Aufmerksamkeit richten können, obgleich es für sie einen jeweils gänzlich anderen Ausdruck hat.

Die gemeinsame Bezugnahme wird zum einen durch die soziale Verfasstheit ermöglicht, die es erlaubt, Unterschiedliches als Ausdrucksformen desselben Phänomens zu begreifen, das sich für den einen, Sprache erwerbenden, Sprachteilnehmer als emotionales Empfinden äußert und für den der Sprache mächtigen Sprachteilnehmer als Ausdruck dieses Empfindens in Gestalt von Mimik, Körperhaltung und Formen prosodischer Äußerungen. Ohne die soziale Verfasstheit der Situation könnten die unterschiedlichen Ausdrucksformen nicht aufeinander bezogen werden.

Hinzu kommt, die biologische Verfasstheit, die schon Darwin herausgestellt hat und die obendrein von Paul Ekman und seiner Schule (Ekman 1993, 2004) weiter untersucht und bestätigt worden ist. Diese besteht eben darin, dass emotionales Empfinden und emotionaler Ausdruck nicht unabhängig voneinander auftreten.[5] Auch dieser Umstand ist eine Voraussetzung, in diesem Falle eine biologische, dafür, dass die Sprachteilnehmer die unterschiedlichen Facetten emotionalen Ausdrucks als verschiedene Aspekte desselben Phänomens begreifen können, weil die verschiedenen Ausdrucksformen durch diese Koppelung erst zu einem Phänomen, nämlich einer Emotion gemacht werden.

Die soziale (und damit auch kulturelle) und biologische Verfasstheit zusammen konstituieren also erst ein Phänomen, das dann mit einem sprachlichen Ausdruck versehen werden kann. Eine Pointe dabei ist, dass das evolutionstheoretische Modell für Emotionen, das explizit die kulturelle Formung von Emotionen marginalisiert, um einen universalen Theorieansatz hinsichtlich Emotionen zu vertreten (Ekman 1972, 1994), so zu einer Voraussetzung eines Ansatzes wird, der erklärt, inwiefern Emotionen durch Semantisierung kulturell geformt sind und inwiefern auch das phänomenale Empfinden selbst im Falle solch semantisierter Emotionen, kulturell bedingt, verschieden ist.

2.3 Semantisierung von Emotionen als Bildung der Gefühle

Wie geht die Semantisierung von Emotionen nun von statten? Um dies erläutern zu können, ist bereits die Spracherwerbstheorie von Tomasello vorgestellt worden und auf den speziellen Fall von Emotionen als „drittem Gegenstand" angewendet worden.

Die intersubjektive Bezugnahme auf die sensu-motorischen Prozesse, welche bei einem emotionalen Prozess ablaufen, wird durch die Worte, mit denen sich die Bezugspersonen eines Kleinkindes oder Säuglings auf den emotionalen Ausdruck beziehen, möglich. Dass diese Worte sich überhaupt auf die Emotion beziehen können, liegt, wie dargelegt, daran, dass sie sich auf einen visuell oder auditiv wahrnehmbaren Emotionsausdruck beziehen können. Dass das Kleinkind die Möglichkeit hat, zu verstehen, worauf sich die sprachlichen Ausdrücke für Emotionen beziehen, liegt daran, dass es sie als phänomenalen Ausdruck empfindet.

Die emotionalen Prozesse werden so mit sprachlichen Ausdrücken verbunden, aber darüber hinaus – und das ist für die kulturelle Bildung von Emotionen von besonderer Bedeutung – auch mit Handlungsverläufen. Meist werden sie in für eine Gesellschaft als paradigmatisch geltenden Situationen eingeführt. Zu beachten ist, dass am Ende dieses Lernprozesses die Bedeutung des erlernten Emotions-Vokabulars zum sensu-motorischen Prozess dazugehört und das phänomenale Fühlen der Emotion mitbestimmt. Der begriffliche, bedeutungsbezogene Aspekt des emotionalen Empfindens und sein nach außen hin erkennbarer visueller und akustischer Ausdruck durch den Körper lassen sich also nach Erwerb des Emotionsbegriffs nicht mehr voneinander trennen.

Wir wollen uns nun ansehen, wie dieser Spracherwerb im Falle von Emotionen im Detail vor sich geht, auch wenn dafür keine empirische Forschung herangezogen wird, sondern dies in Gedankenexperimenten geschieht. Die Schreckreaktion eines Säuglings wird etwa mit dem Begriff der Angst belegt, indem ein Laut durch Wiederholung mit einer Empfindung gepaart wird. Damit dieses Wort für das heranwachsende Kind zu einem Begriff werden kann, muss es nicht nur eine Vokabel lernen, sondern wird zusammen mit der Gebrauchsweise der Vokabel auch mit einigen Verhaltensformen vertraut, die die Bedeutung des Wortes mit ausmachen. Paradigmatische Situationen in westlichen Industrie-Gesellschaften, in denen der Begriff der Angst eingeführt wird, wären etwa solche, in denen Knallgeräusche auftreten, plötzlich Dunkelheit herrscht, aber auch Begegnungen mit Hunden oder anderen Tieren, sowie bestimmte Situationen im Straßenverkehr.

Solche Szenarien mag man sich auch in anderen Gesellschaften gut als paradigmatische Situationen vorstellen können. Der kulturelle Unterschied wird dann ggf. in den Reaktionen und Handlungen in den jeweiligen Situationen zum Tragen kommen. Welche Geräusche werden bspw. in welchen Gesellschaften als Signale für Gefahr für das Kind als solche bestätigt und welche nicht? Welche Tiere werden in welchen Gesellschaften als potentiell gefährlich oder als ganz und gar harmlos behandelt? Und in welchen Gesellschaften herrscht überhaupt ein so reger Straßenverkehr, dass er als Gefahrenquelle angesehen wird, und in welchen Gesellschaften hat der Verkehr zwar ein beträchtliches Aufkommen, wird aber gar nicht als Gefahrenquelle des Alltags angesehen?

Darüber hinaus wird das Kleinkind schon vom Säuglingsalter an lernen, wann ihm eine Emotionsempfindung zugestanden wird und wann nicht. Vielleicht wird die Bezugsperson auf das zum Weinen bereite Gesicht des Kindes, das Blickkontakt mit der Bezugsperson sucht, sagen: „Du musst doch keine Angst vor dem Meerschweinchen haben". Bei Anwesenheit einer Ratte mag die Bezugsperson anders reagieren. Dabei wird das Kind eine Empfindung haben, einen bestimmten Gesichtsausdruck bei den Anderen wahrnehmen und es wird u. U. getröstet und beschützt werden. Wird es nicht getröstet oder nicht geschützt, aber dennoch angegriffen oder bedroht und sieht es bei der Bezugsperson ein ausdrucksloses Gesicht, wird es für seine Empfindung keine Bestätigung hinsichtlich der Gefahreinschätzung und keine Hilfe für die Gefühlsregulation finden. Seine Empfindung mag daher diffus und ungeformt bleiben.

Manche Angstreaktionen werden nur geschlechtsspezifisch zugestanden werden und in manchen Kulturen wird versucht werden, Angstausdruck für ein Geschlecht fast ganz zu unterdrücken. Da es für das Empfinden einer Emotion aber einen Unterschied macht, ob eine Empfindung mit einem Ausdruck einhergeht, etwa mit Mimik, oder nicht, hängt von dem Zugeständnis, die Angst ausdrücken zu dürfen, auch die Intensität der Empfindung ab und damit in einem bestimmten Umfang auch die Fähigkeit, sie anderen in diesen Situationen „zuschreiben" zu können, was nichts anderes heißt, als sie empathisch mit- oder nachvollziehen zu können. In anderen Gesellschaften wird der Angstausdruck hingegen nur in der Öffentlichkeit unterdrückt und im familiären Rahmen oder im intimen Rahmen zugestanden.

Das Wort „Angst" wird somit in Handlungs- und Situationszusammenhänge eingebettet und mit einer bestimmten Emotionsempfindung „verschmolzen" (im Falle der

Nicht-Reaktion der Umwelt geschieht genau dies allerdings nicht). Hinzu kommt, dass Weisen der Emotionsregulation konzeptuell, d. h. zusammen mit dem Begriff erlernt werden, bzw. diese zur vollen Bedeutung des Begriffs dazu gehören. Erst wenn das Wort auf diese Art und Weise eingeführt ist, kann man sagen, dass das Kind mit dem Begriff der Angst vertraut gemacht worden ist. Emotionsempfindung und Emotionsbegriff lassen sich dann letztlich nicht mehr voneinander trennen. Es gibt für das Kind, das mit dem Begriff vertraut gemacht wurde, dahingehend keine „reine", nicht semantisierte Körpersensation mehr und wir können uns beim besten Willen nicht mehr vorstellen, wie sich eine Emotionsempfindung der Angst angefühlt hat, als wir noch keinen Begriff dafür erworben hatten.

Das Kind kann seine Angst also nicht allein dadurch als Angst identifizieren, weil es sie spürt, sondern auch weil die Reaktionen der Bezugsperson eine gemeinsame Ausrichtung und damit eine Identifizierung der Empfindung als Angst ermöglicht. Der so identifizierte emotionale Prozess erlangt seine Bedeutung also in zahlreichen Situationen, die zum Erwerb eines Begriffs dazugehören, und zwar nicht allein auf Grund der physiologischen Reaktion, aber auch auf Grund der physiologischen Reaktion, die die Bezugnahme/Referenz erst ermöglicht (Engelen 2012).[6]

So kann man davon ausgehen, dass so genannte Basisemotionen angeboren und deshalb universal gegeben sind, ohne deshalb den kulturellen und sprachlichen Einfluss vernachlässigen oder gar leugnen zu müssen (Engelen et al. 2009a). Vielmehr handelt es sich bei ihnen, wie bereits gezeigt wurde, um eine der Voraussetzungen dafür, dass es sich bei Emotionen überhaupt um ein intersubjektiv zugängliches Phänomen handelt, auf das man sich zu mehreren als *ein* Phänomen beziehen kann.

Ludwig Wittgenstein weist daher zu Recht darauf hin, dass Sprache auch für die Identifizierung von Empfindungen eine herausragende Rolle einnimmt: „Wenn man sagt ‚Er hat der Empfindung einen Namen gegeben', vergißt man, dass schon viel in der Sprache vorbereitet sein muss, damit das bloße Benennen einen Sinn hat. Und wenn wir davon reden, dass Einer dem Schmerz einen Namen gibt, so ist die Grammatik des Wortes ‚Schmerz' hier das Vorbereitete; sie zeigt den Posten an, an den das neue Wort gestellt wird." (Philosophische Untersuchungen, Nr. 257)

2.4 Das Verstehen der eigenen Emotionen und das Verstehen der emotionalen Befindlichkeiten anderer

Es wurde bereits angedeutet, dass die Identifizierung der eigenen Emotionen (und nichts anderes ist hier zunächst gemeint, wenn vom Erfassen und Verstehen der eigenen Emotionen gesprochen wird), die immer schon eine begriffliche Leistung darstellt, sowohl Einfluss auf das Empfinden der eigenen Emotionen hat als auch auf die Fähigkeit, die emotionale Befindlichkeit von anderen nachvollziehen zu können und in den jeweiligen Situationen empathisch reagieren zu können.

Zu einem vollen Verständnis einer Empfindung wie der der Angst gehört jedoch dazu, dass wir die entsprechende Empfindung auch als eine der Angst identifizieren können (Engelen 2009b). Damit ist gemeint, dass wir nicht nur lediglich eine Empfindung haben, sondern sie auch als eine spezifische Empfindung haben, d. h., dass wir die Angst auch als Angst empfinden und dass wir daher auch Kriterien der Identifizierung für Angst als

Angst haben, sowie Kriterien dafür, dass das, was wir gerade empfinden, Angst ist. Eine solche Identifizierungsleistung ist ohne den sozialen Kontext, in dem die Identifizierung erfolgt und in dem die Kriterien zur Identifizierung erworben werden, nicht möglich. Denn wie erwähnt reicht das bloße Empfinden hierfür nicht aus.

Dass das bloße Empfinden nicht genügt, kann man sich klar machen, wenn man überlegt, woher ein Wesen, das eine Empfindung hat, die mit Reaktionen einhergeht, wie wir sie gewöhnlich den Empfindungen zurechnen, die wir Angst nennen, erkennen kann, dass es sich um Angst handelt. Es müsste in einem sozialen Kontext Kriterien erwerben können, die es ihm ermöglichen, diese Empfindung als Angst zu identifizieren.[7] Hat es diese nicht, hat es lediglich eine Empfindung, kann jedoch nicht einordnen, um was für eine Empfindung es sich dabei handelt.

Die sozialen und kulturellen Handlungsmuster, die bei der Emotionsbestimmung und dem damit verbundenen Spracherwerb für Emotionsausdrücke miterlernt werden, ermöglichen es also nicht nur, die Bedeutung eines Wortes erfassen zu können, sondern darüber hinaus auch ein Empfinden als spezielle Emotion empfinden zu können, was Einfluss auf das phänomenale Empfinden hat und auf das empathische Verstehen dessen, was der Andere empfindet. Denn nur, wenn wir gelernt haben, unsere eigenen Empfindungen in dieser Weise zu bestimmen und phänomenal als solche wahrzunehmen, sind wir auch in der Lage, die Gefühlsausdrücke anderer als solche einordnen und empathisch in vollem Umfang mitvollziehen zu können. Dabei kann es hinsichtlich kultureller Unterschiede zwangsläufig zu Missverständnissen und d. h. zu Missverstehen kommen.

Dass es zu Missverständnissen hinsichtlich der Emotionsempfindungen anderer kommen kann, mag vielleicht plausibel sein, denn wenn Emotionsempfindungen durch einen anderen kulturellen Umgang mit dem Ausleben von Emotionen, der Emotionsregulation, oder auch der Bedeutung, die dem Ausdrücken von Emotionen in einer Gesellschaft zugewiesen wird, geformt werden, werden sich auch die Stärke der Emotionsempfindung, die Anlässe für eine solche Emotionsempfindung und die im Anschluss daran als adäquat und angemessen angesehenen Reaktions- und Handlungsmuster unterscheiden.

Dabei wird die Existenz einer dem Emotionsprozess zu Grunde liegenden universalen Anlage, die dazu führt, dass weltweit ein Angstausdruck als Angst erkannt wird, gar nicht in Abrede gestellt. Das Missverstehen bezieht sich in dem hier diskutierten Fall also nicht auf die Möglichkeit, dass ein Angstausdruck nicht als Ausdruck der Angst erkannt wird, sondern darauf, dass sich aus den kulturell unterschiedlichen Formungen von Emotionen Missverständnisse und Vorurteile ergeben, welche die Empathiefähigkeit einschränken könnten.[8]

Wie steht es aber mit der Behauptung, dass es auch hinsichtlich des Verstehens eigener Emotionsempfindungen zu Missverstehen kommen kann und dass daher eine Bildung der Emotionen oder Gefühle erforderlich ist? Wie kann es zu einem Missverstehen in Fällen kommen, in denen eine biologische, universale Anlage in sozialen Kontexten kulturell geformt wird? Wie kann es sein, dass man seine Emotionsempfindungen vor dem Hintergrund dieser Annahmen nicht „richtig" versteht?

Zunächst einmal sieht es so aus, als könne man sich, d.h. seine emotionalen Empfindungen, vor einem solchen theoretischen Hintergrund nicht nicht richtig verstehen, da es zum einen biologisch festgelegte Emotionsabläufe gibt, denen man automatisch unterliegt, und zum anderen kulturell erworbene Identifikationskriterien, die in sozialen

Kontexten erworben werden. Wo ist also noch Spielraum für ein Subjekt, das sich selbst missverstehen könnte, wenn die Emotionen sowohl biologisch als auch sozial festgelegt sind und das Subjekt somit keinen Einfluss auf seine Bildung und seine Empfindungen zu haben scheint?

Verwerfungen kann es dennoch bspw. an der Schnittstelle zwischen den biologischen und den kulturellen Aspekten geben. So, wenn in einer Kultur oder einer sozialen Gemeinschaft der Ausdruck bestimmter emotionaler Empfindungen systematisch unterdrückt oder ignoriert wird. Die angelegten Empfindungen kommen dann weder zur Entfaltung noch können sie vom Empfindenden überhaupt eingeordnet werden. So mögen sich manche Menschen nicht darüber im Klaren sein, dass sie Angst oder Trauer empfinden, oder dass sie verliebt sind, weil es die kulturelle Formung nicht erlaubt, bestimmte biologisch angelegte Expressionen dazu jedoch vorhanden sind (Röttger-Rössler 2006, S. 66 f.). Dabei wird es zu einem Missverstehen des Subjekts hinsichtlich seiner eigenen emotionalen Empfindungen allerdings lediglich dann kommen, wenn biologisch angelegte emotionale Phänomene überhaupt nicht geformt werden, nicht hingegen, wenn sie bloß eine andere kulturelle Formung erfahren.

Andererseits ist es aber auch so, dass angelegte emotionale Empfindungen eine kulturelle Überhöhung erfahren können und dann schon auf das kleinste körperbasierte Anzeichen hin die Weise der kulturellen Formung dazu führt, dass der Emotionsausdruck in jeder Facette extrem entfaltet und gezeigt wird, so dass auch das emotionale Empfinden dadurch intensiviert wird. Zu denken wäre hier etwa daran, dass jede zunächst niedrigschwellige freudige Erregung in einen manifesten Freudenausdruck in mimischer, akustischer und gestischer Form überführt wird.

Das Bewertungsmoment für eine Situation, eine Handlung oder Geste, das in der emotionalen, freudigen Reaktion mit enthalten ist, würde damit ebenfalls überbetont werden und könnte zu unangemessenen Einschätzungen führen; wobei nicht geleugnet werden kann, dass die Angemessenheit ihrerseits kulturell festgelegt wird.

Die Bildung der Gefühle, d.h. ihre kulturelle Formung ist daher sowohl von großer Bedeutung, um sich in andere einfühlen zu können und mit ihnen empathisch zu sein als auch um die eigenen biologisch angelegten emotionalen Empfindungen deuten zu können. Diese Formung oder Bildung kann jedoch nur im sozialen Kontext erfolgen und erfordert eine Semantisierung der Emotionen.

Anmerkungen

1   In diesem Aufsatz werde ich abweichend von meinem sonstigen Begriffsgebrauch „Gefühl" mit „Emotion" gleichsetzen.
2   Darwin schreibt etwa, dass sich das Brummen bei Bienen ändert, wenn sie zornig werden. Siehe dazu in der dt. Ausgabe (Darwin 2000) S. 109.
3   „Angst" wird hier synonym mit „Furcht" gebraucht. Manche Forscher unterscheiden zwischen „Furcht" und „Angst", sehr häufig wird jedoch „Angst" im Sinne von „Furcht" verwendet.
4   Eine ähnliche Theorie vertritt auch Donald Davidson. Vgl. etwa Davidson 2001.

5   Durch die Presse gingen hierzu etwa die Ergebnisse der Studie von David T. Neal und Tanja L. Chartrand 2011, in denen sie gezeigt haben, dass auf Grund der Gesichtslähmung durch Botox-Spritzen das Empathievermögen für die emotionalen Befindlichkeiten bei anderen eingeschränkt ist. Die Hypothese dahinter ist, dass wir die Gesichtsmuskel, die der Andere als Emotionsausdruck zeigt, mitvollziehen können müssen, um uns in dessen Emotionsausdruck einfühlen zu können.

6   Dass diese Form der Referenz auch bei Empfindungen erforderlich ist, legt auch Wittgenstein dar: „Aber wie, wenn ich keine natürlichen Äußerungen der Empfindung, sondern nur die Empfindung besäße? Und nun assoziiere ich einfach Namen mit den Empfindungen und verwende diese Namen in einer Beschreibung. Das eben geht nicht" (Wittgenstein, Philosophische Untersuchungen, Nr. 256).

7   Hinter diesen Überlegungen stehen diejenigen von Ludwig Wittgenstein aus dessen Philosophischen Untersuchungen, die unter der Überschrift des so genannten „Privatsprachenarguments" in die Literatur eingegangen sind und zu umfangreichen Debatten geführt haben. Heute kann das so genannte Privatsprachenargument als weitgehend akzeptiert gelten. Vgl. etwa Philosophische Untersuchungen, Nr. 243 ff.

8   Zudem sind uns auch keine Menschengruppen bekannt, die nicht über eine Form der Sprache verfügen. Das bedeutet, dass auch die Semantisierung von Emotionen in allen Gesellschaften erfolgt.

Literatur

Darwin, C. (1872 [2007]). *The expression of the emotions in man and animals.* London: Murray.
Darwin, C. (2000). *Der Ausdruck der Gemütsbewegungen bei dem Menschen und den Tieren.* Frankfurt a. M.: Eichborn.
Davidson, D. (2001). *Subjective, intersubjective, objective: philosophical essays.* Oxford: Oxford University Press.
Ekman, P. (1972). Universals and cultural differences in facial expressions of emotions. In J. K. Cole (Hrsg.), *Nebraska Symposium on Motivation 1972* (S. 207–285). Lincoln: University of Nebraska.
Ekman, P. (1993). Facial expression and emotion. *American Psychologist, 48,* 384–392.
Ekman, P., & Davidson, R. J. (1994). *The nature of emotion.* New York: Oxford University Press.
Ekman, P. (2004). What we become emotional about. In A. S. Manstead, N. H. Frijda, & A. Fischer (Hrsg.), *Feelings and emotions. The amsterdam symposium* (S. 119–135). New York: Cambridge University Press.
Engelen, E.-M., Markowitsch, H., von Scheve, C., Röttger-Rössler, B., Stephan, A., Holodynski, M., & Vanderkerckhove, M. (2009a). Emotions as Bio-cultural processes. Disciplinary debates and an interdisciplinary outlook. In B. Röttger-Rössler, & H. Markowitsch (Hrsg.), *Emotions as Bio-cultural processes* (S. 23–53). New York: Springer .
Engelen, E.-M. (2009b). Zur Bedeutung von Sprache, Intentionalität und Erleben für das Verständnis von Emotionen. In M. Jung & J. Heilinger (Hrsg.), *Funktionen des Erlebens. Neue Perspektiven des qualitativen Bewusstseins* (S. 385–415). Berlin: De Gruyter.
Engelen, E.-M. (2012). Meaning and emotion. In P. Wilson (Hrsg.), *Dynamicity in emotion concepts. Lodz studies in language* (Bd. 27 (S. 61–72)). Frankfurt a. M.: Peter Lang.
Goldie, P. (2002). *The emotions. A philosophical exploration.* Oxford: Oxford University Press.
Lamarque, P. (2004). On the expecting not too much from narrative. *Mind and Language, 19,* 393–408.
LeDoux, J. E. (1996). *The emotional brain.* New York: Simon and Schuster.
LeDoux, J. E. (2000): Emotion circuits in the brain. *Annual Review of Neuroscience, 23,* 155–184.

Neal, D. T., & Chartrand, T. L. (2011). Embodied emotion perception: Amplifying and dampening facial feedback modulates emotion perception accuracy. *Social Psychological & Personality Science, 2,* 673–678.

Panksepp, J. (1998). *Affective neuroscience. The foundations of human and animal emotions.* New York: Oxford University Press.

Panksepp, J. (2004). Basic affects and the instinctual emotional systems of the brain. In A. S. Manstead, N. H. Frijda, & A. Fischer (Hrsg.), *Feelings and emotions. The amsterdam symposium* (S. 174–193). New York: Cambridge University Press.

Panksepp, J. (2008). The power of the word may reside in the power of affect. *Integrative Psychological and Behavioral Science, 42,* 47–55.

Röttger-Rössler, B. (2006). Kulturen der Liebe. In N. Röttger-Rössler & E.-M. Engelen (Hrsg.), *„Tell me about love" – Kultur und Natur der Liebe* (S. 59–80). Paderborn: Mentis.

Tomasello, M. (2006). *Die kulturelle Entwicklung des menschlichen Denkens. Zur Evolution der Kognition.* Frankfurt a. M.: Suhrkamp.

Wittgenstein, L. (1952 [1977]). Philosophische Untersuchungen. Frankfurt a. M.: Suhrkamp.

„Schule der Gefühle"
Über die Bildung der Liebe

Sabine Seichter

Zusammenfassung: Die Autorin erörtert einleitend zwei Gründe für die aktuellen Schwierigkeiten, über die Liebe zu sprechen: einen wissenschaftstheoretischen (die Trennung von Vernunft und Gefühl, Kognition und Emotion) und einen begriffsgeschichtlichen (die Gleichsetzung von Liebe im pädagogischen Kontext mit Eros). Die Diskussion beider Gründe führt die Autorin zu der These, dass über die Bildung der Liebe nur im Zusammenhang eines personalen bzw. interpersonalen Erziehungsverständnisses gesprochen werden kann. Diese These entfaltet die Autorin, indem sie die Analogie von Erziehung und Liebe aufzeigt und von dieser Analogie her drei ineinander verwobene Momente einer Bildung der Liebe analysiert: die allseitige Besorgung, das (Miteinander-) Handeln in sittlich relevanten Situationen und die Reflektion über dieses Handeln. Durch Rekurs auf den „axiologischen Konstruktivismus" Max Schelers werden diese drei Momente einer Bildung der Liebe anthropologisch grundgelegt.

Schlüsselwörter: Bildung · Liebe · Person

The school of emotions – About the education of love

Abstract: The author discusses two reasons to explain the difficulty of speaking scientifically about the forming of love. One is epistemological (the well known difference between ratio and emotions), the other one is historical (the false identification of love with eros). A critical analysis of both arguments leads the author to her central thesis, that it is only possible to talk about love education in the context of a personal or interpersonal understanding of education. The author explains this thesis revealing a profound analogy between education and love and by analyzing the three (interwoven) elements of any form of love education: care, action and reflection. Remembering Max Scheler's "axiological constructivism" the author finishes her article with an anthropological foundation for these three elements.

Keywords: Education · Love · Person

© VS Verlag für Sozialwissenschaften 2012

PD Dr. S. Seichter (✉)
Institut für Allgemeine Erziehungswissenschaft,
der Goethe-Universität Frankfurt a. M., Robert-Mayer-Str. 1,
60054 Frankfurt a. M., Deutschland
E-Mail: seichter@em.uni-frankfurt.de

Wenn der Satz Sigmund Freuds zutrifft, es sei nicht bequem, Gefühle wissenschaftlich zu bearbeiten (Freud 1930/1955, S. 422), dann dürfte er in besonderer Weise für eine wissenschaftliche Bearbeitung der Liebe, speziell der Liebe im pädagogischen Kontext, gelten.[1] Für diese Annahme lassen sich zumindest zwei gewichtige Gründe anführen.

1 Zwei Schwierigkeiten, über die Bildung der Liebe zu sprechen

1.1 Ein wissenschaftstheoretischer Grund kann generell darin gesehen werden, dass sich im Ausgestaltungsprozess der neuzeitlichen Wissenschaft eine Wissenschaftsauffassung durchgesetzt hat, für welche die Mathematik als das musterhafte Vorbild für jede sichere Erkenntnis gelten sollte. Dabei verschoben sich nicht nur alle Grundlagen des Wissens und des Lernens in die menschliche Vernunft, sondern es kam auch zu einer folgenreichen Trennung, wenn nicht sogar Entgegensetzung von Verstand und Gefühl und am Ende zu einer (wissenschaftlichen) Abwertung der Gefühle (Hastedt 2005). So mutet daher bspw. der Begriff der Liebe – wie Micha Brumlik pointiert festgestellt hat – im erziehungswissenschaftlichen Diskurs eher als veraltet, wenn nicht gar als exotisch an (Brumlik 2002, S. 204–240).

Aktuell erlebt die Liebe im pädagogischen Kontext ein unerwartetes Revival – in positiver wie in negativer Hinsicht. Dieses kann zum einen in dem von Sabine A. Döring aufgezeigten größeren Zusammenhang einer Renaissance der Gefühle in der internationalen Philosophie der Gegenwart gesehen werden (Thomä 2000; Döring 2009). Zu diesem Wandel hat v. a. Martha C. Nussbaum mit ihrer umfangreichen Studie *Upheavals of Thought. The Intelligence of Emotions* (Nussbaum 2001) einen entscheidenden Anstoß gegeben, indem sie die irreführende Entgegensetzung von Vernunft und Gefühl, Kognition und Emotion überwunden und gezeigt hat, dass es reine Gefühle gar nicht gibt, diese vielmehr immer schon von einem vernunftgeleiteten Urteil bzw. von einer rationalen Stellungnahme abhängen. In diesem Kontext hat Nussbaum dem Mitleid (*compassion*) und der Liebe (*love*) eine ganz zentrale und paradigmatische Rolle zugewiesen.

Dabei ist im Zusammenhang gegenwärtiger Kapitalismuskritik – bspw. bei Illouz (2006) – aus ganz aktuellem Anlass wieder deutlich gemacht worden, dass Gefühle zum einen immer schon sozial und kulturell geprägt sind (Hammer-Tugendhat und Lutter 2010) und zum anderen „im Hochkapitalismus zu einer zentralen Ressource individuellen Wohlbefindens und sozialer Kompetenz geworden [sind], um deren Ausrichtung, Balance und Kontrolle sich ein Heer von Experten und Ratgebern kümmert" (Frevert 2011, S. 265). Auf diese Weise sind die Gefühle und insbesondere die Liebe unausweichlich (wieder) in den Fokus der Erziehungswissenschaft getreten (Bilstein und Uhle 2007; Seichter 2007; Drieschner und Gaus 2011).

Dieses Revival der Gefühle in Philosophie und Pädagogik steht aber auch in einem engen Zusammenhang mit der Krise der Pädagogik, in welche die sog. Realistische Wendung und das von ihr propagierte empirisch-rationalistische Wissenschaftsparadigma geführt haben (Böhm 2006, 2010). Marian Heitger hat diese Engführung[2] – aus der Sicht unserer Überlegungen betrachtet – treffend in einem einzigen Satz zusammengefasst: „Wer die Gefühle verkümmern läßt, fördert Unbildung, weil Bildung den ganzen Menschen umfaßt" (1994, S. 18).

1.2 In negativer Hinsicht ist v. a. ein zweiter und begriffsgeschichtlicher Grund angesichts der kürzlich aufgedeckten Fälle von sexueller Gewalt in pädagogischen (und kirchlichen) Institutionen in die Diskussion gelangt (Seichter 2011a). Wenn von Liebe im pädagogischen Kontext die Rede war und ist – ob in der Wissenschafts- oder in der Alltagssprache –, trifft man in aller Regel auf eine bedenkliche Verkürzung. Von Platon bis heute wird Liebe im pädagogischen Kontext oft wie selbstverständlich mit Eros gleichgesetzt, und dabei bleiben zwei andere Dimensionen des abendländischen Liebesdiskurses häufig unbeachtet: die aristotelische Tradition der Philia und die jüdisch-christliche der Agape (Lotz 1971; Soble 1989). Auch darauf hat in jüngster Zeit Martha C. Nussbaum hingewiesen, wenn sie schreibt: „Any investigation of the emotions' contribution to ethics [...] must confront the ambivalence and excess of erotic love" (2001, S. 459). Und Nussbaum hat ihr wichtigstes Argument darin gesehen, dass Eros nichts anderes ist als ein bloßes Begehren und damit eine Degradierung der menschlichen Natur, „for as soon as a person becomes an Object of appetite for another, all motives or moral relationship cease to function, because as an Object of appetite for another a person becomes a thing and can be treated and used as such by everyone" (ebd., S. 463). An anderer Stelle hat Nussbaum sieben Momente dieser Verdinglichung des Menschen unterschieden, die gerade aus pädagogischer Sicht besondere Aufmerksamkeit beanspruchen, weil sie unmittelbar praktische Konsequenzen für die Erziehung nach sich ziehen: An erster und moralisch anspruchsvollster Stelle die Instrumentalisierung (d. h. die Person nicht als Selbstzweck, sondern als Mittel zu fremden Zwecken), aus welcher dann resultieren die Leugnung der Autonomie und Selbstbestimmung, die Beschneidung der aktiven Handlungsfähigkeit, die Austauschbarkeit des Menschen, die Missachtung seiner personalen Integrität, die Vorstellung eines Possessivverhältnisses und schließlich die Leugnung der Subjektivität. „Das Objekt wird von der verdinglichenden Instanz als etwas behandelt, dessen Erleben und Fühlen (sofern vorhanden) nicht berücksichtigt zu werden braucht" (Nussbaum 2002, S. 102).

Damit macht Nussbaum unverkennbar deutlich, dass sich die sich hartnäckig behauptende Gleichsetzung von pädagogischer Liebe mit Eros nicht halten lässt, weil sie das Objekt der Liebe prinzipiell verdinglicht, während es Pädagogik und Erziehung doch grundsätzlich nicht mit Dingen, sondern mit Personen zu tun haben.

2 Erziehung als interpersonales Handeln

Auf der Folie dieser Vorüberlegungen ergibt sich meine These, dass wir über die Bildung der Liebe nur im Kontext eines personalen bzw. interpersonalen Erziehungsverständnisses sprechen können oder – um es mit den Worten von Axel Honneth und Beate Rössler im Kontext ihrer Untersuchungen zur Moralität persönlicher Beziehungen zu sagen – wo es um „Person-qua-Person-Beziehungen" (Honneth und Rössler 2008, S. 11) geht.

Von dieser anthropologischen Präzisierung her lässt sich Erziehung grundsätzlich nicht auf *poiesis* in dem engeren Sinne eines Herstellens und Machens von Dingen reduzieren, sondern nur als *praxis*, und zwar im Sinne eines personalen bzw. interpersonalen Handelns, begreifen. Aristoteles, der den Begriff in die abendländische Philosophie eingeführt hat, verstand unter *praxis* ganz allgemein einen Lebensvollzug, der insofern ein spezifisch personales Tun ist, weil es „seine Ziele nicht außer sich, sondern in sich selbst hat" und sich grundsätzlich unterscheidet „von der ‚Techne', einem rationalen Herstellen, das sich zunächst ein willkürliches Ziel setzt, und dann die zu seiner Fertigung adäquaten Mittel sucht" (Brumlik 1991, S. 171).

Während man sich ein wortloses und sozial-isoliertes Machen und Herstellen von Dingen vorstellen kann, ist ein Handeln ohne Sprache und ohne Gegenüber kaum denkbar. Hannah Arendt hat in ihrem Buch über *The Human Condition*, also über die Bedingungen des Menschseins, sogar gezeigt, dass sich die Person überhaupt nur im Handeln und Sprechen aktuiert und in Erscheinung tritt: „Sprechen und Handeln sind die Tätigkeiten, in denen diese Eigenartigkeit sich darstellt" (Arendt 1983, S. 168), und – wie J. David Velleman hinzufügt – „wir können die Person nur sehen, indem wir sie in ihrer oder durch ihre empirische Gestalt [Persona] sehen" (Velleman 2008, S. 100). Wie Arendt auch aufgezeigt hat, sind Handeln und Sprechen nur zwischen Personen möglich; sie sind interpersonale Prozesse oder ein „responsives Geschehen" (Ricken 2006, S. 225).

Sowohl der Dialog als auch die Interaktion setzen die Anerkennung des Anderen voraus, und zwar auch die Anerkennung seiner Alterität. Diese Anerkennung schließt sowohl die Freiheit des Anderen ein wie sie gleichzeitig auch Verhältnisse antizipiert, die noch nicht gegeben sind und auch nicht einfach hergestellt werden können. Dadurch verlangt das erzieherische Handeln nicht so sehr nach einem technokratischen Anwendungswissen, als vielmehr nach einer advokatorischen Ethik (Brumlik 2004; Seichter 2011b).

Die Andersheit des Anderen, früher *alteritas* genannt, hat in der Pädagogik – soweit ich sehe – kein anderer Denker so grundlegend in den Mittelpunkt seiner pädagogischen Überlegungen gestellt wie Eberhard Grisebach in seinem 1924 in Halle erschienenen Hauptwerk *Die Grenzen des Erziehers und seine Verantwortung*. Allen radikalen Konzeptionen von Autonomie und Freiheit des Subjekts stellt Grisebach dort das menschliche Dasein als ein grundsätzliches Mit-Anderen-Sein entgegen, und diese Ko-Existenz versteht er v. a. als eine Inanspruchnahme des Einzelnen durch die unüberwindliche Andersheit des Anderen. Emmanuel Levinas hat diese Erkenntnis Grisebachs später zu einer Ethik des Anderen ausgebaut. Die Pädagogik selbst ist durch sie aber vor eine unlösbare Paradoxie gestellt worden. Nicht nur verlangt der Respekt vor dem Anderen die (wenigstens partielle) Anerkennung seines prinzipiellen Rechts auf Alterität (Borst 2004), sondern gleichzeitig lässt sie angesichts der Fremdheit des Anderen die Erziehung als beinahe unmöglich erscheinen. Und genau darin hat Eberhard Grisebach die Grenzen des Erziehers gesehen, die für ihn nicht nur Grenzen *in der* Erziehung, sondern Grenzen *der* Erziehung waren und bis heute sind (Wehner 2002).

Das wirft zwangsläufig auch das Problem der pädagogischen Gerechtigkeit auf, denn wie soll man jemandem gerecht werden, wenn man ihn gar nicht kennen kann? Ohne die Gerechtigkeit in der Erziehung vorschnell als bloße Utopie abzuwerten, wird man sie aber, wie v. a. Michael Wimmer gezeigt hat, nicht als ein „codifizierbares Programm" ansehen können, „wie das Recht oder ein klar definierbarer Begriff" (Wimmer 2007, S. 182).

In diesem Zusammenhang ergibt sich auch das Problem der Offenheit des Ausgangs. Da es die Erziehung nicht nur mit dem wirklichen Menschen, sondern auch oder sogar mehr noch mit dem möglichen Menschen zu tun hat, muss sie den Ausgang ihres Prozesses grundsätzlich offen halten, und sie muss – so paradox das erscheinen mag – immer grundsätzlich auch scheitern können. Andernfalls erläge sie wiederum der Gefahr der Verdinglichung des Zuerziehenden und seiner Umdeutung von einem Subjekt der Erziehung zu deren Objekt.

Wie Michael Winkler den Sinn der Erziehung fasst, muss sie aus einem Erzieherwillen hervorgehen. Erziehung zu wollen heißt aber, „ein Interesse an einem anderen, an seiner Entwicklung, seinem Lernen, seiner Selbstständigkeit, seiner Bildung zur eigenen Freiheit zu haben" (Winkler 2006, S. 165). Daraus resultiert nach Winkler ein „Gestus der Sorge" und begründet die Struktur der pädagogischen Praxis. Ohne die Sorge um Gegenwart und Zukunft des Zuerziehenden wäre eine erzieherische Atmosphäre gar nicht denkbar (Bollnow 1941).

3 Die Analogie von Erziehung und Liebe

Wollten wir an dieser Stelle ein Zwischenfazit ziehen, dann könnten wir eine provokante Verallgemeinerung wagen und behaupten, alles bisher über die Erziehung Gesagte treffe uneingeschränkt auch auf die Liebe, erst recht auf die Liebe in einem pädagogischen Kontext, zu. Damit stellt sich ganz unerwartet die Frage nach der (zumindest partiellen) Identität von Erziehung und Liebe.[3]

Dass es sich bei der Liebe um eine Praxis und nicht um eine Poiesis handelt, ergibt sich allein daraus, dass sie dort geradezu ad absurdum geführt würde, wo man sie technisch herstellen wollte. Liebe verkehrt sich, wo sie einen Zweck außer ihrer selbst verfolgt; mit anderen Worten: Sie entzieht sich grundsätzlich der Mediatisierung. Liebe ist ein interpersonaler Vorgang im Sinne eines prinzipiell dialogischen Prozesses. Sie setzt die Anerkennung des Anderen voraus, und wo sie anfinge, den Anderen in seiner Andersheit radikal verändern zu wollen, höbe sie sich selbst auf. Auch im Ethos der Liebe ergibt sich die Frage nach der Gerechtigkeit – und diese steht gegenwärtig sogar im Brennpunkt des internationalen Philosophierens über die Liebe (Honneth 2008, S. 55 ff.). Zugespitzt lautet dort die zentrale Frage: Ist die Liebe zu einem einzelnen Menschen vereinbar mit einer unparteiischen Moral, die allen Menschen gegenüber den gleichen Respekt gebietet? (Velleman 2008).

Die Liebe entzieht sich per se der Planbarkeit im Sinne von Didaktisierung und Methodisierung, und ihr Ausgang ist grundsätzlich offen. In der Liebe verbinden sich Emotion und Kognition, Gefühl und Vernunft, und Blaise Pascal – Zeitgenosse und Antipode von Descartes – hat revolutionär argumentiert, wenn er schrieb: „Zu Unrecht hat man der Liebe die Vernunft entzogen, und ohne guten Grund hat man sie einander gegenübergestellt, denn Liebe und Vernunft sind ein und dasselbe" (Pascal 1949, S. 21).

Auf den zentralen Aspekt der Sorge hat besonders der analytische Philosoph Harry G. Frankfurt dort hingewiesen, wo er die Liebe zu einer Person im Unterschied zum Begehren einer Sache durch folgende vier Momente kennzeichnet. Sie besteht erstens „aus einer interessenfreien Sorge um das Wohl oder Gedeihen der geliebten Person"; sie ist zweitens „unausweichlich persönlich"; die geliebte Person wird „um ihrer selbst willen geliebt und nicht als besonderer Fall eines Typus"; drittens „[d]er Liebende identifiziert sich mit dem geliebten Wesen", und schließlich bindet viertens die Liebe den Willen des Liebenden (Frankfurt 2005, S. 86).

Wenn sich unsere Analogisierung von Erziehung und Liebe halten lässt, dann erweist sich die Frage nach der Bildung bzw. nach der Lehr- und Lernbarkeit der Liebe nicht als die spezielle Frage einer differentiellen Pädagogik, bspw. bezogen auf eine Altersphase oder auf eine Schulart, sondern als eine genuin allgemeinpädagogische. Ganz analog hat auch Nel Noddings in ihrem international rezipierten Buch *Caring. A Feminine Approach To Ethics & Moral Education* (1986) argumentiert, dass die Etablierung des Prinzips des Caring nicht alle Probleme der Erziehung auf einmal lösen könnte, wohl aber hat sie betont: „Many so-called ‚management' or ‚disciplinary' skills would be unnecessary in schools organized for caring" (Noddings 1986, S. 198). Von daher wird auch der rätselhafte Satz verständlich, mit dem J. David Velleman seine Überlegungen zur Liebe als einem moralischen Gefühl enden lässt: „[D]ie Liebe ist eigentlich eine Erziehung in Sachen Absurdität. Aber genau aus diesem Grund ist die Liebe auch eine moralische Erziehung" (Velleman 2008, S. 104).

4 Möglichkeiten und Grenzen einer Bildung der Liebe

Wenn wir uns im nächsten Schritt unserer Überlegungen konkret der Frage zuwenden, ob und wie Liebe gebildet werden kann, sind von vornherein zwei gefährliche Missverständnisse auszuschließen. Mit Roland Reichenbach und Bruce Maxwell ist klarzustellen, dass es sich bei der Gefühlsbildung generell und – so wäre hinzuzufügen – bei der Bildung zur Liebe speziell nicht um eine Art von „Herzenswäsche" handeln kann, die man auf rein kognitivem Gebiet mit dem vergleichen könnte, was man dort als „Gehirnwäsche" bezeichnet. Wenn Reichenbach und Maxwell Recht haben, dass jede Erziehung eine Moralerziehung und jede Moralerziehung eine Erziehung der Gefühle ist, dann können Gefühle ebenso wenig wie die Moral (und ihre psychische Instanz: das Gewissen) von außen aufoktroyiert oder implementiert werden; eine fremdinternalisierte Moral wäre ein Widerspruch in sich, wie auch die Vorstellung von fremdinszenierten Gefühlen und insbesondere der Liebe geradezu grotesk wäre (Reichenbach und Maxwell 2007). Denn – so Reichenbach und Maxwell weiter: „Ein moralisches Gefühl verspüren heißt, über eine mehr oder weniger substantielle Wertbindung bzw. -verpflichtung zu verfügen, die Ausdruck der personalen Identität sein kann" (ebd., S. 13).

Auf eine zweite Gefahr hat Marian Heitger wiederholt hingewiesen, nämlich den Missbrauch von Gefühlen zur Manipulation und zur Verführung von Menschen. Allen historischen Beispielen solcher Manipulation ist es eigen, dass durch den einseitigen Appell an bloße Gefühle das rationale Moment der Vernunft ausgeschaltet werden soll. Heitger (1994, S. 31) zieht für die Pädagogik daraus den Schluss, dass diese angesichts des Phänomens der Gefühle eine „differenzierte Stellung zwischen der Verführung zur Machbarkeit auf der einen Seite und der skeptischen Resignation auf der anderen Seite" finden müsse.[4]

Abgesehen von diesen möglichen Missverständnissen einer Bildung zur Liebe ist aus unseren bisherigen Überlegungen deutlich geworden, dass es nicht nur hier nicht möglich sein kann, ein detailliertes „Bildungsprogramm" für die Liebe zu entwerfen; allenfalls kann es darum gehen, eine auf die Liebe bezogene „Bildungsidee" zu skizzieren.

In Anlehnung an die von Johann Heinrich Pestalozzi in seinem „Stanser Brief" (1799) auf idealtypische Weise beschriebene Elementarmethode der sittlichen Erziehung mit ihren drei Elementen der *allseitigen Besorgung* des Kindes, des *Handelns in sittlich relevanten Situationen* und der *Reflektion über dieses Handeln* (Klafki 1959) scheint es möglich, auch im Hinblick auf die Bildung der Liebe drei „Zustände" zu benennen, wobei ich diesen Begriff ebenfalls in einem (spezifisch) Pestalozzischen Sinne (Pestalozzi 1797) gebrauche, also nicht verstanden als entwicklungspsychologische Phasen, sondern als untrennbar ineinander verflochtene Momente.

Das erste Moment könnte man als die Überschreitung der bloßen Erscheinungs- und Erfahrungswelt durch die Einbildungskraft verstehen und ihm den Namen „Imagination" geben. Damit sind Übungen der Fähigkeit gemeint, sich in andere Situationen und in andere Personen zu versetzen und dabei eine Art von sozialem Perspektivenwechsel vorzunehmen.

Hier könnte man an den Phänomenologen Max Scheler und seine These erinnern, wonach man eine andere Person erst dann erkennt, wenn man ihren „ordo amoris", d. h. ihre „Liebenswürdigkeiten" versteht; denn der Mensch ist erst ein *ens amans*, bevor er ein *ens cogitans* oder ein *ens volens* ist (Scheler 1957).

Martin Buber hat schon in den 1920er Jahren in seiner Dialogphilosophie dafür den Begriff „Umfassung" geprägt, und damit die Wichtigkeit ausgedrückt, sich im Miteinandersprechen und im Miteinanderhandeln nicht nur auf sich selbst und seine Gefühle zu beziehen, sondern die des Gegenübers permanent mit zu (um-) fassen. Diese Übungen können anhand wirklicher Erlebnisse und Erfahrungen, aber ebenso anhand von narrativen Beispielen, insbesondere aus Geschichte, Literatur, Religion und Kunst versucht werden. Dabei geht es darum, die praktische Urteilskraft der Person zu kultivieren, die niemals nur in einem reinen Verstandesurteil bestehen kann, sondern immer auch eine emotionale Bewertung einschließt.

Angeregt durch Nel Noddings' Verständnis von Caring hat sich seit 2010 in Kalifornien im Rahmen des seit 1980 bestehenden Developmental Studies Center eine spezielle „Caring School Community Initiative" gegründet, die Schulen und Schuldistrikte dabei berät, wie soziales und emotionales Lernen so in den Schulalltag integriert werden kann, dass die Schüler sich selbst als Teil einer „caring community of learners" erleben und – statt in einem dem liberalen Markt nachgeformten Wettbewerbs- und Verdrängungskampf zu stehen – „caring-Erfahrungen" in ihrer Klasse und darüber hinaus machen können.[5]

So wie der Bereich der Imagination grundsätzlich unermesslich ist, lässt sich auch das zweite Moment nur schwer eingrenzen. Zu ihm gehört der ganze große Bereich der Nachahmung: vom Lernen an Vorbildern aus eigenen und fremden Erfahrungen über die Aneignung von Gestik und Mimik, Sitten, Gebräuchen und Ritualen und die Gewinnung eines personalen Lebensethos bis hin zur Ausgestaltung eines eigenen Weltbezugs (Schrader 1982). Für diesen Bereich könnte sich analog zur (gedanklichen) Imagination der Begriff der (handelnden) „Imitation" anbieten. Dieser enthielte allerdings die Gefahr, die hier gemeinte Nachahmung in einem rein reproduktiven Sinne misszuverstehen und damit den Blick auf „Formen instrumentellen Handelns" (Gebauer und Wulf 2003, S. 74) fehlzuleiten. Deshalb wohl hat sich der von Christoph Wulf aus der abendländisch philosophischen Tradition geschöpfte und ausdifferenzierte Begriff *mimesis* durchgesetzt. Ich möchte auf diesen *mimesis*-Begriff hier nicht näher eingehen und hebe lediglich einige

Aspekte hervor, die besonders für die Bildung der Liebe relevant sind. Laut Wulf bedeutet mimetisches Handeln nicht nur ein Nachahmen, sondern auch ein Sich-ähnlich-Machen, ein Zur-Darstellung-Bringen, ein Sich-ausdrücken, sogar ein Vor-ahnen. Damit geht dieser Begriff weit über den Begriff des Lernens als Aneignung hinaus und bezieht das kreative Moment des eigenen Gestaltens und Hervorbringens ausdrücklich mit ein. An einer für unser Thema wichtigen Stelle heißt es dazu: „Das im mimetischen Akt angeeignete Vorbild ist also keine bloße Abbildung aufgrund äußerer Ähnlichkeit, sondern eine *Konstruktion* des Sich-mimetisch-Verhaltenden, in der Raum für Differenz, Partikularität und Kreativität ist" (Wulf 1994, S. 27). Angesichts der „leibliche[n] Grundierung und expressiv-kommunikative[n] Funktionen von Gefühlen" (Brumlik 2002, S. 66) kommt gerade dem Gefühl der Liebe eine eminent ästhetische Komponente zu, und zwar ästhetisch im ursprünglichen Wortsinn als Anschauung verstanden (Brehm 2011). Gerade das Mitempfinden und Mitleiden, die Sympathie und die Liebe verlangen nach jener ästhetischen Sensibilität und sinnlichen Wahrnehmung.

Das dritte Moment betrifft den rationalen Aspekt der Gefühlsbildung und meint die Bewusstwerdung und Bewusstmachung der emotionalen Motive unseres Handelns. Für diese Situation bietet sich der Begriff der „Reflektion" an, und zwar im Sinne des kritischen Nachdenkens über eigene und fremde Gefühlsäußerungen und des Überdenkens ihrer Angemessenheit an die jeweilige Situation. Dazu gehört auch das Infragestellen spontaner und unbedachter Reaktionen, die oft aufgrund dieser Unbesonnenheit zu lieblosen werden.

An dieser Stelle erscheint es hilfreich, den bereits oben erwähnten Begriff eines *ordo amoris* bei Max Scheler noch etwas genauer zu vergegenwärtigen; zum einen, weil dort der Gedanke von der Einheit von Gefühl und Vernunft, Liebe und Erkenntnis (unmittelbar) vertieft, und zum anderen, weil dabei die Einheit der drei Momente (Besorgung, Handeln und Reflektion), die ich im Hinblick auf eine Bildung der Liebe genannt habe, von einer anthropologischen Perspektive her (mittelbar) präzisiert wird. Nach Scheler kann die praktische Identität und die faktische Eigentümlichkeit einer Person auf den je individuellen Aufbau ihrer Liebes- und Hassakte zurückgeführt werden (Meier-Seethaler 1998, S. 94 ff; Seichter 2007, S. 58 ff). „Ich werde es [ein Individuum, ein Zeitalter, eine Familie, ein Volk oder eine Nation, S. S.] dann am tiefsten erkennen und verstehen, wenn ich das stets irgendwie gegliederte System seiner faktischen Wertschätzungen und seines Wertvorziehens erkannt habe. Dieses System nenne ich das Ethos dieses Subjekts. Der fundamentalste Kern aber dieses Ethos ist die Ordnung der Liebe und des Hasses, die Aufbauform dieser herrschenden und vorherrschenden Leidenschaften, und zwar an erster Stelle diese Aufbauform in einer vorbildlich gewordenen Schicht. Die Weltanschauung wie die Taten und Handlungen des Subjekts sind durch dieses System stets mitregiert" (Scheler 1957, S. 347).

Dieses System des *ordo amoris* setzt sich nach Scheler aus zwei Teilordnungen zusammen: dem normativ-idealen *ordo amoris* einerseits und dem faktisch-deskriptiven andererseits. Der normativ-ideale *ordo amoris* bezeichnet die „Rangordnung aller möglichen *Liebenswürdigkeiten* der Dinge gemäß ihrem inneren, ihnen zukommenden Werte". Jene von dem klassischen Wertphilosophen Scheler als allgemeingültig-objektiv angenommene Wertwelt zu erkennen und daraufhin „einsichtig mitzuerleben, wäre das Höchste, was der Mensch vermag". Zur Norm für eine jede einzelne Person werden die „Liebenswürdigkeiten" des objektiven *ordo amoris* dann, „wenn er als erkannter auf das *Wollen* des Menschen bezogen und von einem Wollen ihm geboten wird". Die grundlegende Bedeutung für das Erkennen und Verstehen einer Person kommt dem faktisch-deskriptiven *ordo amoris* zu, denn „er ist hier das Mittel, hinter den anfänglich verwirrenden Tatsachen der moralisch-relevanten menschlichen Handlungen, Ausdruckserscheinungen, Wollungen, Sitten, Bräuche, Geisteswerke die einfachste Struktur der elementarsten Ziele des zielmäßig wirksamen Personkernes aufzufinden – die sittliche Grundformel gleichsam, nach der dieses Subjekt moralisch existiert und lebt" (Scheler 1957, S. 347 f.).

Folgen wir Schelers Annahme, dass der *ordo amoris* die Umwelt partikular wahrnimmt und gleichsam die Umwelt selbst strukturiert, so könnten wir in diesem Zusammenhang sogar von einem (um fast ein Jh. vorweggenommenen) „axiologischen Konstruktivismus" sprechen. Das meint, dass die Konstruktion des je eigenen personalen Schicksals eines Menschen und die Konstruktion der Umwelt auf denselben Faktoren des *ordo amoris* eines Menschen beruhen und quasi eine „gesetzliche Bildungsweise" darstellen. Das menschliche Schicksal ist in diesem Fall also nicht reine Gesetzmäßigkeit und schon gar kein reiner Zufall, sondern „die Einheit eines durchgehenden Sinnes, die sich uns als eine individuelle Wesenszusammengehörigkeit menschlichen Charakters und des Geschehens um ihn herum und in ihn hinein darstellt. Eben dies also: dass wir, im Überblick eines ganzen Lebens oder einer größeren Reihe von Jahren und Geschehnissen, zwar vielleicht jeden Einzelfall dieser Geschehnisse als ganz zufällig empfinden, ihr Zusammenhang aber – so unvorhersehbar jeder Teil des Ganzen vor seinem Kommen gewesen ist – eben dasselbe widerspiegelt, was wir auch als den Kern der betreffenden Person ansehen müssen – dies macht das *Besondere* des Schicksals aus" (Scheler 1957, S. 350). Dieses personale Geschehen, welches keinesfalls zu verdinglichen ist, vollzieht sich einerseits absichtsvoll und willentlich und ereignet sich andererseits durch real-objektives Geschehen eher zufällig: Beides betont die unabdingbare „Zusammenstimmung von Welt und Mensch".

Hier führt uns Schelers Gedankengang auf den Kern jeder pädagogischen Theorie und Praxis. Indem wir dem Heranwachsenden helfen, seinen „Beruf" (im alten etymologischen Sinne) und seine Bestimmung (i. S. von „destinatio", nicht als „determinatio") zu finden, einzusehen und zu verwirklichen, also seinen individuell-menschlichen *ordo amoris* zu gestalten, übernehmen wir für den Anderen Verantwortung und treten in ein sorgendes Ich-Du Verhältnis.

Für alle drei hier skizzierten „Zustände" gilt, dass sie nicht in einem technischen Sinn rationalisierbar und planbar und ihre erwünschten Ergebnisse nicht technologisch herstellbar sind. An dieser Stelle ist vielmehr an die von Otto Friedrich Bollnow sogenannten „unstetigen Formen" der Erziehung zu denken, zu denen er Erweckung, Ermahnung, Anregung, Aufforderung, Beratung und Krise gezählt hat. Gleichzeitig kommen damit unvermeidlich Kontingenzbegrifflichkeiten ins Spiel wie Zufall, Schicksal, Gnade, Geschenk und nicht zuletzt Wagnis und Risiko (Zirfas 2009).

Alle drei „Zustände" verweisen auch noch auf andere Grenzen, insofern die Bildung von Gefühlen und erst recht die Bildung der Liebe nicht der Beliebigkeit und Willkür überlassen werden können, sondern stets die Akzeptanz gegenüber Faktizitäten einfordern – ob ich mich dabei wohlfühle oder nicht –, und die Anerkennung gültiger Regeln und Normen des menschlichen Zusammenlebens, von denen der kategorische Imperativ Immanuel Kants als das radikalste Beispiel angesehen werden kann.

5 Schlussbemerkung

Dass es sich bei meinen Ausführungen lediglich um eine Problemskizze handeln konnte, liegt auf der Hand. Darüber sollte aber nicht übersehen werden, welches immense Forschungsfeld sich auftut, wenn man beginnt, die gesellschaftliche Institution Schule in ihren Bildungs- und Sozialisationsfunktionen nicht nur aus einer kognitiven, sondern auch aus der Perspektive des Emotionalen zu untersuchen. Dabei käme es v. a. darauf an, die Bedingungen und Möglichkeiten schulischer Bildung organisatorisch so zu gestalten, dass die hier aufgezeigten Voraussetzungen und Momente einer Bildung der Liebe „wirklich" (i. S. von „Aktuierung") werden können. Der Bildung der Liebe käme dabei in Zeiten einer Ökonomisierung von Bildung und Erziehung nicht nur große Aktualität zu, sondern auch die besondere Brisanz einer bestimmten Auffassung von gesellschaftlich-verantwortlicher Praxis zu.

Anmerkungen

1 Die Verfasserin versteht das ihr gestellte Thema nicht primär als eine historisch-empirische Bestandsaufnahme, sondern als eine allgemeinpädagogische (theoretische und praktische) Problementfaltung im Sinne einer noch zu lösenden Aufgabe.

2 Mit dem Begriff Engführung sind hier jene Einseitigkeiten gemeint, in die jene „Wendung" dort geführt hat, wo sie nicht als eine Zuwendung zu neuen Fragestellungen, sondern als eine Abwendung von vermeintlich überholten missverstanden wurde.

3 „Erziehung [...] ist nur dann dasjenige, als was sie mit diesem Namen bezeichnet wird, wenn sie dem Mitmenschen um seiner selbst willen dient. Daher ihre oft hervorgehobene Verwandtschaft mit der Liebe, der gleichfalls nichts ferner liegt, als das Gegenüber in die Stellung des Objekts herabdrücken zu wollen. Dass die Erziehung an dem Verhältnis der unbedingten Gegenseitigkeit ihre Grundlage hat, das bleibt auch dann bestehen, wenn die eine Seite an Alter, Erfahrung, Gewicht, Wissen und Können hinter der anderen weit zurückbleibt. Für den wirklichen Erzieher ist der Zögling von vornherein die potentielle ‚Person', die zur Freiheit, zur Persönlichkeit, zur selbstverantwortlichen Gestaltung des eigenen Daseins emporzuwickeln das eigentliche Geschäft der Erziehung ausmacht" (Litt 1958, S. 113).

4 Heitgers Invektiven dürften – so ist einschränkend hinzuzufügen – allerdings weit mehr auf die große Familie der Hassgefühle (bspw. in Gestalt des Fremdenhasses) als auf jene der Liebesgefühle (v. a. in Form der pädagogischen und der Nächstenliebe) zutreffen.

5 Die Ergebnisse der Studie liegen derzeit noch in keiner veröffentlichten Form vor. Interessante Informationen siehe unter: http://www.devstu.org/caring-school-community-initiative (Zugriff am 25.07.2011).

Literatur

Arendt, H. (1983). *Vita Activa oder Vom tätigen Leben* (3. Aufl.). München: Piper.
Bilstein, J., & Uhle, R. (Hrsg.). (2007). *Liebe. Zur Anthropologie einer Grundbedingung pädagogischen Handelns.* Oberhausen: Athena-Verlag.
Böhm, W. (2006). Quo vadis – Pädagogik? In W. Eykmann & W. Böhm (Hrsg.), *Die Person als Maß von Politik und Pädagogik* (S. 189–204). Würzburg: Ergon.
Böhm, W. (2010). Epistemologische Umbrüche in der Pädagogik. In T. Mikhail (Hrsg.), *Bildung als Aufgabe. Zur Neuvermessung der Pädagogik* (S. 11–20). Frankfurt a. M.: Lang.
Bollnow, O. F. (1941). *Das Wesen der Stimmungen.* Frankfurt a. M.: Klostermann.
Borst, E. (2004). Anerkennung als Praxis der Kritik. *Vierteljahrsschrift für wissenschaftliche Pädagogik, 80*(2/3), 248–266.
Brehm, A. (2011). Ästhetische Erfahrung als Strategie emotionaler Teilhabe. In L. Sauerwald, C. Gruber, B. Meisnitzer, & S. Rettinger (Hrsg.), *Emotionale Grenzgänge. Konzeptualisierungen von Liebe, Trauer und Angst in Sprache und Literatur* (S. 37–51). Würzburg: Königshausen & Neumann.
Brumlik, M. (1991). Zur Kritik einer Pädagogik als Technik. In H. Ullrich & F. Hamburger (Hrsg.), *Kinder am Ende ihres Jahrhunderts* (S. 169–179). Ulm: Vaas.
Brumlik, M. (2002). *Bildung und Glück. Versuch einer Theorie der Tugenden.* Berlin: Philo Verlagsges.
Brumlik, M. (2004). *Advokatorische Ethik.* Berlin: Philo & Philo Fine Arts.
Döring, S. A. (Hrsg.). (2009). *Philosophie der Gefühle.* Frankfurt a. M.: Suhrkamp.
Drieschner, E., & Gaus, D. (Hrsg.). (2011). *Liebe in Zeiten pädagogischer Professionalisierung.* Wiesbaden: VS Verlag für Sozialwissenschaften.
Frankfurt, H. G. (2005). *Gründe der Liebe.* Frankfurt a. M.: Suhrkamp.
Freud, S. (1930/1955). Über das Unbehagen in der Kultur. In v. A. Freud (Hrsg.), *Gesammelte Werke* (Bd. 14, S. 421–506). London: Fischer Taschenbuch.
Frevert, U. (2011). Gefühlswissen in der Moderne – Entwicklungen und Ergebnisse. In U. Frevert, et al. (Hrsg.), *Gefühlswissen. Eine lexikalische Spurensuche in der Moderne* (S. 263–277). Frankfurt a. M.: Campus.
Gebauer, G., & Wulf, C. (2003). *Mimetische Weltzugänge.* Stuttgart: Kohlhammer.
Grisebach, E. (1924). *Die Grenzen des Erziehers und seine Verantwortung.* Halle: De Gruyter.
Hammer-Tugendhat, D., & Lutter, C. (Hrsg.). (2010). *Emotionen. Zeitschrift für Kulturwissenschaften 2/2010.* Transcript.
Hastedt, H. (2005). *Gefühle. Philosophische Bemerkungen.* Stuttgart: Reclam.
Heitger, M. (1994). Schule der Gefühle. In G. Schaufler (Hrsg.), *Schule der Gefühle. Zur Erziehung von Emotion und Verhalten* (S. 9–33). Innsbruck: Tyrolia.
Honneth, A. (2008). Einführung. In A. Honneth & B. Rössler (Hrsg.), *Von Person zu Person. Zur Moralität persönlicher Beziehungen* (S. 55–59). Frankfurt a. M.: Suhrkamp.
Honneth, A., & Rössler, B. (Hrsg.). (2008). *Von Person zu Person. Zur Moralität persönlicher Beziehungen.* Frankfurt a. M.: Suhrkamp.
Illouz, E. (2006). *Gefühle in Zeiten des Kapitalismus.* Frankfurt a. M.: Suhrkamp.
Klafki, W. (1959). *Pestalozzis Stanser Brief.* Weinheim: Neue Deutsche Schule Verlagsgesellschaft.
Litt, T. (1947/1958). Die Bedeutung der pädagogischen Theorie für die Ausbildung des Lehrers. In T. Litt (Hrsg.), *Führen oder Wachsenlassen* (7. Aufl.). Stuttgart: Klett.
Lotz, J. B. (1971). *Die drei Stufen der Liebe. Eros – Philia – Agape.* Frankfurt a. M: Knecht.
Meier-Seethaler, C. (1998). Das „emotionale Apriori" bei Max Scheler. In C. Meier-Seethaler (Hrsg.), *Gefühl und Urteilskraft. Ein Plädoyer für die emotionale Vernunft* (2. Aufl., S. 94–103). München: Beck.
Noddings, N. (1986). *Caring. A feminine approach to ethics & moral education.* Berkeley: University of California Press.

Nussbaum, M. C. (2001). *Upheavals of thought. The intelligence of emotions.* Cambridge: Cambridge University Press.

Nussbaum, M. C. (2002). *Konstruktion der Liebe, des Begehrens und der Fürsorge.* Stuttgart: Reclam.

Pascal, B. (1949). *Abhandlung über die Leidenschaften der Liebe.* Köln: Verlag Die Brigg.

Pestalozzi, J. H. (1797/1938). Meine Nachforschungen über den Gang der Natur in der Entwicklung des Menschengeschlechts. In J. H. Pestalozzi, v. E. Dejung, A. Rufer, & H. Schönebaum (Hrsg.), *Sämtliche Werke* (Bd. 12, S. 1–166). Zürich: De Gruyter.

Reichenbach, R., & Maxwell, B. (2007). Moralerziehung als Erziehung der Gefühle. *Vierteljahrsschrift für wissenschaftliche Pädagogik, 83*(1), 11–25.

Ricken, N. (2006). Erziehung und Anerkennung. Anmerkungen zur Konstitution eines pädagogischen Problems. *Vierteljahrsschrift für wissenschaftliche Pädagogik, 82*(2), 215–230.

Scheler, M. (1957). Ordo amoris. In M. Scheler (Hrsg.), *Schriften aus dem Nachlass. Bd. 1: Zur Ethik und Erkenntnislehre* (S. 347–376). Bern: Francke.

Schrader, W. (1982). Die Dringlichkeit der Frage nach dem Individuum. *Perspektiven der Philosophie, 8,* 29–100.

Seichter, S. (2007). *Pädagogische Liebe. Erfindung, Blütezeit, Verschwinden eines pädagogischen Deutungsmusters.* Paderborn: Schöningh.

Seichter, S. (2011a). *Pädagogische Liebe. Irrungen und Wirrungen. Kieler Berichte, Nr. 20.* Inst. für Pädagogik.

Seichter, S. (2011b). Pädagogisches Ethos. In J. Kade, W. Helsper, C. Lüders, B. Egloff, F.-O. Radtke, & W. Thole (Hrsg.), *Pädagogisches Wissen. Erziehungswissenschaft in Grundbegriffen* (S. 191–198). Stuttgart: Kohlhammer.

Soble, A. (1989). *Eros, Agape, and Philia. Readings in the philosophy of love.* St. Paul: Paragon House.

Thomä, D. (Hrsg.). (2000). *Analytische Philosophie der Liebe.* Paderborn: Mentis.

Velleman, J. D. (2008). Liebe als moralisches Gefühl. In A. Honneth, & B. Rössler (Hrsg.), *Von Person zu Person. Zur Moralität persönlicher Beziehungen* (S. 60–147). Frankfurt a. M.: Suhrkamp.

Wehner, U. (2002). *Pädagogik im Kontext von Existenzphilosophie.* Würzburg: Königshausen & Neumann.

Wimmer, M. (2007). Wie dem Anderen gerecht werden? Herausforderungen für Denken, Wissen und Handeln. In A. Schäfer (Hrsg.), *Kindliche Fremdheit und Pädagogische Gerechtigkeit* (S. 155–184). Paderborn: Schöningh.

Winkler, M. (2006). *Kritik der Pädagogik. Der Sinn der Erziehung.* Stuttgart: Kohlhammer.

Wulf, C. (1994). Mimesis in der Erziehung. In C. Wulf (Hrsg.), *Einführung in die pädagogische Anthropologie* (S. 22–45). Weinheim: Beltz.

Zirfas, J. (2009). Otto Friedrich Bollnow: Existenzphilosophie und Pädagogik. In W. Böhm, B. Fuchs, & S. Seichter (Hrsg.), *Hauptwerke der Pädagogik* (S. 54–57). Paderborn: Schöningh.

Mannmännliche Gefühlswelt im jugendbewegten Jungmännerbund

Jürgen Reulecke

Zusammenfassung: Thema des Beitrags ist die spezifische, oft mit starker Gefühligkeit begleitete (hier an exemplarischen Beispielen vorgeführte) Art und Weise, wie seit Beginn des 20. Jahrhunderts eine beträchtliche Zahl junger Männer in ihrer Adoleszenz mit „jugendbewegt-bündischen" Ideen und Lebensformen in Berührung kam und von diesen z. T. stark geprägt worden ist. Dabei standen sich gegenüber – Stichwort „Führen oder Wachsenlassen" (Theodor Litt, *Führen oder Wachsenlassen. Eine Erörterung des pädagogischen Grundproblems*. Stuttgart: Teubner, 1927) – zum einen Forderungen nach der Entwicklung eines jugendlichen „Selbst", zum anderen Strategien zum Einfügen des Heranwachsenden in bündische Gemeinschaften bzw. in die Gefolgschaft jugendbewegter Führer. In Form einer Art „Piraterie" hat dann nach 1933 der Nationalsozialismus das Führerprinzip und das bündische Gemeinschaftsideal aufgegriffen, krass pervertiert und v. a. in seinen Ausbildungslagern zur Erzeugung einer opferbereiten Selbstaufgabe des Individuums eingesetzt.

Schlüsselwörter: Autoritätsverhältnisse im Kaiserreich · Jugendbewegung vor und nach dem Ersten Weltkrieg (Beispiele bes. „Hoher Meißner 1913", Pfadfindertum nach 1919) · Männerbundideologie und Jungmännerbünde · Führer und Gefolgschaft · NS-Erziehung in Ausbildungslagern

Male same-sex eroticism in a world of emotions of the male youth movement

Abstract: The topic of this paper is the specific way and manner in which a considerable number of young men since the start of the 20th century have been confronted in their adolescence with youth movement ideals and ways of life. These were often accompanied by strong sentiments and had a strong influence on them. In this, there was the contradiction—keyword "lead or let grow" (Theodor Litt, *Führen oder Wachsenlassen. Eine Erörterung des pädagogischen Grundproblems*. Stuttgart: Teubner, 1927)—between calls for the development of a young self and strategies for integration of youths into federations, indeed into subservience to youth movement leaders. In a type of "piracy", the National Socialists took the leadership principle from the youth movement in a perverted form and especially used it in training camps in order to develop a willingness to self-sacrifice.

© VS Verlag für Sozialwissenschaften 2012

Prof. em. Dr. J. Reulecke (✉)
Historisches Institut der Universität Gießen,
Otto-Behaghel-Str. 10C,
35394 Gießen, Deutschland
E-Mail: juergen.reulecke@geschichte.uni-giessen.de

Keywords: Authority in the German Empire · Youth movement before and after World War One · Ideology of male and young men's federations · Leader and subservience · NS education training camps

Kameraden!

Da eilte ich befreit zur Tür hinaus –
Schnell flammend half das warme Treppenhaus,
Und lieber wollt' ich zu den Straßensteinen,
Als horchend in der engen Wohnung weinen.

Das ist die Flucht vor den zu eng Verwandten,
Die mich berührten, ehe sie mich kannten –!
Noch immer wie in ihrem hohlen Schoß
Lässt mich Gebornen Elterndruck nicht los.

Doch lieber Hass und Wüste dieser Stadt
Als eure Liebe, die mich grundlos hat!
Wir wählten niemals uns! Dass ihr mich säugtet:
Wird es Gefühl denn, dass ihr mich erzeugtet?

(…)

Ein Ruf nach Sonne –! statt sich rauh zu brauchen
Einander stolzre Seelen einzuhauchen –
Ein Ruf nach Freiheit –! nicht vermischt zu sein,
Sondern vereinigt wie in Heeresreihn –!

(…)

Das sind die Willen, ganz aus Licht getrieben,
Die sich als Willensangesichter lieben.
Das ist die lautre lauste Melodie,
Die süße nahe weite Kameraderie!

Das Gedicht „Kameraden!", aus dem diese stark gefühlsbeladenen fünf (von insgesamt vierzehn) Strophen stammen, hat der 26jährige expressionistische Dichter Wolfenstein (1888–1945) vermutlich im Frühsommer 1914, also kurz vor dem Ausbruch des Ersten Weltkriegs verfasst. Veröffentlich wurde es Anfang 1915 in der Zeitschrift *Der Aufbruch. Monatsblätter aus der Jugendbewegung.* Eindringlich beklagt Wolfenstein hier die „Sumpfgemeinsamkeit" der großstädtischen Lebensverhältnisse ebenso wie den häuslichen „Elterndruck" und den „eisig kalten Bund" von Liebespaaren und setzt solcher allenfalls nur „falschen Seelenfrieden" vermittelnden bürgerlichen Alltagsexistenz seinen „Ruf nach Freundschaft", „nach Sonne" und „nach Freiheit" entgegen. Beantwortet wird dann dieser Ruf – so die Erwartung des Autors – im Jungmännerbund, in dem „Willensangesichter" sich lieben und wo als „lautre lauste Melodie" das Lied von der „süßen nahen weiten Kameraderie" ertönt. Gedichte von Alfred Wolfenstein wurden damals v. a. in jugendbewegten Kreisen viel beachtet: Männerbundbeschwörungen wie diese trafen wegen ihrer (heute kaum noch nachvollziehbaren) pathetischen Gefühligkeit in der Endphase des wilhelminischen Kaiserreichs offenbar auf weit offene Ohren und Seelen, denn sie drückten etwas aus bzw. umkreisen eine Stimmung, die einer Erlösungssehnsucht vieler Angehöriger des männlichen Bildungsbürgernachwuchses entsprach.

Als weiterer Einstieg in mein Thema bietet sich noch eine zweite exemplarische Gefühlsäußerung aus jenen Jahren an: Kurze Zeit vorher hatte ein scharfer Kritiker des Wilhelminismus, nämlich Gurlitt (1855–1931) – Altphilologe am Steglitzer Gymnasium und einer der geistigen Väter des Wandervogels –, in einem Nachwort zu seinem Buch *Erziehung zur Mannhaftigkeit* die „Menschenabrichterei" seiner Zeit massiv angeprangert (zum Folgenden s. Gurlitt 1906, S. 217, 227, 231, 243). Mit Blick auf die Tragikomödie um den Hauptmann von Köpenick schrieb er: „Die Schutzleute stehen auf Befehl des schmierigen Hauptmanns selbst Schmiere, und der Soldat erstarrt vor der heiligen Uniform in ‚eingetrichterter Demut'". Das Ereignis sei, so Gurlitt, ein „trauriger Triumph preußisch-militärischer Abrichtungskunst", ein „Triumph der ‚geistigen Hosennaht'", und so rief er dann abschließend anklagend aus: „Du hast es so gewollt, Erziehung zur Subalternität, Geist der Dressur!" Als Fazit aus dieser Erfahrung forderte Gurlitt eine „Erziehung zur Mannhaftigkeit", bei der das freie Individuum im Mittelpunkt stehen sollte und nicht die Erzwingung blinden Gehorsams mit Hilfe brutaler Erziehungsmethoden, bei denen die Prügelstrafe an erster Stelle stand, denn: „Sonst wird unser ernstes Leben schließlich zum Possenspiel!" Eine erheblich zunehmende Zahl von Schülerselbstmorden war für ihn ein bedrückender Beleg dafür, wie sehr der damalige Erziehungsstil in Schule und Elternhaus bei vielen Heranwachsenden zu „Verzweiflung und Lebensüberdruss" geführt hatte. „Männer setzen Knaben voraus", lautete daher Gurlitts Motto, denn nur in einer freien Knabenerziehung sah er die Voraussetzung gegeben, dass in Zukunft „neue und ganze Männer" die Geschicke des Deutschen Reiches bestimmen würden und nicht „servile Lakaien mit Untertanendemut und hässlichem Strebergeist".

Wie konnte „man(n)" sich, konkreter: Wie konnte der Jungmann sich damals aus den von Gurlitt beschriebenen Zwangslagen in Schule und Elternhaus befreien und in der Zeit seiner Adoleszenz – der Begriff kam damals infolge einer breiten Rezeption des 1904 von dem amerikanischen Kinderpsychologen Stanley Hall verfassten Buches *Adolescence* in den Sprachgebrauch (vgl. Dahlke 2006, S. 34 ff.) – zu einem starken männlichen „Selbst" werden? Die zeitgenössischen Auseinandersetzungen darüber sind inzwischen breit untersucht und dargestellt worden. Frühzeitig hatte z.B. der junge Freud-Schüler Bernfeld (1892–1953), beeinflusst von dem Schulreformer Wyneken (1875–1964) und Mitherausgeber der jugendkulturellen Zeitschrift *Der Anfang*, im Anschluss an Hall nachdrücklich die Eigengesetzlichkeit der Jugend und die notwendige Abkehr von den autoritären Verhältnissen in Schule und Elternhaus betont (hierzu und zum Folgenden Herrmann und Laermann in Koebner et al. 1985, außerdem Bernfeld 2010). Die Schule sei, so hieß es dort, letztlich nur ein „Lerngefängnis", und in der Familie sei das Kind bloß „Eigentum der Eltern oder, extrem ausgedrückt, es befindet sich im Zustand der Sklaverei". Bernfeld hatte im Frühjahr 1913 in der ersten Nummer des *Anfang* als Leitgedanken einer sich gegen diese Verhältnisse richtenden Jugendkulturbewegung plakativ verkündet: „Kindheit und Jugend sind nicht die zwecklosen Durchgangsstadien zum erwachsenen Menschen, sondern notwendige, in sich geschlossene Entwicklungsstufen. Jugend und

Mannheit sind nicht graduelle, sondern qualitative Unterschiede. Die Jugend ist also nicht unvollkommene, unreife Mannheit, sondern ein vollkommener Zustand für sich".

Solche Gedanken flossen mit ein in die Vorbereitung eines Ereignisses, das Mitte Oktober 1913 stattfand und einen für die damalige Zeit ungewöhnlichen Höhepunkt der nun in Gang gekommenen jugendlichen Selbstfindungsdebatte darstellte: das Freideutsche Jugendtreffen auf dem Hohen Meißner, einem Bergrücken östlich von Kassel (Mogge und Reulecke 1988). Dort gelobten die über zweitausend anwesenden jungen Leute aus den akademischen Freischaren, aus Wandervogelbünden und einigen schul- und lebensreformerischen Kreisen in bewusster Absetzung vom gleichzeitig in Leipzig stattfindenden säbelrasselnden Erinnerungsfest an den hundert Jahre zurückliegenden Sieg über Napoleon feierlich und selbstsicher: „Die Freideutsche Jugend will aus eigener Bestimmung, vor eigener Verantwortung, mit innerer Wahrhaftigkeit ihr Leben gestalten" und fügten noch hinzu, dass man in Zukunft für „diese innere Freiheit geschlossen" eintreten wolle. Dahinter stand die Vorstellung von einer zukünftigen Jugend, die – so hieß es in der Einladung zu diesem Fest auf dem Hohen Meißner – „ihr Selbst frei entwickeln (werde), um es dann dem Dienst der Allgemeinheit zu widmen".

Wenn oben von „Bünden" die Rede war, dann zielte dies auf die Tatsache, dass sich viele der jugendbewegten Gruppierungen im Jahrzehnt vor dem Ersten Weltkrieg in einer spezifisch männerbündischen Art und Weise zusammengefunden hatten und damit, wie im einleitend zitierten Wolfenstein-Gedicht angesprochen, eine zumindest zeitweise Flucht aus der zivilisatorischen „Sumpfgemeinsamkeit" vollziehen wollten. Männerbünde sind zwar, wie 1990 eine große ethnologische Ausstellung in Köln mit dem klingenden Titel „Männerbünde – Männerbande" breit belegt hat (Völger und von Welck 1990), von alters her und weltweit eine in vielfältigen Formen nachweisbare Erscheinung, doch hatte das Männerbündische seit Beginn des 20. Jahrhunderts, konkret und exakt seit dem Jahre 1902, in Deutschland eine bemerkenswert eigenwillige Ausprägung mit historisch gravierenden Folgen erhalten. Auch das ist inzwischen gut untersucht worden (s. z. B. Reulecke 2001; Brunotte 2004; Bruns 2008), deshalb jetzt nur einige wenige Hinweise dazu!

Im Jahre 1902 war ein damals viel beachtetes und in den nächsten vier Jahrzehnten breit rezipiertes Buch auf den Markt gekommen, das man geradezu als Startsignal für ein neues Männlichkeitsideal bezeichnen kann: die umfangreiche ethnologische Studie von Schurtz (1863–1903) mit dem Titel *Altersklassen und Männerbünde* (Schurtz 1902, dazu Reulecke 2001, S. 35–46). Der Autor, der kurze Zeit später als erst Vierzigjähriger an Typhus starb, war als Angestellter des Bremer Übersee-Museums bereits weit in der Welt herumgekommen und hatte diverse Spezialstudien veröffentlicht. Den beträchtlichen Erfolg seines Werkes und die sich daran anschließende breite Diskussion seiner Kernthesen hat er also nicht mehr erlebt. Zugespitzt lässt sich wohl sagen, dass sein Buch die entscheidende Basis für alle weiteren Männerbunddebatten bis in die 1940er Jahre, also für die nächsten nahezu vier Jahrzehnte geliefert hat. Schurtz glaubte aufgrund ausgreifender Studien einfacher Völker aus den vielfältigen Erscheinungsformen von Männerbünden weltweit ablesen zu können, dass die entscheidenden historisch wirksamen Bewegungskräfte männlichen „sympathischen Vereinigungen", also den Männerbünden entstammten: Aus ihnen gingen, so Schurtz, die wichtigsten Grundformen des öffentlichen Lebens bis hin zur Staatsbildung hervor. Die „Liebe zum Weibe", die Ehe und die Rolle des Mannes als Familienvater seien nur Episode. Dem innersten Wesen des

Mannes entspreche sehr viel mehr das männerbündische Miteinander. Schurtz wörtlich: „Hier liegt ein tiefer, kaum überbrückbarer Gegensatz zwischen Mann und Weib, der sich in tragischen Konflikten äußern kann, aber auch das Treiben des Alltags durchzieht und in Deutschland vorwiegend in dem ewigen Zwiespalt zwischen Stammtisch und Familienleben auftritt, um im Kampf um den Hausschlüssel den Gipfel kleinlicher Komik zu erreichen" (Schurtz 1902, S. 21). Die kurz nach dem Erscheinen des Schurtz'schen Buches in großer Zahl erscheinenden, im Wesentlichen positiven Rezensionen zeigen, dass seine Thesen auf die Zeitgenossen geradezu faszinierend gewirkt haben. Ihre Wirkung lässt sich noch bis in die männerbündischen Prinzipien der NS-Formationen und der NS-Pädagogik nachweisen. Ein Schüler Gurlitts, Blüher (1888–1955), ein am Gymnasium zu Berlin-Steglitz mit dem Wandervogel in enge Berührung gekommener junger Autor, war es dann, der im Jahre 1917 als 29-Jähriger in seinem Buch *Die Rolle der Erotik in der männlichen Gesellschaft* (Blüher 1917) Kernthesen von Schurtz aufgriff, sie zuspitzte und ihnen in der Folgezeit eine neue Aktualität verschaffte – dies nicht zuletzt deshalb, weil sich nun auch massive Kritiker zu Wort meldeten, allen voran der streitbare Soziologe Plenge (1874–1963), der in seiner Schrift *Antiblüher* die Vorstellungen vom Männerbund à la Blüher als Propagierung eines „Affenbundes von Onanisten und Päderasten" bezeichnete, die ein „sittlich gesundes Volk" zu vergiften drohten und das grundlegende Werk von Schurtz „von Grund auf veräfft(en)" (Plenge 1920, S. 3). Plenge baute dagegen als konstituierenden Elementen einer zukünftigen Männergesellschaft auf „Kameradschaft, Solidarität und Bruderschaft, und im Verhältnis zum Führer wie ähnlich zum Lehrer, [auf] echten Gefolgschaftsgeist und auf Treue".

Blüher hatte zwei gegensätzliche erotische Beziehungsbedürfnisse des Jungmannes betont: die „Detumeszenz" als sexuelle Begierde, die sich meist auf das Weib beziehe und oft im Orgasmus verpuffe, und die „Contrectation", die er als das auf männliche Gesellung und auf die Sublimierung des Sexualtriebs hinauslaufende Miteinanderumgehen in der männlichen Kameraderie verstand (Blüher 1917, S. 75 f.). Der Autor, in der Wandervogelbewegung geprägt, nannte einen dieser „Contrectation" voll entsprechenden Mann einen „Erasten": Dieser Typ könne sich z. B. im jugendbewegten Jungmännerbund in besonderer Weise entfalten und bewähren: „Mit seinem oft hymnischen Freundschaftsdrange" gebe er „den Jugendbewegten die eigentliche Grundfarbe". Jungmännerbünde, so schrieb Blüher kurz nach der Veröffentlichung des oben zitierten Wolfenstein-Gedichts ebenfalls im *Aufbruch*, seien das „geschärfteste Organ zur Vergeistigung des Volkes" (Blüher 1915). Das vergangene liberale Kulturzeitalter habe sich den geistigen Funktionswert der Männerbünde verscherzt, indem es durch eine voreilige Gleichsetzung von Mann und Weib das „gemischte Publikum" geschaffen habe. Dagegen gebe im Männerbund der überlegende, charismatische Männerheld Geist nach unten weiter und schaffe auf diese Weise einen „Kasten-Ausgleich". Deshalb rief er zu einer „Sozialisierung des Geistes" auf, wobei er die Jugendbewegung als einen zentralen Startplatz für eine solche Sozialisierung ansah.

Die im Anschluss an das Buch von Schurtz in Gang gekommene breite Debatte über die Männerbundfrage, zugespitzt und weitergeführt im Anschluss an Blühers provozierende Thesen, ließe sich jetzt mit vielen weiteren klingenden Zitaten bis hin zu Alfred Bäumler, Alfred Rosenberg und Adolf Hitler verfolgen, doch wäre das lediglich eine ideen- bzw. geistesgeschichtliche Schneise der damit angesprochenen Problematik im frühen 20. Jahrhundert. Die hier zu stellende Frage richtet sich jedoch eher auf die erfahrungsgeschichtliche und z. T. auch psychohistorische Bedeutung der Männerbundprägungen v. a. zweier Alterskohorten, nämlich einerseits der in den späten 1880er bzw. in den 1890er Jahren geborenen jungen Frontsoldaten und andererseits der Kriegskinder des Ersten Weltkriegs, geboren 1902 bis etwa 1913.

Die empathische Männerbundsehnsucht à la Wolfenstein fand nach Kriegsbeginn zunächst einmal in der Frontkameradschaft eine in dieser Form nicht vorausgeahnte Erlösung, auch wenn ihr nicht in allen jugendbewegten Kreisen unisono zugestimmt wurde. Walter Benjamin und Siegfried Bernfeld um die Zeitschrift *Der Anfang* wandten sich z. B. voller Empörung von ihrem bisherigen Ideengeber Gustav Wyneken ab, nachdem dieser in einer Broschüre die junge Generation zur Verteidigung des Deutschen Reiches aufgefordert hatte (dazu Sautermeister in Koebner et al. 1985, außerdem Dudek 2002). Benjamin sprach von einem „fürchterlichen scheußlichen Verrat", und ein Hans Reichenbach schrieb an Wyneken: „Ihr Alten, die Ihr uns diese erbärmliche Katastrophe eingebrockt habt, Ihr wagt es überhaupt noch, uns von Ethik zu sprechen […] Ihr habt das Recht verwirkt, unsere Führer zu sein. Wir verachten Euch und Eure Zeit!" (ebd.). Ganz allgemein lieferte jedoch die Kriegserfahrung für die weitere Ausbreitung einer Männerbundidealisierung eine erhebliche Schubkraft. Männliche Tugenden waren nun in besonders nachdrücklicher Weise gefordert: Tapferkeit und Härte, Treue und eiserner Wille, Kameradschaft und Liebe zum Volk sowie Einsatzbereitschaft bis zum Opfertod. Das Rauschhafte, ganz und gar nicht Rationale dieses Vorgangs kommt z. B. in einem Kriegsgedicht des 1892 geborenen Dichters Heinrich Zerkaulen (zit. n. Böhme 1934, S. 11) deutlich zum Ausdruck:

> Aus zieh ich meiner Jugend buntes Kleid
> und werf es hin zu Blumen, Glück und Ruh.
> Heiß sprengt das Herz die Brust mir breit,
> der Träume Türen schlag ich lachend zu.
>
> Ein nacktes Schwert wächst in die Hand hinein,
> der Stunden Ernst fließt stahlhart durch mich hin.
> Da steh ich stolz und hochgereckt allein
> Im Rausch, dass ich ein Mann geworden bin.

Beim Fronteinsatz, in der Schützengrabengemeinschaft, schlug dann die große Stunde des Männerbundes: „Langemarck" sollte der neue sinnstiftende Mythos werden, mit dem dann die folgende Jungmännergeneration ein Vierteljahrhundert später erneut in einen Krieg geschickt wurde. Im Schützengraben erhielt jetzt infolge des krassen Ausgeliefertseins das mannmännliche Miteinander eine oft höchst emotionalisierende Bedeutung – schon im Weltkrieg, besonders aber dann seit den frühen 1920er Jahren für Millionen Leser idealisiert und nachvollziehbar gemacht durch den Bestseller von Flex (1887–1917), *Wanderer zwischen beiden Welten*. Unmittelbar nach Kriegsende schien aber zunächst für viele besonders jüngere Frontsoldaten diese emotionale Heimat verloren gegangen zu sein: Desillusioniert kehrten sie zurück und fanden sich im Alltag oft nicht mehr zurecht. „Zur Heimat fliehn, die keine Heimat haben; zur grauen Zukunft zieht das graue Heer", heißt es in einem Gedicht des 1890 geborenen Soldaten Fritz Woike, und Otto Paust (geboren 1897) schrieb (beide Texte ebd., S. 32 ff.):

> Wir schauen fremd uns in der Heimat um,
> gehören nicht in Freude und Genuss,
> gehören nicht in Alltagsmenschentum:
> Um uns ist noch ein kalter Todesgruß.

Die Wiedereingliederung der zurückkehrenden Soldaten stellte zwar auch in anderen Ländern ein beträchtliches Problem dar, das v. a. psychische Dimensionen besaß. Spezifisch deutsch war jedoch, dass sich hier in jenem emotionalen Vakuum nach dem Krieg die Freikorps und weitere paramilitärische Organisationen wie der Jungdeutsche Orden unter Artur Mahraun (1890–1950) ansiedelten und den entwurzelten jungen Frontsoldaten neuen Halt und Sinn sowie die Weiterführung der kämpferischen Männergemeinschaft versprachen. Nicht zuletzt auch eine Reihe von vor dem Krieg in der Jugendbewegung geprägten jungen Männern stand jetzt vor der Frage, ob und wie das jugendbewegt Männerbündische der Vorkriegszeit weitergeführt werden könnte. Sie gründeten z. T. neue Bünde wie z. B. die Zwillingsbrüder Robert und Karl Oelbermann den „Nerother Wandervogel" oder reformierten bzw. revolutionierten die noch bestehenden Bünde.

Um die Art der durchweg stark gefühlsbeladenen Auseinandersetzungen in den unmittelbaren Nachkriegsjahren und ihre oft langfristig nachwirkenden Auswirkungen an einem exemplarischen Beispiel vorzuführen, soll im Folgenden kurz auf die Entwicklung im deutschen Pfadfindertum eingegangen werden. Zur Vorgeschichte: Neben den Wandervögeln und den aus den Wandervogelbünden hervorgegangenen akademischen Freischaren hatte in Deutschland vor dem Ersten Weltkrieg – angeregt durch den englischen Kolonialoffizier Lord Robert Baden-Powell – auch das Pfadfindertum einen erheblichen Aufschwung genommen, dies seit 1909, als in München erste Scout-Gruppen gegründet worden waren. Die Wandervögel betrachteten die Pfadfinder zwar mit gewisser Neugier, aber auch mit deutlichem Abstand; sie galten allenfalls als „arme Verwandte der Jugendbewegung" – von Erwachsenen, meist von Offizieren geleitet und auf eine paramilitärische Ausbildung ausgerichtet (zit. n. Laqueur 1983, S. 141). Der militärische Drill, die Schulmeisterei der oft schon betagten „Feldmeister" und die ausgeprägte hierarchische Ordnung sowie der stark „moralische Beigeschmack" der Pfadfindererziehung störten die jugendbewegten Wandervögel und Freideutschen und provozierten sie zu herablassend-ironischen Urteilen über diese „Jugendpflegerei", während man sich selbst ja als eine selbstbestimmte „Bewegung" verstand. Bei einem ersten großen Pfadfindertreffen in der Nachkriegszeit Mitte 1919 auf Schloss Prunn bei Regensburg startete dann eine engagierte Reformbewegung, getragen von mehreren jungen Frontsoldaten, um das Pfadfindertum aus seinem bisherigen Jugendpflegestil in eine „Jugendbewegung" zu überführen. Die Wortführer, allen voran der 1894 geborene Franz Ludwig Habbel, profilierten sich von nun an als Erneuerer und kritisierten die älteren Feldmeister, die z. B. immer noch erwarteten, dass man sie siezte und vor ihnen stramm stand. „Werdet eine Jugendbewegung", lautete jetzt der Aufruf der Reformer, die sich von nun an „Gesinnungspfadfinder" oder „Neupfadfinder" nannten. Immerhin konnten sich die beiden Pole auf Schloss Prunn noch auf ein gemeinsames Gelöbnis einigen. Es lautete: „Wir Pfadfinder wollen jung und fröhlich sein und mit Reinheit und innerer Wahrhaftigkeit unser Leben führen. Wir wollen mit Rat und Tat bereit sein, wo immer es gilt, eine gute und gerechte Sache zu fördern", und dann im dritten Satz programmatisch: „Wir wollen unseren Führern, denen wir vertrauen, Gefolgschaft leisten" (s. Dokumentation 1974, S. 389 ff.). Von Feldmeistern war nun keine Rede mehr. Ludwig Voggenreiter, ein enger Vertrauter von Habbel, hat diese zwar für die Wandervogelbewegung relativ selbstverständliche, für Pfadfinder jedoch etwas Neues darstellende Formulierung für einen entscheidenden Fortschritt gehalten: „Endlich einmal ist der Irrtum offen klargelegt, der in Führerabstufungen, Führerernennungen und ähnlichen naturwidrigen Maßnahmen liegt. Es ist unmöglich, einen zum Führer zu machen, wenn er keiner ist, denn er muss dazu geboren sein. Unsinnig ist es, den Ehrgeiz anzustacheln, um gute Führer zu bekommen. Wer Führer ist, wird sich trotz aller Hemmungen durchsetzen" (zit. n. Siefert 1963, S. 35).

Ein hier wie auch in vielen anderen Bereichen des damaligen Jugendlebens ins Zentrum der Debatten rückender und schließlich vielfältig aufgeladener Kernbegriff war von nun an der Begriff „Führer". Dazu unten weitere Ausführungen, doch vorab sollen noch einige Hinweise zur weiteren Entwicklung des Pfadfindertums folgen: Das Hin und Her zwischen den Traditionalisten und den „Neupfadfindern" zog sich noch bis zum Frühjahr 1920 hin, bis es dann in Naumburg bei einem weiteren großen Pfadfindertreffen zum Bruch kam. Dort hatte sich auch eine andere Erneuerergruppe aus dem Berliner Raum eingefunden, die sich „Jungdeutsche Pfadfinderschaft" nannte und von dem jungen Pfarrer Martin Voelkel geleitet wurde. Sie trat nun mit Habbel und seinen Leuten in engere Verbindung. Voelkels charismatische Persönlichkeit und sein Auftreten in Naumburg – er war damals 36 Jahre alt – faszinierten die etwa zehn bis fünfzehn Jahre jüngeren Neupfadfinder: „Da hatte keiner mehr Zeit, über Unterschiede und Richtungen nachzudenken. Da war zum erstenmal unter den Jünglingen der jünglinghafte Mann, und was hätten sie anders tun können, als ihm zu verfallen?", fragte Habbel aus der Rückschau (Dokumentation 1974, S. 401). Was bisher eine Addition jugendpflegerischer Pfadfindergruppierungen gewesen war, wuchs in der Folgezeit zu einem jugendbewegten „Bund" zusammen. Wie diese Naumburger Geburtsstunde dieses Bundes aussah, soll jetzt wegen der offenbar mitreißenden Gefühligkeit des damit verbundenen mannmännlichen Erlebens – wenn man so will: der männlichen „Contrectation" im Sinne Blühers im Hinblick auf einen „Erasten" – etwas ausführlicher dargestellt werden (Habbel 1920, S. 226).

Da gegen Ende des Naumburger Treffens den Erneuerern die Situation völlig verfahren zu sein schien, saß Voelkel allein an einem Hang und barg – so Habbel – „erschüttert seinen Kopf in den Händen". Doch dann kam es noch zu einer Wende infolge der spontanen Idee eines Freundes von Habbel, der diesen aufforderte, Voelkel zu fragen: „Willst du unser Führer sein?" Voelkel antwortete auf dessen Frage: „Wir wollen's zusammen sein!" Was dann folgte, soll wörtlich zitiert werden, weil darin ein völlig neuer, nämlich „bündischer" Stil des Miteinanderumgehens unter den Pfadfindern sichtbar wird:

> Da sagte ich: Ich will Dir dienen, Martin Voelkel! Und das Herz wurde mir leicht, da ich die Last von meinen Schultern genommen sah und unser heißester Wunsch in Erfüllung gegangen war. Da bildeten die andern einen Kreis um uns, voll Glück über ihre Führer und huldigten ihnen. Unzählig waren die Händedrücke und die tiefen Blicke, die sich ineinander bohrten, Treue gelobend. […] Und da sprach Hans Fritzsche zu mir, der ich unser Volk zu diesem Tag gerufen hatte, und dankte mir

durch ein Heil. [...] Das wusste auch ich ihm zu danken und schloss ihn in meine Arme, als er dem Kreis um den Holzstoß den Heilruf gebot [...].

Das ist zwar höchst gefühlvolles Pathos, drückt aber eine offenbar mitreißende Gefühlslage aus, die von nun an mit den in spezifischer Weise aufgewerteten Begriffen „Führer", „Bund" und „Treue" verbunden war. Das einerseits von den sich von nun an als „Jugendbewegte" verstehenden Führern der Neupfadfinder immer wieder beschworene Zusammenspiel dieser drei Begriffe und andererseits die bei den heranwachsenden Knaben ab etwa 12/14 Jahren starke Gefühligkeiten erweckenden Stilformen, Verhaltensnormen und Riten des bündischen Gruppenlebens, wie sie in den meisten übrigen Bünden der bürgerlichen Jugendbewegung bereits üblich waren, waren es dann, die sich immer ausschließlicher als reine Jungmännerbünde verstehenden Gruppierungen in der Folgezeit auszeichneten. Anzumerken ist, dass für viele der hiermit in Berührung kommenden Knaben solche in der Zeit ihrer Adoleszenz gemachten Erfahrungen lebenslang prägende Folgen hatten und die Gruppen der bürgerlichen, aber auch der z. T. davon angeregten Arbeiterjugendbewegung für eine nicht unbeträchtliche Zahl unter ihnen an die Stelle der Familie traten bzw. die Führer Ersatz für den im Krieg gefallenen Vater waren. Von Willy Brandt ist z. B. das Urteil überliefert: „Mir hat die Jugendbewegung viel bedeutet – durch die Gemeinschaftserlebnisse, wohl auch als Familienersatz und gewiss auch als Boden persönlicher Erprobung" (Brandt 1982, S. 25 f.).

Das ehemals eher spielerisch-romantische und abenteuerliche Gruppenleben der Wandervögel und die früheren militärisch-disziplinierenden Formen des Pfadfindertums gehörten der Geschichte an. Einer der pfadfinderischen Wortführer hat rückblickend aus dem Jahre 1934 in einem von Will Vesper herausgegebenen Sammelband mit bündischen Selbstverortungen im Hinblick auf das nun startende NS-Regime das Geschehen ab etwa Mitte der 1920er Jahre folgendermaßen charakterisiert (Mattusch in Vesper 1933, S. 109): Das über allem schwebende Ziel sei seither eine neue Art „Bund" gewesen – ein *„Bund*, gestützt auf starke und fest gefügte Gaue, deren gestaltende Führer und tragende Jungen durch eine lange Kette von Freundschaft miteinander verbunden sind [...] So stellte unser Leben – durchaus abweichend vom (ehemaligen) Wandervogeltyp – einen neuen Menschentyp heraus mit anderem Lebensstil und anderer Haltung: den Tatsachenmenschen [...] Organisatoren, Eroberernaturen [...] diese Menschen müssen den Bund tragen".

Es böte sich jetzt an, weiter zu verfolgen, wie verschiedene NS-Organisationen von der Hitlerjugend und dem Jungvolk bis hin zur SS und zur Gestapo in Form einer „Piraterie" manche Anregungen aus dem jugendbündischen Leben der Weimarer Zeit aufgegriffen und für ihre Zwecke nutzbar gemacht haben. Das wäre jedoch lediglich eine organisations- und auch ideengeschichtliche Schneise. Stattdessen soll abschließend ein knapper erfahrungsgeschichtlich-psychohistorischer Versuch zur Einordnung des Geschehens unternommen werden. Die Anmerkung, dass häufig der jugendbewegte Führer für die Kriegskinder des Ersten Weltkriegs angesichts weit verbreiteter Vaterlosigkeit – sowohl ganz konkret und individuell als auch bezogen auf die von Federn (1919), einem Wiener Schüler Sigmund Freuds, insgesamt als eine „vaterlose" bezeichnete Gesellschaft – bedeutsam war, wies ja bereits in diese Richtung. Das Gruppen-, Fahrten- und Lagerleben der bündischen Jugend, ihr Liedgut, ihre intensive Lektüre spezieller Literatur von Hölderlin und Nietzsche über George, Rilke und Flex bis zu Hesse und Jünger, kurzum: ihre vielfältigen emotionalen wie geistig-psychischen Impulse waren, wie eine Vielzahl von autobiographischen Quellen belegt, von oft umfassender adoleszenzprägender Bedeutung. Um in exemplarischer Absicht einen Berichterstatter darüber etwas ausführlicher zu Wort kommen zu lassen: Szczesny (1918–2002), in den 1960er Jahren Gründer der Humanistischen Union, hat über die ihn prägenden Erfahrungen folgendermaßen berichtet: Das bündische Leben, wie er es Ende der 1920er Jahre erlebt habe, sei auf einen speziellen Typus „Jüngling" hinausgelaufen. Als Eigenschaften, die man von ihm erwartete, nennt Szczesny „Tapferkeit und Standhaftigkeit, Aufrichtigkeit, Zuverlässigkeit, Großherzigkeit, Gelassenheit und Duldsamkeit, die Fähigkeit zu Freundschaft und Liebe" (1990, S. 71 f.). Ein programmatisches Schlagwort in den um 1930 erheblichen Einfluss gewinnenden Jungenschaften – nach den Wandervögeln der Vorkriegszeit und der Bündischen Jugend der 1920er Jahre die dritte Welle der Jugendbewegung – lautete nicht zufällig „Selbsterringung". Zwar engagierte sich eine Reihe von Jugendbewegten schließlich, oft aus anfänglich krasser Fehleinschätzung ihrer Einflussmöglichkeiten, im totalen Regime des Nationalsozialismus, wie z. B. die in den vergangenen Jahren geführten Diskussionen über die beiden bekannten Historiker Theodor Schieder und Werner Conze belegt haben, doch war es – wie Szczesny schreibt – ein „naiv-individualethischer Idealismus", der viele von ihnen letztlich doch gegen allzu krasse Forderungen von

> Faschismus, Nazismus, Kommunismus und (sonstigen) Totalitätsansprüche stellenden Politizismen immun machte. Wer auf Fahrt ging oder ein Lager mitmachte, wollte nicht eine gesellschaftliche Heilslehre erproben, sondern mit sich selbst Erfahrungen machen; er wollte empfindsamer, einsichtiger, mutiger, unabhängiger von Bequemlichkeit und Begehrlichkeit werden. Nur nach einer kurzen Übergangsphase unmittelbar vor und nach 1933, in der Hitler und seine Bewegung patriotische Ziele vortäuschten und ihre Kritik an den Weimarer Zuständen idealistisch missverstanden werden konnte, haben sich rechte Jugendführer und Jugendgruppen freiwillig der Hitlerjugend und dem Deutschen Jungvolk angeschlossen. Dann kam sehr rasch die Ernüchterung und der erbitterte Vernichtungsfeldzug Baldur von Schirachs gegen die ‚bündischen Hunde'.

Von zentraler Bedeutung im bündischen Gefühlsleben war das Liedersingen v. a. am Lagerfeuer und in der Kohte, d. h. dem von den Jungenschaften nach lappischem Vorbild eingeführten Feuerzelt. Einerseits waren es mitreißende Landknechts-, Seeräuber- und Kosakenlieder zur Gitarre, manchmal auch zur Balalaika oder zum Banjo, andererseits – wenn dann das Feuer allmählich niedergebrannt war – nach dem Motto von Friedrich Gundolf, „Schließ Aug und Ohr für eine Weil' vor dem Getös' der Zeit: Du heilst es nicht und hast kein Heil, als wo Dein Herz sich weiht" – stimmungsvolle und z. T. hochsentimentale Gesänge und Balladen. Alle solche Lieder und die am Lagerfeuer erzählten Geschichten waren – so Szczesny (1990, S. 73) – „romantische Chiffren für unser Bedürfnis nach Abenteuer und Risiko, nach einem intensiveren Leben, als wir es zu Hause und in der Schule führen mussten". Zwar habe man sich manchmal von einem „großen Strom der Sentimentalität" tragen lassen, der z. B. von alten Volksliedern mit ihren Themen, z. T. „wehleidig überzogen", ausgelöst worden sei. Dennoch sei dadurch eine „bewegende (und menschlicher machende) Wahrnehmung" erzielt worden: eine „Empfindung der Vergeblichkeit, der Vergänglichkeit und des unvermeidbaren Abschieds". Hieraus ergibt sich, dass das Zusammengehörigkeitsgefühl in den jugendbewegten Gruppen nicht Folge der Auslieferung an ein politisches Programm war, sondern auf einer „Lebensstimmung" beruhte und eine quasi-religiöse Dimension besaß: Den Heranwachsenden wurde auf diese Weise (das ist die eine Seite der Medaille) in ihrer Adoleszenzphase eine Ahnung von der Rätselhaftigkeit und Offenheit der Welt vermittelt; andererseits konnten sie aber auch in die Gefahr geraten, von einem Gefühlsüberschwang ergriffen ihr „Selbst" aufzugeben und sich nach dem HJ-Motto „Du bist nichts, dein Volk ist alles" umfassenden Ideologien zu unterwerfen.

Dass in dieser vielfältig herausfordernden Erfahrungswelt der jeweilige „Führer" eine entscheidende Rolle spielte, liegt auf der Hand. Nicht nur war, wie bereits betont, die Führerfrage in den verschiedenen jugendbewegten Kreisen seit dem Kriegsende ein Kernproblem, sondern auch die geistigen Köpfe aus Philosophie und Pädagogik hatten seit Mitte der 1920er Jahre begonnen, sich mit der Alternative „Führen oder Wachsenlassen" – so der Titel einer noch 1967 in 13. Auflage nachgedruckten Schrift des Kulturphilosophen und Erziehungswissenschaftlers Litt (1880–1962) aus dem Jahre 1927 – auseinander zu setzen. Der Jugendbewegung bescheinigte der Verfasser in der zweiten Hälfte der 1920er Jahre, dass sie sich inzwischen von dem anfangs vehement vertretenen Prinzip des individuellen Wachsenlassens abgewandt habe. Das Wachsenlassen sollte zwar, so Litt, weiterhin eine wichtige Rolle spielen, jedoch nicht irgendwie ziellos, sondern zielgerichtet in eine sich von einer „verworrenen Gegenwart" abwendenden Zukunft erfolgen. Hierbei sei es günstigenfalls der Führer, der in der Lage sei, dem Heranwachsenden den Blick auf das zu richten, „was als Verheißung der Zukunft vor ihm auftaucht. [Er reißt] die Jugend, die ihm anvertraut ist, sich nach und dem lockenden Ziel entgegen. Denn eben dies ist es doch, was den ‚Führer' zu dem macht, was sein Name besagt. Er weiß, wo das Ziel liegt, er kennt den Weg, auf dem man zum Ziel gelangt, und schreitet kraft dieser Überlegenheit denen voran, die solchen Wissens noch ermangeln" (Litt 1927, S. 20).

Jene Jugend, die zunächst den Erziehungsstil des Kaiserreichs mit seiner Suggestion und seinen Formen massiven Zwanges bekämpft und das Recht des selbstbestimmten Wachstums eingefordert habe, beginne sich jetzt, so glaubte Litt in den Gruppierungen der Bündischen Jugend festgestellt zu haben, darauf zu konzentrieren, ein Führertum einzufordern, das die kommende Gestalt des Lebens aus eigener Verantwortung in die „Wirklichkeit" zu überführen helfe! Der „Führer", so könnte man in Anschluss an Litt etwas ironisch sagen, sollte also so etwas wie ein begeisternder „Überführer" in eine selbstbestimmte „Selbstverwirklichung" sein. Eine solche Deutung des Führens in den jugendbewegten Zusammenhängen verwandelt also das „oder" in Litts Buchtitel in ein differenzierendes „und". Diese Auslegung zielt in eine durchaus andere Richtung als in jene, welche dann wenig später die Nationalsozialisten unter dem „Führen" verstanden und durch ihre „Piraterie" bündischer Formen und z. T. auch der jugendbewegten Begrifflichkeit seit Mitte 1933 radikal umzusetzen begannen. Ihr Führen lief auf eine Dressur zu „Dienst und Opfer" hinaus, zu einer kompletten Aufopferungsbereitschaft also! Die Idee der HJ, so hat es von Schirach (1934, S. 16) programmatisch ausgedrückt, sei „eine Kameradschaft jener Deutschen, die nichts für sich wollen. Weil sie nichts für sich wollen, können sie alles für ihr großes Volk: keine Generation mit neuen Rechten – eine Generation der harten Pflichterfüllung!"

Vorausgegangen war in der Spätphase der Weimarer Republik eine sich weiter zuspitzende Auseinandersetzung mit der Vätergeneration. Das Argument, die Väter hätten durch ihr Versagen das Erbe und damit die Zukunft ihrer Söhne verspielt, war jetzt immer häufiger zu hören, nachdem Gregor Strasser 1927 die demagogische Forderung erhoben hatte: „Macht Platz, ihr Alten [...], ihr Ehrlosen und Gemeinen, ihr Verräter und Feiglinge!" (Strasser 1932, S. 171–174). Peter Suhrkamp (1932, S. 969) spitzte kurze Zeit später diese radikale Zeitdiagnose noch weiter zu, indem er lapidar feststellte: „Der Vater ist tot!" Er meinte damit, dass das „System von Weimar" den nachwachsenden Generationen letztlich keine überzeugenden „Väter, Lehrer und Meister" mehr bereitgestellt habe, die junge Generation also einem von den Vätern verschuldeten Chaos preisgegeben und nun zu einem „mit Jammer, Hass und Wut und edler Empörung geladenen Material" geworden sei, „bereit für jede Revolution". Durch eine Revolution, verkündeten dann junge Frontkämpferkreise, müsse die „Republik der Greise" hinweggefegt und im Zusammenwirken der Frontgeneration mit der nachfolgenden Generation ein neues, ein „Drittes Reich" geschaffen werden. Da eine vaterlose Jugend, so hieß es schließlich 1934, immer zugleich auch eine staatenlose sei, müsse vor allen den entwurzelten Söhnen, deren aus dem Krieg zurückgekommenen Väter oft nur noch „Zerbrochene, Wehleidige, Klagende oder Erstarrte" seien, vom NS-Regime ein Übervater in der Gestalt des Führers Adolf Hitler angeboten werden (Rauch 1934, S. 19 f.). Diese Vorstellung wurde in einer im selben Jahr erschienenen Greifswalder Dissertation mit dem Titel „Die bündischen Elemente in der deutschen politischen Gegenwartsideologie" programmatisch noch weiter zugespitzt, indem gefordert wurde, unter der „echt bündischen Führung" Hitlers müsse jetzt das ganz Volk zu einer bündischen Gefolgschaft werden (Kost 1934, S. 76). Deren Zusammenhalt beruhe nicht auf äußerem Zwang, sondern „auf dem inneren Gleichklang zwischen Führer und Geführten" und sei „begründet auf einem tief inneren Mitschwingen". Das ehemals in der Jugendbewegung auf einen überschaubaren Bund von Auserwählten bezogene Prinzip des Bündischen wurde nun zwar durch den Nationalsozialismus pervertiert, was der Verfasser auch erkannte, aber positiv interpretierte: Seine Deutung lautete jetzt: „Das bündische Prinzip von Führung und Gefolgschaft erlebt hier seine großartigste Ausweitung: Ein ganzes Volk wird bündisch ausgerichtet und bildet und lebt *einen* großen Bund". Allerdings gebe es in ihm einen zweiten, einen inneren „bündischen Körper", und dieser werde geschaffen durch die nationalsozialistischen Eliteverbände, zu verstehen als männerbündische Orden, deren Glieder auf Gedeih und Verderb miteinander verbunden seien und so „in Opferbereitschaft und Entsagung, in herben soldatischen Formen der Lebensführung" den Volksstaat garantierten.

Die entscheidende Schulungsstätte für den in solcher Weise zu disziplinierenden jungen Mann war das Lager. Hatten in wachsendem Ausmaß in der zweiten Hälfte der 1920er Jahre schon die Bündische Jugend ebenso wie die verschiedenen soldatischen Verbände in ihren Zeltlagern ihr jeweiliges Wir-Gefühl ausgelebt, so wurde das Lager seit 1933 geradezu zu einem Massenphänomen – für Jugendliche ebenso wie für alle angehenden Funktionsträger wie z. B. Lehrer, Rechtsreferendare, junge Mediziner usw. (Steinacker 2007, bes. S. 477–484). Hier im Lager ging es um Bewusstseinsänderung und klare ideologische Ausrichtung – eine den Teilnehmern quasi übergestülpte Kameradschaft war das Vehikel dazu. Sebastian Haffner (1907–1999) hat in seinen in der englischen Emigration 1939 niedergeschriebenen, vor wenigen Jahren erst entdeckten und postum veröffentlichten Memoiren eindrucksvoll berichtet, wie es in einem solchen Lager zuging (Haffner 2002, S. 255, zum Folgenden s. ebd., S. 278–282). Als Rechtsreferendar war er im Herbst 1933 zu einer Teilnahme an einem Lager bei Jüterbog zwecks „weltanschaulicher Schulung" verpflichtet worden. Anfangs fand Haffner das Erlebnis eher amüsant, denn man wollte ja eigentlich nur das Assessorexamen machen, zu dessen Vorbereitung ein solcher Lageraufenthalt verordnet worden war, doch stellte er dann aus der Rückschau auf seine Erfahrungen fest: „Noch heute wird mir schwindelig, wenn ich diese Situation durchdenke. Sie enthielt in einer Nussschale das ganze Dritte Reich". Was wie ein Spiel mit dem Singen von Marschliedern und Marschübungen begann, entpuppte sich nämlich bald als massive Manipulation, bei der – so Haffner – „das Gift der Kameradschaft" eine entscheidende Rolle spielte. „Indem wir uns auf das Spiel einließen, das da mit uns gespielt wurde, verwandelten wir uns ganz automatisch – wenn nicht in Nazis, so doch in brauchbares Material für die Nazis," lautete ein Fazit: Zum „Kameraden" gemacht zu werden, sei ein „Lockmittel" und „großer Köder der Nazis" gewesen, um die jungen Männer „vom widerstandslosesten Alter an an dieses Rauschmittel", also die Kameraderie des NS-Männerbundes, zu gewöhnen. „Sie haben die Deutschen mit diesem Kameradschafts-Alkohol, nach dem irgendetwas in ihnen verlangte, bis zum Delirium tremens überschwemmt". Was vorher von manchen Beteiligten als ein „Glück der Kameradschaft" in jugendbewegten Zeltlagern erlebt worden sei, habe sich durch den Zugriff der Nazis zu einem „der furchtbarsten Mittel der Entmenschlichung" entwickelt. Diese Art von Kameradschaft in den Lagern der Nazis habe wie Gift gewirkt, „alle Elemente von Individualität und Zivilisation" zersetzt und das Gefühl der Selbstverantwortung völlig beseitigt, weil dort keine Gedanken mehr hätten gedeihen können, sondern nur „Massenvorstellungen primitivster Art". Was dann diese spezielle NS-Kameradschaftserziehung im Zusammenleben der Soldaten in der Kriegsendphase, besonders wenn Zweifel am „Endsieg" geäußert wurden und diese zu Denunziationen von Kameraden führten, bewirkt hat, hat Kühne folgendermaßen auf den Punkt gebracht (2003, S. 278): „Der soziale Kitt der Volksgemeinschaft in der Endphase des verbrecherischen Krieges war ein unauflösbares Amalgam aus Vertrauen und Misstrauen in den Führer wie in die Kameraden". Allenfalls im Zustand der „absoluten Wurstigkeit" sei dieses Durcheinander noch zu ertragen gewesen.

Anfangs optimistisch als „Jahrhundert des Kindes" und „Jahrhundert der Jugend" begrüßt, verkam es also in seiner ersten Hälfte zu einem Jahrhundert krass übersteigerter, im Extremfall dann mörderischer Männlichkeits- und Männerbundfixierung. Nur abschließend noch angemerkt, ohne darauf hier noch eingehen zu wollen: Welche psychohistorischen, z. T. geradezu traumatischen Spuren dieses Erbe bei den nachfolgenden Generationen hinterlassen hat, zeigen nicht zuletzt diverse aus den Psychowissenschaften, der Erfahrungsgeschichte und der historischen Bildungsforschung stammende Studien aus den letzten Jahren. Wie heißt es doch im Alten Testament: „Denn ich, der Herr, dein Gott, bin ein eifernder Gott, der die Missetaten der Väter an den Kindern heimsucht bis ins dritte und vierte Glied" (2 Mose 20.5, nach der Lutherübersetzung).

Literatur

Bernfeld, S. (2010). *Theorie des Jugendalters. Werke Bd. 1.* Gießen: Psychosozial (Hrsg. von U. Herrmann).

Blüher, H. (1915). Die Hybris bei den Geistigen. *Der Aufbruch. Monatsblätter der Jugendbewegung, 1*(4), 93–95.
Blüher, H. (1917/1919). *Die Rolle der Erotik in der männlichen Gesellschaft* (2 Bde). Jena: Klett.
Böhme, H. (Hrsg.). (1934). *Rufe in das Reich. Die heldische Dichtung von Langemarck bis zur Gegenwart.* Berlin: Junge Generation.
Brandt, W. (1982). *Links und frei. Mein Weg 1930–1950.* Hamburg: Hoffmann und Campe.
Brunotte, U. (2004). *Zwischen Eros und Krieg. Männerbund und Ritual in der Moderne.* Berlin: Wagenbach.
Bruns, C. (2008). *Politik des Eros. Der Männerbund in Wissenschaft, Politik und Jugendkultur (1880–1934).* Köln: Böhlau.
Dahlke, B. (2006). *Jünglinge der Moderne. Jugendkult und Männlichkeit in der Literatur um 1900.* Köln: Böhlau-Verlag Gmbh.
Dokumentation der Jugendbewegung, Bd. III. (1974). Die deutsche Jugendbewegung 1920 bis 1933. In W. von Kindt (Hrsg.), *Die bündische Zeit 1974.* Düsseldorf: Eugen Diederichs Verlag.
Dudek, P. (2002). *Fetisch Jugend. Walter Benjamin und Siegfried Bernfeld – Jugendprotest am Vorabend des Ersten Weltkrieges.* Bad Heilbrunn: Klinkhardt.
Federn, P. (1919). Zur Psychologie der Revolution: Die vaterlose Gesellschaft. *Der österreichische Volkswirt, 11,* 571–574, 595–598.
Gurlitt, L. (1906). *Erziehung zur Mannhaftigkeit.* Berlin: Concordia Ehbock.
Habbel, F. L. (1920). Naumburg. *Der Weiße Ritter, 11/12*(Juli/September), 221–228.
Haffner, S. (2002). *Geschichte eines Deutschen. Die Erinnerungen 1914–1933.* München: Deutscher Taschenbuch.
Koebner, Th., Janz, R.-J., & Trommler, F. (Hrsg.). (1985). *„Mit uns zieht die neue Zeit". Der Mythos Jugend.* Frankfurt a. M.: Suhrkamp (darin bes. die Beiträge von U. Herrmann, K. Laermann und G. Sautermeister).
Kost, W. (1934). *Die bündischen Elemente in der deutschen politischen Gegenwartsideologie.* Diss. Greifswald.
Kühne, Th. (2003). Vertrauen und Kameradschaft. In U. Frevert (Hrsg.), *Vertrauen. Historische Annäherungen* (S. 245–278). Göttingen: Vandenhoeck & Ruprecht.
Laqueur, W. Z. (1983). *Die deutsche Jugendbewegung. Eine historische Studie* (2. Aufl). Köln: Verlag Wissenschaft und Politik.
Litt, Th. (1927). *Führen oder Wachsenlassen. Eine Erörterung des pädagogischen Grundproblems.* Stuttgart: Teubner.
Mattusch, K. R. (1933). Auf dem Weg zum großen Bund 1921–1926. In W. Vesper (Hrsg.), *Deutsche Jugend. 30 Jahre einer Bewegung.* Berlin: Holle.
Mogge, W., & Reulecke, J. (1988). *Hoher Meißner 1913. Der Erste Freideutsche Jugendtag in Dokumenten, Deutungen und Bildern.* Köln: Wissenschaft und Politik.
Plenge, J. (1920). *Antiblüher. Affenbund oder Männerbund? Ein Brief.* Hartenstein: Greifenverlag.
Rauch, K. (1934). *Schluss mit „junger Generation".* Leipzig: Lindner.
Reulecke, J. (2001). *„Ich möchte einer werden so wie die..." Männerbünde im 20. Jahrhundert.* Frankfurt a. M.: Campus.
von Schirach, B. (1934). *Die Hitler-Jugend. Idee und Gestalt.* Leipzig: Koehler.
Schurtz, H. (1902). *Altersklassen und Männerbünde. Eine Darstellung der Grundformen der Gesellschaft.* Berlin: Reimer.
Siefert, H. (1963). *Der bündische Aufbruch 1918–1923.* Bad Godesberg: Voggenreiter.
Steinacker, S. (2007). *Der Staat als Erzieher. Jugendpolitik und Jugendfürsorge vom Kaiserreich bis zum Ende des Nazismus.* Stuttgart: ibidem-Verlag.
Strasser, G. (1932). *Kampf um Deutschland. Reden und Aufsätze eines Nationalsozialisten.* München: F. Eher nachfolger.
Suhrkamp, P. (1932). Söhne ohne Väter und Lehrer. *Neue Rundschau, 43,* 696–699.

Szczesny, G. (1990). *Als Vergangenheit Gegenwart war. Lebenslauf eines Ostpreußen.* Berlin: Ullstein.
Völger, G., & von Welck, K. (1990). *Männerbünde – Männerbande. Zur Rolle des Mannes im Kulturvergleich* (2 Bde). Köln: Rautenstrauch-Joest-Museum.

Tanz der Gefühle

Bildungsprozesse in der Gleichaltrigengruppe

Anja Tervooren

Zusammenfassung: In der Adoleszenz spielt die Peergroup eine besondere Rolle, um Formen von Welt- und Selbstverhältnissen zu erproben. Am Beispiel einer Gruppe befreundeter Mädchen wird die Bildung der Gefühle bezogen auf das Ereignis eines Tanzauftritts vor jugendlichem Publikum auf der Grundlage eines ethnographischen Designs analysiert. Bildungstheorie ebenso wie die theoretisch fundierte empirische Bildungsforschung haben sich bislang wenig mit dem Thema der Gefühle auseinandergesetzt. Eine Theorie der Gefühle bildet jedoch gerade den entscheidenden theoretischen Baustein, um die Ambivalenzen im Bildungsprozess aufzuzeigen, den das Subjekt zum einen aktiv verfolgt und dem es zum anderen ausgeliefert ist. Gefühle, die als Widerfahrnis definiert werden, das Körper und Geist gleichzeitig betrifft, werden in der Peergroup, die Rahmen, Werkzeuge und ästhetische Formen bereitstellt, kontinuierlich angeeignet, modelliert und transformiert. Die Peergroup bietet also einen Spielraum, in dem neue Selbst- und Weltverhältnisse einzelner Subjekte in enger Begleitung Gleichaltriger entstehen können.

Schlüsselwörter: Informelle Bildung · Gefühle · Peers · Ethnographie

The dance of emotions – *Bildung* among peers

Abstract: In adolescence, the peer group is especially important for the exploration of forms of relations between the self and the world. The present study uses an ethnographic design to analyze the formation of emotions among a group of three girls in response to a dance performance to a young audience. Educational theory and theoretically grounded empirical research in education to date have given little attention to emotions to date. Yet a theory of emotion is the key theoretical component that can bring to light the ambiguities in the process of forming emotions, in which the subject takes an active role and at the same time must submit to others and the world. Emotions, which are defined as events to which one is subjected, and which affect body and mind simultaneously, are continuously assimilated, transformed and modeled in peer groups. Peer groups

---

© VS Verlag für Sozialwissenschaften 2012

Anja Tervooren, Dr. phil., Professorin für Erziehungswissenschaften unter besonderer Berücksichtigung der Kindheitsforschung an der Universität Duisburg-Essen. Ihre Arbeitsgebiete sind Sozialisations- und Bildungsprozesse von Kindern und Jugendlichen, Methoden qualitativer Forschung – v. a. Ethnographie – und Konstruktionen von Differenz.

Prof. Dr. A. Tervooren (✉)
Fakultät für Bildungswissenschaften, Universität Duisburg-Essen, 45117 Essen, Deutschland
E-Mail: anja.tervooren@uni-due.de

supply the context, tools and aesthetic forms for this process. The peer group offers a space where individual subjects can form new relations with the world with the close support of their peers.

Keywords: Informal education · Emotions · Peers · Ethnography

Der Begriff der Bildung umreißt einen relationalen Prozess, in dem sich Auseinandersetzungen zwischen Subjekt und Welt und Welt und Subjekt vollziehen. Die Aneignung unterschiedlicher Formen praktischen und theoretischen Wissens wird von Gefühlen ermöglicht, unterstützt, aber auch begrenzt. Diese bilden sich im Verlauf des Aufwachsens in Interaktionen mit anderen Menschen, Dingen sowie Räumen und werden zeitlebens weiterentwickelt. Aufwachsen ist also stets auch ein Hineinwachsen in Kulturen der Gefühle, die zwischen Generationen und innerhalb von Generationen in je spezifischer Weise ausgearbeitet werden. Im Jugendalter spielt in diesem Prozess neben der Familie die Gleichaltrigengruppe eine besondere Rolle, da sie in ausgeprägter Form Möglichkeiten bietet, verschiedene Formen von Weltverhältnissen zu erproben. In den Gruppen Gleichaltriger, die nicht nur die unmittelbaren Freunde umfassen, sondern auch Jugendliche ähnlichen Alters, welche die gleichen Institutionen formeller und informeller Bildung oder ähnliche Sozialräume nutzen, werden über die Verhandlung von Körperinszenierungen, Identitäten und Werten hinaus Gefühle gebildet und Möglichkeiten bereitgestellt, diese zu modellieren und zu transformieren.

Im Folgenden wird die Bildung der Gefühle am Beispiel einer Mädchenclique untersucht und dabei deren liebste Freizeitbeschäftigung in den Blick genommen. Schon seit mehreren Jahren tanzen diese drei Mädchen zusammen Streetdance, eine Mischung aus Break-, Jazz- und orientalischem Tanz, und treten regelmäßig mit eigenen Choreographien auf verschiedenen Festen in öffentlichen Räumen auf. Vor allem einer dieser Tanzauftritte wird im Folgenden analysiert und dabei vorrangig auf das Subjekt als Teil einer Gruppe und auf die Interaktionen im Kontext fokussiert. In einem ersten Schritt werden aktuelle Positionen der Bildungstheorie und der Emotionsforschung sowie Anschlussstellen zwischen beiden Diskursen aufgezeigt und die methodische Anlage des Beitrags vorgestellt. Um die Bildung der Gefühle empirisch in den Blick zu nehmen, werden in einem zweiten Schritt die Gefühle und deren Modulationen innerhalb der Peergroup betrachtet und die Entstehung des Neuen im Bildungsprozess bezogen auf die Bedeutung der Gefühle auf der Grundlage der Auswertung visueller und sprachzentrierter Methoden untersucht. Ein Fazit, in dem die Bildung der Gefühle zwischen Kontinuität und Wandel angesiedelt wird, schließt den Beitrag ab.

1 Bildung der Gefühle: theoretische und ethnographische Zugänge

Das Verhältnis von Ich und Welt, in welchem der Bildungsprozess situiert ist, kann auf drei Ebenen angesiedelt werden, welche Jan Masschelein und Norbert Ricken folgendermaßen umreißen: Erstens beschreibe der Begriff „Bildung" die Formation des Selbst im Verhältnis zu sich selbst, in dem Sinne, dass dieses als stets (notwendig) erneuerbar aufgefasst werde; zweitens werde Bildung als Verhältnis des Selbst in Relation zu anderen und drittens im Verhältnis zur Welt begriffen. Diese Welt sei bereits vor dem sich bildenden Subjekt vorhanden und biete sich selbst als Objekt an (Masschelein und Ricken 2010, S. 130). Bildung fassen diese Autoren als paradoxen Prozess, der zwischen Wandlung und Überschreitung und zwischen Unterworfen-Werden und Sich-Selbst-Unterwerfen angesiedelt ist (ebd.). Dabei stellen sie jenem Diskurs um Bildung, der v. a. die Aktivität des Menschen in der Auseinandersetzung mit der Welt betont,[1] das existentielle Ausgeliefertsein des Menschen an andere und damit dessen Verletzlichkeit entgegen.

Auf eben diesen Ebenen von Selbst, Anderen und Welt lassen sich auch die Emotionen ansiedeln, wie von Scheve (2011) aus einer soziologischen Perspektive darlegt. Erstens sei der einzelne Akteur in seinem Handeln und Denken stets grundlegend auf Emotionen angewiesen. Das gelte ebenso für seine kognitiven Fähigkeiten und rationalen Entscheidungen wie auch für das Handeln im Alltag und in sozialen Situationen, welches auf routinisierten und habitualisierten „Entscheidungen" beruhe. Zweitens sorgten Gefühle – konkreter oder virtueller Art – in Gruppen für deren Zusammenhalt, indem sie die einzelnen Akteure über das konkrete Zusammensein mit den anderen Mitgliedern hinaus an diese Gruppe bänden. Auch auf der dritten Ebene, welche der Soziologe als die der sozialen Normen begreift, kommt den Emotionen eine zentrale Bedeutung zu. Sie seien, so resümiert von Scheve, unerlässlich bei der Aufrechterhaltung und Durchsetzung bereits etablierter Normen, Konventionen und bestehender symbolischer Ordnungen, denn Sanktionen wirkten nicht aufgrund materieller Konsequenzen, sondern wegen ihrer negativen affektiven Besetzung.

So binden also die Gefühle das Subjekt in einer spezifischen Weise an seine Gegenüber und an die Welt. Gefühle[2] sind, wie Demmerling und Landweer (2007) herausarbeiten, Widerfahrnisse, die dem Subjekt ohne dessen konkretes Zutun geschehen und von denen es sich nicht distanzieren kann. Gefühle stoßen den Subjekten zu, weil sie den Leib einbeziehen:

Man ist von Gefühlen subjektiv betroffen, das heißt, dass sie einen leiblich-affektiv ergreifen. Die Innen-Außen-Metaphorik ist ungeeignet, um Gefühle zu beschreiben. Durch die leibliche Ergriffenheit von Gefühlen sind sie zugleich mit ihrer Subjektivität auch sozial-objektiv, insofern Gefühle durch die leiblichen Richtungen mit den Gefühlen anderer interagieren können. Die Auffassung von Gefühlen als Bewusstseinsphänomenen muss im Grunde dualistische Vorstellungen voraussetzen und wiederholt die problematische Geist-Körper-Hierarchie. Gefühle sind Ganzheiten, die zwar mit Gedanken und Wünschen zusammenhängen, aber nicht auf diese reduzierbar sind. (ebd., S. 33)

Wenn auch die Situation, in welcher Gefühle das Subjekt ergreifen, eine zentrale Rolle spielt, haben sie darüber hinaus stets eine Vorgeschichte und sind Bestandteil der persönlichen Situation des oder der Fühlenden (ebd., S. 32).

Bildungstheorie neuerer Provenienz, auch wenn sie sich bislang noch wenig mit dem Thema der Gefühle befasst hat,[3] schließt an diesen doppelten Charakter von Gefühlen an. So fordert etwa Hans-Rüdiger Müller, die Frage nach dem Gefühl und dessen Interpretation und damit die Beziehung zwischen Leib- und Geist-Komponente des menschlichen Lebens selbst als zentrales Bildungsproblem aufzufassen. Der doppelte Charakter von Gefühlen, in denen Leibempfinden und Sinnbezug zum Denken verschränkt seien, machten ihren besonderen Stellenwert im Bildungsprozess aus (Müller 2003, S. 98). Bildungstheorie und Bildungsforschung, die nicht allein die Aktivität des Subjekts in den Mittelpunkt stellen, sondern die spezifische Verbindung von Widerfahrnis und Tun in der Auseinandersetzung zwischen Ich und Welt einzubeziehen beanspruchen, können also auf eine Reflexion über die Bildung der Gefühle nicht verzichten, in welcher sowohl das Subjekt, die Gruppe wie die sozialen Normen in den Blick genommen werden.

Für eine bildungstheoretisch fundierte qualitative Bildungsforschung hieße dies, mehr als bislang Interaktionen und deren körperliche Komponenten in ihrem Kontext, in der Auseinandersetzung des Subjekts mit anderen, mit Dingen und Räumen und die in diesem Geschehen aufgehobenen Ereignisse genauer zu betrachten.[4] Bildung bleibt aber auch in einer empirischen Perspektive ein abstrakter Prozess, der als solcher nicht zu fassen ist, sondern dem sich allein unter dem Vorzeichen einer Heuristik angenähert werden kann. Ob Bildung geschieht oder nicht, ist nicht zu beobachten, aber die Kontexte, in denen etwas geschehen könnte oder tatsächlich geschieht, das Bildung genannt werden kann, die Handlungen der Einzelnen und die Gruppen, die mit diesem Geschehen im Zusammenhang stehen, lassen sich betrachten oder von den Beteiligten selbst erzählen. In der Auseinandersetzung zwischen Ich und Welt spielen die Körperlichkeit des Menschen und seine Fähigkeit zur Symbolisierung eine wichtige Rolle. Deshalb wird eine sprachzentrierte, auf die eine Gruppe bezogene methodische Herangehensweise mit einer visuellen kombiniert, die Sprache, Körper und Interaktion im Raum einbezieht und ethnographisch vorgegangen.

In der teilnehmenden Beobachtung, die den Kern jeglicher ethnographischen Forschung bildet (Beer 2007; Friebertshäuser und Panagiotopoulou 2010), wurde eine Gruppe befreundeter Mädchen im Kontext eines Mädchenladens vor, während und nach dem Auftritt auf einem Jugendkulturfestival begleitet und das Beobachtete im Nachhinein notiert.[5] Im Fokus der Aufmerksamkeit standen die Dynamiken in der Interaktion der Mädchen untereinander, jene mit den Sozialarbeiterinnen und die mit anderen Jugendlichen und darüber hinaus Interaktionen mit Artefakten. Interaktionshöhepunkte, entspannte und angespannte Situationen und damit Stimmungen in der Gruppe wurden so beobacht- und beschreibbar und die zeitliche Organisation von Handlungen und Prozessen im Kontext der sie beeinflussenden Räume wurde rekonstruierbar. Die Unterscheidung zwischen der ersten und der dritten Person war dabei sorgfältig zu reflektieren. Was aus der Perspektive der dritten Person beobachtet wird, muss nicht mit den Gefühlen der beobachteten Person übereinstimmen: Der Gefühlsausdruck kann zwar anhand von Mimik und Körperbewegungen interpretiert werden. Bezogen auf die Perspektive der dritten Person sollte jedoch bedacht werden, dass das Ausdrucksverhalten, das beobachtet wurde, auch gespielt sein kann oder ein entsprechendes Verhalten nicht gezeigt wird, obwohl ein Gefühl dennoch vorausgeht. Das Gleiche gilt allerdings auch für die eigenen Gefühle: Einen unmittelbaren Zugang zu diesen gibt es nicht. Eine empirische Untersuchung von Gefühlen ist also stets darauf angewiesen, dass andere ihre Gefühle beschreiben (Demmerling und Landweer 2007, S. 24).

Auch deshalb führte ich einige Tage nach dem beobachteten Tanzauftritt eine Gruppendiskussion mit den drei befreundeten Mädchen im Mädchenladen durch. Diese eröffnete ich mit der Frage „Wie hat euch euer Auftritt gefallen?", setzte also, wie in der Ethnographie üblich, am unmittelbar Erlebten an, um später zu der Geschichte der

Gruppe überzuleiten. Ausgewertet wurde diese ausführliche Diskussion mit der dokumentarischen Methode, da auf diese Weise gemeinsam geteilte Orientierungen und die teilweise in der Gruppe gebildeten habituellen Dispositionen analysiert werden können (Bohnsack 2010). In der Gruppendiskussion werden Gefühle zum einen konkret benannt, zum anderen werden sie anhand der Diskursorganisation und Passagen hoher interaktiver Dichte herausgearbeitet.

2 Zwischen Freude, Angst und Scham: Die Peergroup als Schule der Gefühle

Gresa und Mandy sind 16, Sherise 15 Jahre alt und alle drei tanzen seit sechs Jahren gemeinsam.[6] In verschiedenen Jugendzentren nahmen sie an Tanzkursen und damit verbunden an unterschiedlichen Aufführungen teil. Aktuell tanzen sie selbstständig in einem Mädchenladen, einer Einrichtung der Kinder- und Jugendhilfe in einem Innenstadtquartier Berlins. Dort nutzen sie einen Raum, in dem sie ihre Choreographien selbstständig einüben, und werden von den beiden Sozialpädagoginnen in der Organisation ihrer Auftritte und teilweise bei den Belangen des täglichen Lebens unterstützt. Sherise und Gresa sind Kusinen, deren Eltern Mazedonien und Albanien verließen, als die beiden Kleinkinder waren. Seitdem leben die Familien, in denen albanisch gesprochen wird, mit unsicherem Aufenthaltsstatus in Berlin. Mandy und auch ihre Eltern sind in Berlin geboren.

Im Vorfeld der Feldforschung hatte eine Sozialpädagogin des Mädchenladens Lavina von einem Jugendkulturfestival erfahren, die Mädchen zum öffentlichen Auftritt ermutigt und am entsprechenden Tag mit einem Bus der Jugendeinrichtung zu dem Festival gefahren. Auch bei der letzten Probe der drei inmitten der anderen auftretenden Gruppen im Umkleideraum ist die Sozialpädagogin anwesend und versucht die Tänzerinnen, die immer aufgeregter werden, zu beruhigen, was ihr aber nicht gelingt. Obwohl die Mädchen als Gruppe, die sich auf dem Festival die Lavinas nennen, bereits Erfahrungen mit Tanzauftritten in unterschiedlichen Kontexten gemacht haben und wissen, wie es ist, auf der Bühne zu stehen, gerät dieser Auftritt zu etwas Besonderem, wie die Mädchen in der Gruppendiskussion berichten.

Interviewerin: Wie ist das mit den Zuschauern, wie ist das mit dem Gefühl, wenn ihr auftretet?
Sherise: @(2)@
Mandy: ⌊ Also ich weiß eigentlich nich, also bei mir is am Anfang so, dass ich erst mal, ähm, wenn wir irgendwo auftreten, ich mags lieber, wenn wir erst vorher reingehen und erst mal so: uns die Gesichter angucken und erstmal die Atmosphäre so unter Augenschein nehmen? u:nd ä:hm dann später halt auftreten, wenn wir die aber schon alle gesehen haben, is für mich persönlich besser, aber ich weiß nicht so Lampenfieber in dem Sinne haben wir glaube ich gar nicht.
Gresa: ⌊ Oh nee, bei mir is anders, bei mir is eigentlich so, weil ich freu mich sehr wenn ich nen Auftritt habe, dann freu ich mich sehr halt drauf und dann wenn ich auf der Bühne bin gucke ich mir erst mal auch alle Gesichter an und merke oh Gott was mach

> ich hier, werd sehr nervös und eigentlich is es ein sehr schönes Gefühl, wenn du auf der Bühne bist, aber dann irgendwie (1) auch anders, du hast Angst, dass du was vermasselst, du schwitzt an den Händen, halt so was, Lampenfieber, wie man da sagt. Bei diesem Auftritt war=s ganz anders irgendwie bei mir. Als wir da hingegangen sind ich hab mich schon geschä:mt so halt. Ich (1) wir kommen da rein, ich auch so wie Mandy schon gesagt hat, ich guck mir erst mal alle Gesichter an und dann man hat auch gemerkt, dass da voll gute Stimmung war, jeder hat geklatscht, ob es schlecht is oder gut und dann (2) halt die <u>Zeit</u> hat gedrängt. Die haben uns die ganze Zeit so <u>ihr seid dran, ihr seid dran, ihr seid dran</u>, kommt jetzt, kommt jetzt. So, obwohl wir den festen Zeitpunkt hatten um achtzehn Uhr dreißig und die haben uns immer gepiekst, kommt jetzt, kommt jetzt, wir warten auf euch und dis war halt (1) ich wusste nicht mehr wo links und wo rechts is. Ich wusste nicht mehr meine Choreographie, ich wusste nur ein Teil meiner Choreographie und dann bin ich halt durcheinander gekommen @(1)@ und dann hab ich „aufgehört".[7]

Die Interviewerin fragt in dieser Passage der Gruppendiskussion explizit nach dem Gefühl während des Auftretens allgemein, und das Lachen von Sherise, die sich im Anschluss nicht mehr zu Wort meldet, zeigt, dass damit ein wichtiges Thema angeschnitten worden ist. Mandy steigt ein, wenn sie auch vorweg einschiebt, dass sie keine Antwort auf die Frage wisse, dann jedoch sehr dezidiert den Entwurf der idealen gemeinsamen Modulation von Gefühlen in der Gruppe vor Auftrittsbeginn skizziert. Sie ziehe es vor, wenn die Gruppe gemeinsam vor dem eigentlichen Auftritt in den Bühnenraum gehe und die Stimmungen der dort bereits versammelten Menschen auf sich wirken lasse. Für Mandy sind es deren Gesichter, die Auskunft über sie als Publikum und damit über die potentiellen Interaktionen mit ihnen geben. Sie habe die Erfahrung gemacht, dass sie dann, wenn sie zusammen mit ihren Freundinnen vor dem Auftritt in die Atmosphäre vor Ort eintauche, auch mit den Herausforderungen beim Auftritt umgehen könne. Ihren Freundinnen unterstellt sie zunächst eine ähnliche Gelassenheit.

Dies dementiert Gresa allerdings und skizziert im Gegensatz dazu eine für sie selbst typische Abfolge von Freude und Angst, mit der sie ihre Auftritte beginne. Nachdem die Vorfreude, die sich bei ihr offensichtlich stets einstellt, sie mit einem Gefühl, das den Körper weitet, auf die Bühne treten lässt, schaut sie sich ebenfalls erst einmal die Gesichter der Zuschauenden an. Ausdruck und Ausrichtung der Gesichter machen ihr jedoch die eigene herausgehobene Position deutlich, was ihr anfängliches Gefühl in sein Gegenteil transformiert. Sobald sie also über das, was sie tut, nachdenkt, ist sie ihrer Angst, welche sich im Schwitzen der Hände äußert, und letztendlich der Situation ausgeliefert.

An dem besagten Tag habe sie sich aber bereits beim Gang auf die Bühne geschämt, ein Gefühl, das ebenso in einem starken Kontrast zur Freude steht. Scham transportiert sich besonders über Blicke, die bei einem Auftritt diesseits und jenseits der Bühne von zentraler Bedeutung sind: Empfindet man Scham, so wird der Blick gesenkt, weil die Blicke der anderen nicht ausgehalten werden können (vgl. auch Demmerling und Landweer 2007, S. 219). Wertenbruch und Röttger-Rössler definieren im Kontext ihrer Ethnographie einer Berliner Oberschule, in der sie v. a. das Verhandeln von Zugehörigkeiten unter Gleichaltrigen untersuchen, dieses Gefühl wie folgt: „Scham lässt sich folglich als eine Form

‚sozialer Angst' verstehen, der Angst, vor den Augen der anderen zu versagen, den sozialen Erwartungen nicht zu entsprechen und sich dadurch eine Blöße zu geben. Als soziale Angst stellt Scham eine emotionale Dimension dar, die in besonderer Weise Konformität befördert (Wertenbruch und Röttger-Rössler 2011, S. 242)". Scham entstehe, wenn gegen eine Norm verstoßen wird, die eigentlich anerkannt werde, und wenn dieser Verstoß von anderen, die als „relevante Andere" (ebd., S. 245) eingeschätzt werden, bemerkt wird. Sie fügen hinzu, dass besonders Heranwachsende für Schamgefühle empfänglich seien.

Was für Gresa bei diesem Auftritt eine besondere Herausforderung darstellt, ist das Zeitmanagement des Festivals, für welches Sozialpädagoginnen und -pädagogen aus anderen Jugendprojekten verantwortlich sind. Die Moderatorin hält sich nicht an die Absprachen und ruft die Mädchen öffentlich fast eine dreiviertel Stunde früher auf die Bühne als abgesprochen und wiederholt dies noch einige Male. Die bei Auftritten sehr erfahrene Gresa kommt so in eine Situation, in der sie nicht nur das Gefühl hat, sie könne vor aller Augen versagen, sondern als habe sie bereits versagt: Dadurch, dass die drei schon mehrmals namentlich angekündigt waren, die Bühne jedoch noch nicht betreten haben, muss es für die Zuschauenden so erscheinen, als hätten die drei etwas versäumt. Gresa erkennt also die Regeln des Jugendkulturfestivals, die das pünktliche Erscheinen und Auftreten beinhalten, an, und schämt sich, da sie – wenn auch nur anscheinend – vor aller Augen gegen diese verstoßen hat. Besonders für Gresa, die äußert, an den Berliner Streetdance-Meisterschaften teilnehmen und später professionelle Tänzerin werden zu wollen, ist der Umgang mit dem Gefühl der öffentlichen Beschämung schwierig.

Schon im Vorfeld des Auftritts ist die Stimmung unter den Mädchen sehr angespannt, und tatsächlich misslingt er.

> Als sie endlich in den Auftrittsraum gehen und sich am Eingang aufstellen, sind noch jüngere Streetdancerinnen in einheitlichen roten Trikots an der Reihe. Als diese ihren Auftritt beendet haben, betreten die Lavinas die Bühne und beginnen ihren Tanz. Doch bereits nach kurzer Zeit kommt Gresa ein paar Mal aus dem Takt und als dann noch die CD mit ihrer Musik den immer gleichen Takt wiederholt, rennt sie von der Bühne. Die beiden anderen tanzen noch weiter, gehen dann aber auch früher als geplant von der Bühne ab. Als ich in die Umkleide komme, redet Duygu auf Gresa ein, dass diese wieder herauskommen solle. Die anderen seien doch viel jünger und das werde nie etwas, wenn sie sich bei einem Rückschlag gleich von der Bühne zurückziehe. Sie seien doch stark. Duygu sagt dies in einem sehr kämpferischen Ton und tatsächlich steht Gresa auf und geht wieder in den Bühnenraum. Ich erfahre, dass ein *battle* mit den Mädchen, die vorher getanzt haben, stattfinden soll. Bald stellen sich die Lavinas rechts und die Mädchen in ihren roten Trikots, die vor ihnen aufgetreten waren, links von der Bühne auf. Gresa eröffnet das *battle* mit einer Figur, die Gegnerin zieht nach. Als der Wettkampf eine große Dynamik entfaltet, macht sie ihrer Kusine Sherise ein Zeichen mit der Hand. Diese steht auf und winkt wiederum einem Mädchen aus der gegnerischen Gruppe zu, die auch auf die Tanzfläche kommt. Die beiden tanzen jetzt gegeneinander.

Um der Scham, die diesen Auftritt einläutete und durch das Aufgeben vor aller Augen noch intensiviert wurde, zu begegnen, organisieren zwei mit den drei Freundinnen bekannte, ein paar Jahre ältere Mädchen, die ebenfalls regelmäßig den Mädchenladen besuchen und zur Unterstützung der Lavinas selbstständig zu dem Jugendkulturfestival gefahren sind, ein Streetdance-Battle mit der Gruppe jüngerer Tänzerinnen, die unmittelbar vor ihnen aufgetreten sind. Die älteren Mädchen, v. a. Duygu, aber auch Sinem, die immer in der Nähe von Duygu bleibt, übernehmen also Verantwortung für die Gefühle der Mädchen. Duygu schlägt Gresa die Möglichkeit vor, mit der Gruppe vor ihnen ein *battle* durchzuführen, in dem die Chance besteht, dem anfänglichen Gefühl der Lavinas, aber v. a. dem der ehrgeizigen Gresa eine andere Richtung zu geben. Die Peergroup schafft so einen rituellen ästhetischen Rahmen, damit die Scham nicht das letzte dominante Gefühl bei den Lavinas darstellt und der Bühnenraum durch sie wieder eingenommen werden kann. Der Plan gelingt und bei der gemeinsamen Rückfahrt, an der Duygu und Sinem auch teilnehmen, sind alle fünf ausgelassen, rufen sich den Wettkampf immer wieder in Erinnerung und vermuten, dass jetzt alle mit ihnen Wettkämpfe machen wollen. Am Schluss öffnen sie sogar die Fenster und rufen fröhlich und lautstark heraus. Gresa hat sich der Schulung der Gefühle durch die älteren Peers anheim gegeben; etwas hinzugewonnen haben darüber alle Beteiligten.

3 Das Neue, seine Entstehung im Bildungsprozess und die Gefühle

Nachdem die Mädchen jahrelang Choreographien eingeübt haben, in welchen ihre drei Körper in Reihen hintereinander kleinste synchrone Bewegungen vollziehen, arbeiten sie im *battle* mit einer Art des Tanzens, die zwar auch einer strengen Form verpflichtet ist, in deren Kontext jedoch Improvisationen der einzelnen Tänzerinnen unabdingbar sind. Eine individuelle Performance wird zum einen gefordert und zum anderen eingeübt. Die Tanzfiguren, die notwendig sind, um ein *battle* zu bestehen, wurden sukzessive im Rahmen der Gleichaltrigengruppe und der mit dieser eng verwobenen Populärkultur angeeignet und weiterentwickelt.

Interviewerin: Wann habt ihr das zum ersten Mal gemacht?
Mandy: Schon vor dem Film auf jeden Fall, also sie macht das meistens.
Gresa: Ja, ja ich habs eigentlich mehr oder weniger von äh, weil ich wusste ja, (dass es nicht mehr gibt). Also mein kleiner Bruder hat mir auch immer gezeigt so battle, battle, battle, weil ich kannte ja halt nur Streetstyle, äh Streetdance, Breakdance und so was halt. Jazz, Ballett und so was konnt ich halt. Aber der battle is erst vor kurzem wieder raus gekommen so. Als dieser Film Streetstyle rausgekommen is wurde es bekannt so battle. Ich dachte mir okay, ich hab den Film angeguckt, er hat mir voll gefallen. Und dann habe ich irgendwie Djamila gesehen, dass sie das tanzt battle so. So mit Tricks so halt, beleidigen und so. Weil du kannst auch jemanden seine (5) @kann ich ja nicht benutzen diese Ausdrücke@ ja? Halt seine Fotze aufreißen (und dann halt als Vibrator) – is doch das gleiche als wenn du Looser-Zeichen oder den Mittelfinger zeigst. Ja, so was halt. Und dann hab ich's von ihr gelernt und ich hab gesehen wie sies tanzt, weil ich konnte <u>nur Choreographie tanzen.</u> Und dann ich hab so gesehen battle, dann hab ich's nen bisschen so abgeguckt, mir nen bisschen Tricks auch selber aus-

	gedacht. Dann irgendwie hab ich, die Schritte, die sie getanzt hat, hab ich von ihr alles abgeguckt und so hab ich, hab ich dann gegen sie getanzt und hab sie mit ihren eigenen Tricks fertig gemacht. So ist das. Du guckst bei jemanden ab und macht sie damit fertig. Halt so. Also hab <u>ich zumindest</u> gemacht, weil ich konnte dis nicht. Hat sie mir sie selber gezeigt, war ihr Fehler und jetzt benutze ich sie gegen sie. Aber sie hats trotzdem besser drauf, weil
Mandy:	⌊Nein.
Gresa:	⌊Do-, also, man kann nicht sagen, man kann nicht sagen, weil ich tanze anders Stil, weil sie tanzt anders, aber sie hat mehr drauf als ich, Mandy. Beim battle auf jeden Fall.
Mandy:	⌊Ich finde nicht, dass sie besser tanzt, weil ganz einfach bei Gresa sieht man, dass sies macht, weil sie Spaß hat daran. Weils ihr einfach gefällt, weil's nen Stück zu ihrem Leben gehört, aber Djamila machts, also dieses Mädchen machts halt nur, dis sieht man auch, ähm damit sie im Mittelpunkt ste:ht, damit alle sie angucken und bewundern und deswegen find ich, dass Gresa das besser macht. Weil man sollte nicht tanzen, um im Mittelpunkt zu stehen oder um zu zeigen was man kann, sondern weil's einem Spaß macht (4) Mag sein, dass sie mehr drauf hat, aber besser tanzen tut sie nicht.

Das *battle* sei, so äußert sich Mandy, bereits bekannt gewesen, bevor die Mädchen ihm im Rahmen der medial vermittelten Populärkultur begegneten. Danach gibt sie gleich das Wort an Gresa als Spezialistin für den Tanzwettkampf weiter. Diese berichtet, ihr kleiner Bruder habe ihr die Form des *battles*, die er im Kontext des Breakdance praktizierte, gezeigt. Bekannt wurde das *battle* aber erst danach über den Film *Streetstyle*,[8] der ihr sehr gefallen habe. Konkret gelernt, nicht mit-, sondern gegeneinander zu tanzen, habe sie aber von Djamila und sich von ihr auch die pantomimischen Formen des gegenseitigen rituellen Beleidigens angeeignet. Sie beginnt, mir diese von ihr so genannten „Tricks" zu erläutern, stoppt sich selbst jedoch zunächst, wohl weil ihr bewusst wird, dass sie sich nicht nur unter Gleichaltrigen befindet, kommt dann aber doch zu dem Ergebnis, dass von diesen Dingen auch im Kontext der Gruppendiskussion erzählt werden könne. Sie redet davon, das Geschlechtsteil der anderen, für das sie die pejorative Bezeichnung „Fotze" benutzt, gewaltsam zu öffnen und dann einen Vibrator in nicht näher beschriebener Weise zur Anwendung zu bringen.[9]

Sie stellt diese Geste dann allerdings mit einem mit den Fingern angedeuteten „L", das sie Looser-Zeichen nennt, und mit dem Zeigen des Mittelfingers auf eine Ebene. Dass die beiden letzteren Teil eines mehr oder weniger allgemein bekannten, kulturellen Repertoires sind und von vielen der eigenen und der vorangegangenen Generationen dechiffriert werden können, das von ihr als „Aufreißen der Fotze" dargestellte Bild allerdings nicht, bezieht sie nur bedingt in ihre Überlegungen ein. Gresa tanzt, nachdem sie sich die agonale Form des Tanzes im Rahmen der Peergroup angeeignet hat, erstmals öffentlich ein *battle* und unterschätzt, so lässt ihre Darstellung der „Tricks" hier vermuten, dessen provokatives, obszönes und aggressives Potential außerhalb der Peergroup.

Die Aneignung dieses praktischen Wissens ist mit seiner Weiterentwicklung verbunden, denn nachdem sie sich die Tanzfiguren von Djamila „abgeguckt" hat, habe sie diese mit deren und mit weiteren eigenen Figuren herausgefordert und dabei, so berichtet sie zumindest, Erfolg gehabt. Nachdem das Wissen von der älteren und erfahreneren Djamila an die etwas jüngere Gresa weitergegeben worden ist, werden die beiden also Konkurrentinnen, was Gresa mit einem vagen Unrechtsbewusstsein berichtet. Allerdings erweist Gresa der Älteren dann die ihr – in ihrer Meinung offensichtlich zustehende – Ehre und äußert ihren Freundinnen und mir gegenüber, dass Djamila weiterhin besser tanze. Als Gresa diese Aussage begründen will, fällt Mandy ihr ins Wort und verneint diese vehement, was erstere nicht gelten lässt und stattdessen erläutert, dass sie unterschiedliche Stile hätten, aber Djamila beim *battle* immer noch im Vorsprung sei. Doch ihre Freundin Mandy insistiert weiterhin und führt ein neues Kriterium ins Feld: die Art und Weise, wie die Mädchen sich selbst zum Tanz – und damit zur Welt – ins Verhältnis setzten. Gresa liebe den Tanz um des Tanzes Willen und lebe diesen. Ihre Gegnerin Djamila, von der sich Mandy auch sprachlich distanziert, tue es, um von anderen gesehen zu werden. Etwas um der Sache Willen zu tun, markiert Mandy so als zentrale Bildungsaufgabe.

Gresas insgesamt zurückhaltendere Kusine hat noch niemals ein *battle* geübt oder gar getanzt. Trotzdem steigt Sherise wenig später an der Seite ihrer Kusine Gresa in den Wettkampf ein, ruft ebenso eine Gegnerin zu sich und wirft zum Schluss sogar in einer theatralen Geste ihr weißes Basecap in großem Bogen auf den Boden und tritt darauf. Die Spontaneität ist einerseits durch das Gefühl der Wut motiviert, andererseits ermöglicht ihr diese Aufführung auch das Zeigen und Durchleben dieses Gefühls.

Interviewerin:	Wie ist das denn bei dir gewesen Sherise? Du hast auch gebattelt?
Sherise:	Ja.
Interviewerin:	Woher kanntest du das?
Sherise:	Auch vom Film. Und von ihr hab ich is gesehen halt, als sie mit jemanden anderen getanzt hat, dann konnt ich dis halt.
Interviewerin:	Hast du es mal geübt, *battle*?
Sherise:	Hmhm (verneinend). Ne, hmhm. Ich war halt <u>wütend irgendwie</u> und ich musste halt. Ich konnte die Regeln aber ich musste einfach loslassen. Ich war halt an dem Tag wütend.
Interviewerin:	Warum warst du wütend?
Sherise:	Ich weiß nicht, weil sie sie fertig gemacht haben und sie die auch so, da <u>musste</u> ich die halt auch fertig machen.
Gresa:	Weil sie hat, ich wurde ja selber wütend. Ich hab gemerkt, dass sie auch is und ich konnte wirklich nicht mehr. Meine Füße waren tot, wie soll man sagen. Dann hab ich sie rein gerufen und ich wusste eigentlich, dass sie das nicht kann, weil sie hat noch nie, ich hab sie noch nie so richtig *battle* tanzen sehen. Ich hab sie noch nie so, halt Bauchtanz oder so, so mit shaken und so okay. Dann ich seh sie, @sie flippt da voll aus@ @5@
Mandy:	⌊Alle haben geschrien, Ey es war so (). Ich schwöre.
Sherise:	⌊O Gott.

Sherise führt ihr plötzliches Können auf das bloße Betrachten der Tanzform *battle* zurück und bekräftigt, dass sie diese niemals ausprobiert habe. Als Begründung für die Diskrepanz – etwas vor Publikum aufzuführen, was man selbst nicht ein einziges Mal geübt hat – führt sie die Wut ins Feld und präsentiert ihre eigene Aufführung als zwingend und alternativlos. Scham und Wut sind Gefühle, die sehr eng beieinander liegen, denn Scham kann in Wut und Wut in Scham überführt werden, so dass in diesem Zusammenspiel viel Energie freigesetzt wird.[10] Mit theoretischem Wissen, einer Struktur und den Regeln ausgestattet, konnte Sherise durch das Gefühl der Wut getragen, welches eine Beschämung parierte, selbst die Kontrolle aufgeben. Explizit nach dem Grund für die Wut befragt, erläutert Sherise: Weil die gegnerische Gruppe den Kampf ernst nahm, fühlte sie sich genötigt, es ihnen gleichzutun und sich zusammen mit ihrer Kusine auch als richtige Gegnerin zu erweisen. Woher die Verpflichtung dazu kommt – ob über Freundschaft oder Verwandtschaft – bleibt offen.

Gresa schaltet sich ein und beschreibt auch Wut, die sie während des *battles* gefühlt habe. Da sie die gleiche Gefühlslage bei ihrer Kusine festgestellt habe und zu dem Zeitpunkt an die Grenze ihrer körperlichen Möglichkeiten gekommen sei, habe sie Sherise in den Tanzwettkampf einbezogen, also deren Rollentausch von Unterstützerin zur Mitspielerin initiiert, obwohl sie wusste, dass ihre Kusine diese agonale Tanzform eigentlich nicht beherrscht. Gresas langes Lachen zeigt die Überraschung darüber an, dass ihre Kusine die Aufgabe, die sie ihr gestellt hat, anders ausfüllt, als sie es erwartet hat. Sherise, die vom *battle* nur die Regeln kennt, lässt sich vom Gefühl der Wut tragen, das sie buchstäblich tanzen lässt. Sie greift auf den Bauchtanz zurück, den sie von Kindesbeinen an erlernte, und baut im Gegensatz zu ihrer Kusine keine obszönen, aber dennoch aggressive Gesten ein.

Für Sherise entsteht in der Widerfahrnis des Gefühls der Wut eine neue Möglichkeit, sich selbst vor anderen zu zeigen. Diese Möglichkeit erahnten weder ihre Freundinnen noch sie selbst, wie die überraschten Reaktionen aller zeigen. Im Rahmen einer jugendlichen Öffentlichkeit wird es also möglich, sich während des Tanzens in ein neues, nicht nur tänzerisches Verhältnis zur Welt zu setzen und Sherise zeigt sich erstmals als selbstbewusst, unbeherrscht und konkurrent. Dass Sherise sich in ein anderes Verhältnis zur Welt begibt, welches sich durch Selbstvergessenheit auszeichnet, bringt das Publikum zum lautstarken Applaudieren. Auch die Mädchen stimmen – wie die hohe interaktive Dichte der Gruppendiskussion zeigt – in diese Begeisterung ein, so dass dieses Ereignis als Gruppenerlebnis markiert wird.

In der Bildungstheorie wird das Entstehen von etwas Neuem häufig als zentral für die Abgrenzung des Begriffs „Bildung" von „Lernen" und „Sozialisation" und als Kriterium *sine qua non* für die Bestimmung des Bildungsprozesses angesehen. Um Bildung handele es sich erst dann, wenn nicht allein neues Wissen angeeignet werde, sondern eine grundlegende Veränderung der Person geschehe. Hans-Christoph Koller begreift Bildung deshalb „als krisenhaftes Geschehen, das auf die Herausforderungen durch neue Problemlagen reagiert, die mit den bisher verfügbaren Mitteln nicht mehr angemessen bearbeitet werden können (Koller 2012, S. 20)". Anlässe, um grundlegende Figuren von Selbst- und Weltverhältnissen zu transformieren, können Koller zufolge alterstypische Krisenerfahrungen sein, wie sie mit Statuspassagen – im Zentrum steht bei ihm die Adoleszenz – einhergehen. Erfahrung definiert er also nicht nur als Prozess, der sich innerhalb des Individuums abspielt, sondern er untersucht die überindividuelle Dimension der Erfahrungsebene genauer, da Bildung als interaktives Geschehen aufzufassen sei, welches von der gesellschaftlichen Ebene herausgefordert werde. Unter diesen bildungstheoretischen Vorzeichen stellt sich Sherise also der adoleszenztypischen Herausforderung, sich als Individuum zu zeigen, tritt im Rahmen der Gruppe der Freundinnen aus dieser heraus und zeigt etwas Neues, was niemand von ihr, die insgesamt zurückhaltend agiert, erwartet hätte.

Christoph Wulf und Jörg Zirfas (2007, S. 32) schlagen eine andere, am konkreten Ereignis orientierte Perspektive vor: „Die performative Erfahrung bringt in diesem Kontext ein neues zeitliches Moment zur Geltung. Sie lässt sich bestimmen als eine Erfahrung der Vergegenständlichung, als ein Verweilen, das im Fluss der Zeit nicht mitgeht, als ein Aufwachen, Erwecken, ein Sprung, ein Schock, als Erfahrung der Plötzlichkeit, kurz: als Erfahrung des Ereignisses". Da sie dem Vollzug der Handlung in ihrem Erscheinen besondere Bedeutung zusprechen, fokussieren sie auf das Ereignis als eigentlichen Ort und als Movens der Entstehung von etwas Neuem. Zwar ist dieses Ereignis im Bildungsprozess, so zeigt es der Einstieg in den Tanzwettkampf von Sherise, immer in einen Prozess der Aneignung eingebunden, in dem Gefühle moduliert und arrangiert werden. Das Ereignis erhält seine eigentliche Kraft aber über die Gefühle, die zwar über den Tag hinweg vorbereitet und aufgebaut werden, in ihrem plötzlichen Erscheinen jedoch eine so starke Kraft haben, dass sie Sherise geradezu in ein neues Selbst- und Weltverhältnis stoßen.

4 Bildung der Gefühle in der Adoleszenz zwischen Kontinuität und Wandel

Gefühle widerfahren dem Subjekt, gerade weil sie mit dessen individueller Geschichte, seinem konkreten Handeln und mit den es umgebenden Gruppen und darin entwickelten Normen verbunden sind. Sie betreffen Körper und Geist gleichzeitig, fordern den Menschen heraus, zu handeln und sich zu positionieren und sind, da sie die Menschen in komplexer Weise an ihr oder ihre Gegenüber binden, unverfügbar. Im Bildungsprozess kommt ihnen gerade deshalb eine entscheidende Bedeutung zu. Dieser ist auf der einen Seite durch eine kontinuierliche Aneignung von praktischem und theoretischem Wissen über Sprache, Bilder und körperliche Praktiken charakterisiert. Zum anderen lässt sich gerade dann von Bildung sprechen, wenn die Welt dem Subjekt entgegentritt, diesem also etwas widerfährt, das nicht vorauszusehen war und sich der Kontrolle des Subjekts entzieht. Gefühle – so wurde an einem Beispiel aufgezeigt – befähigen das Subjekt zu etwas, über das dieses sich in ein neues Selbst- und Weltverhältnis zu setzen vermag, welches es zuvor nicht einmal erahnte.

In der Adoleszenz stellt die Peergroup für eben diese beiden Seiten des Bildungsprozesses einen Rahmen bereit, in dem Gefühle zum einen kontinuierlich moduliert und teilweise transformiert werden und zum anderen Spielräume eröffnet werden, in denen etwas Neues entstehen kann. In der Statuspassage der Adoleszenz wird an die Mädchen geradezu die Forderung gestellt, ein neues Selbst- und Weltverhältnis aufzubauen. Die Peergroup stellt für diesen Prozess formales Wissen bereit, mit dem sich einzelne Formen individueller und kollektiver Aufführungen des Selbst aneignen lassen, und begleitet diese Aneignung kontinuierlich. Damit führt sie in eine Kultur der Gefühle ein und ermöglicht den Einzelnen darüber hinaus, eine individuelle Positionierung vorzunehmen, die Bildung in der Adoleszenz (auch) unabdingbar ausmacht.

Anmerkungen

1   Wenn sich der Bildungsdiskurs auch seit langem ausdifferenziert hat, führt er heute noch dominante Deutungsmuster aus der Zeit seiner Durchsetzung im Neuhumanismus mit sich. Masschelein und Ricken machen auf der Grundlage der Lektüre Foucaults darauf aufmerksam, dass das Dispositiv „Bildung" in dieser Zeit selbst Teil der tiefgreifenden gesellschaftlichen Transformation, in der sich die Emanzipation des Bürgertums durchsetzen konnte, gewesen sei (2003, S. 146 f.).

2   Nach Christoph Demmerling und Hilge Landweer kann unter dem Begriff „Gefühl" im weiteren Sinne die gesamte Klasse affektiver Gefühle – Empfindungen, Stimmungen und Emotionen – verstanden werden (Demmerling und Landweer 2007, S. 5). Im Folgenden wird jedoch mit ihrem engen Begriff von Gefühlen gearbeitet, da der in diesem umrissene Weltbezug für die Definition von Bildung zentral ist: „Gefühle im engeren Sinne haben Objekte und sind in spezifischer Weise auf die Welt bezogen" (ebd.). Im Anschluss an den Phänomenologen Hermann Schmitz beschreiben diese Autoren Gefühle ausgehend vom leiblichen Spüren. In Anlehnung an Schmitz arbeiten sie mit den Begriffen „Weitung" und „Engung" des Körpers und der Ausdifferenzierung von Richtungen: „Als Beispiel für leibliche Phänomene bei den Gefühlen seien der Stolz mit seinen Weitungstendenzen oder auch, als leiblich entgegengesetztes Gefühl, noch einmal die Angst angeführt. In der Angst fühlt man sich beengt und hat den Impuls zu fliehen, während man gleichzeitig in der Situation wie gebannt ist. Auch wenn diese Engungsempfindungen mit Herzklopfen verbunden sind, ‚sitzt' die Angst nicht im Herzen: Man ‚hat' sie (und entsprechend andere Gefühle) nicht als einen rein körperlichen Vorgang, und auch nicht primär als geistigen Prozess, sondern als ein an die Körperlichkeit gebundenes subjektives Erleben" (Demmerling und Landweer 2007, S. 23). Im Folgenden werden Anleihen bei dieser phänomenologisch ausgerichteten Beschreibung von Gefühlen gemacht.

3   Dorle Klika zeigt für die pädagogische Tradition auf, dass das Thema der Gefühle, obwohl diesem bei den Klassikern Rousseau, Pestalozzi, Herbart und Schiller eine entscheidende Rolle zugewiesen wurde, in der Diskussion im 20. Jahrhundert vernachlässigt worden ist. Für das 20. Jahrhundert konstatiert sie Abschiebungsprozesse, in denen in der Erziehungswissenschaft selbst theoriegeschichtliche Elemente mit philosophischen und anthropologischen Bezügen übergangen und diese der Nachbardisziplin der Psychologie überlassen wurden. Bildungstheoretische Reflexionen auf die Zusammenhänge zwischen Kognition, Emotion und Leiblichkeit blieben deshalb lange Zeit außen vor (Klika 2004, S. 29 f.).

4   In der qualitativen Bildungsforschung wird häufig ausschließlich mit narrativen Interviews gearbeitet und auf diese Weise Bildung vorrangig als individueller Prozess in den Blick genommen. Zu einer ausführlicheren Kritik an den Engführungen, die dieses Vorgehen sowohl bezogen auf die Lebensalter als auch auf die Konzeption von Bildungsprozessen mit sich bringt, s. Tervooren (2012). Zu einer alternativen Konzeption einer ethnographischen Bildungsforschung, die auch die Materialität der Bildung einbezieht, mit visuellen und sprachzentrierten Methoden arbeitet und verschiedene Perspektiven auf Bildungsprozesse am spezifischen Fall, den das Subjekt bildet, verdichtet, s. Tervooren 2009.

5   Im Rahmen der sozialpädagogischen Jugendarbeit, in dem diese Forschung situiert war, ist der Feldaufenthalt häufig davon geprägt, dass den Forscherinnen oder Forschern im Geschehen vor Ort schnell eine Rolle, die das Feld sowieso zur Verfügung stellt, angeboten wird, wie Peter Cloos für eine ethnographische Forschung im Jugendzentrum aufzeigt (Cloos 2008). In diesem Fall wurde ich bei der Beobachtung des Festivals – bereits bevor ich mit der Kamera das Jugendzentrum betreten konnte – als Kamerafrau engagiert, um den Breakdance-Auftritt der Jungengruppe eines benachbarten Jungentreffs zu filmen. Da ich gleichzeitig auch noch mit der Videokamera filmte, sind die Beobachtungsberichte weniger detailliert als in anderen Projekten. Das Videomaterial ist zwar ausführlich ausgewertet worden, jedoch bei dieser Fragestellung nicht explizit, wohl aber implizit als Hintergrundwissen einbezogen worden.

6   Die Namen der Beteiligten sind anonymisiert.

7   In der Interviewtranskription wird mit folgenden Sonderzeichen gearbeitet: (1): Pause in Sekunden; @(2)@: Lachen in Sekunden oder lachend gesprochen; (): unverständlich; Unterstreichungen: betontes Sprechen; nei : : n : bezeichnet eine Dehnung innerhalb eines Wortes; L: Beginn einer Überlappung oder direkter Anschluss beim Sprecherwechsel.

8   Der Tanzfilm „Streetstyle", den die Mädchen, so berichten sie in der Gruppendiskussion, bereits viele Male auf DVD angesehen haben, erzählt die Geschichte einer Gruppe Jugendlicher, die Streetdance in den Vereinigten Staaten praktizieren und ein großes, öffentlich ausgelobtes *battle* gewinnen. Der Film vermittelt den Mädchen v. a. Regelwissen – das szenische Arrangement, die Entscheidung über den Gewinner durch die Zuschauenden, das abwechselnde Tanzen – und markiert durch seine Popularität die unhintergehbare Bedeutung des *battle* in der jugendkulturellen Praxis. In diesen Tanzwettkampf, der im Vergleich zu dem *battle* der Mädchen stärker von Breakdance- und Akrobatikelementen durchzogen ist, fließen auch pantomimische Elemente ein: Die Tänzer und Tänzerinnen dort zeigen Gesten, teilweise obszöner, aber auch spielerischer Art, wie das überzogene Kratzen des männlichen Genitals ausgeführt von einer jungen Frau oder die Imitation eines Hundes, der einer Person aus der gegnerischen Gruppe ans Bein pinkelt. An anderer Stelle habe ich mich sehr genau mit der Aggressivität und Obszönität, die das *battle* der Berliner Mädchen charakterisiert und das filmische Vorbild „übertrifft", beschäftigt und die These aufgestellt, dass die Mädchen dort eine „wehrhafte Weiblichkeit" aufführen. Während die Eltern es als ihre Aufgabe ansehen, ihre Töchter vor den Zumutungen in Schutz zu nehmen, die ihrer Meinung nach aus der Populärkultur, mit der die Mädchen eng verbunden sind, erwachsen, aber auch aus der üblen Nachrede der Bekannten und Verwandten, präsentiert v. a. Gresa – und dazu gibt ihr erst das selbst veranstaltete Streetdance-Battle die Möglichkeit – sich als wehrhaft und schützt sich selbst vor dieser Gefahr. Damit zeigt sie, dass sie das Bild von Weiblichkeit ihrer Eltern übernommen hat, dieses hier aber buchstäblich als andere Seite der Medaille aufführt.

9   Tatsächlich deutet Gresa pantomimisch im Tanzwettkampf so eine Handlung an: Einmal hält sie ihre Hände in der Höhe des Genitalbereichs der Gegnerin und zieht diese plötzlich ruckartig auseinander.

10 Demmerling und Landweer (2007, S. 221 f.) weisen auf diesen Zusammenhang hin. Indem man sich schäme, könne man Zorn ableiten und indem man zornig werde, könne eigene Scham abgewendet werden. Als Beispiel nennen sie die Tradition des Duells im 18. und 19. Jahrhundert in Europa, durch das eine Beschämung, welche die Verletzung der Ehre nach sich zog, wieder gutgemacht werden konnte. Zwar grenzen sie Zorn von Wut ab, da Wut stets weniger gerichtet sei (ebd., S. 308), doch lässt sich dieser Gedanke dennoch auch auf dieses Beispiel beziehen, in dem es tatsächlich zu einem Duell kommt, wenn auch nicht mit jenen, welche die Ehre konkret verletzt haben, sondern mit denen, die Zeugen der Beschämung waren.

Literatur

Beer, B. (2007). Feldforschung. In J. Straub, A. Weidemann, & D. Weidemann (Hrsg.), *Handbuch interkulturelle Kommunikation und Kompetenz. Grundbegriffe – Theorien – Anwendungsfelder* (S. 315–325). Stuttgart: Metzler.
Bohnsack, R. (2010). Gruppendiskussionsverfahren und dokumentarische Methode. In B. Friebertshäuser, A. Langer, & A. Prengel (Hrsg.), *Handbuch qualitative Forschungsmethoden in der Erziehungswissenschaft* (3. Aufl., S. 205–218). Weinheim: Juventa.
Cloos, P. (2008). „Na, Herr Forscher, Sie machen doch bestimmt auch mit". Ethnographen als Ko-Akteure des pädagogischen Geschehens. In B. Hünersdorf, C. Maeder, & B. Müller (Hrsg.), *Ethnographie und Erziehungswissenschaft. Methodologische Reflexionen und empirische Annäherungen* (S. 207–219). Weinheim: Juventa.
Demmerling, C., & Landweer, H. (2007). *Philosophie der Gefühle. Von Achtung bis Zorn*. Stuttgart: Metzler.
Friebertshäuser, B., & Panagiotopoulou, A. (2010). Ethnographische Feldforschung. In B. Friebertshäuser, A. Langer, & A. Prengel (Hrsg.), *Handbuch qualitative Forschungsmethoden in der Erziehungswissenschaft* (3. Aufl., S. 301–322). Weinheim: Juventa.
Klika, D. (2004). Das Gefühl und die Pädagogik. Historische und Systematische Aspekte einer problematischen Liason. In D. Klika & V. Schubert (Hrsg.), *Bildung und Gefühl* (S. 19–34). Baltmannsweiler: Schneider.
Koller, H.-C. (2012). „Anders werden". Zur Erforschung transformativer Bildungsprozesse. In I. Miethe & H.-R. Müller (Hrsg.), *Bildungstheorie und qualitative Bildungsforschung* (S. 19–33). Opladen: Budrich.
Masschelein, J., & Ricken, N. (2003). Do we (still) need the concept of Bildung? *Educational Philosophy and Theory: A Journal of the Philosophy of Education, 35*(2), 139–154.
Masschelein, J., & Ricken, N. (2010). Bildung. In P. Peterson, E. Baker, & B. Mc Gaw (Hrsg.), *International Encyclopedia of Education* (Bd. 6, 3. Aufl., S. 127–132). Amsterdam u. a.: Elsevier.
Müller, H.-R. (2003). Auf undurchsichtigem Gelände. – Über Bildung und Gefühl aus ästhesiologischer Sicht. In D. Klika & V. Schubert (Hrsg.), *Bildung und Gefühl* (S. 94–106). Baltmannsweiler: Schneider.
von Scheve, C. (2011). Die soziale Konstitution und Funktion von Emotion: Akteur, Gruppe und normative Ordnung. *Zeitschrift für Erziehungswissenschaft, 14*(2), 207–222.
Tervooren, A. (2009). Bildung als kulturelle Praxis. Skizze einer ethnographischen Bildungsforschung. In M. Göhlich & J. Zirfas (Hrsg.), *Der Mensch als Maß der Erziehung* (S. 77–90). Weinheim: Beltz Wissenschaft.
Tervooren, A. (2012). Bildung und Lebensalter. Bildungsforschung und Bildungstheorie zwischen Prozess und Ereignis. In I. Miethe & H.-R. Müller (Hrsg.), *Bildungstheorie und qualitative Bildungsforschung* (S. 93–109). Opladen: Budrich.
Wertenbruch, M., & Röttger-Rössler, B. (2011). Emotionsethnologische Untersuchungen zu Scham und Beschämung in der Schule. *Zeitschrift für Erziehungswissenschaft, 14*(2), 241–257.
Wulf, Ch., & Zirfas, J. (2007). Performative Pädagogik und performative Bildungstheorien. Ein neuer Fokus erziehungswissenschaftlicher Forschung. In Ch. Wulf & J. Zirfas (Hrsg.), *Pädagogik des Performativen. Theorien, Methoden, Perspektiven* (S. 7–40). Weinheim: Beltz.

Emotionen – Formen – Gesten
Ein ethnographischer Blick auf verborgene Dimensionen von Unterricht

Ingrid Kellermann

Zusammenfassung: Dieser Beitrag fokussiert die soziale Dimension von Emotionen und Gesten, die auf das körperlich-sinnliche Eingebundensein des Menschen in seinen sozialen Kontext verweist und im institutionellen Rahmen der Schule oftmals zugunsten kognitiv-intellektueller Kompetenz-Bildung und ergebnisorientierter Qualitätserfassung in den Hintergrund tritt. Zunächst werden auf der Grundlage der aktuellen Emotions- und Gestenforschung Emotionen und (emotive) Gesten als sozial-dynamisches Phänomen konzeptualisiert, das als körperlich-sensueller Indikator zwischen interner und externer Welt fungiert und die institutionellen Beziehungen nicht nur gestaltet, sondern signifikant beeinflusst. Sodann wird skizziert, inwiefern eine prozess- und praxisbezogene Perspektive die empirisch-rekonstruktive Erfassung zirkulärer Wirkungen ermöglicht. Schließlich wird anhand exemplarischer Samples aus dem erhobenen Datenmaterial herausgearbeitet, wie Emotionen und Gesten in sozialen Performances ihre performative, wirklichkeitskonstituierende Kraft entfalten und wie ‚Emotionsepisoden' schulische Verbindlichkeiten hervorbringen, indem feeling rules ausgehandelt, Gemeinschaftserlebnisse bearbeitet und Statuspositionen (re)präsentiert werden. Der Beitrag entwirft Emotionen als bedeutsame Komponenten von Sozialität, die im erziehungswissenschaftlichen Diskurs eine spezifische Aufmerksamkeit verdienen.

Schlüsselwörter: Emotionen · Performativität · Prozessorientierung · Emotionsepisoden

Emotions—Forms—Gestures – An ethnographic view of hidden dimensions in the classroom

Abstract: This article focuses on the social dimension of emotions and gestures, which refers to the physical-sensual integration of the individual in his/her social context. In the institutional context of the school, this dimension is often disregarded in favor of the instruction of cognitive-intellectual competences, as well as the measurement of result-oriented achievements. In the first chapter the current research on emotions and gestures is briefly outlined. The findings provide a basis to conceptualize emotions as a social dynamic phenomenon which serves as a physical

---

© VS Verlag für Sozialwissenschaften 2012

I. Kellermann (✉)
FB Erziehungswissenschaft und Psychologie,
AB Anthropologie der Erziehung, Freie Universität Berlin,
Arnimallee 11, 14195 Berlin, Deuschtland
E-Mail: ingrid.kellermann@berlin.de

and sensual key element between the personal state and the social world. Therefore emotions and gestures not only have a significant impact on social relationships, but also play a dominant role in their configuration. The following chapter delineates to what extent a process- and practice-oriented perspective enables the empirical identification and the reconstruction of the circulating outcomes of the participants. Finally, the data samples document how emotions and gestures unfold their performative and constitutive effects in social performances. Hereby it becomes evident that emotions and gestures generate binding commitments in 'emotion episodes' by negotiating feeling rules, sharing group experiences, and (re)presenting status positions. The aim of the article is to conceive emotions as meaningful components of sociality that deserve specific attention in the discourse of educational science.

Keywords: Emotions · Performativity · Process orientation · Emotion episodes

Emotionen beeinflussen das Schulleben in vielschichtiger Weise, wenngleich sie im pädagogisch-wissenschaftlichen Diskurs eher „unsichtbar" zu sein scheinen. Aufmerksamkeit finden sie v. a. in Verbindung mit deviantem Verhalten, Aspekten der (Leistungs-) Motivation oder der Diskussion um soziale Emotionen wie Stolz, Scham und Ehre (z. B. Holodynski und Kronast 2009; Wertenbruch und Röttger-Rössler 2011). Aus anthropologischer Perspektive sind Emotionen unter anderem Indikatoren für die Qualität des persönlichen Wohlbefindens und stellen somit ein *konstitutives* Element des Erlebens dar. Ihre *konstituierende* Kraft entfalten sie im sozialen Miteinander. Eine solche performative Dimension von Emotionen lässt sich auch für Gesten postulieren. Emotionen und Gesten zirkulieren zwischen Individuum und personeller Umwelt und offenbaren ein mediales Potential im kommunikativen Austausch. Eine besondere Aufgabe fällt emotiven (Gefühle ausdrückenden) Gesten bei der Gefühls- *und* Emotionsbearbeitung zu, indem (institutionelle) *feeling rules* und *display standards* verhandelt werden (Hochschild 1979). In Schule und Unterricht gehört die „emotionale Bildung" mehr zu den impliziten Aufgaben von Pädagogik; didaktische Diskurse und curriculare Vorgaben beschäftigen sich vorwiegend mit Prozessen des rationalen Denkens und Entscheidens, d. h. sie fokussieren die inhaltlich-formale Gestaltung des Unterrichts in Hinblick auf die Ausbildung intellektueller Ausdrucks- und Handlungsfähigkeit sowie kognitiver Bearbeitungsstrategien. Das physisch-emotionale Eingebundensein des Individuums in seinen sozialen Kontext steht weniger im Mittelpunkt.

Die Bildungsforschung konzentriert sich folglich mehr auf eine transnationale Angleichung von Qualifikationsstandards und/oder auf die quantitative Erfassung kognitiver Leistungen von Schülern. Die ergebnisorientierten Studien suggerieren, dass der Begriff „Bildung" auf die Ausbildung kognitiv-intellektueller Kompetenzen reduzierbar und ungeachtet des zugrunde liegenden Bildungsverständnisses (inter)national vergleichbar wäre. Qualitative Unterschiede im Bildungswesen formaler und inhaltlicher Art sowie eine differenziertere und jeweilige Auslegung des Bildungsauftrags werden dabei ausgeklammert (Schubert 2005; Kellermann und Mattig 2011). So aufschlussreich und wichtig diese Studien sind, von Interesse sollte nicht nur das Ergebnis, sondern auch der *Prozess* des (*Sich*)*Bildens* sein; denn die Vielschichtigkeit der institutionellen „Kompetenz-Bildung" geht weit über messbares kognitiv-intellektuelles Wissen hinaus. Einer daran interessierten prozess- und praxisorientierten Perspektive liegt dabei ein performatives

Bildungsverständnis zugrunde, das gerade diese Bildungsprozessen inhärente generative Kraft berücksichtigt (Suzuki und Wulf 2007). Sie offenbart sich im unmittelbaren Zusammenwirken der Beteiligten und kann mit Hilfe ethnographischer Forschungsansätze einer reflexiven Auseinandersetzung zugänglich gemacht werden (Wulf und Zirfas 2007, S. 11). Denn über den *modus operandi* entfalten die impliziten, „selbstläufigen Eigenlogiken der pädagogischen Praktiken" ihre Wirkung (Breidenstein 2008, S. 210); gleichsam wird der spezifische Angebots- und Aufforderungscharakter der jeweiligen Dynamiken, Strukturen und Mechanismen deutlich. Eine mikroanalytische Rekonstruktion der Praktiken dokumentiert die qualitativen Eigenschaften von Unterricht und lässt gleichsam die Bedeutsamkeit der bisher wenig beachteten, verborgenen Dimensionen pädagogischen Handelns für Bildungsprozesse deutlich werden, ihre „habitualisierten, mimetischen, in Gesten und Ritualen deutlich werdenden Muster (*causa formalis*) und [ihre] materiellen Strukturen wie Räumlichkeit, Zeitlichkeit, Szenerien, Körperlichkeit" (Wulf und Zirfas 2007, S. 11).

Dementsprechend beschäftigt sich dieser Beitrag mit der *sozialen Performance* der Hervorbringung von Emotionen und ihren Auswirkungen auf pädagogische Situationen. Dem englischen Wort *performance*[1] sind mindestens zwei Bedeutungsdimensionen inhärent: *Darbietung* und *Formgebung* (ferner: *Bewertung*). Der Begriff impliziert den generativen, kreativen Aspekt der aktuellen Emotions- oder Gesten-*Darbietung*, die auf ein kulturspezifisches Ausdrucksmodell, die *Form*, rekurriert. Im pädagogischen Kontext geht es dabei unter anderem auch um die *Bewertung* von (sozialen) Kompetenzen.

Im vorliegenden Beitrag wird nach der Skizzierung des theoretischen Rahmens anhand exemplarischer Ausschnitte aus dem qualitativ-empirischen Datenmaterial rekonstruiert, *wie* 1) Emotionen des Unbehagens gestisch-mimisch dargestellt und modelliert[2] werden, 2) Gemeinschaft mit Hilfe von Emotionen und Gesten hervorgebracht werden kann, und 3) Statusrepräsentationen sich u. a. in gestisch-emotionalen Ausdrucksformen manifestieren. Zusammenfassend wird argumentiert, dass „emotionale Bildung" und „gestisches Wissen" notwendig sind, um sich kompetent in sozialen Begegnungen einbringen zu können. Emotionen und Gesten werden als zwei Aspekte des Sozialen konzeptualisiert, die aufgrund ihrer sinnlich-körperlichen Eigenschaften im schulpädagogischen Diskurs eine besondere Aufmerksamkeit verdienen.

1 Die soziale Dimension von Emotionen und Gesten

Die kognitive und soziale Bildung des Menschen findet in der aktiven Auseinandersetzung mit der Umwelt statt. Sie kann ohne emotionale Beteiligung nicht gedacht werden. „Emotions-Kultur"[3] ist ein wichtiges Element im Prozess der Sozialisation und Grundlage für die Ausdeutung von Emotionen. Jan Stets und Jonathan Turner zufolge umfassen die Schlüsselelemente der Emotionskultur ein *Emotionswissen*, das sich auf verfügbare Erfahrungen mit angemessenen Emotionsdisplays bezieht, *Emotionsvalenzen*, die auf die Aufwertung bzw. Abwertung bestimmter Emotionen verweisen, und ein *Emotionsvokabular*, mit dem Emotionen benannt, beschrieben und reflexiv bearbeitet werden können (Stets und Turner 2007, S. 32 f.). Auch interdisziplinäre Forschungen messen Emotionen eine ubiquitäre Bedeutung zu[4] (Röttger-Rössler 2004; Stets und Turner 2007; Lewis et al. 2010; von Scheve 2011; Frevert et al. 2011) und Erkenntnisse der neueren Hirnforschung bestätigen, dass (affektive) Erfahrungen die funktionelle Architektur des Gehirns beeinflussen und strukturell verändern (Damasio 2001; Bauer 2006; LeDoux und Phelps 2010; Singer 2011). Die neuronalen Verschaltungen, die durch Adaptionsvorgänge an die Umwelt gebildet werden, sind in den ersten Lebensjahren am umfangreichsten (Singer 2011, S. 16). Dabei zirkulieren emotionale Ausdrucksformen als Vermittler zwischen (Klein-) Kind und Bezugsperson. In der kindlichen Wahrnehmung verschmelzen Stimuli, Körpergefühl, Situation und Emotionswörter zu einer ganzheitlichen Sinneswahrnehmung, die als emotionale Erfahrung im habituellen Gedächtnis gespeichert wird (vgl. Peterson 2007, S. 123; auch Hahn 2010, S. 24). Mit der psychosozialen Entwicklung entfalten sich die perzeptiven und kognitiven Fähigkeiten und das Individuum erwirbt ein Verständnis für Emotionen, das durch die Erweiterung seiner Perspektive immer weiter ausdifferenziert wird. Es erfasst die unterschiedlichen Bedeutungsdimensionen von Emotionen unter anderem in mimetischen Bezugnahmen, die darauf bezogenen inneren Vorstellungsbilder (Wulf 2005; Kellermann 2008) und „theory of mind"-Fähigkeiten (Mackowiak und Lengning 2011). In der handelnden Auseinandersetzung mit seiner Umwelt erwirbt es im Laufe der Ontogenese ein praktisches Erfahrungswissen hinsichtlich assoziativer „Familienähnlichkeiten", die auf kulturspezifische Emotionskonzepte und entsprechende soziale Skripts[5] verweisen. Als mentale und/oder körperlich-sinnliche Dispositionen formen sie den individuellen Präsentations- und Reaktionsmodus.[6] Abhängig von Kontext, Altersgruppe, Gefühlstyp usw. regeln die sozialen Skripts *feeling rules* und *display standards*. Sie sind vielgestaltig und implizieren auch sozial funktionale bzw. dysfunktionale Emotionsausdrücke (Fischer und Manstead 2010, S. 457).

Emotionale Ausdrucksformen *ver-körpern* sich u. a. in Gesten, Mimik und Haltungen. Aufgrund qualitativer Gemeinsamkeiten werden einige Studien in der Gesten- und Emotionsforschung gleichermaßen rezipiert; sie beziehen sich vornehmlich auf die Untersuchung mimischer Emotions-Darstellungen im cross-kulturellen Vergleich oder auf die spezifische Bedeutung von Körperausdrucksformen für Sprache und Kognition in der phylogenetischen und ontogenetischen Entwicklung des Menschen (z. B. Efron 1972; Goffman 1986; Ekman 2003; Tomasello et al. 2005). Darüber hinaus werden Gesten als bedeutungstragende Bewegungen des Körpers konzeptualisiert, die im Zusammenhang mit kognitiv-intellektuellen und linguistischen Fähigkeiten stehen. Sprachbezogene Gesten können z. B. einen Bezug zur Diskursstruktur oder zum semantischen Inhalt herstellen (Müller 1998; McNeill 2005). Dagegen entfalten nicht sprachgebundene Gesten wie z. B. konventionalisierte Gesten oder Gesten in Ritualen (z. B. Geburtstagsfeiern, Gesprächskreise) in der jeweiligen Gemeinschaft gerade dadurch ihre Kraft, dass ihr Bedeutungsgehalt körperlich-emotional vermittelt wird und sie ohne Worte zu verstehen sind (Kendon 2004). Einigkeit in den Ansätzen besteht darin, dass Gesten eine Verbindung zwischen innerer und äußerer Welt herstellen, Gefühlsausdrücke und Emotionen kulturell geprägt sind und Gestenverhalten Wirkungen im Gegenüber hervorruft. Gesten und Emotionen stellen aufgrund ihrer performativen Qualitäten wichtige körperlich-mediale Mittler in sozialen Beziehungen, im gesellschaftlichen Leben und bei der Regulierung intra- und intergruppaler Beziehungsgefüge dar (Goffman 2001). Verschleiernde bzw. nicht gefühlte Gesten und Emotionen erlangen dabei eine besondere Bedeutung, wie Studien über „emotion work" „feeling rules" und „display standards" zeigen (z. B. Hochschild 1979).

In diesem theoretischen Rahmen stellt der Begriff Emotion keine „dinghafte" Entität dar, sondern wird als sozial-dynamisches Phänomen konzeptualisiert (vgl. z. B. Fischer und Manstead 2010; Frijda 2010), dem als anthropologische Konstante psychische, neurobiologische und sozio-kulturelle Dimensionen inhärent sind. Emotionen werden in dieser Perspektive als körperlich-sensorische *Schaltstelle* gefasst, die als gestisch-körperliche Ausdrucks*formen* im reziproken Austausch vielgestaltige Informationen transportieren. Interne Gefühle und externe Gesten- und Emotionsausdrucksformen können dabei erheblich differieren. Die sozialen Wechselwirkungen von Emotionen können emotionale Ausdrucksformen und interne Gefühle des Selbst und/oder des Gegenübers intensivieren oder verändern. Eine Erforschung von Emotionen ist abhängig vom jeweiligen Analysefokus, da dieser die Perspektive bestimmt. In diesem Beitrag liegt er auf der sozialen Dimension emotionaler und gestischer Ausdrucksformen in der Schule. Im institutionellen Kontext ist es von Interesse, *wie* sich ihre performative Wirkkraft in der „institutionellen" Beziehung zu(m) Anderen entfaltet. Der ethnographische Blick richtet sich deshalb auf *soziale Performances* im Rahmen von „Emotionsepisoden", in denen Display-, Regulations- und Aushandlungsprozesse Bedeutsamkeit erlangen (Frijda 2010, S. 74). Emotionsepisoden sind durch eine Sequenz von zirkulierenden, aufeinander bezogenen emotionalen Ausdrucks*formen* gekennzeichnet, die aufgrund ihres dramaturgischen Verlaufs ein abgrenzbares Ereignis darstellen.

2 Emotionsforschung im Schulunterricht

Spätestens mit dem Schulbeginn werden die Kinder in eine institutionelle (Emotions- und Gesten-) Kultur eingeführt. *Wie diese implizite Dimension des Körper-Bildungs-Prozesses* empirisch untersucht werden kann, soll im Folgenden erläutert werden. Im Gegensatz zu lernzielgerichteten Unterrichtsinhalten sind Emotionen keine messbare Größe im Schulunterricht, wenngleich ihre Bedeutung unübersehbar ist. Die vorliegende ethnographische Studie untersucht Emotionen als dynamische Phänomene aus prozess- und praxisorientierter Perspektive, die in *sozialen Performances* hervorgebracht werden, zwischen den Beteiligten zirkulieren und innerhalb von Emotionsepisoden prozessiert werden. Der Begriff „Zirkulation" eröffnet einen heuristischen Zugang zur Beschreibung gestischer und emotionaler Prozesse zwischen den Beteiligten, während er gleichsam ihre körperlichen Manifestationen, ihren mimetischen und performativen Charakter berücksichtigt, mit dem Emotionen verhandelt werden. Das Datenmaterial wurde in unterschiedlichen Feldphasen an einer reformpädagogisch orientierten Grundschule[7] erhoben und aus verschiedenen Forschungsperspektiven analysiert, die sich im Laufe des langjährigen Forschungsprozesses entwickelten. Die Schwerpunkte beziehen sich auf divergente Aspekte institutioneller Sozialisation wie z. B. die rituelle, körperlich-performative, lernkulturelle und sinnlich-emotionale Ausgestaltung des Schullebens (z. B. Wulf et al. 2007, 2011). In der Tradition erziehungswissenschaftlich-ethnographischer Forschung wurden die Praktiken der Involvierten *in actu* teilnehmend beobachtet und komplementär dazu aus zwei festgelegten Kameraperspektiven videografiert; zusätzlich wurden Gruppeninterviews mit Lehrer(inne)n sowie Schüler(inne)n durchgeführt. Letztere können im vorliegenden Beitrag nicht exemplarisch behandelt werden, sind jedoch Teil des reflexiven Forschungsprozesses, der in Anlehnung an die Dokumentarische Methode der Interpretation entworfen und realisiert wurde (ausführlich dazu Bohnsack 2003).

Die innerstädtische Grundschule in Berlin ist aufgrund ihrer reformpädagogischen Ausrichtung über den Bezirk hinaus bekannt und angesehen.[8] Seit 10 Jahren werden die rund 320 Schüler, knapp die Hälfte von ihnen kommt aus Familien mit Migrationshintergrund, in jahrgangsgemischten Lerngruppen der Klassenstufen 1–3 und 4–6 unterrichtet. Das Schulklima ist geprägt durch das Motto „Es ist normal, verschieden zu sein", die Lehrerinnen und Lehrer sehen ihren pädagogischen Auftrag u. a. in der Bereitstellung eines Lebensraums für Kinder. Der Bildungsauftrag bzgl. Demokratie, Bildung, Kultur und Kommunikation basiert entsprechend der reformpädagogischen Orientierung auf den vier Grundpfeilern „Arbeit, Gespräch, Spiel und Feiern". Schuljahr, Schulwoche und Schultage sind rhythmisiert, Elternmitarbeit ist erwünscht, Schüler(inne)n in die Gestaltung des Schullebens involviert. Es werden regelmäßig schulinterne Evaluationen durchgeführt und veröffentlicht. Mehrarbeit wie wöchentliche Teamsitzungen zur Planung des Unterrichts und regelmäßige Unterrichtsbesuche schulexterner Gäste gehören zu den Zusatzaufgaben, die von allen getragen werden.

2.1 Emotionsepisoden

Die folgend dokumentierten Emotionsepisoden beziehen sich auf Ausschnitte aus dem Datenmaterial, die in kürzeren oder längeren Sequenzen einem „dramaturgisch-emotionalen" Verlauf folgen, in dem Emotionen Bedeutsamkeit für den Unterricht(sverlauf) erlangen (alle verwendeten Eigennamen sind anonymisiert). In *sozialen Performances* werden dabei vielgestaltige Emotionen hervorgebracht, die als Körper-Ausdrücke und -Eindrücke wechselseitig zirkulieren. Im Folgenden werden drei Dimensionen von Emotionen und emotiven Gesten vorgestellt, die im Rahmen dieses Beitrags erste Rückschlüsse auf die soziale Dimension emotionaler Ausdrucksformen zulassen. Die analytische Interpretation der Emotionsepisoden ist dabei fraglos geprägt von den feldspezifischen (Forschungs-) Erfahrungen aus teilnehmender Beobachtung, Videografie und den Gruppeninterviews, die als umfangreiches Kontextwissen eine Komponente der epistemologischen Schlussfolgerungen bilden.

2.1.1 Gestische Darstellung und Modellierung von Emotionen des Unbehagens

In der Lerngruppe A (Klassenstufe 1–3) wird die Feueralarm-Übung besprochen, die in jedem neuen Schuljahr ohne Ankündigung stattfindet. Viele Schüler beteiligen sich am Gespräch; die älteren Schüler(innen) berichten von ihren Erfahrungen mit dieser Übung, auch die Schulanfänger(innen) stellen Fragen, zwischendurch werden Verhaltensvorschriften bei Feueralarm genannt wie z. B. die Wahl der Fluchtwege oder das Zurücklassen der Schultasche in der Klasse.

Feueralarm I. Die Lehrerin steht seitlich vor den Gruppentischen und blickt in Nicos Richtung. Gerade berichtet er von einem Brand im Haus seiner Großmutter, als die Schulanfängerin Ayse leise zu weinen beginnt. Die Sitznachbarin Lena macht die Lehrerin durch eine Wortmeldung darauf aufmerksam. Sofort unterbricht diese den Fluss des Unterrichts, geht auf Ayse zu, hockt sich neben sie und beugt ihren Oberkörper zu der Schulanfängerin, während sie den Arm um Ayses Schulter legt und beruhigend auf sie einspricht. Die Mitschüler sind leise, die meisten schauen zu Ayse, die weinend ruft: „Ich will nach Hause zu meiner Mama!"

Das aktuelle Thema „Feueralarm" ist offenbar der Auslöser für Ayses intensives Emotionsausdrucksverhalten, das im Fluss des Unterrichtsgesprächs einen Rahmenbruch verursacht. Augenblicklich wechselt die Lehrerin vom körperlich-gestisch geöffneten, inklusiven Moderationsmodus gegenüber allen zu einer exklusiven, fast vollständigen Hinwendung und Aufmerksamkeitsfokussierung auf Ayse. Sie konstituiert mittels Blick, Nivellierung der Körperhaltung auf gleiche Gesichtshöhe und die angedeutete Umarmung einen face-to-face-*Raum*, in dem sie mittels Körperkontakt und Tonfall ein Modell protektiver Nähe und *Für-Sorge* zur Darstellung bringt. Dieses Zuwendungsmodell antizipiert eine affirmative Akzeptanz von Seiten der Schüler(innen), die nicht *per se* gegeben ist, da Nähe- und Distanzverhalten im institutionellen Kontext der Schule kulturell und personell höchst unterschiedlich konnotiert sein kann. In dem oben dargestellten Ausschnitt scheint die Form des Ausdrucksverhaltens habitualisiert zu sein, da die Mitschüler auf die Situation mit *Zurück-Haltung* reagieren und den ihnen kurzfristig überantworteten Freiraum nicht für anderes nutzen. Die *soziale Performance* dient auf einer immanenten Ebene zur Wiederherstellung des Rahmens, zur Fortführung des Unterrichts.

Ayses Weinen intensiviert sich und sie wiederholt stereotyp den Ruf nach ihrer Mutter. Die Lehrerin ändert ihre Performance:

Feueralarm II. Die Lehrerin steht auf, richtet ihren Blick zur Klasse und fordert die Schüler zu einem Bewegungsspiel auf. Ayse vor sich herschiebend, gibt sie Anweisungen wie „und jetzt laufen wir auf Zehenspitzen" u. ä. Ayse hält die Hand der Lehrerin fest, den Blick auf den Boden gerichtet. Im Laufen hört sie langsam auf zu weinen und schaut umher (Abb. 1). Sodann stoppt die Lehrerin die Schüler und kündigt ein Partnerspiel an, zu dem sich Paare zusammenfinden sollen. Dabei schiebt sie Ayse sanft auf den Rücken fassend zu Klara, die sie sogleich mit ihren Armen umschließt. Ayses Mimik vertrübt sich; augenblicklich beugt sich die gegenüberstehende Arzu leise sprechend zu ihr (Abb. 2) und Ayses Gesichtszüge entspannen sich.

Performativ beendet die Lehrerin den Zeitraum ihrer exklusiven Disponibilität für Ayse, indem sie alle(s) „in Bewegung" setzt, ihre Aufmerksamkeit dem Geschehen in der Klasse widmet und die Hinwendung zu Ayse in ein gemeinsames Spiel überführt. Sie entzieht Ayse ihrem ausschließlichen Aufmerksamkeitsfokus und lenkt die Konzentration auf einen vorgegebenen Bewegungsablauf. Mit dem Variationswechsel wird ihr visueller Raum auf die Gesamtgruppe erweitert, zunächst im körperlichen Schutzbereich der Lehrerin; gleichsam suggeriert die veränderte Form, dass es jetzt nicht mehr nur um Ayse und ihr Problem geht, sondern darum, zum Fluss des Unterrichts zurückzukehren. In dieser *sozialen Performance* ergreift Ayse Eigeninitiative, hält die Hand der Lehrerin, hört auf zu weinen und nach ihrer Mutter zu verlangen und sichtlich entspannter öffnet sie

Abb. 1: Bewegungsspiel

Abb. 2: Klara „übernimmt" Ayse

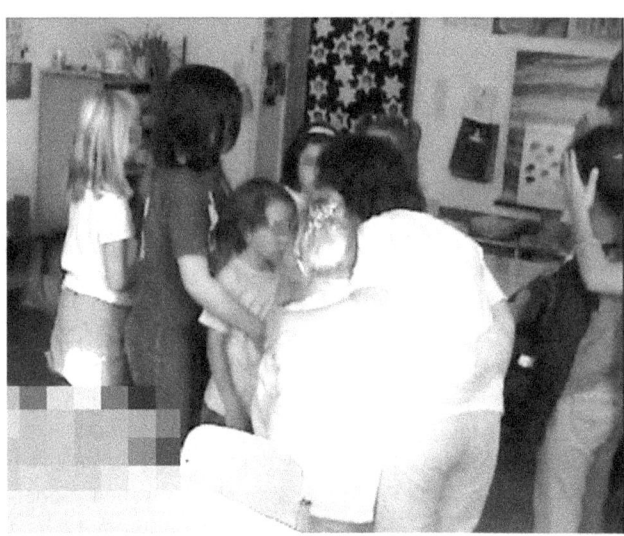

ihren Blickraum nach außen. Die von der Lehrerin antizipierte Wirkung – die Rekonstitution des Unterrichtsrahmens – ist offenkundig erzielt, Ayses Ausdrucks*form* institutionell „angemessen". Fast augenblicklich reagiert sie mit der (Verantwortungs-) Übergabe Ayses an Klara, die im mimetischen Bezug auf die Lehrerin eine ähnlich zugewandte Haltung einnimmt; ein weiterer Hinweis auf die Habitualisierung des gestisch-körperlichen Näheverhaltens. Durch den Transfer Ayses von der Lehrerin zur Mitschülerin scheint der Rahmen kurzfristig gefährdet, da die Schulanfängerin erneut zu weinen droht. Im face-to-face-Kontakt zu Arzu gelingt es der Schulanfängerin schließlich, ihre Emotion adaptiv zu regulieren.[9]

Zusammengefasst verweist die vorgestellte Emotionsepisode auf Elemente des (schul-)kulturellen Emotionskonzepts „emotionales Unbehagen", demzufolge ein Kind mit emotional-basierten Problemen in der Schule verbleiben muss und dort zeitlich begrenzt exklusive Aufmerksamkeit erhält. Sie ist an die immanente Erwartungshaltung geknüpft, individuelle Emotionen und Bedürfnisse adaptiv zu regulieren, ggf. mit Unterstützung der Gruppe, und sie mit dem institutionellen Rahmen in Einklang zu bringen. Zur Lösung des Problems steht eine Bandbreite emotionaler Reaktionsvarianten zur Verfügung. Als habitualisierte Praktiken bringen sie Bedeutungen hervor, die nicht immer eindeutig sind und personelle und/oder kulturelle *Miss-Verständnisse* hervorrufen können.

2.1.2 Gemeinschaft durch Gesten und emotionale Aufladung

Der Begriff der Gemeinschaft bezieht sich hier auf die „Lerngruppen"- bzw. „Schulgemeinschaft", die *zeitlich* auf die Schulzeit begrenzt ist und als Sozialisations*raum* biographische Bedeutung erlangt. Sie ist durch relativ stabile Beziehungskonstellationen und persönlich-emotionale Erfahrungen gekennzeichnet. Die institutionelle Gemeinschaft einer Lerngruppe beruht im Rahmen der Schulpflicht auf einer administrativen Zusammensetzung von Kindern einer bestimmten Altersgruppe, in der gegenseitiges Vertrauen, gemeinsame Interessen oder Ziele ebenso wenig wie ein Zugehörigkeitsgefühl vorausgesetzt werden können und ein „Wir-Bewusstsein" erst etabliert und immer wieder neu ausgehandelt werden muss (vgl. Hillmann 2007, S. 271, 703). In gemeinsamen (rituellen) Praktiken und gruppendynamischen Prozessen bildet sich durch gegenseitige Beeinflussung und mimetische Bezugnahmen u. a. ein schulkulturell geprägter, gruppenspezifischer *Stil* heraus, der Einfluss auf die *sozialen Performances* im Klassenraum hat. Die folgend dokumentierte Emotionsepisode bezieht sich auf die performativ-diskursive Aktualisierung eines „Wir-Gefühls" mit und in der Lerngruppe (Abb. 3 und 4).

Die jährliche Adventsfeier findet im Schulhaus statt, das mit ganz unterschiedlichen Angeboten zu einem „interkulturellen Begegnungszentrum" transformiert, in dem sich die Schulgemeinschaft nach innen und außen als harmonisch zusammenwirkende Gemeinschaft präsentiert. Jede Lerngruppe ist für ein selbst gewähltes Projekt verantwortlich. Die Lerngruppe B (Klassenstufe 4–6) hat mit ihrem Lehrer die Schulbibliothek in einen „Entspannungsraum" umgestaltet, der mit Stühlen, Dekoration und Kerzenlicht ausgestattet und von ruhiger Entspannungsmusik untermalt eine sinnlich-ruhige Atmo-

Abb. 3: „Entspannungsraum"

Abb. 4: Morgenkreis „Rückblick auf Adventsfeier"

sphäre ausstrahlt. Schüler(innen) und Mütter massieren interessierte Mitschüler(innen) und Gäste; die Tür ist geschlossen und draußen auf dem Gang werden aufgrund der starken Frequentierung Nummern an Interessierte verteilt. Der Lehrer wirkt an unterschiedlichen Stellen als aktiver Teil dieser Inszenierung mit.

Zu Beginn des Montagmorgenkreises thematisiert Achim die Adventsfeier im Rückblick. Wer erzählen möchte, erhält durch gegenseitiges Sich-an-die-Reihe-Nehmen das Rederecht. Die Beteiligung der Schüler(innen) ist groß, mehr als die Hälfte melden sich zu Wort. Von den durchweg positiven, z. T. sehr ausführlichen reziproken Bezugnahmen können hier nur wenige Ausschnitte vorgestellt werden.

Sophie:	Also, ich fand's sehr schön (.) (Z. 1)
Lm:	Kannst du vielleicht sagen, was du besonders schön fandst? (Z. 4)
Sophie:	die Massage (Z. 5)
Lm1:	Kann jemand vielleicht unserem Besuch erzählen, was am Freitag war? (Z. 6)
Achim:	...unser Raum hatte halt (.) wir hatten so'ne Art Ent=Entspannungsraum gemacht und (.) dann konnte man sich da massieren lassen (.) und ich selber ich habe zwei Leute massiert. (Z. 11–13)
Selin:	Ich fand die Adventsfeier auch gut [...] und sonst fand ich alles schön (.) und unsern Raum fand ich auch ganz schön (.) weil's so leise war (Z. 14–15)
Jenny:	Also, ich fand die Adventsfeier auch schön ähm (.) und das Massieren, das war auch schön also ich fand dieses Gerät (.) und das war warm und (.) hat vibriert und ich hab auch (.) einmal Elin und meine Mutter massiert (.) und dann noch (.) ich weiß jetzt nicht mehr, wie ein Mädchen hieß und also (.) ähm ich bin dann auch (.) ähm rumgegangen und fand's richtig schön... (Z. 44–48)
Yasin:	Also, ich fand die Adventsfeier gut und (.) den Massageraum fand ich (.) auch richtig toll (Z. 55–56)
Kian:	Ich fand eigentlich die Adventsfeier gut und ich musste ja vor dem (.) Entspannungsraum sein und dann (.) die Nummern [aus]geben (Z. 57–58)[10]

Im Ritual des Morgenkreises trifft die Lerngruppe nach der Adventsfeier am Freitagabend und dem Wochenende wieder zusammen und (re)konstituiewrt sich durch das räumlichmaterielle Setting als geschlossene Gemeinschaft. Im Gegensatz zu anderen Unterrichtsformen an Gruppentischen stellt der Kreis den (Gesprächs-) Rahmen für ein reziprokes *Mit-Teilen* dar, der einen offenen Blick auf alle Teilnehmer ermöglicht und den Freiraum für Ablenkungen beschränkt (vgl. Goffman 1974, S. 224 ff.). Zudem erhält die Rahmung durch die Anwesenheit der Forscher(in) im Kreis eine qualitative Veränderung – es geht hier nicht mehr nur um die interne retrospektive Bewertung der Adventsfeier, sondern ebenso um eine Selbstpräsentation der Gemeinschaft gegenüber externen „Gästen". Auch ohne aktive Beteiligung werden sie Teil der *sozialen Performance*. Die habitualisierte Form des Diskursverlaufs wird durch die Art und Weise des mimetischen Bezugs auf die Mitschüler hervorgebracht, mit dem sie ihre affektive Einschätzung reziprok bestärken. Sie verweist auf eine performative Struktur,[11] in der der Lehrer in den Hintergrund tritt, auf „redewillige" Schüler Bezug genommen und niemand übersehen oder unterbrochen wird. Durch die zahlreichen Rückbezüge auf den Massageraum und die schulische Adventsfeier im Allgemeinen wird im Gespräch spontan und unmittelbar ein quantitativ und qualitativ überdurchschnittliches *Beteiligt-Sein* der eigenen Gruppe per-*formt*, das eine emotional positiv aufgeladene Atmosphäre erzeugt und zumindest bei den Stellungnahmen der aktiv Beteiligten affirmative Zugehörigkeit zur Gemeinschaft ausdrückt.

Zusammengefasst (re)präsentiert sich die Schule durch die Projekte und Angebote der Adventsfeier auch gegenüber externen Besuchern und bringt im (schul-) gemeinschaftlichen Zusammenwirken eine sozial-integrative Atmosphäre hervor, die weihnachtliche Aspekte und festliches Beisammensein miteinander verbindet: Neben Tannengestecken können auch Sägearbeiten angefertigt oder T-Shirts bedruckt, im Bücherbasar geschmökert bzw. kulinarische Spezialitäten gekostet werden. Die Einbeziehung kulturübergreifender Elemente legt die Betonung auf die transkulturell vertraute, gemeinschaftskonstituierende *Form des Feierns*, mit der Fremdheitsgefühle minimiert und Identifikation erleichtert werden kann. Inmitten des öffentlich-pädagogischen Raums der Institution transformiert der auf körperlich-sinnliches Erleben ausgerichtete „Entspannungsraum" zum hochfrequentierten Ort des *Berührens* und *Berührt-Werdens*, der offenbar gute Resonanz findet. Darüber hinaus stellt er einen synästhetischen Gegenpol zum geschäftigen Treiben außerhalb der geschlossenen Türen dar. Auch wenn nicht alle Schüler der Lerngruppe gleichzeitig anwesend sind, schaffen die Beteiligten in der gemeinsamen Verantwortung für ein Gelingen ihres Projekts Voraussetzungen für ein positives Gruppenerlebnis. In der Retrospektive des Morgenkreises werden Erinnerungen aktualisiert, die im mimetischen Bezug aufeinander positive Erinnerungsbilder konstituieren, welche zu einem Teil der gemeinsamen Geschichte der Lerngruppe kondensieren. Im *Mit(einander)-Teilen* individueller Schilderungen werden trennende Elemente zugunsten gemeinschaftskonstituierender Aspekte ausgeklammert. Performativ wird in der *Vielfalt* der Ausdrucks- und Erlebensformen eine (ver)bindende *Einheit* der sozialen Gemeinschaft hervorgebracht.

2.1.3 Statusrepräsentationen durch Gesten und Emotionen

Im Klassenraum werden soziale Positionen durch körperlich-emotionale Darstellungsmodi des Ausdruckverhaltens ausgehandelt, (re)konfirmiert oder modifiziert. Dabei ist es zum einen die Person selbst, die ihre Stellung im Beziehungsgefüge präsentiert; zum anderen ist es die personelle Umwelt, die auf die Präsentation in einem bestimmten Modus reagiert und damit auf die Person zurückwirkt. Im Kontext Schule hat der Begriff „Status" eine Doppelstruktur, der zum einen auf die institutionelle Position des Lehrers bzw. des Schülers verweist, zum anderen auf die soziale Anerkennung, die die Person durch die Umwelt erfährt. Status- und Machtbeziehungen implizieren eine hohe emotionale Bedeutsamkeit, da sie das Wohlbefinden des Einzelnen und die Dynamik der Gruppe in besonderer Weise beeinflussen.[12] Sie differieren in verschiedenen schulischen Kontexten, die abhängig sind z.B. von Lehrperson, Unterrichtsfach, *gender*-Aspekten, Gruppengefüge, um nur einige zu nennen, und können sehr unterschiedliche Formen und Ausprägungen annehmen. In diesem Abschnitt stehen die Repräsentationen des Status „Lehrerin" und des Status „Schülergruppe" im Fokus der Betrachtung, die in der aktuellen Situation ihre performative Kraft entfalten. Die Frage danach, *wie* die Lehrerin ihren Status als institutionelle Vertreterin repräsentiert, *wie* sie ihre professionellen Befugnisse in Szene setzt und *wie* die Schüler ihren Status als zu bildende „Schülergruppe" repräsentieren,[13] gibt Aufschluss über eine gemeinsam hervorgebrachte (Schul-)Wirklichkeit.

Ein Ausschnitt aus dem Flötenunterricht der Lerngruppe C (Klassenstufe 4–6) soll einen Einblick in die Dimension der Statusrepräsentationen von Lehrerin und Schülergruppe geben. Der Flötenunterricht findet im Musikraum statt, der ohne Tische Raum für den Stuhlkreis bietet, in dem die Lehrerin mit ihrem Notenständer den partiellen Aufmerksamkeitsfokus bildet (Abb. 5).

Flötenspiel. Im Laufe des Flötenunterrichts haben die Schüler in kleineren Teilgruppen ein neues Lied eingeübt. Während sie üben, schwatzen und lachen sie fröhlich miteinander, um dann wieder ihre Übung aufzunehmen und sich gegen Ende der Stunde im Kreis zusammenzufinden. Die Lehrerin kündigt an, die Begleitmusik auf der CD einzuschalten und redet den Schülern aufmunternd zu, während sie die Fernsteuerung betätigt. Alle Schüler spielen die Melodie rhythmisch korrekt, klanglich aber z.T. disharmonisch mit der Lehrerin gemeinsam vor. Nach dem Schlussakkord ist es einen Moment ganz leise, die Schüler schauen zur Lehrerin, die freudig kommentiert: „Wunderbar. Habt ihr doch geschafft vom Tempo her. (.) Sehr schön. (.) Super." Lächelnd schauen die Kinder sich an.

Abb. 5: Flötenunterricht

In diesem Ausschnitt wird deutlich, dass die Lehrerin als institutionelle Vertreterin den Flötenunterricht lenkt und diejenige ist, die über Übungsform und Phasenwechsel entscheidet. Dabei präsentiert sie ihren Status als Lehrerin, indem sie ein eingängiges, allen bekanntes Lied wählt, das selbsttätige Vorbereitung in kleinen Gruppen ermöglicht. Diese Übungsformen sind bei den Schülern beliebt, wie sie auch im Gruppeninterview betonen, da sie Freiraum für peerbezogene Aktivitäten außerhalb der gestellten Aufgabe zulassen. Das praktische Wissen über die Grenzen des Freiraums wird am habitualisierten Verhalten der Schüler sichtbar, die sich mehr oder weniger zielorientiert auf das finale Zusammenspiel einstimmen. Der „Blick" der Lehrerin bleibt präsent, indem sie bei einzelnen Gruppen verweilt und Hilfestellung gibt. Auch in der gemeinsamen Performance zur CD-Musik stellt die Lehrerin ihre Leit- und Kontrollfunktion nicht in den Mittelpunkt, eher integriert sie sich egalisierend in die Gemeinschaft, während sie fast unscheinbar den (Flöten-) Ton angibt. Erst die Bewertung der Performance macht sie wieder als Vertreterin der Institution sichtbar, mit der sie die rhythmische Synchronisation des Tempos lobend hervorhebt und über die hörbaren Fehler hinweggeht. Der Fokus liegt damit auf der (verbindenden) kollektiven Zuschreibung einer gelungenen Koproduktion statt auf der (selektiven) Vorführung divergierender Kompetenzdarbietungen.

Die *sozialen Performances* zwischen Lehrerin und Schülergruppe *führen* die emotional gefärbten „Be-Deutungen" der jeweiligen Statusrepräsentationen *auf*, die im habitualisierten Miteinander (re)produziert werden: Gemeinsam bringen Lehrerin und Schülergruppe eine wechselseitige Resonanz hervor, die ein harmonisches Miteinander ermöglicht (vgl. Blaschke 2012, S. 153). Die Lehrerin minimiert die macht- und statusbedingte Distanz zu den Schülern durch die *Wahl der Perspektive*, mit der sie den Unterricht didaktisch-methodisch gestaltet und die Fähigkeiten und Interessen der Schüler(innen) berücksichtigt. Sie repräsentiert ihren Status als Lehrerin damit als eine *Gleich-Gesinnte*, deren Aufgabe in der Bereitstellung von Angeboten und der Moderation des Unterrichts besteht; Autorisationsansprüche werden „verdeckt", wenngleich sie durch die helfend-unterstützende Anwesenheit der Lehrerin präsent bleiben. Die Schüler(innen) reagieren im mimetischen Bezug auf den immanenten Bedeutungsgehalt der Statusrepräsentation der Lehrerin, indem sie sich als willige „*Mit-Spieler*" zeigen, die auch in der selbsttätigen Kleingruppenarbeit innerhalb der gegebenen Rahmenbedingungen verbleiben, um schließlich ein „vorzeigbares" Ergebnis zu produzieren. Nach dem Vorspiel hebt die erwartungsvolle Zentrierung des Blicks auf die Lehrerin kurzfristig die autoritative Position der Lehrerin hervor. Dieser Schülergestus scheint aufgrund ihres Kompetenzvorsprungs selbstverständlich, den die Lehrerin mit dem Bewertungsmodus einer verbindenden Perspektive relativiert. Die *soziale Performance* der Lehrerin begrenzt bzw. degradiert mögliche Darstellungen emotionaler Ausdrucks*formen* der Konkurrenz, während sie emotionale Darstellungen für Kooperation und Teamerfolg begünstigt bzw. fördert. Die (re)aktive Performance der Schüler verweist auf ein praktisches Verstehen hinsichtlich dieser Form der Leistungsbewertung, demzufolge niemand öffentlich bewertende Selbstbezüge verbalisiert. Das emotionale Klima der Statusrepräsentationen ist auf ein „Wir-Gefühl" gerichtet, das Lehrerin und Schüler(innen) gleichermaßen mit einbezieht.

Weitere Unterrichtsszenen dieser Art werfen die Frage auf, inwieweit und mit welchen Konsequenzen Emotionen in dem vorgestellten schulkulturellen Emotionskonzept hoch-

bzw. geringer geschätzt werden und welche Bedeutung dieser Modus der Unterrichtsgestaltung im Kontext von Bildungsprozessen hat.

3 Konklusion

In der Schule sind die Beziehungen der Beteiligten durch das konfligierende Spannungsverhältnis des pädagogischen Auftrags geprägt, der die *Erziehung* zur Sozialität und die qualitativ-selektive Aus-*Bildung* allokativer Kompetenzen gegeneinander ausbalancieren muss. Dieses Spannungsverhältnis ist unter anderem aufgrund permanent zirkulierender (Selbst-) Bewertungsmechanismen der Beteiligten emotional aufgeladen und verdichtet sich im öffentlichen Raum der Lerngruppengemeinschaft. Emotionale Ausdrucksformen wirken dabei auf kollektive Dynamiken sowie personelle Möglichkeitsräume ein.

Im vorliegenden Beitrag wurde die soziale Dimension von emotionalen und gestischen Ausdrucks*formen* untersucht. An exemplarischen Emotionsepisoden konnte herausgearbeitet werden, *wie* Emotionen und Gesten innerhalb des institutionellen Rahmens prozessiert, reguliert und modelliert werden können. Der ihnen inhärente Bedeutungsgehalt wird durch gesellschaftliche, sozio-kulturelle, institutionelle und personelle Einflüsse bestimmt, indem Ausdrucksverhalten positiv verstärkt, modifiziert oder zurückgewiesen wird.

Auf der Basis kontextbezogener Emotionskonzepte werden Emotionen in *sozialen Performances* dargestellt. Es konnte gezeigt werden, dass Gesten als Indikatoren für Emotionen soziale Situationen beeinflussen und steuern und Emotionen Möglichkeitsräume eröffnen und begrenzen, insofern

1. *Emotionen des Unbehagens* durch das Aufführen alternativer Emotionsmodelle adaptiv reguliert und/oder *transformiert* werden können,
2. *Gemeinschaft* durch atmosphärische Aufladung, retrospektive Erinnerungen bzw. aktualisierte innere Vorstellungsbilder und reziproke mimetische Bezugnahmen emotional aufgeladen und diskursiv bekräftigt werden kann, und
3. *Statusrepräsentationen* durch die *Wahl der Perspektive* ihre performative Kraft entfalten. Dabei minimiert die Fokussierung auf verbindende Elemente Statusdifferenzen, während Differenz konstituierende Elemente diese eher betont. Institutionelle Statuspositionen erscheinen im vorgestellten Sample in emotionalen Ausdrucksformen der Annäherung und eines reziproken „Wir-Gefühls" („Gleich-Gesinnte" und „Mit-Spieler").

Die vorgestellten Emotionsepisoden verdeutlichen, dass praktisches „emotionales und gestisches Wissen" ebenso notwendig ist wie Kompetenzen zur intrapersonalen Regulation, um Emotionen verstehen, sozial funktional adäquat einsetzen und auf sein Gegenüber eingehen zu können – auch ohne dass sie real gefühlt werden müssen. Emotionen und emotive Gesten stellen *Schaltstellen* zwischen interner Gefühlswelt und Umwelt dar, die auf die eigenen oder die Emotionen und Gefühle anderer einwirken (können).

Emotionen emergieren und zirkulieren in sozialen Situationen und entfalten ihr Potential durch mimetische Bezugnahmen.[14] Wenngleich Emotionen im Rahmen des gruppenspezifischen Habitus relevant sind und kollektive, geteilte Emotionen eine bedeutsame

Rolle im sozialen Leben spielen (von Scheve 2011), ist emotionales Empfinden ein subjektives körperlich-sinnliches *und* mentales Erleben, das sich im Dialog mit Anderen in *sozialen Performances* manifestiert. Emotionen sind in diesem Zusammenhang ein bedeutungsvolles und notwendiges Konzept, das als Dimension der sozialen Identität zum Selbst- und Weltverständnis und somit auch zur Bildung beiträgt.

Anmerkungen

1 In der an Victor Turner angelehnten Verwendung des Begriffs entfaltet sich ein transformatives Potential: „The term ‚performance' is, of course, derived from Old English *parfournir*, literally, to furnish completely or thoroughly.' To perform is thus to bring something about, to consummate something, or to ‚carry out' a play, an order, or project. […] the rules may frame the performance, but the ‚flow' of action and interaction within the frame may […] generate new symbols and meanings, which may be incorporated into subsequent performances" (Turner 1982, S. 79, Hervorhebungen im Original, I.K.).

2 Der Begriff des Modellierens bezieht sich auf den Modellcharakter der vorgegebenen Verhaltens- und display-Formen.

3 Der Begriff der Emotions-Kultur umfasst neben Objektivationen ein System von Symbolen, die Menschen zur Regulation des Zusammenlebens verwenden und die wesentlichen Einfluss auf individuelle Wahrnehmungen und soziale Struktur ausüben (Stets und Turner 2007, S. 32 ff.).

4 http://www.languages-of-emotion.de/; http://www.educ.kyoto-u.ac.jp/gcoe/en/overview/index.php.

5 Soziale Skripts beinhalten bspw. „forms of talk, use of rituals, framing, use of props, categorization of the situation, role-making and expressiveness" (Goffman, zit. n. Peterson 2007, S. 117).

6 Aus neurophysiologischer Sicht stützen Gallese und Lakoff diese Erkenntnisse; sie bezeichnen die Reaktivierung von emotionalen Erfahrungen bzw. ihren Teilaspekten als „embodied simulations", die einer mentalen Emotionskategorie zugeschrieben und in neuen Situationen beliebig mit anderen Erfahrungsaspekten dieser Kategorie kombiniert werden können (zit. n. Niedenthal 2010, S. 595).

7 Seit 12 Jahren findet unter der Leitung von Prof. Dr. Christoph Wulf (2005) eine Zusammenarbeit zwischen der Freien Universität Berlin und der reformpädagogischen Grundschule statt. Im Rahmen verschiedener Forschungsprojekte (des Sonderforschungsbereichs „Kulturen des Performativen", http://www.sfb-performativ.de/, und des Exzellenz-Clusters „Languages of Emotion") wurden und werden ethnographische Forschungsaufenthalte von unterschiedlicher Dauer zu verschiedenen Schwerpunkten durchgeführt.

8 Eine Feldphase bezieht sich auf einen dreimonatigen Feldaufenthalt in einer Lerngruppe der Jahrgangsstufen 1–3, die die Enkulturation der Schulanfänger fokussierte (Kellermann 2008), eine zweite Feldphase bezieht sich auf Kurzaufenthalte im Rahmen der Feiern und Feste (Einschulung, Schulabgang, Sommerfest, Adventsfeier, kleine und große Feiern in unterschiedlichen Gruppenkonstellationen, vgl. Kellermann und Wulf 2011) und eine dritte Phase bezieht sich auf einen Feldaufenthalt in der Vorweihnachtszeit, bei dem ältere Lerngruppen im Unterricht fokussiert wurden. Auf dieser Basis wurden im Rahmen der *Berliner Ritualstudie* (z. B. Wulf et al. 2007) und werden im Rahmen des Excellence-Clusters „Languages of Emotion" umfangreiche Forschungsvorhaben realisiert.

9   Diese Art der supportiven Zuwendung scheint bei den Mädchen ausgeprägter zu sein als bei den Jungen, wenngleich auch die Jungen in dieser Lerngruppe körperliche Nähe zueinander zeigen. Weitere Untersuchungen fokussieren gender-Aspekte ebenso wie interkulturelle Unterschiede z. B. des Nähe- und Distanzverhaltens.

10 Transkriptionszeichen:

　　(.)　　Sprechpause

　　(Z. 1)　Zeilenangabe im Transkript

　　[...]　　Auslassung

　　[aus]　Hinzufügung

11 Die performative Struktur dokumentiert sich u. a. in den (hier nicht berücksichtigten) zahlreichen Wortmeldungen, der Länge und Art der jeweiligen Redebeiträge wie dem ungezwungenen Mitteilen eigener Eindrücke, im Aufeinander-Eingehen, gemeinsamen Lachen und den Schilderungen ihres eigenen Einsatzes, vgl. Bohnsack 2007, S. 204.

12 Kemper zufolge sind Machtbeziehungen dadurch gekennzeichnet, dass derjenige, der die Macht besitzt, seinen Willen durchsetzen kann, auch gegen den Widerstand anderer. Eine Person mit einem hohen Machtpotential muss meist wenig Macht ausüben, wenn sich die Machtbeziehungen stabilisiert haben. Dagegen beruhen Statusbeziehungen auf freiwilliger Anerkennung der Person. Personen mit einem hohen Status erfahren viel bereitwillige Unterstützung, Respekt und Akzeptanz von anderen. Statusrepräsentationen sind Personen, die eine bestimmte soziale Position repräsentieren, wie z. B. der „coole Lehrer", der Klassensprecher usw. (vgl. Kemper 2007, S. 90 ff.).

13 Status- und Machtbeziehungen zwischen den Schülern können in diesem Beitrag nicht berücksichtigt werden, ebenso stehen die Machtbeziehungen nicht im Fokus der Aufmerksamkeit. Im Kontext Schule gewinnt mit der Wichtigkeit des Unterrichtsfachs die Macht gegenüber dem Status des Lehrers an Bedeutsamkeit, da Schüler in versetzungsrelevanten Fächern oft weniger „risikobereit" handeln, um einen Ausfall zu vermeiden, in Fächern wie z. B. Musik oder Kunst scheint es eher umgekehrt zu sein. Detailliertere Untersuchungen der Macht-Status-Relationen von Lehrer(innen) bei Schüler(innen) und vice versa könnten Aufschluss über die emotionale Dimension der Lehrer-Schüler-Beziehung geben.

14 Spiegelneuronen scheinen neurobiologische Äquivalente zu dieser sozialen Dimension darzustellen (Rizzolatti und Sinigaglia 2008; Iacoboni 2009) und auch der Begriff der „emotional contagion" weist aus psychologischer Sicht auf Prozesse der sozialen Übertragung emotionaler Dynamiken hin (Hatfield et al. 1994).

Literatur

Bauer, J. (2006). *Warum ich fühle, was du fühlst. Intuitive Kommunikation und das Geheimnis der Spiegelneurone*. München: Hoffmann und Campe.

Blaschke, G. (2012). Schule schnuppern. Fokussierende Perspektiven auf Gestaltungsweisen des Übergangs. Opladen: Barbara Budrich (im Druck).

Bohnsack, R. (2003). *Rekonstruktive Sozialforschung. Einführung in qualitative Methoden* (5. Aufl.). Opladen: Budrich.

Bohnsack, R. (2007). Performativität, Performanz und dokumentarische Methode. In C. Wulf & J. Zirfas (Hrsg.), *Pädagogik des Performativen. Theorien, Methoden, Perspektiven* (S. 200–212). Weinheim/Basel: Beltz.

Breidenstein, G. (2008). Allgemeine Didaktik und praxeologische Unterrichtsforschung. *Zeitschrift für Erziehungsforschung, Perspektiven der Didaktik, 9*(Sonderheft), 201–215.

Damasio, A. R. (2001). *Ich fühle also bin ich. Die Entschlüsselung des Bewusstseins.* München: Dritte.
Efron, D. (1972). *Gesture, race, and culture.* Paris: L'Harmattan.
Ekman, P. (2003). *Emotions revealed: Understanding faces and feelings.* London: Phoenix.
Fischer, A., & Manstead, A. S. R. (2010). Social functions of emotion. In M. Lewis, J. Haviland-Jones, & L. Feldman Barrett (Hrsg.), *Handbook of emotions* (Aufl. 3, S. 456–468). New York: Guilford Press.
Frevert, U. et al. (2011). *Gefühlswissen. Eine lexikalische Spurensuch in der Moderne.* Frankfurt a. M./New York: Campus.
Frijda, N. (2010). The psychologist's point of view. In M. Lewis, J. Haviland-Jones, & L. Barrett (Hrsg.), *Handbook of emotions* (Aufl. 3, S. 68–87). New York: Guilford Press.
Goffman, E. (1974). *Rahmenanalyse. Ein Versuch über die Organisation von Alltagserfahrungen.* Frankfurt a. M: Suhrkamp.
Goffman, E. (1986). *Interaktionsrituale. Über das Verhalten in direkter Kommunikation.* Frankfurt a. M: Suhrkamp.
Goffman, E. (2001). *Wir alle spielen Theater. Die Selbstdarstellung im Alltag.* München/Zürich: Piper.
Hahn, A. (2010). Emotion und Gedächtnis. Internationale Zeitschrift für Historische Anthropologie. *Paragrana, 19*(1), 15–31. Berlin: Akademie Verlag (Emotion, Bewegung, Körper).
Hatfield, E., Cacciopo, J. T., & Rapson, R. L. (1994). *Emotional contagion. Studies on emotion and social interaction.* New York: Human Sciences Press.
Hillmann, K.-H. (2007). *Wörterbuch der Soziologie.* Stuttgart: Alfred Kröner.
Hochschild, A. (1979). Emotion work, feeling rules, and social structure. *American Journal of Sociology, 85*(3), 551–575.
Holodynski, M., & Konast, S. (2009). Shame and pride: Invisible emotions in classroom research. In B. Röttger-Rössler & H. J. Markowitsch (Hrsg.), *Emotions as bio-cultural processes* (S. 371–394). New York: Springer.
Iacoboni, M. (2009). *Mirroring people. The science of empathy and how we connect with others.* New York: Picador.
Kellermann, I. (2008). *Vom Kind zum Schulkind. Die rituelle Gestaltung der Schulanfangsphase.* Farmington Hills: Budrich Kendon.
Kellermann, I., & Mattig, R. (2011). Schule, Körper und Bildung. Eine ethnographische Perspektive auf die Schulanfangsphase. In A. Kraus (Hrsg.), *Körperlichkeit in der Schule. Aktuelle Diskurse und ihre Empirie* (Bd. IV, S. 57–80). Oberhausen: Athena.
Kellermann, I., & Wulf, C. (2011). Gesten in der Schule. Zur Dynamik körperlicher Ausdrucksformen. In C. Wulf et al. (Hrsg.), *Die Geste in Erziehung, Bildung und Sozialisation. Ethnographische Feldstudien* (S. 27–82). Wiesbaden: VS Verlag für Sozialwissenschaften.
Kemper, T. (2007). Power and status and the power-status theory of emotions. In J. E. Stets & J. H. Turner (Hrsg.), *Handbook of the sociology of emotions* (S. 87–114). New York: Springer.
Kendon, A. (2004). *Gesture. Visible action in utterance.* Cambridge: Cambridge University Press.
LeDoux, J. E., & Phelps, E. A. (2010). Emotional networks in the brain. In M. Lewis, J. M. Haviland-Jones, & L. Feldman Barrett (Hrsg.), *Handbook of emotions* (S. 159–195). New York: Guilford Press.
Lewis, M., Haviland-Jones, J. M., & Feldman Barrett, L. (Hrsg.). (2010). *Handbook of emotions.* New York: Guilford Press.
Mackowiak, K., & Lengning, A. (2011). Emotionsregulation im Kindesalter und deren Bedeutung für die Entwicklung von „theory-of-mind"-Fähigkeiten. In F. Vogt (Hrsg.), *Entwicklung und Lernen junger Kinder* (S. 107–122). Münster/New York/München/Berlin: Waxmann.
McNeill, D. (2005). *Gesture and thought.* Chicago: University of Chicago Press.
Müller, C. (1998). *Redebegleitende Gesten. Kulturgeschichte – Theorie – Sprachvergleich.* Berlin: Berlin.

Niedenthal, P. M. (2010). Social functions of emotion. In M. Lewis, J. M. Haviland-Jones, & L. Feldman Barrett (Hrsg.), *Handbook of emotions* (S. 587–600). New York: Guilford Press.

Peterson, G. (2007). Cultural theory and emotions. In J. E. Stets & J. H. Turner (Hrsg.), *Handbook of the sociology of emotions* (S. 114–134). New York: Springer.

Rizzolatti, G., & Sinigaglia, C. (2008). *Empathie und Spiegelneurone*. Frankfurt a. M.: Suhrkamp.

Röttger-Rössler, B. (2004). *Die kulturelle Modellierung des Gefühls. Ein Beitrag zur Theorie und Methodik ethnologischer Emotionsforschung anhand indonesischer Fallstudien*. Münster: Lit-Verlag.

von Scheve, C. (2011). Die soziale Konstitution und Funktion von Emotion: Akteur, Gruppe, normative Ordnung. *Zeitschrift für Erziehungswissenschaft, 14*(2), 207–222.

Schubert, V. (2005). *Pädagogik als vergleichende Kulturwissenschaft. Erziehung und Bildung in Japan*. Wiesbaden: Verlag für Sozialwissenschaften.

Singer, W. (2011). Ein notwendiges Produkt unserer Evolution. *Spektrum der Wissenschaft Spezial, 1*(11), 15–19 (Rituale. Was unser Leben zusammenhält).

Stets, J. E., & Turner, J. H. (2007). The sociology of emotions. In M. Lewis, J. Haviland-Jones, & L. Feldman Barrett (Hrsg.), *Handbook of emotions* (Aufl. 3, S. 32–46). New York: Guilford Press.

Suzuki, S., & Wulf, C. (2007). *Mimesis, poiesis, performativity in education*. New York: Waxmann.

Tomasello, M., Carpenter, M., Call, J., Behne, T., & Moll, H. (2005). Understanding and sharing intentions: The origins of cultural cognition. *Behavioral and Brain Sciences, 28*, 675–735.

Turner, V. (1982). *From ritual to theatre. The human seriousness of play*. New York: PAJ Publications.

Wertenbruch, M., & Röttger-Rössler, B. (2011). Emotionsethnologische Untersuchungen zu Scham und Beschämung in der Schule. *Zeitschrift für Erziehungswissenschaft, 14*(2), 241–258.

Wulf, C. (2005). *Zur Genese des Sozialen. Mimesis, Performativität, Ritual*. Bielefeld: Transcript Verlag.

Wulf, C. et al. (2007). *Lernkulturen im Umbruch. Rituelle Praktiken in Schule, Medien, Familie und Jugend*. Wiesbaden: VS Verlag.

Wulf, C. et al. (Hrsg.). (2011). *Die Geste in Erziehung, Bildung und Sozialisation. Ethnographische Feldstudien*. Wiesbaden: VS Verlag für Sozialwissenschaften.

Wulf, C., & Zirfas, J. (Hrsg.). (2007). *Pädagogik des Performativen. Theorien, Methoden, Perspektiven*. Basel: Beltz.

„Angstapparat aus Kalkül"
Wie, wozu und zu welchem Ende erregt die Literatur Angst?

Helen Watanabe-O'Kelly

Zusammenfassung: Bei der Erweckung der Angst verfolgt die Literatur verschiedene Ziele. Aristoteles will sie mit Mitleid verbinden, um sie so in die richtige Bahn zu lenken. Die Dichter der frühen Neuzeit wollen den Menschen entweder durch die Angst zur Einsicht in seine Vergänglichkeit bringen, damit er sich auf sein Seelenheil besinnt, oder sie gewöhnen ihn an die Empfindung des Schreckens, damit er seine Emotionen zu mäßigen lernt. Die Dichter des frühen 18. Jahrhunderts wollen den Leser entweder moralisch läutern oder sie wollen die Natur als fürchterlich und deshalb erhaben darstellen, damit der Leser sie im Rahmen der sogenannten „Physikotheologie" als das Werk eines allmächtigen Gottes versteht. Der Schauerroman will es in einer immer kontrollierbareren Welt dem Menschen ermöglichen, sich dem Unkontrollierbaren ausgesetzt zu fühlen, aber in einer kontrollierten Umgebung. Ein solcher Roman stellt gewöhnlicherweise reale, gerade überwundene oder überwunden geglaubte Gefahren dar, damit der Leser nicht vergisst, sich davor zu fürchten. Die Funktion der Angsterweckung in der Literatur läuft am Ende auf Sozialdisziplinierung hinaus. Zum Schluss werden einige rhetorische Strategien dargelegt, die in der Dichtung häufig verwendet werden.

Schlüsselwörter: Angst · Literatur · Sozialdisziplinierung · Rhetorik

"A mechanism designed to arouse fear" – How, why, to what end does literature arouse fear?

Abstract: Literature has various aims when it arouses fear. Aristotle links it with pity, in order to give it the right direction. Early modern poets either aim to give people insight into their own transience and thus lead them towards salvation, or they wish to accustom them to the experience of terror, so that they can thereby learn to control their emotions. The poets of the early 18th century either want to purify the reader morally or else they wish to portray nature as terrifying and therefore as sublime, enabling the reader to grasp it within the framework of so-called 'physico-theology' as the work of Almighty God. In an increasingly controllable world, the gothic novel enables the reader to experience the uncontrollable but in a controlled environment. Such a novel usually depicts real dangers which have just been, or appear to have been, made safe, in

---

© VS Verlag für Sozialwissenschaften 2012

H. Watanabe-O'Kelly (✉)
Exeter College,
OX1 3DP Oxford, UK
E-Mail: helen.watanabe@mod-langs.ox.ac.uk

such a way as to remind the reader that they are still dangerous. In the end the arousal of fear in literature always has as its aim the disciplining of the reader. Finally, the article presents some of the rhetorical strategies by which these effects are achieved.

Keywords: Fear · Literature · Social discipline · Rhetoric

Auf den ersten Blick hat die Kultur die Aufgabe, Angst zu bewältigen. Sie tut dies, indem sie z. B. einen gütigen und allsehenden Gott postuliert, der seine Hand schützend über die Menschen hält und ihnen verspricht, sie nach ihrem Tod in ein anderes Reich ohne Angst zu führen. Sie tut es auch, indem sie für Naturphänomene wie das Gewitter oder die Sonnenfinsternis Erklärungen findet und für Krankheiten heilende Medikamente entdeckt. Auf den zweiten Blick aber erweckt die Kultur mindestens seit der Antike ganz bewusst Angst und verwendet die Literatur als eines der Hauptinstrumente dazu. Ob die Angst, die sich beim Lesen eines Schauerromans oder beim Schauen eines Gruselfilms einstellt, die gleiche Emotion ist, die man vor einer Giftschlange oder einem Mörder empfindet, ist eine noch offene Frage. Dass der Leser und der Kinobesucher die gleichen Körpersymptome empfinden – feuchte Hände, Atembeklemmung, Schweißperlen auf der Stirn –, wie der von der Schlange oder dem Mörder Bedrohte, muss nicht zwangsläufig bedeuten, dass die Emotionen in beiden Fällen identisch sind. In seinem Aufsatz „Fearing Fictions" findet sie Walton (1978) nicht identisch.

In der aristotelischen Definition der Tragödie spielt die Erweckung der Angst eine entscheidende Rolle: „Die Tragödie ist Nachahmung einer guten und in sich geschlossenen Handlung von bestimmter Größe […], die Jammer und Schaudern hervorruft, und hierdurch eine Reinigung von derartigen Erregungszuständen bewirkt."

Nach Aristoteles soll die Literatur also den Menschen in Angst versetzen, damit seine Emotionen geläutert werden. Dies erfolgt nicht nur durch den bloßen Ausdruck der Emotionen – die Literatur als Ventil –, sondern dadurch, dass die Literatur, wenn sie ihre Funktion richtig erfüllt, die empfundene Angst in die richtige Bahn lenkt. Für Aristoteles bedeutet das, sie mit dem Mitleid zu koppeln. Auch an anderer Stelle, in der *Rhetorik*, geht für ihn Angst mit Mitleid einher. Dort schreibt er zweimal (1382b 26, 1386a 27): „Was wir bei anderen bemitleiden, befürchten wir für uns selbst" (vgl. Sachs (o. J)). Die Angst bezieht sich also in erster Linie auf uns selbst, das Mitleid bezieht sich auf unsere Mitmenschen. Wenn die Literatur Angst allein erwecken würde, wie beim modernen Horrorfilm, würde der Zuschauer bloß einen Kitzel empfinden, der im Laufe der Zeit nur durch immer entsetzlichere Szenen aufrechterhalten werden könnte und der zu einer Art Sucht führen würde. Wenn das Mitleid fehlt, werden die Gräuelszenen mit einer kalten Distanziertheit betrachtet. Ist die Angst mit Mitleid verbunden – bei Oedipus' Erblindung etwa oder bei dem unabwendbaren Untergang von Macbeth –, dann empfinden wir Angst für uns selbst in Bezug auf all die Gefahren, die im menschlichen Leben und in der menschlichen Seele inhärent sind, aber für den leidenden Protagonisten empfinden wir ein Mitleid, das uns zur Einsicht in größere moralische Zusammenhänge dienen soll. Der Genuss, den wir am Ende einer Tragödie empfinden, besteht nach dieser Theorie in dem Gefühl der moralischen Erhöhung. Unsere Emotionen sind also gebildet worden und die Erweckung der Angst dient einem zivilisatorischen Zweck.

Die Dichter der frühen Neuzeit hatten andere Ziele vor Auge. Das erste besteht darin, den Menschen zur Einsicht in seine Vergänglichkeit zu bringen, damit er sich auf sein Seelenheil besinnt. Aristoteles sagte schon in der *Rhetorik*, dass der Mensch sich im Normalfall nicht vor dem Tod fürchtet, weil er für ihn viel zu weit weg ist. Gerade das wollen die Dichter der frühen Neuzeit ändern und dem Leser oder dem Zuschauer den Tod präsent machen, damit er sich zu Gott hinwendet. Die 50-strophige Ode „Gedancken/Vber den Kirchhoff vnd Ruhestädte der Verstorbenen" von Gryphius (1616–1664) ist ein hervorragendes Beispiel dafür. Das lyrische Ich geht über den Friedhof, den er immer wieder als „Schul" und als „Schauspiel" apostrophiert, aber auch als „den schönsten Garten" bezeichnet. Dann, in der 9. Strophe, kommt der Schrecken:

Wie wird mir! wackelt nicht der Grund/
Auff dem ich steh'! rauscht ihr/O Linden?
Wie! reist die Erd auff ihren Schlund!
Vnd läst die Wurtzeln sich entbinden.
Hör ich das rasseln dürrer Bein?
Hör' ich ein heischer-Menschlich brausen?
Hör ich der Suden holes Sausen?
Waltzt ihr euch ab ihr schweren Stein?

10.
Ich seh vnd starr! ein kaltes Eiß
Befröstet Adern/Hertz vnd Lungen!
Von beyden Schläffen rinnet Schweiß/
Mein Leib wird auff den Platz gezwungen.
Das gantze Feld ist eine Grufft
Vnd alle Särge stehn entdecket/
Was vor Staub/Ziegel/Kalck verstecket
Vmbgibt die allgemeine Lufft. (S. 7)

Das Grab entpuppt sich als „letztes/doch nicht festes Haus!", bevor sich vier Strophen weiter die Gräber öffnen:

15.
Hilff Gott! die Särge springen auff!
Ich schau die Cörper sich bewegen/
Der längst erblasten Völcker Hauff/
Beginnt der Glieder Rest zu regen!
Ich finde plötzlich mich vmbringt
Mit/durch den Tod/entwehrten Heeren/
O Schauspiel! das mir heisse Zehren
Auß den erstarten Augen dringt!

16.
O Schauspil! ob dem mich die Welt
Vnd was die Welt hoch schätzt anstincket!
Ob dem mein Hochmuth nieder fällt

Vnd Muth vnd Wahnwitz gantz versincket!
Sind diese die/die vnser Land
Beherrscht/ getrotzt/ gepocht/ geschätzet!
Die Dolch vnd Spiß vnd Schwerdt gewetzet/
Die stets gedruckt mit Stahl vnd Brand? (S. 8–9)

Strophe für Strophe führt das lyrische Ich dem Leser die sterblichen Reste der Verstorbenen vor – die Gebeine, die modernden Leichen, die stinkenden Überreste –, und mit jeder Strophe schraubt er das Entsetzen höher, bis zur 29. Strophe:

29.
Was lispelt durch der Kähle Röhr?
Was merck ich in den Brüsten zischen?
Mich düncket/dass ich Schlangen hör
Mit Nattern ihr Gepfeiffe mischen.
Welch vnerträglich-fauler Schmauch
Erhebt sich durch die bangen Lüffte!
Geschwängert mit erhitztem Giffte.
So dämpft *Aornus* hel'scher Rauch.
[...]

31.
Der Därmer Wust reist durch die Haut/
So von den Maden gantz durch bissen;
Ich schau die Därmer (ach mir graut!
In Eiter/Blutt vnd Wasser fliessen!
Das Fleisch/das nicht die Zeit verletzt
Wird vnter Schlangen-blauen Schimmel
Von vnersätlichem gewimmel
Vielfalter Würmer abgefretzt. (S. 12–13)

Die Angst wird durch das Entsetzen intensiviert, damit der Leser an sein eigenes nahes Ende denkt und somit an sein Seelenheil. Carsten Zelle nennt diese Technik „Die Ertüchtigung [der] Zuschauer zur Tugend [...] dadurch, dass sie in Schrecken versetzt [werden]" (Zelle 1987, S. 9).

Das andere Ziel, das die Literatur der frühen Neuzeit mit der Erweckung der Angst bezweckt, ist die Kontrolle der Emotionen. Die Theoretiker des Barock rechtfertigen die Erregung der Furcht und des Schreckens dadurch, dass sich der Zuschauer, z. B. durch den Theaterbesuch, an die Angst gewöhnen kann und seine Emotionen auf diese Weise mäßigen lernt. In seiner Abhandlung „De tragoediae constitutione liber xxxx" schreibt Daniel Heinsius (1580–1665) 1611: „Wer oft Jammervolles ansieht, den jammert es, aber im richtigen Maß; wer oft Schauderhaftes betrachtet, schaudert schließlich weniger, und so, wie es sich ziemt. [...] Solches aber wird im Theater aufgeführt" (Zelle 1987, S. 6 f.). Man lernt sich beim Fürchten zu mäßigen, wenn man Furchterregendes oft serviert bekommt.

Das frühe 18. Jahrhunderts bildet die Gefühle im Namen zweier anderer Zwecke. Für Johann Christoph Gottsched (1700–1766) soll die Absicht eines Dichters „gantz moralisch" sein, d. h., wenn auf der Bühne Schrecken erregt wird, soll es einem moralischen Zweck dienen. Der Zuschauer soll z. B. dadurch lernen, dass die Bösen ein entsetzliches Ende nehmen. Der Schrecken soll abschrecken. Diese moralische Absicht bei der Erweckung der Angst ist immer noch in vielen zeitgenössischen Texten und Filmen, v. a. zur Shoah, anzutreffen. Der Zuschauer bzw. der Leser empfindet Entsetzen und Angst, was bei ihm Empathie für die Opfer erweckt, damit er selber das Böse erkennen und vermeiden kann.

Gottscheds Zeitgenossen Barthold Hinrich Brockes (1680–1747) und Albrecht von Haller (1708–1777) verfolgten ein anderes Ziel: Sie, sowie eine ganze Reihe von englisch- und französischsprachigen Schriftstellern, haben das Schreckliche heraufbeschwören, um im Leser das Gefühl des Erhabenen zu bilden. Vor allem die Natur, die man damals naturwissenschaftlich erforschte – Haller war selber Naturforscher –, sollte als schrecklich empfunden werden. Die daraus resultierende Angst sollte den Menschen dazu führen, die Natur als erhaben zu empfinden und sie im Rahmen der sogenannten „Physikotheologie" als das Werk eines allmächtigen Gottes zu verstehen. Diesen Schrecken nannte man im 18. Jahrhunderts „delightfull horror", „terreur agréable", „angenehmes Grauen" (Zelle 1987, S. 77). Man schauderte, aber man genoss das Schaudern, weil man in einem Zeitalter, in dem die Vermessung der Welt weit vorangetrieben worden war, das Unermessliche der göttlichen Schöpfung dadurch erahnen konnte. Das Ästhetische und das Theologische stehen hier nahe beieinander, was den Unterschied zu Gryphius bildet. Bei ihm sollen wir den Schrecken nicht genießen, wir sollen uns nur fürchten. Bei Brockes z. B. verhält es sich anders. Als Beispiel ein Zitat aus seinem Gedicht: „Das Treib-Eys" (1726):

> Wer jemahls einen Strom voll Treib = Eis fliessen sehn,
> Mit welch gewaltig streng = und dennoch stillem Drange,
> In einem ungehemmt = und Wirbel = reichen Gange,
> Die Fluth die Schollen führt; der muss gestehn,
> Dass es den Augen Lust, dem Hertzen Schrecken
> Zugleich vermögend zu erwecken,
> Indem es in der That
> Was Majestätisches, was gräßlich-schönes hat.

In anderen Gedichten von Brockes (wie z. B. ‚Der Wald') liest man solche Zusammenstellungen wie „süsse Furcht" und „bange Lust".

In der Mitte des 18. Jahrhunderts wurde der Schauerroman oder die „Gothic Novel", erfunden, was Literaturwissenschaftler wie Richard Alewyn zu der Ansicht geführt hat, dass dies ein Wendepunkt nicht nur in der Darstellung der Angst, sondern in der Geschichte der Angst schlechthin bedeutet: „Das Aufkommen der literarischen Angst ist vielmehr ein Indiz dafür, dass sich die Angst aus dem Leben zu verflüchtigen beginnt" (Alewyn 1965, S. 25). Durch „die theoretische Rationalisierung der Natur" fürchtet sich der Mensch nicht mehr vor Naturphänomenen, also muss die Literatur diese Angst auf künstliche und kunstvolle Weise ersetzen.

Wir könnten die These wagen, dass es ein Grundbedürfnis des Menschen ist, sich zu fürchten, so dass, wenn keine realen Gefahren bestehen, er welche erfinden muss. Wir denken hier an die vielen Freizeitbeschäftigungen, deren einziger Zweck darin besteht, dass der Teilnehmer in eine Höllenangst versetzt wird. Sind der Schauerroman und der Gruselfilm auch hier zu verankern? Alewyn nennt den Lustreiz, der aus dem Genuss dieser beiden Gattungen hervorgeht, „eine anscheinend unentbehrliche Nahrung" für den Menschen (1965, S. 29). Hartmut Böhme formuliert es so: „In der Angst wird Gegenwart aufs dringlichste, andrängendste und mithin beengendste gespürt – und das enthält das Gefühl von Sein: Ich bin" (2003, S. 28). In einer immer kontrollierbareren Welt muss der Mensch, um Mensch zu sein, sich dem Unkontrollierbaren ausgesetzt fühlen, aber in einer kontrollierten Umgebung.

Wir könnten dann die zweite These wagen, dass der Schrecken, den der Dichter bzw. der Künstler heraufbeschwört, sich in jeder Epoche auf die realen, gerade überwundenen oder überwunden geglaubten Gefahren der jeweiligen Gesellschaft bezieht, damit man doch auf potentielle Gefahren vorbereitet ist. Hat man gerade das Gewitter als physikalischen Prozess erklärt, so dass man sich nicht mehr konkret vor ihm fürchten muss, beschwört die Dichtung des 18. Jahrhunderts das Gewitter (oder das Treibeis oder den Sturm) herauf. Meint man im 19. Jahrhunderts durch die polizeilich überwachte gesellschaftliche Organisation der Großstadt das Verbrechen in den Griff bekommen zu haben, so dass sich jeder auch nach Mitternacht auf der Straße sicher fühlt, führt uns die Dichtung die unheimliche dunkle Seite der Großstadt vor Augen. Habermas (1965, S. 37) meint dazu: „Man bringt sie [die erledigten Ängste] also durch Wiederholung in dieser institutionalisierten Form erst wirklich unter Kontrolle."

Das Paradebeispiel dafür ist Robert Louis Stevensons 1886 erschienene Novelle *Strange Case of Dr. Jekyll and Mr. Hyde*. Diese unheimliche Geschichte eines Doppelgängers spielt in der Großstadt London, die selbstverständlich mit moderner Straßenbeleuchtung ausgestattet ist. Das erste Verbrechen – das brutale Zertreten eines kleinen Mädchens – findet in einem Stadtteil statt, „where there was literally nothing to be seen but lamps. Street after street and all the folks asleep – street after street, all lighted up as if for a procession and all as empty as a church" (S. 6 f.). Der Leser muss sich unter den Laternen vor der Dunkelheit fürchten, so, wie er sich in der polizeilich überwachten Stadt vor einem namenlosen Verbrecher fürchten muss. London ist hell beleuchtet, wird aber in der Novelle nach diesem ersten Verbrechen immer stärker durch Finsternis und Nebel entfremdet. Nach einem brutalen Mord an einem bekannten und beliebten Parlamentsabgeordneten wird es um 9:00 Uhr vormittags so dunkel wie in der Abenddämmerung, als Mr. Utterson mit einem Polizisten durch die Straßen Londons fährt, um mit ihm die Leiche zu besichtigen. Mr. Utterson blickt auf seinen Begleiter und empfindet „some touch of that terror of the law and the law's officers, which may at times assail the most honest" (S. 22). Mr. Utterson ist Anwalt, Vorbild der bürgerlichen Tugenden und fürchtet sich dennoch vor dem Gesetz. Darin liegt das Faszinosum der Erzählung: Wir lesen mit wachsendem Entsetzen von dem guten Arzt Dr. Jekyll – ebenfalls Vorbild der bürgerlichen Tugenden –, der in einem faustischen Drang nach einem falschen und gefährlichen Wissen eine Prozedur entwickelt, nach der er sich in sein böses, gewissenloses Alter Ego verwandeln kann, eben in Mr. Hyde. Die Medizin, die die Menschen von ihrer körperlichen Hinfälligkeit sowie von ihren psychischen Krankheiten befreien soll, kann das Entsetzliche auslösen.

Stevenson bezieht sich auf Arbeiten zum gespaltenen Ich, die gerade in den Jahren vor der Entstehung seiner Novelle häufig im Gespräch waren: Im Jahr 1876 z. B. veröffentlichte Dr. Eugène Azam den Fall seiner Patientin Felida X, die zwei völlige verschiedene und separate Persönlichkeiten hatte (Luckhurst 2006, S. xvii). In der Gestalt von Mr. Hyde und im Schutz der Nacht erlaubt sich Dr. Jekyll, die furchtbarsten Verbrechen auszuüben. Aber was sind diese Verbrechen? Abgesehen von einigen Gewalttaten werden sie nicht näher spezifiziert. Die ganze Erzählung findet in einem merkwürdig frauenlosen, homosozial gestalteten gesellschaftlichen Raum statt. Der Erzähler und Anwalt Mr. Utterson (the man who utters, der Sprecher), der Arzt Dr. Jekyll, ihr beider Freund, ein anderer Arzt Dr. Lanyon, und ihre Diener, samt und sonders Männer, kehren jeweils abends zu einer einsamen Wohnung ohne Frau und Familie nach Hause. Daher hat man die Novelle als eine Reflexion über die verdrängte Homosexualität in der viktorianischen Gesellschaft betrachtet. 1885, gerade ein Jahr vor Entstehung des Werkes, hatte das britische Parlament „The Criminal Law Amendment Act" verabschiedet, das mit dem sogenannten „Labouchere Amendment" jeden sexuellen Kontakt zwischen Männern zum Verbrechen machte. Die nächtlichen Abenteuer von Dr. Jekyll in der Gestalt von Mr. Hyde sind von mehreren Kritikern vor diesem Hintergrund interpretiert worden (z. B. von Kosofsky Sedgwick 1985; Showalter 1990). Gerade in dem Augenblick, als die Gesetzgeber anscheinend die Homosexualität aus der Gesellschaft verbannt haben, wird sie als omnipräsent und in angsterregender Form dargestellt. Andere Aspekte der Erzählung sind als Hinweise auf die Kinderprostitution oder auf den Lustmord im damaligen London gedeutet worden. Ein anderer Aspekt besteht darin, dass der Leser sich permanent fragt, ob nicht auch er eine verdrängte Seite seiner Natur habe, die ggf. zum Vorschein kommen und die er dann nicht beherrschen könnte. Wir haben uns vor bestimmten Möglichkeiten in uns selbst zu fürchten, und die Literatur erinnert uns an unsere Pflicht.

In vielen meiner gerade genannten Thesen zur Funktion der Angsterweckung in der Literatur läuft es am Ende auf Sozialdisziplinierung hinaus, entweder vorder- oder hintergründig. Der *Struwelpeter*, der ja bei Kindern Angst erregen soll, hat ganz offen diesen disziplinierenden Zweck. „Ängste spiegeln soziale Gewaltverhältnisse", meint Böhme (2003, S. 39).

Nach diesen Thesen als möglichen Antworten auf die Fragen, „wozu" und „zu welchem Ende" die Literatur Angst erweckt, wenden wir uns der Frage nach dem „Wie" zu. Weil der Leser eine ganze Reihe von historisch und kulturell bedingten Voraussetzungen an einen Text heranbringt, die seine Reaktionen steuern und auf die der Dichter bauen kann, spricht Heinz-Günter Vester von der „Kodierung von Emotionen" (1991, S. 94–97). Kodes repräsentieren „das kollektive Wissen" über Emotionen, so Vester, Kodes formen und kontrollieren die Emotionen, „durch Kodes wird geregelt, unter welchen kulturellen und sozialen Bedigungen welche Emotionen ausgelöst werden" (ebd., S. 94). Der Leser bringt aber auch eine Reihe von literarischen Voraussetzungen mit, angefangen mit der Gattung: Der Leser weiß, er hat sich zu fürchten, wenn er einen Schauerroman in die Hand nimmt. Emotionen werden aber auch durch literarische Strategien und durch sprachliche Kodes im Leser erweckt, ob er sich darauf vorbereitet hat oder nicht. Daher spricht Winko (2003) von Emotionen in der Literatur als „kodierten Gefühlen".

Nehmen wir zwei Gattungen als Beispiele: die narrative Literatur des Unheimlichen des späten 18. und des 19. Jahrhunderts (verwandt mit dem heutigen Gruselfilm) und die Lyrik. Die Literatur des Unheimlichen erregt Angst, weil sie 1. die „normale" Welt des Lesers als ihren Ausgangspunkt nimmt und sie entfremdet und dämonisiert, aber 2. auf eine Art und Weise, die sich der Realitätsprüfung entzieht. Dabei ist 3. der Erzählstandpunkt von größter Wichtigkeit, denn dieser bestimmt und fokalisiert die Wahrnehmung des Lesers. Daher auch die vielen Frauen und Kinder als „Focalizers" – d. h. als Hauptfiguren, durch deren Augen wir häufig Angst in der Literatur erleben –, denn als weniger rational konnotierte Wesen sind sie leichter in Terror zu versetzen. 4. wird in solchen Werken die Zuverlässigkeit des Erzählers immer wieder in Frage gestellt. Die Novelle „Der Sandmann" von E.T.A. Hoffmann (1776–1822) ist ein bravouröses Beispiel, in dem er den Leser immer wieder daran erinnert, dass Erzählperspektiven die Wahrnehmung beeinflussen, ja bestimmen: die drei Briefe am Anfang mit ihren verschiedenen Standpunkten, gefolgt von der direkten Anrede des Erzählers an den Leser, dann das Durchexerzieren dreier verschiedener Modi, die Geschichte von Nathanael zu erzählen und dann im Laufe der darauffolgenden Erzählung seine wiederholten Fragen und Warnungen an den Leser. Diese Brechungen mindern die Spannung keineswegs. Ganz im Gegenteil: Sie verunsichern den Leser immer mehr, so wie auch die verschiedenen versiegelten Briefe, von verschiedenen Figuren aufbewahrt, den Leser von *Dr. Jekyll and Mr. Hyde* verunsichern. Sigmund Freud, der wie immer völlig ahistorisch argumentiert und literarische Werke als Beweismittel für das wirkliche Verhalten von Menschen nimmt, sieht sehr klar ein, dass Hoffmann nicht die „Aufklärung des Lesers" anstrebt, sondern mit dem, was Freud „Ichstörungen" nennt, die „volle Verwirrung desselben" (Freud (o. J.) S. 10 f.).

Nehmen wir zum Schluss ein Gedicht aus dem Ersten Weltkrieg von Wilfred Owen (1893–1918):

Dulce et Decorum est

Bent double, like old beggars under sacks,
Knock-kneed, coughing like hags, we cursed through sludge,
Till on the haunting flares we turned our backs,
And towards our distant rest began to trudge.
Men marched asleep. Many had lost their boots,
But limped on, blood-shod. All went lame, all blind;
Drunk with fatigue; deaf even to the hoots
Of gas-shells dropping softly behind.
Gas! GAS! Quick, boys! – An ecstasy of fumbling
Fitting the clumsy helmets just in time,
But someone still was yelling out and stumbling
And flound'ring like a man in fire or lime. –
Dim through the misty panes and thick green light,
As under a green sea, I saw him drowning.
In all my dreams before my helpless sight
He plunges at me, guttering, choking, drowning.
If in some smothering dreams, you too could pace
Behind the wagon that we flung him in,
And watch the white eyes writhing in his face,
His hanging face, like a devil's sick of sin,
If you could hear, at every jolt, the blood
Come gargling from the froth-corrupted lungs

Bitter as the cud
Of vile, incurable sores on innocent tongues, –
My friend, you would not tell with such high zest
To children ardent for some desperate glory,
The old Lie: Dulce et decorum est
Pro patria mori.

Owen starb als hochdekorierter Offizier am Sambre-Oise-Kanal eine Woche vor Ende des Ersten Weltkriegs. Er will hier nicht nur Angst, sondern auch Trauer und Zorn erwecken und benutzt dazu eine Reihe von rhetorischen Strategien.

Seine mehr oder weniger regelmäßigen fünffüßigen Iamben – *blank verse*, das Shakespeare-Vermaß – mit dem ziemlich regelmäßigen Kreuzreim fallen zunächst gar nicht auf. Was aber auffallen muss, sind die gehackten Konsonanten, die die Laute des Schlachtfeldes wiedergeben. Owen schildert den Schrecken des Krieges durch die variablen Zeitebenen – Vergangenheit („we cursed", „Many had lost"), dann Präsens („Gas! GAS! Quick, boys!"), dann wieder Vergangenheit („we flung him in"), dann Konjunktiv („If you could hear... you would not tell"); durch die ebenso variablen Blickperspektiven – „we turned our backs", „I saw him drowning", „he plunges", „you too", und dann am Ende die direkte Rede an den Leser: „My friend". Am Anfang hört man die lange Kolonne von erschöpften Männern vorbeimarschieren, dann ist man mitten drin und versucht, so schnell wie möglich die Gasmaske anzulegen, dann sieht man den brennenden Kameraden auf dem Schlachtfeld und erlebt seinen Tod immer wieder im Alptraum. Die Metaphern – die Füße, die keine Stiefel mehr anhaben, sondern mit Blut „beschuht" sind – ein Wortspiel auf das Wort „bloodshot" – und dann das Blut, das aus den Lungen des sterbenden Mannes herausfließt, wie der Saft aus dem Magen der Kuh („the cud"). Der Leser fürchtet sich auch, er trauert, er ist zornig wegen der jungen Leben, die weggeworfen werden, und er bekommt am Ende ein moralisches Gebot: Hör doch auf, mit deinen nationalistischen Lügen die jungen Männer in den Krieg zu schicken.

Wenn durch die Literatur Angst erweckt wird, dann ist es eben immer ein „Angstapparat aus Kalkül", um mit Fontanes Effi Briest zu reden.

Literatur

Alewyn, R. (1965). Die literarische Angst. In von H. Ditfurth (Hrsg.), *Aspekte der Angst. Starnberger Gespräche* (S. 24–43). Stuttgart: Hoffmannsche Buchdruckerei Felix Krais.
Aristoteles: Ecce Opera – deutsche Übersetzung aus dem Griechischen von M. Fuhrmann, herausgegeben als Reclam-Heft Nr. 7828. http://www.digbib.org/Aristoteles_384vChr/De_Poetik. Zugegriffen: 1. Aug. 2012.
Böhme, H. (2003). Theoretische Überlegungen zur Kulturgeschichte der Angst und der Katastrophe. In A. Fuchs & S. Strümper-Krobb (Hrsg.), *Sentimente, Gefühle, Empfindungen. Zur Geschichte und Literatur des Affektiven von 1770 bis heute* (S. 27–44). Würzburg: Königshausen & Neumann.
Freud, S. (1919). Das Unheimliche. http://www.gutenberg.org/files/34222/34222-h/34222-h.htm. Zugegriffen: 27. Juli 2011.
Gryphius, A. (1964). Gedancken/Vber den Kirchhoff vnd Ruhestädte der Verstorbenen. In von M. Szyrocki (Hrsg.), *Vermischte Gedichte. Bd. III. Gesamtausgabe der deutschsprachigen Werke*. Tübingen: Niemeyer.

Habermas, J. (1965). Diskussion. In von H. Ditfurth (Hrsg.), *Aspekte der Angst. Starnberger Gespräche* (S. 37). Stuttgart: Hoffmannsche Buchdruckerei Felix Krais.
Kosofsky Sedgwick, E. (1985). *Between men. English literature and male homosexual desire*. New York: Columbia University Press.
Luckhurst, R. (2006). Introduction. In von R. Luckhurst (Hrsg.), *Stevenson, R. L.: The strange case of Dr Jekyll and Mr Hyde*. Oxford: University of Hull.
Owen, W. (1917). Dulce et decorum est. http://www.warpoetry.co.uk/owen1.html. Zugegriffen: 27. Juli 2011.
Sachs, J. (2002). Aristotle Poetics. Internet Encyclopedia of Philosophy. http://www.iep.utm.edu/aris-poe/#H5. Zugegriffen: 1. Aug. 2012.
Showalter, E. (1990). *Sexual anarchy: Gender and culture at the fin de siècle*. London: Viking.
Stevenson, R. L. (2006). Strange case of Dr Jekyll and Mr Hyde. R. Luckhurst (Hrsg.). Oxford: Oxford University Press.
Vester, H.-G. (1991). *Emotion, Gesellschaft und Kultur. Grundzüge einer Soziologie der Emotionen*. Opladen: VS Verlag für Sozialwissenschaften.
Walton, K. J. (1978). Fearing fictions. *The Journal of Philosophy, 75*, 5–27.
Winko, S. (2003). *Kodierte Gefühle. Zu einer Poetik der Emotionen in lyrischen und poetologischen Texten um 1900*. Berlin: Erich Schmidt.
Wülfing, W. (2003). Die literarische Angst: Von „schauernder Lust" zum „tyrannisierenden Gesellschafts-Etwas": Spuren literarischer Angst im 19. Jahrhunderts. In A. Fuchs & S. Strümper-Krobb (Hrsg.), *Sentimente, Gefühle, Empfindungen. Zur Geschichte und Literatur des Affektiven von 1770 bis heute* (S. 74–94). Würzburg: Königshausen & Neumann.
Zelle, C. (1987). *Angenehmes Grauen. Literarhistorische Beiträge zur Ästhetik des Schrecklichen im achtzehnten Jahrhunderts*. Hamburg: Meiner.

Helen Watanabe-O'Kelly, ist Professorin für deutsche Literatur an der Universität Oxford und Fellow von Exeter College, Oxford. Ihre Spezialgebiete sind die Hofkultur der frühen Neuzeit, die deutsche Literatur und Genderstudien. Hauptveröffentlichungen: *Melancholie und die melancholische Landschaft* (1978), *Triumphal Shews. Tournaments at German-Speaking Courts in their European Context 1560–1730* (1992) und *Court Culture in Dresden from Renaissance to Baroque* (2002). Sie ist Herausgeberin von *The Cambridge History of German Literature* (1997), *Spectaculum Europaeum. Theatre and Spectacle in Europe, (1580–1750*) mit Pierre Béhar (1999) und *Europa Triumphans. Court and Civic Festivals in Early Modern Europe* mit J. R. Mulryne und Margaret Shewring (2004). Ihr neuestes Buch heisst: *Beauty or Beast? The Woman Warrior in the German Imagination from the Renaissance to the Present* (2010).

Die Bildung der Trauer
Eine pädagogisch-anthropologische Betrachtung

Susann Böhner · Jörg Zirfas

Zusammenfassung: In diesem Artikel bezeichnet Bildung einen sehr komplexen Transformationsprozess. Dieser umfasst sowohl theoretische, praktische und ästhetische Veränderungen als auch Entwicklungen in den Verhältnissen zu sich selbst, zu anderen Menschen und zur Welt. In diesen Transformationsprozessen kommt der Emotion der Trauer ein großes Bildungspotential zu, da sie die angesprochenen Bildungsverhältnisse in einer besonderen Art und Weise beeinflussen kann. Die Bildung der Trauer wird hier mit den Sachverhalten der Widersprüchlichkeit, Liminalität und Zerrissenheit – oder anthropologisch gewendet: mit Fragen des Todes und der Geburt – in einem konstitutiven Zusammenhang gesehen. Wesentliche Elemente sind dabei die Bildung durch Zeit, durch Fremdheit und Entbindung. Es wird die bildungstheoretische These aufgestellt, dass Trauern einen Ent-Bindungsprozess darstellt, der wiederum zu neuen Bindungen führt. Wichtig erscheint eine pädagogische Bewältigung der Trauer, wobei der Umgang mit Wut und Aggressivität hier von besonderer Bedeutung ist. In der gelungenen Trauer kommt es zu einer Anerkennung der menschlichen Fragilität. Trauer meint dann nicht nur die Hinnahme des Todes, sondern eine Integration des Abschieds.

Schlüsselwörter: Geburt · Tod · Ent-Bildung · Liminalität · Verlust · Zeit · Beziehung · Transformation

The education of grief – A pedagogical and anthropological view

Abstract: The following article discusses education as a complex process of transformation, including theoretical, practical and aesthetic changes as well as developments in the relations to oneself, to other people and to the world. Concerning these processes of transformation, the focus is laid on the emotion of grief (mourning, sorrow), since it may have a special impact on the above-mentioned educational relations. The development of grief is to be seen in a constitutive relationship with the facts of contrariness, liminality and disruption or, in anthropological terms, with questions concerning death and birth. Significant elements in this are education through time, foreignness and disengagement. An educational theory is proposed that mourning means disengagement for the sake of engagement. A pedagogical coping of grief seems to be important,

---

© VS Verlag für Sozialwissenschaften 2012

Prof. Dr. J. Zirfas (✉) · S. Böhner, M.A.
Institut für Pädagogik, Friedrich-Alexander-Universität Erlangen-Nürnberg,
Bismarckstr. 1a, 91054 Erlangen, Deutschland
E-Mail: joerg.zirfas@paed.phil.uni-erlangen.de

wherein the handling of anger and aggressiveness plays an essential role. Passing the process of mourning successfully implies the appreciation of human fragility. Grief thus not only means accepting death but also an integration of farewell.

Keywords: Birth · Death · Disengagement · Liminality · Loss · Time · Relationship · Transformation

> *„Die Trauer (den Kummer) nicht unterdrücken*
> *(törichter Gedanke, dass die Zeit sie überwindet),*
> *sondern sie verändern, transformieren, sie aus einem statischen Zustand*
> *(Stasis, Stauung, repetitive Wiederkehr des Gleichen)*
> *in einen flüssigen Zustand überführen."*
>
> Roland Barthes, Tagebuch der Trauer

1 Einleitung

Wenn im Folgenden von Bildung, resp. von der Bildung der Trauer die Rede ist, so wird dabei von einem pädagogischen Modell von Bildung ausgegangen. Das bedeutet, Bildung nicht im Sinne einer *façon de parler* als Entstehung, Entwicklung oder Formung, sondern als eine bestimmte Form des Wechselverhältnisses bzw. der Auseinandersetzung des Subjekts mit der Welt und sich selbst zu begreifen. Bildung beschreibt, zunächst sehr allgemein formuliert, die Auseinandersetzung des Einzelnen mit als allgemein oder universell geltenden Bestimmungen von Welt, Vernunft, Sittlichkeit oder Humanität. Sie lässt sich als individueller Transformationsprozess zu neuen und anderen Einstellungen und Haltungen in Bezug auf fundamentale Muster des Wahrnehmens, Denkens, Handelns und Bewertens von Ich und Welt begreifen. Bildung zielt dabei auf einen differenzierten, intensiven und reflektierten Umgang mit sich und der Welt, der wiederum zur Ausformung eines selbstbestimmten kultivierten Lebensstils führt (vgl. Zirfas 2011).

Vor diesem Hintergrund gehen die folgenden Betrachtungen von mehreren Voraussetzungen und Hypothesen aus, die kurz umrissen werden sollen: Zunächst steht hier sowohl die Trauer als Stimmung – die Traurigkeit oder der Kummer, v. a. aber die Trauer als Emotion im Mittelpunkt, die als Auslöser und Gegenstand von Bildungsprozessen verstanden wird; hiermit steht in Zusammenhang, dass die bislang in den Bildungstheorien kaum beachtete emotionale Dimension in den Blick rückt, die – so die Vermutung – die kognitive Verarbeitung von Selbst- und Weltverhältnissen wesentlich (mit-)bestimmt (vgl. Bollnow 1943, Kap. 2 und 3; Nussbaum 2001; de Sousa 2007). Die Auseinandersetzung mit dem Gegenstand der Trauer in seiner Struktur und Genese ist für diesen Bildungszusammenhang zentral und die Trauerbildung wird vom emotionalen Gegenstand her gedacht. Zweitens werden unter Bildungsprozessen mehr oder weniger fundamentale theoretische, praktische und ästhetische Transformationsprozesse verstanden. Drittens wird vorausgesetzt, dass der Emotion der Trauer ein großes Bildungspotential innewohnt, da sie die angesprochenen Bildungsverhältnisse in einer besonderen Art und Weise zu tangieren in der Lage ist (vgl. Holzapfel 2002; Klika und Schubert 2004). Das große Bildungspotential der Emotion Trauer wird hier mit den Sachverhalten der Widersprüchlichkeit, Liminalität und Zerrissenheit – oder anthropologisch gewendet: mit Fragen des Todes und der Geburt – in einem konstitutiven Zusammenhang gesehen. Fasst man Bildung im weiten Sinne als Transformationsprozess auf, also als den Prozess und das Ergebnis einer Veränderung, können Trauerprozesse ohne Mühe als Bildungsprozesse beschrieben werden – es lässt sich sogar in der Trauer ein besonders großes Transformationspotenzial erahnen. Der Mensch ist nach dem Trauern nicht mehr der Mensch, der er zuvor war, denn mit der Veränderung seiner Umwelt geht auch eine Veränderung des Individuums einher. Dieses Bildungspotential wirkt sich wiederum auf drei Ebenen, nämlich auf denen des Selbst-, Anderen- und Weltverhältnisses aus. Und schließlich soll noch kurz darauf aufmerksam gemacht werden, dass man diese Bildungsprozesse der Trauer im Sinne des *genitivus obiectivus* einerseits formieren und gestalten und andererseits auch pädagogisch begleiten kann. Hierbei geht es um die Gestaltung der Emotionalität des Trauerns, bei der die Emotion wie die Stimmung der Trauer zentrale Dimensionen darstellen; diese werden unterschieden vom Trauern als affektbearbeitendem Prozess (vgl. Katz 1999; Hastedt 2005; Döring 2007; Engelen 2007).

Bildung und Trauer stehen in diesem Artikel methodisch in einem komplementären Verhältnis: Der Bildungsbegriff kann nicht die Trauer bzw. das Trauern erklären, bietet aber heuristische Möglichkeiten, sie zu verstehen (im Sinne einer *ratio cognoscendi*); der Begriff der Trauer wiederum ist primär nicht geeignet, Bildung zu verstehen, bietet aber Möglichkeiten, es zu erklären (im Sinne einer *ratio essendi*). Während die Bildung Deutungen der Trauer ermöglicht, liefert die Trauer wiederum (Beweg-) Gründe für die Bildung. Entworfen wird hier ein systematisch-abstraktes Modell des Zusammenhangs von Trauer und Bildung, das vor dem Hintergrund der neueren europäischen Bildungs- und Trauerforschung von historischen, kulturellen, sozialen und biographischen Dimensionen absieht, um die Fragen danach zu fokussieren, wie einerseits Trauer aus Sicht der Bildung und Bildung aus dem Blickwinkel der Trauer gedacht und bewertet werden kann; auch die unterschiedlichen Perspektiven, die sich durch die Lebensalter, das Geschlecht, die Verlustobjekte und die Formen der Trauer ergeben, können hier keine Berücksichtigung finden (vgl. Illhardt 1982; Brathuhn 2006). In diesem Artikel kommen zudem die pathologischen Formen der Trauer nicht zur Sprache (vgl. Freud 1981; Bowlby 1983); hierbei wäre zu diskutieren, ob wir es mit qualitativ anderen Trauerformen oder aber mit Verlustemotionen zu tun haben, die sich nur in Ansätzen oder in Intensität und Dauer von normalen Prozessen unterscheiden.

2 Zum Begriff der Trauer

Warum wird uns das Leben zur Qual, wenn ein geliebter Mensch stirbt? Warum haben wir das Gefühl, selbst ein wenig zu sterben oder gar sterben zu wollen, wenn eine bedeutende Beziehung zerbricht? Warum kann uns der Verlust unseres Berufes verzweifeln lassen oder raubt uns die Nachricht einer unheilbaren Erkrankung schier den Verstand? Trauer überfällt uns, zerreißt uns und lässt uns die Welt anders sehen als zuvor. Trauer kann uns schreien oder verstummen lassen. Sie lähmt und paralysiert uns. Dabei begegnen Alter, Krankheit, Tod und Verlust jedem von uns. Doch wie lässt sich Trauer verstehen und welche Gründe für das Trauern gibt es?

Trauer ist eine „normale", unvermeidbare und gesellschaftlich erwartete, aber auch im höchsten Grade sozial normierte Grundempfindung menschlicher Existenz. Mit ihr wird eine gegenüber Emotionen wie etwa Wut oder Neid sehr tiefgehende und langwierige Reaktion auf den Eintritt einer ungewollten Veränderung oder das Ausbleiben einer gewollten Veränderung bezeichnet. Die Ursachen von Trauer können unterschiedlich sein. Oft sind es Verluste, die vom Trauernden als existenziell bedeutsam beurteilt werden. In jedem Fall jedoch spielen sich diese Verluste im sozialen Raum ab und zeigen auf das Wechselverhältnis von Individuum und Sozietät (und Kulturalität). Damit sind v. a. Bindungen zu Personen gemeint, über deren Beziehung zu ihnen wir unsere eigenen Bilder von Ich und Welt entwickelt haben, die von Mutter-Kind-Bindungen und partnerschaftlichen Beziehungen bis hin zu Freundschaftsverhältnissen reichen (vgl. Bowlby 2001; Illhardt 1982). Gemeint sind aber auch Vorstellungen des Menschen von sich selbst, seiner gegenwärtigen und zukünftigen Identität, seines Gefühlslebens und nicht zuletzt seines sozialen Images; in Beziehung zu diesen Aspekten stehen Bilder vom Anderen, mittels derer sich Menschen im sozialen Raum orientieren und die ebenfalls den Rahmen für ihre Selbst- und Weltbilder darstellen.

Dieses Bindungs- und Bildverhältnis von Individuum, Gesellschaft und Kultur bildet zunächst einmal die Grundbedingung für die Empfindung von Trauer überhaupt. Selbst- und Weltbilder entstehen aus der Angewiesenheit und Reziprozität zwischen Menschen, als selbstständige, von der Umwelt und anderen getrennt lebende Individuen auf der einen und als auf die Sozietät im Allgemeinen bzw. auf konkrete Bezugspersonen im Besonderen, wie anfangs die Mutter, später der Partner und das soziale Umfeld, angewiesene Personen andererseits. Jede Veränderung dieser (symbiotischen) Bindungen wirkt sich auch auf die Vorstellungen der Menschen von sich selbst und ihrer Welt aus. Stirbt etwa eine nahestehende Person, so erkranken Menschen gelegentlich selbst; verändert sich plötzlich ihr beruflicher Stellenwert, steht der Einzelne vor der unvermeidbaren Aufgabe, seine Selbst- und Weltbilder plötzlich und radikal neu gestalten zu müssen. Verena Kast schreibt dazu einleitend zu ihrer Analyse der Trauerphasen: „Stirbt ein geliebter Mensch, so nehmen wir in seinem Sterben nicht nur antizipatorisch unser eigenes Sterben vorweg; wir sterben in gewisser Weise auch mit ihm. Es wird uns kaum je so radikal bewußt wie beim Tod eines geliebten Menschen, in welchem Maß wir uns aus unseren Beziehungen zu anderen Menschen und Dingen verstehen und erfahren, in welchem Maß der Tod einer solchen Beziehung uns aufbricht und eine Neuorientierung verlangt" (Kast 1997, S. 13).

Das Sterben eines geliebten Menschen ist wohl deshalb der *paradigmatische* Fall für die Trauer, weil gerade die sozialen Beziehungen für Menschen zugleich konstitutiv und ungemein bedeutsam sind, wodurch Menschen in ihrem Leben den sozialen Aspekten sinnvollerweise eine überaus dominante Rolle zuerkennen. Dies wiederum hängt einerseits damit zusammen, dass die sozialen Erfahrungen lebensgeschichtlich ursprünglich sind. So wird von der Säuglingsforschung schon seit einigen Jahrzehnten konstatiert, dass Säuglinge im hohen Maße Interaktionen initiieren und aktivieren, dass sie verschiedene affektive Zustände und Aufmerksamkeiten gezielt im Hinblick auf wechselnde Umwelten verwenden und schon recht früh eine aktive, intelligente und durchaus lustvolle und nicht nur durch Versagung gekennzeichnete Beschäftigung mit der Umwelt pflegen (vgl. Stern 2007). Zum anderen konnte diese Forschungsperspektive auch nachweisen, dass die sich entwickelnde Selbstbeziehung fundamental von sozialen Beziehungen abhängig ist; hierbei geht es um elementare Erfahrungsgehalte, die ein späteres Selbstverhältnis überhaupt erst ermöglichen. Säuglinge lernen etwas über das eigene Selbst, indem sie etwas über ihre eigenen Möglichkeiten und Grenzen „erfahren", etwa in den Situationen, in denen die Welt ihnen nachgibt oder sich ihnen widersetzt, indem ihr Verhalten sich an der Umwelt in vielfältiger Weise „bricht". Eine ursprünglich gelungene soziale Beziehung, so implizieren diese Forschungen, bedingt wohl auch weniger enttäuschende und unglückliche Lebenserfahrungen (vgl. Bowlby 2001). Folgt man diesen sozial-anthropologischen Überlegungen, so wird plausibel, warum Trauer als Emotion notwendigerweise sowohl eine sozial-kulturelle als auch eine individuell-psychologische Dimension hat bzw. warum wir im Falle der Trauer von einer Verschränkung dieser beiden Dimensionen ausgehen müssen.

So behauptet Kast aus individuell-psychologischer Perspektive, dass das Ausbleiben von Trauer und damit das Fehlen der Möglichkeit, sich aus Bindungen zu lösen, neben anderen psychischen Problemen v. a. in die Depression führe (vgl. Kast 1997, S. 123 ff). Trauer sei kein irgendwie „krankhafter" Zustand, sondern gehöre zum normalen Lebensrhythmus der Bindung und Loslösung, Einverleibung und Entfremdung dazu. „Den Phasen von vermehrtem Symbiosestreben folgen immer wieder Phasen der Loslösung und Individuation, wobei Loslösung nach Mahler, Pine und Bergmann das Auftauchen aus der Verschmelzung meint und Individuation das Erringen von individuellen Merkmalen" (Kast 1997, S. 124 f.; vgl. auch Hühn 1998, Sp. 1458). Die Symbiose bzw. das Festhalten an ihr gilt als Ausdruck der Sehnsucht nach dem Ungetrenntsein, dem harmonischen Einssein und als Schutz vor dem Unbekannten. Sie bietet Schutz vor der Angst des Selbstverlusts, der Individuation und des Alleinseins.

Was Kast aus psychologischem Interesse darstellt, hat etwa Émile Durkheim in seiner soziologischen Analyse des Selbstmords erkennen lassen. Anhand der verschiedenen Formen des Selbstmords – dem egoistischen, altruistischen und anomischen – differenziert er auf sozialen Ebene verschiedene suizidale Motivationsdimensionen, die von der Trauer über den Verzicht bis hin zur Apathie reichen und die man in Hinblick auf eine emotional-individuelle Ausdifferenzierung als Melancholie, Acedia und Depression bezeichnen kann, ungeachtet der Tatsache, dass diese Begriffe durchaus unterschiedlich verwendet werden. Dabei bringt er, wenn auch zwischen den einzelnen Begrifflichkeiten nicht klar unterscheidend, die verschiedenen Trauerzustände mit dem inneren Zustand der Sozietät in Verbindung. Er interpretiert die Trauer als Überbleibsel missglückten sozialen Zusammenleben und kommt zu dem Ergebnis, dass beim Zerbrechen der sozialen Bindungen nur noch die Trauer kommuniziert (vgl. Durkheim 1987; vgl. dazu auch Illhardt 1982).

Grundsätzlich sollte jedoch zwischen Trauer als spezifischer Emotion und trauernden Stimmungen, die etwa mit Traurigkeit und Kummer, oder auch mit „Melancholie" oder „Depression" bezeichnet werden, unterschieden werden, wie auch ein Wutausbruch mit einem gewaltbereiten Habitus wenig gemein hat. In der Regel wird Stimmungen ein weniger spezifischer Weltbezug zugeschrieben (Demmerling und Landweer 2007, S. 259). „In solchen Zusammenhängen zieht man mit Begriffen wie ‚Schwermut' oder ‚Melancholie' Stimmungen in Betracht, man thematisiert eine Art und Weise, die Welt und das Leben im Ganzen zu sehen" (ebd.; vgl. Fink-Eitel und Lohmann 1993, Kap. I).

Fassen wir Trauer als Emotion in einem engeren Sinne auf, als zeitlich umgrenztes Reaktionsmuster auf einen konkreten Verlust, zeigt Trauer die Schnittstelle zwischen

Individuum und Kultur auf. Gegenüber einem nicht wieder gut zu machenden Verlust und nicht kompensierbarem Leid stellt sich Trauer als Grenzphänomen dar, das zwischen alten und neuen Weisen der Erfahrung von Welt, Sozietät und Selbst vermittelt. Damit sind bereits drei bildungstheoretische Perspektiven auf die Trauer angesprochen, die im Folgenden genauer dargestellt werden sollen.

3 Zum Begriff der Bildung

Obwohl Bildung als einer der zentralen Grundbegriffe der Pädagogik gilt, fällt seine genauere pädagogische Bestimmung schwer, da es keine allgemeingültige Definition von Bildung gibt. Denn Bildung ist einerseits ein alltagssprachlicher Begriff mit einer Fülle von Konnotationen, zum zweiten eine in vielen (geistes- wie natur-) wissenschaftlichen Disziplinen gebräuchliche Kategorie mit je unterschiedlichen Traditionen und schließlich auch in der Pädagogik selbst ein Konzept, das je nach pädagogischer Richtung bzw. Schule verschiedene Bedeutungen aufweist. Das heißt, dass sich die Bedeutung von Bildung nur vor dem Hintergrund von spezifischen Bildungstheorien bestimmen lässt: So versteht etwa die geisteswissenschaftliche Pädagogik unter Bildung die wechselseitige Erschließung von Ich und Welt, die kritische Erziehungswissenschaft identifiziert Bildung mit Emanzipation, die empirische Erziehungswissenschaft übersetzt Bildung in messbare Kompetenzmodelle und eine phänomenologische Pädagogik setzt auf Bildung als Entfaltung von Sinnlichkeit.

Aus der Geschichte des neuzeitlichen Bildungsbegriffs werden hier zwei Differenzierungsebenen von Bildung hervorgehoben und auf die Emotion der Trauer bezogen: zum einen die *relationale* Differenzierung von Bildung, die sich als Bildung des Weltbezugs, des Anderenbezugs und des Selbstbezugs ausbuchstabieren lässt. Das heißt, dass Bildungsprozesse entscheidende Transformationen in der Art und Weise betreffen, wie das Individuum sich selbst, seine Mitmenschen und die Welt wahrnimmt, wie es sie versteht und reflektiert und wie es mit sich selbst, den anderen und der Welt umgeht. Bildung ist, plakativ formuliert, kein Dazulernen, sondern ein Umlernen. Bildung wird im umfassenden Sinne als Bildung des Selbst- und Weltverhältnisses verstanden, wobei der Mensch selbst Einfluss auf die Bedingungen und das Sosein von Welt und Selbst hat. Die Vorstellung, eigene Bilder müssten dabei nur an die neuen Bedingungen angepasst werden, kann der Bedeutung dieses Prozesses jedoch bei weitem nicht genügen. Die Bedeutung des Trauerprozesses für die Dimensionen des menschlichen Erlebens, Sinnverstehens und Handelns wird in dem bereits oft zitierten Ausschnitt von Augustinus deutlich, der in Reaktion auf den Tod eines geliebten Freundes entstand: „Wie wurde damals mein Herz von Gram verdüstert! Wohin ich auch blickte, überall begegnete mir der Tod. Die Vaterstadt wurde mir zur Pein, das elterliche Haus zu unsagbarem Elend. Woran ich einst mit ihm gemeinsam mich gefreut, ohne ihn verkehrte es sich zur Folterqual. […] Nur das Weinen war mir noch süß, die einzige Wonne, die auf die Wonnen der Freundschaft folgte" (Augustinus 1988, S. 94).

Ist die Welt des Glücklichen nach Wittgenstein eine andere, so ist es die des Trauernden ebenso. Trauer verweist auf eine überschrittene Grenze, eine Erfahrung, die das bisherige Selbst- und Weltverhältnis delegitimiert; eine Erfahrung, die sich nicht in die bisherigen einreihen lässt, sondern das Erleben, Erinnern und Sein nachhaltig verändert.

Und zum anderen kommt hier auch die *anthropologische* Differenzierung von Bildung ins Spiel, die sich als theoretische, praktische und ästhetische Bildung verstehen lässt. Während die *theoretische* Bildung auf die (wissenschaftliche) Betrachtung, die definitorische Gliederung bzw. Klassifizierung und gesetzmäßige Erfassung der Dinge und ihrer Zusammenhänge abzielt, richtet sich die *praktische* Bildung auf die Zwecke und Mittel menschlichen Handelns, auf die moralische Betrachtung und Umsetzung von Regeln, Institutionen und Werken; und die *ästhetische* Bildung hebt schließlich auf Fragen der Wahrnehmung, des reflektierten Geschmacksurteils, der performativen Darstellung oder des Umgangs mit kunstförmigen Gegenständen ab.

4 Bildung durch Trauer

Die im Hinblick auf diese Differenzierungen vertretene These lautet, dass Trauer nicht nur als spezifischer Bereich menschlichen Empfindens Auslöser, Ansatzpunkt oder Gegenstand von Bildung ist, sondern dass die Emotion der Trauer mit einem *inhärenten* Bildungspotential in relationaler wie anthropologischer Perspektive einhergeht. Dieses Bildungspotential kann die Trauer dadurch entfalten, dass sie als etwas Fremdes und Nichtassimilierbares erscheint und das „Andere" des Alltags impliziert.

In diesem Sinne hat v. a. die Existenzphilosophie darauf hingewiesen, dass Krisen, als Störungen des normalen Lebenslaufes, die mit Plötzlichkeit, Intensität und Lebensgefährdung einhergehen, ein enormes Entwicklungspotential beinhalten. Bei Heidegger (1979) stößt der Mensch in der Lebenskrise an die Grenzen des eigenen Selbstverstehens. Wird er vom Zustand der Sorge um sich selbst und von der Frage nach der Zeitlichkeit des Lebens überwältigt, ermöglicht diese Unterbrechung des alltäglichen Handlungsvollzugs gleichzeitig eine von alltäglichen Verwirrungen befreite aktive Auseinandersetzung mit sich selbst. Heidegger bezieht Krisen in diesem Sinne v. a. auf den Terminus der „nicht alltäglichen" Angst (im Gegensatz zur Furcht). Denn wesentlich für diesen Zustand ist v. a. das Zurückgeworfensein auf sich selbst und die damit verbundene Sorge um das eigene Existieren. Alltägliche Belange und partikulare Interessen treten gegenüber der Auseinandersetzung mit dem Tod und den Grenzen der eigenen Zeitlichkeit zurück. Geht der Mensch im Alltag selbstvergessen innerweltlichen Belangen nach, stehen in der Krise nur er selbst und seine grundsätzliche Haltung zum Dasein zur Disposition. Die Lebenskrise und das damit aufkommende Bewusstsein des „Seins zum Tode" ermöglichen dem Menschen eine übergeordnete, reflektierte Perspektive auf das, worum es im Leben eigentlich geht. Indem der Mensch den äußersten Horizont, den Tod erblickt, bildet er nach Heidegger gleichzeitig einen Horizont aus, in dem das menschliche Dasein sich selbst verstehen kann (Kauppert 2010, S. 107). Für Heidegger stellt daher die Gegenwart des Todes im Lebensvollzug kein Leid dar, dass vermieden werden sollte, vielmehr wird diese positiv in die Möglichkeit einer Erfahrung gewendet, durch die sich das Dasein im existenziell-reflexiven Sinne zu sich selbst verhalten kann.

Und auch Otto Friedrich Bollnow hat in seinen existenzphilosophisch-pädagogischen Studien auf das Bildungspotential von Krisen aufmerksam gemacht (Bollnow 1959,

S. 27). Beispiele für Krisen sind Krankheiten, sittliche Umbrüche und Lebenskrisen, die etwa durch Verzweiflung und Todesangst gekennzeichnet sind. Krisen wirken nach Bollnow v. a. als Reinigungen, die den Menschen von Überflüssigem befreien und als Entscheidungen, die den Menschen vor eine Alternative stellen. Pädagogisch betrachtet, lassen sich nach Bollnow Krisen nicht einfach herstellen, sondern nur begleiten, indem man die Menschen dabei unterstützt, die schicksalhafte Krisensituation zu verstehen und bis zum Ende durchzuhalten (ebd., S. 37 f.).

Bildung lässt sich in diesem Sinne als durch eine Krisenerfahrung bewirkte Veränderung des Menschen und der Welt verstehen. Sie bezeichnet die Prozesse und Resultate derjenigen theoretischen, praktischen und ästhetischen Perspektiven, die sich aus den Transformationen von Grundfiguration im Wechselverhältnis von Ich und Welt ergeben (vgl. Koller et al. 2007). Bildung meint nicht nur spezifische soziale bzw. individuelle habituelle Prägungen, sondern v. a. Bildungsprozesse als Lern-, Handlungs- und Veränderungsprozesse, in deren Vollzügen eine Formung und Leistung des Bildenden zur Geltung kommt. In Bildungsprozessen lassen sich Differenzen in zeitlicher, identifikatorischer, institutioneller oder sozialer Hinsicht festmachen; sie sind als Differenzgeschehnisse Übergangsphänomene, deren Dezentrierungs- und Alterationsmomente nicht selten durch Erziehung und Sozialisation expliziert, kanalisiert und finalisiert werden. Im Bildungsprozess werden Sachverhalte fraglich, die man durch den tentativen Entwurf von neuen Relations- und Ordnungsfigurationen zu beantworten sucht. Kurz: Bildung ist die Antwort auf das Fremde.

Es erscheint nun aus anthropologischer Sicht kein Zufall zu sein, dass die Fremdheit von Krisenerfahrungen sehr eng mit Trauer und Angst in Verbindung gebracht wird. Denn Alter, Krankheit, Tod und Verlust lösen Fragen nach der Endlichkeit, der Kontingenz, der Gewalt und der Ohnmacht aus. Die Trauer, etwa um einen Toten, kann dementsprechend als eine zentrale liminale Erfahrung menschlichen Lebens gelten, die den Menschen auf die für ihn bedeutsamen Grenzen aufmerksam macht – zwischen dem, was er sich wünscht und dem, was er nicht wahrhaben will; zwischen dem, was zu ihm gehört und dem, was sich von ihm unterscheidet; zwischen Bekanntem und Ungewohntem, zwischen Möglichem und Unmöglichem, zwischen Gestern und Heute.

Das transformatorische Bildungspotenzial der Trauer lässt sich daher v. a. mit dem Moment der Liminalität und der Ungeordnetheit in Verbindung bringen. Ihre grundlegende Liminialität beruht auf der Trennung von Ich und Welt. Wie bei jeder Emotion ist die Wahrnehmung einer Trennung zwischen Innen- und Außenwelt Voraussetzung. Erst die Grenzziehung zwischen Ich und Welt, wie der damit verbundene wechselseitige Bezug von einmaligem Individuum und allgemeiner Sozietät macht das Erleben von Trauer und die Möglichkeit einer Krise aus. Aber auch Grenzziehungen von Anfang und Ende, Geburt und Tod, Gewinn und Verlust, Veränderung und Stillstand sind für die Trauer spezifisch. Ebenso stellen Tod und Geburt innerhalb individueller Bildungsprozesse wesentliche Eckpfeiler dar, nicht nur, weil die eigene Geburt und das eigene Sterben in den meisten Kulturen als Rahmen für die eigene Geschichte gilt, sondern auch, weil sich Lebensabschnitte und damit verbundene Identitätsbilder immer wieder metaphorisch an den Figuren von Geburt und Tod orientieren.

Vor diesem Hintergrund bietet die Ritualforschung – v. a. im Kontext der Erforschung von Initiationsritualen – anschauliche Beispiele der Leistungen sog. liminaler Phasen.

So hat van Gennep (1986) auf die spezifische Gestaltung ritueller Räume sowie auf die Übergänge zwischen diesen Räumen hingewiesen, die einen Überschuss an liminalen Erfahrungen bieten sollen. Wie bekannt folgen für van Gennep Rituale einem (räumlichen) Dreischritt, der von der Ablösung (*rites de separation*) über die Umwandlung (*rites de marge*) hin zur Angliederung (*rites d'agrégation*) führt. Die *Rites de passage* sorgen v. a. dafür, dass die prekären Übergänge der Lebens- und Statuspassagen nicht irritiert und gestört werden. Liminale Räumlichkeiten ermöglichen nun in besonderem Maße Emotionalitäten der Umwandlung und des Dazwischen, die von den Initianden als prekär, ja lebensbedrohlich erlebt werden. Liminale Phasen sind oftmals mit traumatischen Erfahrungen verknüpft, in denen es auch, zumal in sog. schriftlosen Kulturen, buchstäblich um Leben und Tod geht. Diese sorgfältig inszenierten und im hohen Maße dramatisierten Übergangsrituale sind in vielen Fällen mit schmerzhaften Prozeduren der Amputation, Tätowierung und Verstümmlung verbunden und erzeugen so ein dauerhaftes System der Einschreibung kultureller Normen in den Körper (vgl. ebd., S. 76). Die rituelle Umwandlung soll dann die Wiederangliederung an die Gesellschaft kanalisieren und ermöglichen.

Victor Turner hat die Phase der Liminalität stärker auf einen politischen Kontext bezogen, doch bringt er sie ebenso wie van Gennep strukturell mit Geburts- und Todesvorstellungen in Verbindung (Turner 1989). Denn für ihn ist diese Phase durch das Verlieren aller bisherigen Eigenschaften und Identitäten gekennzeichnet. In der Liminaliät stirbt man einen symbolischen Tod, um so, als *tabula rasa*, der Gemeinschaft zu ermöglichen, „die ganze Skala ihrer Werte, Normen, Einstellungen, Empfindungen und Beziehungen der Kultur" (ebd., S. 102) in die anonymen Körper einzuschreiben und damit einen Seinswechsel hervorzubringen. Die damit verbundenen Degradierungen und Statuszerstörungen dienen als Bewährungsproben, in denen man die Initianden auf ihre neuen Verantwortlichkeiten und Pflichten vorbereitet: „Es muss ihnen klar gemacht werden, dass sie für sich genommen Ton oder Staub, also bloße Materie sind und ihre Form ausschließlich durch die Gesellschaft erhalten" (ebd., S. 103). Diese Schwellenzustände, die eine Situation des *betwixt* and *between* hervorrufen, sind in einem hohen Maße emotional aufgeladen, weil in ihnen gängige Differenzierungen (des Status', des Verhaltens, der Normen, des Heiligen etc.) nicht mehr greifen und zugleich neue Orientierungsmerkmale noch nicht etabliert worden sind. Menschen in liminalen Phasen erleben ihre Umwandlung oftmals als eine körperliche Transformation, in die physiologische und emotionale, motorische und kognitive Momente in einer intensiven Form verschränkt sind. Die Entdifferenzierung und das Chaos, die die Menschen in liminalen Situation erleben, bewirken die Ambiguität und Unbestimmtheit des Schwellenzustandes. So wird dieser „häufig mit dem Tod, mit dem Dasein im Mutterschoß, mit Unsichtbarkeit, Dunkelheit, Bisexualität, mit der Wildnis und mit einer Sonnen- oder Mondfinsternis gleichgesetzt" (ebd., S. 95).

Die hier skizzierten ritualtheoretischen Erkenntnisse zur Liminalität lassen sich analog auch für ein Verständnis von Trauer und Trauern fruchtbar machen, können diese doch in einem hohen Maße als liminale Phasen der Verschränkung von Tod und Geburt gelten. Damit wird zugleich deren Bedeutung in Bezug auf kulturelle und individuelle Identitätsentwürfe angesprochen.

In den Trauerdiskursen selbst steht wohl paradigmatisch die Trauer um einen konkreten toten Menschen im Mittelpunkt der Debatten; doch hat nicht nur die Existenzphilosophie – sondern auch die Psychoanalyse (vgl. Bittner 1995; Psycho-logik 2007) – auf die (metaphorische) Gegenwart des Todes im Leben und die mit ihr verbundenen Todes- und Trauererfahrungen hingewiesen (vgl. Theunissen 1991; Jankélévitch 2005). So führt etwa das Erleben der Vergänglichkeit der Dinge auch zu einem Miterleben der eigenen menschlichen Vergänglichkeit. Durch die Erkenntnis, dass das Leben ein kontinuierlicher Prozess zum Tode hin ist, lässt sich das gesamte Lebens als Sterbeprozess verstehen. Auch das Altern als Zunahme von Vergangenheit und als Abnahme von Zukunft kann einen stetigen Prozess der Zunahme der Vergegenwärtigung des Todes im Leben bedeuten. Ein vierter Bezug der Gegenwärtigkeit des Todes im Leben ergibt sich aus dem Vollzug des Lebens als Existieren: „Als Lebewesen auf unseren Tod hin lebend, leben wir als die, die ihr Leben führen, von unserem Tod her" (Theunissen 1991, S. 207 f.). Versteht man die Formel, dass der Tod einen Schatten über das Leben wirft, nicht metaphorisch, sondern existentiell, so erscheinen Phänomene wie Angst, Einsamkeit, Krankheit, Melancholie, Nacht, Schlaf, Übergangsrituale, Verlust, ja selbst Liebe oder Erotik (Bataille) als negative Vorspiele des Todes im Leben. Und wer schließlich die Kontingenz im Leben bedenkt, der bedenkt zugleich die Möglichkeiten der Distanz, der Verschiedenheit, der Abschiedlichkeit und des Abstandes.

Wer anthropologisch und bildungstheoretisch über das Trauern nachdenkt, sollte aber nicht nur den Tod, sondern auch die Geburt in den Blick nehmen. Denn Trauern verschließt nicht nur Möglichkeiten des menschlichen Lebens, sondern eröffnet ihm gleichzeitig Perspektiven. Trauern hat in diesem Sinne nicht nur etwas mit Abschieden, sondern auch mit Ankünften zu tun. *Bildungstheoretisch pointiert lässt sich also sagen, dass Trauern Ent-Bindung zur Bindung ist.* Durch den liminalen Charakter von Trauer, an deren Bruchstellen bisherige Relations- und Ordnungsstrukturen aufbrechen und in Kontingenz und Unordnung aufgehen, wird das Subjekt aus dem komplementären Bezug von Anfang und Ende, Abriss und Veränderung heraus ständig aufs Neue vor die Wahl gestellt, den wechselseitigen Bezug mit sich selbst und der Welt zu gestalten.

Ist Trauern einerseits ein Distanzierungsprozess, ein Prozess des Abschiednehmens und des Abstandgewinnens zu sich, zur Welt und zu anderen, so ist es andererseits ein Prozess der erneuerten Verbindung in diesen Hinsichten; somit erscheint das Leben als Prozess zwischen Geburt und Tod nicht nur als permanente Abwendung und Distanz, sondern zugleich als stetige Ankunft und Zuwendung (vgl. Zirfas 2009). In diesem Sinne lässt sich auch eine bildungstheoretische Perspektive auf die Geburt einnehmen. Und wenn es nicht zu missverständlich klänge, könnte man sagen, dass nicht nur jeder Tod, sondern auch jede Geburt einen Trauerfall darstellt. Denn auch Geburten sind – anthropologisch betrachtet – Entbindungsprozesse, die mit einer Fülle von Fremdheitserfahrungen verbunden sein können, wovon die Wochenbettdepression und das „Trauma der Geburt" (Rank) wohl die bekanntesten sein dürften. Bildungstheoretisch erscheint hier noch eine ungeheure Forschungslücke, die die im Abendland vorherrschende Fixierung auf das Ende des Lebens durch Reflexionen auf den Beginn des Lebens kompensiert. Lassen sich die Traueremotionen mit Blick auf Geburt und Tod komplementär zueinander oder synonym beschreiben? Geht es bei der Trauer der geburtlichen Entbindung um einen individuellen leiblichen Verlust, der durch eine neue soziale Bindung aufgehoben, und bei der Entbindung im Todesfall um einen sozialen Verlust, der letztlich nur individuell verarbeitet werden kann? Oder sind nicht beide Ent-Bindungserfahrungen elementare

Krisen- und Grenzsituationen, die mit den unterschiedlichsten emotionalen Trauergefühlen und unterschiedlichsten sozio-kulturellen Trauerpraktiken einhergehen?

Wesentliche Momente des Bildungsprozesses durch die Trauer sind die Bildung durch Zeit, durch Entbindung und durch Selbstfremdheit. Trauer ist eine Emotion, die sich im Vergleich zu anderen Emotionen wie Zorn oder Neid v. a. durch eine besondere Zeitlichkeit unterscheidet. In der Trauer ist man auf die Vergangenheit und das verlorene Gegenüber fixiert. Wurde im vorherigen Abschnitt von Tod und Geburt als wesentlichen biografischen Eckpfeilern gesprochen, so geht die liminale Dimension der Trauer noch darüber hinaus. Nicht die Widerfahrnisse selbst werden zur Geschichte, sondern ihre Verzeitlichung (vgl. dazu Liebsch 2006, S. 195, der darstellt, wie in den vergangenen Jahren vielfach der Zusammenhang von Zeit und Geschichte *narrativistisch* aufgefasst wird, v. a. in Hinblick auf die Bedeutung der Erfahrung). Ihre Anordnung in einer zeitlichen Reihenfolge, der sich auch der Verlust unterzuordnen hat, macht dessen Tragik aus. Nach Burkhard Liebsch zeigen sich jedoch in „Abwesenheit, Entzug und Verlust [...] Momente der Zeiterfahrung, die sich nicht in der Erfahrung des Vergehens von Zeit und in ihrem kontinuierlichen ‚Ablauf' erschöpfen", womit er unter Rückgriff auf Paul Ricœurs Zeitphänomenologie auf das „Andere" der Zeit hinführen will. Darin zeigt sich v. a. eine Deutung der Trauer als eine Erfahrung der Zeit als endliche (vgl. Ricœur 2000). Bilder des Vergehens, der Zerrüttung, des allmählichen Versin oder des ungesättigten Endes, wie sie auch bei Boros (1958) zu finden sind, stehen dafür (vgl. Liebsch 2006, S. 199).

Aber allein im Bewusstsein der Endlichkeit geht die Zeitlichkeit von Trauer nicht auf. Dem radikalen Eingestehen eines nicht wieder gutzumachenden, unumkehrbaren Verlusts, der die Zeit des Trauernden anzuhalten scheint, schlägt zugleich die Unbarmherzigkeit der steten Veränderung entgegen. Die Andersartigkeit jeden Moments, das Chaos, in dem nur die Ewigkeit des steten Anfang und Endes, Entstehens und Zerfallens sicher ist: „Ich weiß jetzt, dass meine Trauer *chaotisch* sein wird" (Barthes 2010, S. 41). Die Trauer spannt sich somit zwischen dem nicht wieder gutzumachenden Verlust und der notwendigen Veränderung auf.

Jan Assmann klärt hierbei den Zusammenhang von Trauer, Gedächtnis und Identität (Assmann und Hölscher 1988, S. 10; vgl. Assmann 1992). Was er mit Blick auf das kollektive, insbesondere das kommunikative Gedächtnis beschreibt, gilt auch für das individuelle: Erinnerungen, sozial vermittelt oder individuell, bauen ein Netz aus Unterscheidungen, lassen uns scharf trennen zwischen Eigenem und Fremdem, Anfang und Ende, Vergangenheit und Zukunft. Sind die vom kollektiven Gedächtnis gezogenen Grenzen Grundsteine für kollektive Identitäten, so ist auch das individuelle Gedächtnis identitätskonkret. Assmann beschreibt dabei den Tod als kardinale Herausforderung für das Gedächtnis (vgl. Liebsch 2006, S. 172). Der Tod mache die Ur-Erfahrung jenes Bruchs zwischen Gestern und Heute aus und stelle das Subjekt vor die Entscheidung zwischen Verschwinden und Bewahren; er stellt für Assmann daher auch das zentrale Thema einer Kultur dar (Assmann 2000, S. 33, 14 f.).

Wie Erfahrungen von Tod und Geburt als relevant rekonstruiert und für die Konstruktion eigener Identitätsentwürfe aggregiert werden, hängt dabei im hohen Maße vom Zeitgeist ab – Stichworte wie Individualisierung und Pluralismus sowie Entwicklung der Wissenschaften sollen genügen, um auf das zu verweisen, was hiermit gemeint ist.

Eva Illouz etwa lässt in ihren Untersuchungen zu Gefühlen in Zeiten des Kapitalismus nachvollziehen, wie Veränderungen der psychologischen Theorie v. a. in Hinblick auf die Überwindung des freudschen Determinismus die Verantwortung für den Umgang mit Emotionen zunehmend dem Subjekt zuschreiben. Vorgefasste Formeln für moderne Selbstnarrative bietet dabei die inzwischen alltagspräsente Therapiesprache, die sich nicht mehr nur über Ratgeber im Taschenbuchformat und den privaten Therapeuten verbreitet, sondern auch über Fernsehtalkshows und Internetforen. Normatives Ziel dieser Narrative sind u. a. die individuelle Selbstverwirklichung und multiple Leistungsfähigkeit. Die Verantwortung dafür obliegt jedem selbst, im kompetenten Umgang mit seinen Gefühlen (Illouz 2007, S. 65 ff).

Welche Überlegungen lässt nun diese von Illouz dargestellte Perspektive zur Bedeutung von Tod und Geburt für subjektive Identitätsentwürfe zu? Zwar definieren demzufolge moderne Narrative der Selbstverantwortung und Selbstverwirklichung weitgehend den richtigen Umgang mit Trauer und das richtige Maß zu trauern, jedoch nur, insofern das Subjekt mit seiner Trauer an der Öffentlichkeit partizipiert. Das Gefühlsleben selbst und die Bewältigung liminaler Phasen werden zur Privatsache. Rituelle Umwandlungen verlieren ihre Eindeutigkeit und ihre normative Bindung. Dies lässt zum anderen auch, wenn man es positiv wenden will, Spielräume zu. Erfahrungen von Tod und Geburt und das Trauern werfen Fragen auf, deren Beantwortung nicht mehr eindeutig ist. Fehlt auf der einen Seite die öffentliche Aufmerksamkeit gegenüber der Trauer, ist das Subjekt stärker gefordert, individuelle Trauer- und Identitätsentwürfe zu gestalten. Der Bildungsprozess durch Trauer bringt insbesondere dadurch, dass die Emotion der Trauer im besonderen Maße von öffentlicher Ignoranz betroffen ist, plurale und konträre Selbst- und Weltbilder hervor.

Die Erfahrung des Verlusts ist daher nicht mit dem Verlust selbst gleichzusetzen, wie das plötzliche Fehlen eine Puzzleteils, das ein Loch in einem Bild hinterlässt. Trauer entspricht einem Zeitbewusstsein, das erst im Nachvollzug des Verlusts zum Vorschein tritt, nämlich im Erleben der Zeit und im Sinnverstehen. Die Trauer führt uns an die Grenzen des Zeitverstehens, des Verstehens von uns selbst und der Welt. Sie ist ein Grenzphänomen, das die Grenze der alltäglichen Zeitwahrnehmung tangiert. So schreibt Roland Barthes, dass die Trauer „unveränderlich und sporadisch ist: Sie *vergeht nicht*, weil sie nicht andauernd ist" (Barthes 2010, S. 105). Während so die Zeit die Wunden der Emotionalität heilen kann, bleibt die Stimmung des Kummers durchaus vorhanden. Die Trauer hat ihre eigene Moral. Sie macht deutlich, was Menschen wollen und was sie nicht wollen. Trauer ist ein emotionales Grenzphänomen, das sich gegen den Zerfall, gegen das Verschwinden und Verschwenden, das Teilnahmslose und Egalitäre richtet.

Die Trauer um den toten Anderen konfrontiert den Menschen mit der Radikalität des eigenen Todes, mit der Unvertretbarkeit der Sterblichkeit und mit der Sinnlosigkeit der Endlichkeit. Die Trauer lässt die Menschen die radikale Fremdheit des Seins und die Ohnmacht gegenüber der steten Veränderung erfahren: die Andersartigkeit jeden Moments – das emotionale Chaos ohne Sicherheit – auf der einen Seite und gleichzeitig die Ewigkeit des Todes auf der anderen Seite. Trauer verweist auf das radikale Ausgesetztsein des Menschen im steten Kreislauf von Geburt und Tod.

Die folgende Tabelle soll die bisherigen Überlegungen in einem Überblick bündeln und zugleich den Versuch unternehmen, die Gefühlsaspekte dieses komplexen Trauergefühls mit Blick auf die Bildungsdimensionen auszudifferenzieren. Aus Raumgründen kann dieser Überblick allerdings nicht in allen Details und Zusammenhängen entfaltet werden, so dass er nicht mehr als einen vorläufigen Charakter beansprucht.

Dimensionen der Bildung	Selbstverhältnis	Sozialverhältnis	Weltverhältnis
Theoretische Bildung	Banalität, Ambivalenz	Einsamkeit	Kontingenz, Endlichkeit
Praktische Bildung	Erinnerung, Fixierung	Hilflosigkeit	Stillstand, Blockade
Ästhetische Bildung	Leere, Schwere, Verzweiflung	Egoismus	Lust- und Sinnlosigkeit

5 Die pädagogische Bildung der Trauer

In diesem letzten Teil sollen Möglichkeiten des individuellen und pädagogischen Umgangs mit der Trauer beschrieben werden. Wie geht man um mit der Sehnsucht nach der verlorenen Person, der Wut, sie nicht finden zu können, mit der Angst verlassen worden zu sein, mit dem Empfinden der Schuld, verantwortlich für den Tod zu sein, oder dem Zorn gegenüber dem Schicksal, Personen oder Institutionen, die man für den Tod verantwortlich macht? Und wie kann man Trauerprozesse pädagogisch begleiten?

Hannes Stubbe hat in seiner kulturanthropologischen Studie über die Formen der Trauer auf die Differenz zwischen dem Trauern, d.h. den Riten und Praktiken und der Trauer, dem Erleben (und Verhalten) unterschieden. Er zählt dabei zwölf typische Bestandteile der Riten auf, die er als Traueruniversalien kennzeichnet: Weinen, Körperbehandlung (Beschmutzung, Bemalung), Kleidung, Verzichte und Verbote, Mutilation, Destruktivität, Klagen und Gesänge, Grabbeigaben, Zeremonien nach der Beisetzung, Beendigungsriten, zeitliche Rhythmen und schließlich das „Phänomen der verkehrten Welt" (Stubbe 1985, S. 14 ff.). Alle diese Momente lassen sich für eine pädagogische Theorie der Bildung der Trauer fruchtbar machen, doch soll hier lediglich ein Moment herausgenommen werden, das noch einmal den liminalen Charakter des Trauerns unterstreicht, nämlich der Topos der verkehrten Welt. Trauern zielt hier auf eine Umkehrung der geltenden Zustände, auf Riten des Umbruchs und des Durchgangs. Trauerriten sind in vielen Ethnien als „völlige Umkehrung und Gegensätzlichkeit zu dem sonst üblichen Alltagsverhalten" (ebd., S. 141; vgl. S. 329 ff.) konzipiert. Hierbei liegt ein mimetisches Konzept zugrunde, das die Trauernden in einen Zustand versetzen soll, der dem des Toten gleicht, der sich gleichsam in einer Zwischenwelt – zwischen den Lebenden und den Toten – aufhält. Damit der Trauernde mit dem Toten kommunizieren kann, muss er sich ihm angleichen und ebenfalls einen „sozialen Tod" sterben; hierbei geht es zentral um die zeitliche Diskontinuität: „Die soziale Zeit ist hiernach durch Diskontinuität charakterisiert, und der kontinuierliche Ablauf der normalen, gleichsam ‚säkularen' Zeit wird durch Intervalle heiliger Nicht-Zeit unterbrochen, die im Zustand der Trauer besteht" (ebd., S. 143). Der Umgang mit Tod wird in einen Übergangsritus verwandelt, der der Macht des Todes die kulturelle Form des Trauerns entgegenhält und die Traueremotionen für eine Umwandlung funktionalisiert.

Diese Traueremotionen werden von Stubbe mit einer Fülle von Phänomenen in Verbindung gebracht, die von den Lähmungen der Vitalfunktionen, Konzentrations- und Gedächtnisstörungen über den Hang zur Einsamkeit und die Trauerstarre, Unlustgefühle sowie Selbst- und Fremdaggressivität bis hin zur Angst und dem Gefühl der Anwesenheit des Verstorbenen reichen. Ob und inwieweit man in diesem kultur- und transanthropologischen Ansatz von einem natürlichen, spontanen Ausdruck der Trauer sprechen kann, sei einmal dahingestellt. Sicher erscheint, dass das Trauern als Praxis und Ritual Formen des Lebens und Sterbens nachbildet, die mit emphatischen und normativen Formen versehen sowie stilisiert und ästhetisiert werden. Die Trauer erscheint als ritueller Bildungs- und Entwicklungskatalysator angesichts eines aussichtslosen Verlusts.

Aus psychologischer und psychoanalytischer Perspektive ist immer wieder auf einen typischen Trauerprozess aufmerksam gemacht worden; das nicht-pathologische Trauern, so wird konstatiert, verläuft über qualitativ unterschiedliche identifizierbare Stadien. So etwa findet man bei Bowlby (2001, S. 107 ff.; vgl. auch S. 67 ff.) die Abfolge von Betäubung, Sehnsucht/Auflehnung, Verzweiflung und Loslösung/Reorganisation oder bei Kast (1997, S. 61 ff.) die Phasen des Nicht-wahrhaben-Wollens, der aufbrechenden Emotionen, des Suchens und Sich-Trennens und des neuen Selbst- und Weltbezuges.

Aus bildungstheoretischer Sicht lässt sich ein eng an das oben skizzierte ritualtheoretische Schema von van Gennep angelehntes Modell von vier Phasen entwerfen, die vom Bruch über das Festhalten und das Chaos bis zur Neuordnung reichen. Jeder Veränderungsprozess beginnt mit dem Aufbrechen bisheriger Vorstellungen und Bilder. Je prägender diese für das Verständnis von Selbst und Welt und damit relevanter für subjektive Identitäten sind, umso stärker wird durch das Festhalten an bisherigen Selbstverständlichkeiten und Gewohnheiten die Sorge um die eigene Identität zum Ausdruck gebracht. Der Wegfall wesentlicher Elemente dieser Selbst- und Weltbilder, die diese legitimierten, hinterlässt in der Folge ein Chaos, das als ein solches erfahren wird, weil die bisherigen Inkongruenzen eigener Bilder nicht als solche wahrgenommen wurden. Erst die neue Bruchstelle legt die Inhomogenität und Kontingenz des bisher in ein einheitliches biografisches Bild gefügten Selbstverständnisses frei.

Aus dem Blickwinkel der Emotionen geht es daher pädagogisch wohl zunächst um das Zulassen der Gefühle. „Sehnsucht nach dem Unmöglichen, maßlose Wut, ohnmächtige Trauer, Ekel bei der Aussicht auf Einsamkeit, Bedürfnis nach Mitgefühl und Unterstützung" (Bowlby 2001, S. 123), das sind die Gefühle, die geäußert und so weit wie möglich verstanden werden müssen. Bildung ist hier hermeneutische Gefühlsarbeit. Hierbei kommt es zum einen auf das Zulassen und Ausagieren der Trauer und zum anderen auch auf die Anerkennung dieser Gefühle an. Durch das Wechselspiel von emotionalem Ausdruck, Selbstwahrnehmung und pädagogischer Rückmeldung soll ein Bildungsprozess in Gang kommen, der transparent und beeinflussbar ist. Es geht darum, Erfahrungen und Erkenntnisse im Umgang mit der Trauer zu vergegenwärtigen, die dem Trauernden dabei helfen, sein Leben neu zu adaptieren, zu assimilieren und umzustrukturieren.

Für einen gelungenen Trauer- und Bildungsprozess scheint der Umgang mit der Wut und der Aggressivität von besonderer Bedeutung. Gerade den negativen Affekt der Wut zuzulassen, gilt als Bedingung dafür, sich wieder neu auf sich und die Welt einlassen zu können. Schon Hegel hatte in seinen bildungstheoretischen Reflexionen darauf hingewiesen, dass das „Verweilen" angesichts des „furchtbaren Todes" eine „Zauberkraft" entfaltet, die das Subjekt „in das Sein umkehrt" (Hegel 1981, S. 36). Denn hier macht das Subjekt die Erfahrung, die „ungeheure Macht des Negativen" aushalten und ertragen zu können: „und das Tote festzuhalten [ist] das, was die größte Kraft erfordert" (ebd.). Der Trauer liegt mithin eine Anthropologie der Gewalt zugrunde, die gerade im Umgang mit der Emotion Wut zum Ausdruck kommt. Die Bedeutung der Wut sieht Bowlby dementsprechend darin, „den mühsamen Anstrengungen, die verlorene Person sowohl wiederzugewinnen als auch sie davon abzuhalten, wieder wegzugehen [...] zusätzlich Kraft zu verleihen" (S. 71). Es ist die Auseinandersetzung mit dem sich entziehenden Negativen, die wütend macht und die die Kraft verleiht, sich mit dem Tod sozusagen von Angesicht zu Angesicht auseinanderzusetzen, um dann die Erfahrung zu machen, dass man ihn aus- und durchhält, indem man ihn als einen unumkehrbaren Sachverhalt akzeptieren lernt. Nur die emotional-aggressive Erfahrung des Todes ermöglicht einen Zugang zum Tod, der auch die Möglichkeit bietet, sich wieder von ihm zu lösen. Löst damit die Aggressivität der Wut eine Erfahrung der Nichtwiedervereinigung, d.h. eine radikale Fremdheit aus, die dann die Bildungsprozesse in Gang bringt? Müssen Menschen erst die Erfahrung eines fundamentalen Entzugs machen, um sich wieder auf sich, andere und die Welt beziehen zu können? Wird in der Trauer nicht nur ein Welt*entzug* in einen neuen Welt*bezug*, ein Anderer*entzug* in einen neuen Anderen*bezug*, sondern v.a. ein Selbst*entzug* in einen neuen Selbst*bezug* transformiert? Vom modernen pädagogischen Bildungsbegriff aus gedacht, für den Bildung Selbstbildung ist, wäre dann die Frage nach dem Zusammenhang von Trauer und Selbstfremdheit, von Trauer und Selbstverlust die entscheidende Frage. Steht im Mittelpunkt der Trauer die Trauer um den Verlust des anderen, um den Verlust einer sicheren und bergenden Welt oder die Trauer um sich selbst? Wie verhalten sich die beiden häufigen Reaktionen der Trauer, Wut und Weinen, zum Bildungsprozess?

Wenn das Modell der Bildung als transformatorischer Wechselwirkung plausibel ist, so wird – nicht nur metaphorisch gesprochen – durch den Trauerprozess der Mensch trauriger und die Trauer menschlicher. Der Mensch wird für das Trauern und die Trauer wiederum für den Menschen aufgeschlossen; denn mit diesem wechselseitigen Aufgeschlossensein geht auch ein wechselseitiges Erschlossensein einher (vgl. Klafki 1965, S. 43). Mit dem Trauern wird dann der Verlust, etwa der Tod eines anderen Menschen, zu einem Teil des Selbst; doch ist dieses Erschließen des Verlustes wiederum kein Verlust, sondern ein Gewinn, da damit die Aufgeschlossenheit für die Endlichkeit, Vergänglichkeit und Abschiedlichkeit einhergeht. Dadurch, dass der oder das verlorene Andere unwiederbringlich verloren und die Ent-Bindung radikal ist, lässt sich dieser Prozess im wahrsten Sinne des Wortes als not-wendig begreifen. Die Grenze der radikalen Fremdheit nötigt Menschen in hohem Maße zur Bildung und zum Umlernen. So führt das Anerkennen der Kontingenz nicht selten zu einer Besinnung über das, was für das eigene Leben nicht kontingent ist. Und man kann in diesem Sinne fragen, ob nicht jedes Gefühl und gerade die Trauer auch eine eudämonistische Valenz besitzt, insofern es in ihr *auch* immer um das Wohlergehen und das Glück der Menschen sowie um das geht, was den Menschen bedeutsam erscheint.

Der Bildungsgehalt der Trauer liegt hier in der Anerkennung der menschlichen Fragilität. Trauern ist ein Prozess des Sterbenlernens – wenn denn Sterben lernen bedeutet, die Endlichkeit und Ohmacht auszuhalten, indem man sich in Abschiede, Trennungen, Rückzüge, Differenzen und Passivitäten im Leben einübt (vgl. Taureck 2004; Zirfas 2008). Der

Tod (des anderen) wird zum Bestandteil des Selbst. Die Anerkennung der Ent-Bindung gelingt nur dann, wenn man diese in sich selbst integriert, wenn man eine Bindung zu dieser Ent-Bindung eingeht. Nur dann ist sie im Grunde verfügbar. Denn der Verstorbene wird zu einer „inneren Figur": „sei diese, dass der Trauernde den Verstorbenen als eine Art inneren Begleiter erlebt, der sich auch wandeln darf, sei es, dass der Trauernde spürt, dass vieles, was zuvor in der Beziehung gelebt hatte, nun seine eigenen Möglichkeiten geworden sind" (Kast 1997, S. 72). Trauern meint in diesem Sinne nicht die bloße Hinnahme des Sterbens, sondern vielmehr eine Integration des Abschieds.

Literatur

Assmann, J. (1992). *Das kulturelle Gedächtnis*. München: Beck.
Assmann, J. (2000). *Der Tod als Thema der Kulturtheorie*. Frankfurt a. M.: Suhrkamp.
Assmann, J., & Hölscher, T. (Hrsg.). (1988). *Kultur und Gedächtnis*. Frankfurt a. M.: Suhrkamp.
Augustinus, A. (1988). *Bekenntnisse* (Hrsg. v. W. Thimme, 5. Aufl). München: Johannes.
Barthes, R. (2010). *Tagebuch der Trauer*. München: Hanser.
Bittner, G. (1995). *Das Sterben denken um des Lebens willen*. Frankfurt a. M.: Fischer.
Bollnow, O. F. (1943). *Das Wesen der Stimmungen* (2. Aufl.). Frankfurt a. M.: Klostermann.
Bollnow, O. F. (1959). *Existenzphilosophie und Pädagogik. Versuch über unstetige Formen der Erziehung*. Stuttgart: Kohlhammer.
Boros, L. (1958). Les catégories de la temporalité chez saint Augustine. *Archives de philosophie, 21*, 323–385.
Bowlby, J. (1983). *Verlust, Trauer und Depression*. Frankfurt a. M.: Fischer.
Bowlby, J. (2001). *Das Glück und die Trauer. Herstellung und Lösung affektiver Bindungen* (2. Aufl.). Stuttgart: Klett-Cotta.
Brathuhn, S. (2006). *Trauer und Selbstwerdung. Eine philosophisch-pädagogische Grundlegung des Phänomens Trauer*. Würzburg: Königshausen & Neumann.
Demmerling, Ch., & Landweer, H. (2007). *Philosophie der Gefühle. Von Achtung und Zorn*. Stuttgart: Metzler.
Döring, S. (2007). *Philosophie der Gefühle*. Frankfurt a. M.: Metzler.
Durkheim, É. (1987). *Der Selbstmord*. Frankfurt a. M.: Suhrkamp.
Engelen, E.-M. (2007). *Gefühle*. Stuttgart: Reclam.
Fink-Eitel, H., & Lohmann, G. (1993). *Zur Philosophie der Gefühle*. Frankfurt a. M.: Suhrkamp.
Freud, S. (1981). Trauer und Melancholie (1917). In *Studienausgabe* (Bd. III, S. 193–212). Frankfurt a. M.: Fischer.
van Gennep, A. (1986). *Übergangsriten*. Frankfurt a. M.: Campus.
Hastedt, H. (2005). *Gefühle. Philosophische Bemerkungen*. Stuttgart: Reclam.
Hegel, G. W. F. (1981). *Phänomenologie des Geistes* (5. Aufl.). Frankfurt a. M.: Akademie.
Heidegger, M. (1979). *Sein und Zeit* (15. Aufl.). Tübingen: Niemeyer.
Holzapfel, G. (2002). *Leib, Einbildungskraft, Bildung. Nordwestpassagen zwischen Leib, Emotion und Kognition in der Pädagogik*. Bad Heilbrunn: Klinkhardt.
Hühn, H. (1998). Art. Trauer, Trauerarbeit. In v. J. Ritter & K. Gründer (Hrsg.), *Historisches Wörterbuch der Philosophie* (Sp. 1455–1460). Darmstadt: Schwabe.
Illhardt, F. J. (1982). *Trauer. Eine moraltheologische und anthropologische Untersuchung*. Düsseldorf: Patmos.
Illouz, E. (2007). *Gefühle in den Zeiten des Kapitalismus*. Frankfurt a. M.: Suhrkamp.
Jankélévitch, V. (2005). *Der Tod*. Frankfurt a. M.: Suhrkamp.

Kast, V. (1997). *Trauern. Phasen und Chancen des psychischen Prozesses* (19. Aufl.). Stuttgart: Kreuz.
Katz, J. (1999). *How emotions work.* Chicago: University Of Chicago Press.
Kauppert, M. (2010). *Erfahrung und Erzählung. Zur Topologie des Wissens* (2. Aufl.). Wiesbaden: VS Verlag für Sozialwissenschaften.
Klafki, W. (1965). *Studien zur Bildungstheorie und Didaktik* (5. Aufl.). Weinheim: Beltz.
Klika, D., & Schubert, V. (Hrsg.). (2004). *Bildung und Gefühl.* Baltmannsweiler: Schneider.
Koller, H.-Ch., Marotzki, W., & Sanders, O. (Hrsg.). (2007). *Bildungsprozesse und Fremdheitserfahrung. Beiträge zu einer Theorie transformatorischer Bildungsprozesse.* Bielefeld: Transcript.
Liebsch, B. (2006). *Revisionen der Trauer. In philosophischen, geschichtlichen, psychoanalytischen und ästhetischen Perspektiven.* Weilerswist: Velbrück Wissenschaft.
Nussbaum, M. C. (2001). *Upheavals of thought. The intelligence of emotions.* Cambridge: Cambridge University Press.
Psycho-logik. (2007). *Jahrbuch für Psychotherapie, Philosophie und Kultur 2: Existenz und Gefühl.* Freiburg: Alber.
Ricœur, P. (2000). *Die Fehlbarkeit des Menschen.* Freiburg: Alber.
de Sousa, R. (2007). *Die Rationalität des Gefühls.* Frankfurt a. M.: Suhrkamp.
Stern, D. (2007). *Die Lebenserfahrung des Säuglings.* Stuttgart: Cotta.
Stubbe, H. (1985). *Formen der Trauer. Eine kulturanthropologische Untersuchung.* Berlin: Reimer.
Taureck, B. H. F. (2004). *Philosophieren: Sterben lernen?* Frankfurt a. M.: Suhrkamp.
Theunissen, M. (1991). *Negative Theologie der Zeit.* Frankfurt a. M.: Suhrkamp.
Turner, V. (1989). *Das Ritual. Struktur und Antistruktur.* Frankfurt a. M.: Campus.
Zirfas, J. (2008). Sterben lernen. Historische Anmerkungen zum philosophischen und pädagogischen Umgang mit der Endlichkeit. In K. Mitgutsch, E. Sattler, K. Westphal, & I. M. Breinbauer (Hrsg.), *Lernen. Pädagogische Beiträge zum Vollzug des Lernens* (S. 309–323). Stuttgart: Cotta.
Zirfas, J. (2009). Leben und Tod. Über die Unvermeidlichkeit des pädagogischen Umgangs mit menschlicher und weltlicher Kontingenz. In E. Liebau (Hrsg.), *Lebensbilder. Streifzüge in Kunst und Pädagogik* (S. 89–108). Oberhausen: Athena.
Zirfas, J. (2011). Bildung. In J. Kade, W. Helsper, Ch. Lüders, B. Egloff, F.-O. Radtke, & W. Thole (Hrsg.), *Pädagogisches Wissen. Erziehungswissenschaft in Grundbegriffen* (S. 13–19). Stuttgart: Kohlhammer.

Susann Böhner (M.A.), Wissenschaftliche Mitarbeiterin am Institut für Pädagogik an der Friedrich-Alexander-Universität Erlangen-Nürnberg. Arbeitsschwerpunkte: Pädagogische Anthropologie, Erziehungs- und Bildungsphilosophie, Kulturpädagogik und Ästhetische Bildung.

Jörg Zirfas, Dr. phil., Prof. am Institut für Pädagogik an der Friedrich-Alexander-Universität Erlangen-Nürnberg. Vorstandsmitglied des Interdisziplinären Zentrums Ästhetische Bildung der FAU und der Kommission Pädagogische Anthropologie der DGFE. Vorsitzender der Gesellschaft für Historische Anthropologie an der FU Berlin. Arbeitsschwerpunkte: Historische und Pädagogische Anthropologie Erziehungs- und Bildungsphilosophie, Kulturpädagogik und Ästhetische Bildung, Qualitative Bildungs- und Sozialforschung.

Primadonnen und Prostituierte
Zur Disziplinierung emotional motivierter Geschlechterverhältnisse im Musikleben des 19. Jahrhunderts

Sven O. Müller

Zusammenfassung: Emotionen im Musikleben entstehen durch Lernprozesse im Publikum. Sie bilden sich eher durch den Erwerb von Wissen und durch wiederholte Praktiken als durch spontane Eingebungen. Die Gestaltung der Emotionen ist ein Verhandlungsprozess, der Interessen und Wünsche sichtbar macht. Emotional motivierte Geschlechterbeziehungen entstanden in musikalischen Aufführungen. Viele Interpretationen des Publikums verweisen auf Vorstellungen von Männlichkeit und Weiblichkeit, auf die Abgrenzungen beider Geschlechter voneinander und auf die Konstruktionen emotionaler Visionen. Um das zu verdeutlichen, werden hier Geschlechterverhältnisse innerhalb des Publikums in den Opernhäusern in Berlin, in Wien und in London im 19. Jahrhundert untersucht. Der Beitrag verweist darauf, dass diese Emotionen nicht nur ästhetischen und erotischen Reizen folgen, sondern auch kommunikative Produkte sind. Der Erfolg gelernter Emotionen ermöglicht Musikfreunden, Zugehörigkeit und Fremdheit in einer Gesellschaft zu markieren. Emotionen im Musikleben lassen sich als ein Wille zum kontrollierten Kontrollverlust verstehen.

Schlüsselwörter: Musikalische Aufführungen · Publikumsverhalten · Emotionale Wahrnehmung · Geschlechterverhältnisse · Disziplinierung

Prima donnas and prostitutes – Disciplining emotional motivated gender relations in the musical life of the 19th century

Abstract: Opera houses and concert halls constituted important social spheres in nineteenth century Europe. The auditoriums became meeting-places where different classes and men and women interacted. Those places witnessed the competition between different gender concepts and modes of behaviour. Audiences in London, Berlin and Vienna adored female artists and originally accepted the presence of prostitutes. Since the 1850s the middle classes recognized their notions of order and made them visible by public demonstration of allegedly superior manners. Emotions were crucial to any community building process by providing criteria like "good taste" for in- and

---

© VS Verlag für Sozialwissenschaften 2012

S. O. Müller (✉)
Max-Planck-Institut für Bildungsforschung,
Lentzeallee 94, 14195 Berlin, Deutschland
E-Mail: omueller@mpib-berlin.mpg.de

exclusions. The article investigates how emotions enhance gender relations through and about music by structuring the processes of perception that result in music's meaning to audiences.

Keywords: Musical performances · Audience behaviour · Emotions · Gender · Disciplinary action

I

Das Hören von Musik bereitet vielen Menschen Vergnügen. Klänge und Töne bewegen die Hörer körperlich, sie verursachen intensive Gespräche und auffällige Verhaltensweisen. Das ist an vielerlei Orten zu beobachten: in Kirchen und vor dem Radio, in Opernhäusern des 19. Jahrhunderts und in Popkonzerten des 20. Jahrhunderts. Die Bewertungen und Bewegungen des Publikums in einer Aufführung sind keine oberflächliche Verschleierung gesellschaftlicher Tatsachen. Die Zeitgenossen verschaffen durch Darstellung und Kommunikation Gemeinschaftsentwürfen Geltung. Eine Aufführung entsteht durch ein Zusammenspiel, aus den musikalischen Reizen und aus den Bewertungen der Hörer.

Das Verhalten des Publikums zu untersuchen, ermöglicht es, den Umgang der Menschen mit ihren Emotionen im Musikleben zu erfassen. Musik verfügt über einen hohen emotionalen Wiedererkennungswert. Musikalische Aufführungen erlauben die Entschlüsselung der durch die gesprochene Sprache schwerer zu leistenden Mitteilungen emotionaler Zustände. Das Wissen über Stile, Sänger und Musikgruppen ist Herrschaftswissen, an welchem Gebildete entscheiden, wer zu ihnen gehört – und wer nicht. Emotionen verstärken gleichzeitig gegenseitiges Lernen und gegenseitige Entfremdung. Oft hassten die Musikliebhaber verschiedener Geschmackskulturen oder verschiedener Sänger einander, nicht obwohl, sondern weil sie mit den Werken anderer in Kontakt kamen (vgl. Bennett 1990; Small 1998; Dollase 2006; Sterne 2003, S. 1–29; Motte-Haber 2007, S. 19–32; Müller 2010, 2007).

Weil Emotionen Beziehungen zwischen Gruppen ermöglichen, ist ihre kommunikative Funktion interessant. Musikalisch motivierte Emotionen intensivieren die Kommunikation, wodurch sie der Musik in der Perspektive des Publikums Bedeutung verleihen. Sie strukturieren soziale Praktiken, beeinflussen die Wahrnehmung und das Verhalten der Hörer. Aus Zuhörern werden durch die Projektion von Emotionen Akteure. Sie werden durch die gespielte Musik nicht einfach „bewegt", sondern nutzen diese, um kulturelle Identitäten zu schaffen oder gesellschaftliche Positionen zu besetzen. Namentlich das Bürgertum nutzte im Musikleben des 19. Jahrhunderts Emotionen zur Bildung und Disziplinierung seines Verhaltens (vgl. Frevert 2009; Ciompi 1997; Gerhards 1998; Vester 1991; Döring 2009; Frevert et al. 2011; Ciompi und Endert 2011).

Sicher scheint, dass viele Hörer sich durch musikalische Aufführungen zu einer emotionalen Gemeinschaft verbinden. Es kommt darauf an zu fragen, inwieweit öffentlich gespielte Musik soziale Verhaltensweisen prägte und die Herausbildung von Gruppen erleichterte. Bislang ist diese Wechselwirkung nicht hinreichend geklärt worden. Nach dem heutigen Kenntnisstand der Forschung ist es noch unklar, ob durch die Emotionen in musikalischen Aufführungen neue soziale Verbände entstanden – oder ob umgekehrt bereits bestehende Gemeinschaften so auch auf musikalischer Ebene interagierten (vgl.

Juslin und Sloboda 2001; Cook und Dibben 2001, S. 37 f.; DeNora 2001, S. 164–169; Sloboda und O'Neill 2001; Bradley 2009; Budd 1992; Finnegan 2003).[1]

Emotionen wirken als kulturelle Zuschreibungen, die durch Lernprozesse erworben werden. Die Präsenz musikalischer Emotionen ermöglicht das Erlernen sozialer und kultureller Verhaltensmuster. Doch keine gesellschaftlichen Verbände und auch keine Gemeinschaften von Musikfreunden bestehen auf Dauer. Emotionen existieren im Musikleben erst durch regelmäßigen Zugriff und langfristiges Lernen. Sie ereignen sich nicht nur durch spontane Eingebungen, nicht durch eine einzige Vorstellung, durch ein einzelnes Lied auf einem Fest. Die Gestaltung der Emotionen im Musikleben ist ein Verhandlungsprozess, der Interessen und Wünsche sichtbar macht. Die Erfüllung oder die Übertretung körperlicher und moralischer Regeln waren oft erlernte Emotionen eines Lebensstils.

Die Praktiken und die Regeln des Musikkonsums der bürgerlichen und adeligen Elite in den Opernhäusern der europäischen Metropolen im 19. Jahrhundert veranschaulichen die erotischen Phantasien um Gesangsstars beiderlei Geschlechts, die durch das Publikum zu Künstlern und Künstlerinnen der Gesellschaft aufstiegen. Der Glanz der Virtuosen evozierte eine Vielzahl an Visionen des Publikums. Besonders ein Reiz ist zu beobachten, der über die musikalischen Qualitäten der Musiker oft hinausging: das Erleben des anderen Geschlechts. Geschlechterbeziehungen entstanden durch musikalische Aufführungen. Geschlechtsspezifische Interpretationen von Auftritten verweisen auf Vorstellungen von Männlichkeit und Weiblichkeit, auf die Abgrenzungen beider Geschlechter voneinander und auf die Konstruktionen kultureller Visionen (vgl. Scott 1999, S. 28–50; Butler 1990; Kessel 2005; Kühne 1996, S. 22–24; Frevert 1995).

Um das zu verdeutlichen, werden hier emotional motivierte Geschlechterverhältnisse innerhalb des Publikums in den Opernhäusern in Berlin, in Wien und in London im 19. Jahrhundert untersucht. Es geht um Geschlechterbeziehungen zwischen Publikum und Primadonnen und zwischen Publikum und Prostituierten. Kontrollverluste im Musikleben waren oft emotionale Strategien, Versuche öffentlicher Freiheit. Musik hatte nicht nur eine disziplinierende, sondern auch eine entgrenzende Wirkung. Gewollte Kontrollversuche veränderten musikalische Aufführungen. Es geht um das Verhalten des Publikums, das versuchte, seine Bewegungen und Äußerungen zu disziplinieren. Die Frage ist, ob Gefühlsprämissen das einengten, was überhaupt gefühlt werden konnte und durfte. Warum und inwieweit wurden verehrte Künstler als Abbilder von Männlichkeit und Weiblichkeit rezipiert? Erklärungsbedürftig ist, dass musikalische Aufführungen nicht nur die verschiedensten Sinne, sondern auch emotionale Verhaltensmuster des Publikums stimulierten. Was galt als akzeptierter sinnlicher Reiz, was als potentielle Bedrohung? Waren die Diskurse über die Geschlechter, das Verhalten der Männer gegenüber den Frauen integrative Elemente der Harmonie im Musikleben oder konfliktbelastete Streitobjekte? Welche Benimmregeln und Gewohnheiten im Spielbetrieb wurden vom Publikum erlernt, welche vermieden?

Die Entschlüsselung der akzeptierten und verworfenen Männer- und Fraueinideale auf den Bühnen ermöglicht Einblicke in die kulturelle Repräsentation im 19. Jahrhundert Dazu ist eine nicht nur additive Interdisziplinarität notwendig, selbst wenn die Beschäftigung mit übergreifenden Themen und Fragen die Gefahr einer unzulänglich differenzierenden Argumentation birgt. Zu zeigen ist, wie die Aufführung von Musik, wie Sinnlichkeit und Sitte ineinanderwirkten.

Vollkommene und als unvollkommen bewertete Geschlechterbilder interessierten die Musikliebhaber. Zunächst geht es um die emotional motivierte Bewertung und Verehrung namhafter Künstler, dann um den unsicheren Umgang des Publikums mit der Prostitution in den Berliner, Wiener und Londoner Opernhäusern in der Mitte des 19. Jahrhunderts. Der Blick reicht hier von der öffentlichen Wahrnehmung begehrter Virtuosen und Virtuosinnen (Teil II: Franz Liszt, Jenny Lind und Enrico Caruso) bis hin zur verbreiteten Prostitution in Opernhäusern (Teil III). Die Auftritte dieser Virtuosen in den größten Metropolen Europas bieten den zusätzlichen Vorzug einer vergleichenden Perspektive, einer Untersuchung kultureller Angleichung oder Abgrenzung in Europa.

Eine Einschränkung vorweg: Die Geschlechtergeschichte der Kunstmusik verheißt einen eher geringen Mehrwert. Denn es überrascht kaum, dass auch musikalische Aufführungen durch den Blick des Publikums auf Männer-, Frauen- und Körperbilder gelangen. Die Geschlechterperspektive auf den Spielbetrieb verdient dennoch eine besondere Beachtung, weil sie erwartete und überraschende Beziehungen zwischen Künstlern, Publikum und Presse erkennen lässt. Denn die Wahrnehmung öffentlich auftretender Frauen und Männer im Musikleben reflektierte nicht nur die Differenz, sondern auch die Verbundenheit der Besucher einer Aufführung. Regelmäßig wiederholte Genderbilder im Opern- und Konzerthaus konnten Gruppen erschaffen, weil die Entdeckung zumal des weiblichen Körpers eine Analogie zwischen Individuum und Gemeinschaft setzte (vgl. Wagner 2004; Biddle 2003).

II

Die endlosen enthusiastischen Berichte über Instrumentalisten und Primadonnen in der Presse des 19. Jahrhunderts veranschaulichten, wie musikalische Aufführungen Männer- und Frauenbilder durchsetzten. Künstlerinnen auf der Bühne waren nicht nur gut, sondern auch schön. Von den Zeitgenossen wurde Jenny Lind als „schwedische Nachtigall" geliebt. Diese Primadonna Assoluta wurde durch ihre allabendliche Erscheinung und durch die tägliche Berichterstattung zu einem Frauenideal der Männer. Die Männerfantasie des Berliner Kritikers Ludwig Rellstab stilisierte auf diese Weise die Starsopranistin: „Am Sonntag Norma, Jenny Lind. [...] Sie ist kein Nachbild irgend einer anderen Künstlerin, sie ist eine völlig selbstständige Erscheinung, die wir [...] die *vollendete Weiblichkeit* des Gesanges nennen würden. [...] Eine edle Anmuth bezeichnet jede ihrer Bewegungen, die eben so weiblich sind, wie der liebliche Ausdruck des Gesanges" (*Vossische Zeitung*, 17.12.1844). In ähnlicher Wertung, noch dazu mit einem makellosen Blick auf ihre Schönheit nebst wohlgeformter Figur, hieß es in der Londoner Presse: „[A] humane voice divine. [...] Nobody left the theatre that night without feeling that she was ‚beautiful!' [...] She is of good height, and well formed; her features are sweetness; her movement is full of grace" (*The Spectator*, 08.05.1847, S. 443).

Musikalische, sprachliche, bildliche und v. a. soziale Interpretationen machten aus den Bühnenstars Männer und Frauen. Die Wiederholungen der Aufführungen bestimmten dabei die Regel. Aufgrund der durch die Zuschauer, Journalisten und Grafiker ermöglichten Wiedererkennbarkeit entstand die musikalische Geschlechterordnung (vgl. Oster et al. 2008, S. 10–17). Für Jenny Lind hieß das zusätzlich: Eine Primadonna Assoluta wurde durch ihre allabendliche Erscheinung und durch die tägliche Berichterstattung zu einem Frauenideal ihrer Zeit, zum „Adel echter Weiblichkeit" mit einem „Anflug einer geistigen Jungfräulichkeit" (*Allgemeine Wiener Theaterzeitung*, 24.4.1846, S. 391). Diese ideale Frau hatte nach Meinung der schreibenden Zeitgenossen nicht nur vollkommen und übermenschlich zu erscheinen, sondern als Frau und Freundin, als Mensch und Mutter durch die Darbietung ihrer Kunst mitten im Leben zu stehen. Kurzum: Aufführungen setzten Normen. Lind gebe ihren Betrachtern eine „verwirklichte Erscheinung der Reinheit, der Unschuld. [...] Eine geniale Künstlerin [...] muss alle Situationen gelebt haben, wenigstens sie immer leben können, sie muss Weib, Geliebte, Mutter und – Künstlerin in sich aufgehen lassen, als Wunderblüthe in entsprechender Wahrheit" (*Neue Berliner Musikzeitung*, 1/1847, S. 119; vgl. Brandt 2010).

Von entscheidender Bedeutung für den Ruhm und die Karriere der bekannten Musiker war neben der körperlichen Schönheit ihr jugendliches und attraktives Aussehen. Physische Attraktivität war bei manchen Männern gewünscht, bei Frauen unerlässlich. George Bernhard Shaw urteilte einsichtig und ironisch über diese musikalischen Männerfantasien: „A concerto must have a hero or a heroine; and every plucky and passable pretty feminine violinist under thirty is a heroine in the imagination of the male audience" (Shaw 1932, S. 92). Anblick und Auftreten sollten das männliche Publikum nicht nur erwärmen, sondern den geltenden Erwartungen entsprechend auch körperlich reizen.

Maria Malibran brachte als Leonore in Beethovens *Fidelio* das Publikum zum Weinen – auch das weibliche: „When the heroine, after the exertion of courage and energy, which have saved her husband's life, sinks to the ground exhausted and fainting, the whole of the female part of the audience, and many, too, of the sterner sex, were dissolved in tears" (*The Morning Chronicle*, 10.05.1836). Tränen waren aber bei Männern und Frauen in allen hier untersuchten Städten gleichermaßen zu beobachten. Lind rührte die Wiener Zuschauer genau wie die Londoner, denn sie löste unter ihren Anhängern durch ihr Auftreten eine kaum kontrollierbare Bandbreite von Emotionen aus: Leidenschaft und Leiden, Freude und Herzklopfen: „So gerade, nur so, nehmen wir im Anhören der Lind, muß ein menschliches Herz in Freud und Leid der Liebe jubeln, und weinen – in Tönen. [...] Wenn sie jene Leidenschaft Kund gibt, die mit ‚Eifer sucht, was Leiden schafft', geschieht es mit demjenigen seelenhaften Zauber, der ein abgewendetes Männerherz an eine verlassene Weiberbrust zurückzuführen pflegt" (*Allgemeine Wiener Theaterzeitung*, 01.05.1846, S. 414, 25.04.1846, S. 933).

Im Spiel von Sinnen und Sitten kam den Bildern über diese Virtuosen eine besondere Funktion zu. Bühnenauftritte großer Künstler waren Gesamtkunstwerke, die dem Zuschauer zu den gesellschaftlichen und akustischen eben auch optische Reize boten. Eines der berühmtesten Beispiele der männlichen Gier nach den weiblichen Reizen der Jenny Lind stellt eine Hamburger Karikatur aus dem Jahre 1845 dar (Abb. 1).

In einer Opernszene steht die sich verneigende Sängerin vor einem nicht musizierenden Orchester, das offenbar aufgrund des Publikumslärms zu spielen nicht mehr in der Lage ist. Hunderte Männer drängen von ihren Plätzen, die Hände flehentlich in Richtung der Lind streckend, viele Herren rangeln und raufen miteinander, um wenigstens einen Sichtplatz zur Erfüllung ihrer Sinne zu bekommen. Die wenigen Damen dagegen verharren – wenig überraschend – in frostiger Distanz. „Wir sind beglückt! Wir sind entzückt! Die Lind hat uns den Kopf verrückt!" heißt es in der Unterschrift (vgl. Hutcheon 2000,

Abb. 1: Jenny Lind in Hamburg. Lithographie 1845, ungenannter Karikaturist. Hamburg, Museum für Hamburgische Geschichte, Kupferstichkabinett

S. 28 f., 153–165). Diese Karikatur war weniger eine Darstellung der keineswegs effektsüchtigen Jenny Lind als vielmehr ein Dokument eines erotischen männlichen Enthusiasmus. Das Publikum erlernte auch durch das musikalische Erlebnis seine Emotionen.

Akte der körperlichen Sinne und des Sehens waren Handlungen und produzierten die Ungleichheiten zwischen Künstler und Betrachter. Franz Liszt war der König aller Virtuosen, den seine Fans wie keinen zweiten körperlich zu erreichen und sinnlich zu berühren suchten. Seine zahllosen Abbildungen zeigen nicht nur die bekannte soziale Beachtung in Zeitschriften und Karikaturen, sondern letztlich eine erotische Suche des Publikums nach seiner Nähe. Er vermochte durch seine Präsenz, seinen Charme und durch sein Aussehen gerade weibliche Zuhörer zu bewegen, denn sein künstlerischer Ruhm speiste sich auch aus seinem Nimbus als sinnlicher Verführer adeliger Damen. Jeder Mann und jede Frau wusste, dass Liszt die drei Gräfinnen Adèle Laprunarède, Pauline Plater und Marie d'Agoult – die Mutter seiner Tochter Cosima – erobert hatte.

Betrat Liszt die Konzerthalle, stimulierte das nicht nur männliche Hochrufe, sondern auch weibliche Aufschreie. Nicht nur nach den Maßstäben des 19. Jahrhunderts erfüllte er Schönheitsideale und achtete penibel auf modische Kleidung und seine Haartracht. Bereits der optische Unterschied zu Niccolò Paganini war gewaltig. Die persönliche Verehrung Liszts durch die ihn begehrenden Frauen stellte nur eine Verstärkung der öffentlich bereits fixierten Beobachtungen dar. Liszts erotische Ausstrahlung im Konzert begründete erneut seine öffentliche Macht – hierin über seine weiblichen Fans. Ungarische Zeichnungen rücken diesen Virtuosen als heilbringenden Erlöser in die Mitte einer Gruppe von Frauen, welche ihn, seine Hände küssend, kniend um Berührung und Zuneigung bitten (vgl. Worbs 1982, S. 186 f.). In der vielleicht berühmtesten Karikatur fängt Theodor Hosemann Liszt Anfang 1842 in einem Konzert ein (Abb. 2).

Mit der Unterschrift „Berlin, wie es ist – und trinkt" stellt der Graphiker zur Schau, wie Frauen in ergebene Rage versetzt werden – und das weniger durch die Musik, sondern in erster Linie durch sein Spiel und seine Erscheinung. Die Frauen trinken, gieren, starren, werfen Kusshändchen und Blumen oder verlieren die Besinnung (vgl. Worbs 1982, S. 34; Gooley 2004, S. 210–215).

Abb. 2: Theodor Hosemann, Franz Liszt bei einem Konzert in Berlin 1841/1842 (Titelkupfer Adolf Brennglas), in: Berlin wie es ist und – trinkt, Leipzig 1842, Heft 14. Berlin, Märkisches Museum, 4239/14659

Gerne ließ Franz Liszt seine Seidenhandschuhe, die er auf dem Podium vor dem Konzert abzustreifen pflegte, wie beiläufig ins Parkett fallen, wo sich dann die Damenwelt um dieselben raufte. Friedrich Engels beobachte diese Szene mit eigenen Augen und schrieb spottend über diesen öffentlichen Exzess an Karl Marx: „Die Berliner Damen sind aber so vernarrt gewesen, daß sie sich im Konzert um einen Handschuh von Liszt, den er hat fallen lassen, komplet geprügelt haben. [...] Den Thee, den der große Liszt in einer Tasse stehen ließ, goß sich die Gräfin Schlippenbach in ihr Eau-de-Cologne-Flacon, nachdem sie die Eau de Cologne auf die Erde gegossen hatte; seitdem hat sie dies Flacon versiegelt und auf ihren Sekretär zum ewigen Andenken hingestellt und entzückt sich jeden Morgen daran, wie auf einer deßhalb erschienenen Karikatur zu sehen ist" (Marx und Engels 1975, Bd. 1, S. 230).

Die Männer betrachteten interessiert den Auftritt von Liszt, aber dem Geschlechterideal des 19. Jahrhunderts entsprechend stellten sie sich in ihren Selbstbeschreibungen als beherrschte Kunstkenner dar. Diese männliche Kontrolle der Sexualität war für den Ruhm des Virtuosen, für seine Rolle als erotischer Machthaber zentral. Liszt wusste um seine körperliche Ausstrahlung – und zumal seine weiblichen Verehrer wussten es ebenfalls. Die amerikanische Pianistin Amy Fay hielt 1873 in sinnlich-erotischer Anteilnahme fest: „Ich kann wohl sagen, daß in Liszt mein Ideal endlich in gewisser Weise realisiert ist. Er geht weit über Alles was ich erwarte. Wenn er am Clavier sitzt, sieht er vollendet schön aus. [...] Ich freue mich seiner wie eines ausgewählten Kunstwerkes. Seine persönliche Anziehungskraft ist unendlich groß, ich kann es kaum ertragen, wenn er spielt" (Fay 1996, S. 133).

Doch gerade die sinnlichen Erfolgschancen der weiblichen und der männlichen Bühnenstars verursachten auch Gerede über die Gefahren der Bewunderung. Die vom Publikum verlangte Attraktivität führte zu einer Beeinträchtigung des guten Rufes – der Künstler und der Zuschauer. Die Angst vor einer erotischen Bedrohung war mithin eine Folge der durch die Publikumsbewunderung zusätzlich verstärkten Reize (vgl. Hutcheon 2000, S. 181). Debatten über die Körperkontrolle, ja über erotische Wirkungen verknüpften zwei Bedeutungsebenen miteinander: die Erfüllung und die Gefährdung akzeptierter sozialer und kultureller Regeln. Der in sich selbst begründete Widerspruch war elementar und letztlich unlösbar, denn musikalische Aufführungen versprachen zu verführen und durften genau das aber nicht zulassen. Vor allem durch die öffentliche Darstellung der erotischen Möglichkeiten stand oft zu befürchten, dass die Musiker und ihr Publikum einander preisgaben.

In vielen Zeitungsartikeln fanden sich Elogen von der naturhaften Schönheit junger Frauen, die den männlichen Betrachter erotisch überwältigten. Stendhal bspw. weidete sich beim Anblick des attraktiven weiblichen Publikums in den Logen der Mailänder Scala. Das volle, lange schwarze Haar trügen sie hochgesteckt, als wartete es nur darauf, durch den männlichen Blick wie ein Vorhang herunterzufallen. „Heute Abend [...] prangten alle Damen in vollem Schmuck in ihren Logen: tiefe Ausschnitte, freie Arme, mit riesigen, sehr schönen Federn geschmückte Hüte – das brauchen sie, um von der Parterre aus bemerkt zu werden" (Stendhal 1980, S. 434; vgl. Laermann 1989, S. 134–147; Hinz 2008; Döcker 1994, S. 240 f.).

Die Presse kritisierte regelmäßig jede Kultivierung unangemessener Geschlechterverhältnisse. In seiner gewohnt phantasievollen Sprache spottete das Londoner Satireblatt *Punch* z. B. über eine Anzeige im *Manchester Guardian*. Dieser habe, ohne Anerkennung der akzeptierten Moral der Geschlechter, doch tatsächlich eine Anzeige geschaltet, in der das Bett (sic) der Jenny Lind, von ihr höchstselbst berührt in der Bellini-Oper *La Sonnambula*, nunmehr zum Verkauf stünde: „Making Much of Jenny Lind. [...] Jenny Lind – Immense Attraction. The Bed, on which Jenny Lind slept in La Sonnambula, is Now on View and On Sale" (Punch 13/1847, S. 103).

Die sinnliche Wirkung der Primadonna Assoluta auf ihre männlichen Gefolgsleute ist ebenso gut in den Geschichten belegt, in denen sich gestandene Männer anstelle der Pferde vor die Kutsche der Sopranistin spannten und sie vom Theater zum Hotel zogen. Geschlechterverhältnisse ließen sich aber auch im Musikleben vertauschen. Während Lind die Männer verführte, verführte Enrico Caruso – ganz der Pionier eines italienischen Tenors – allein die Frauen. An der Wende zum 20. Jahrhundert zeigten Grafiken diesen eher üppigen Mann im Opernkostüm von mehreren faszinierten Frauen umstellt. „Caruso-Fieber" titelte man in Wien 1907 und ergänzte in der Bildunterschrift: „Er ist göttlich! Durch seine Trikots schimmert das Fleisch durch" (Abb. 3).

Die Berliner Satireschrift *Kladderadatsch* schloss sich dem erotischen Ruhm Carusos an und veröffentlichte ein Gedicht über seine erfolgreichste Rolle auf der Bühne: die des Frauenverführers.

Caruso, Caruso!
Sag' mal, was stellst denn du so
Ganz Sonderbares mit Frauen an?
Du bist ja der reine Don Juan. (Kladderadatsch, 07.02.1909, S. 95; vgl. Rollka 1985)

Männliche und weibliche Musiker fanden sich auch auf der Bühne durch die Klassifizierung ihres Geschlechtes zusammen. Doch Männer und Frauen waren auch im Musikleben nicht gleichrangig. Die Geschlechterdifferenz markierte ein elementares Moment innerhalb der Institution Kunst, ein Spiegel der Eingrenzung musizierender Frauen. Die

Abb. 3: Fritz Scheinpflug, „Caruso-Fieber", Die Muskete, Wien 1907, in: Worbs 1982, S. 271

Kenner kontrastierten Männlichkeit als hegemoniales Bild künstlerischer Schöpfungskraft im Gegensatz zur musikalisch wie menschlich unterlegenen Weiblichkeit.

Männliche Sicherheit im Konzert- und im Opernhaus beruhte auf männlicher Solidarität. In vielen Fachblättern, Broschüren und in den Konzertprogrammen des 19. Jahrhunderts fanden sich Hinweise auf die kulturelle Ungleichheit der Geschlechter – der Führungsfähigkeit der Männer und der Anpassungsbereitschaft der Frauen. Die Wiener *Gesellschaft der Musikfreunde* bspw. begriff sich als primär männliche Gesellschaft und hob in ihren Statuten im Jahre 1818 hervor: „Frauenzimmer [...] werden nicht als eigentliche Mitglieder, sondern als sehr geehrte Gäste und Zierden der Gesellschaft, ohne eine Zumuthung von Beyträgen eingeladen" (Gesellschaft der Musikfreunde, Archiv Wien, 3697/32,2).

Schärfer noch fiel die Verweigerung aus, die kompositorischen Leistungen von Frauen anzuerkennen. Gerade dem Bürgertum missfielen die Versuche junger Künstlerinnen, eigene Werke zu schaffen und zur Aufführung zu bringen. Wenige Frauen riskierten die Ausbildung, den Publikumskontakt und die zahllosen sozialen und emotionalen Konflikte. In einer aus Ein- und Ausgrenzungen bestehenden Kulturwelt blieben die wohl bedeutendsten Komponistinnen meist unbeachtet. Der erzpatriarchalischen Gesellschaft erschien selbst die kurze Karriere von Fanny Hensel als unwichtiger Einzelfall einer überaktiven Tonsetzerin. Allein als Pianistin hatte Clara Schumann eine gewisse Karrierechance – vielleicht auch deshalb, weil sie als Künstlerin außerhalb der Opernbühne auftrat (vgl. Toews 1993; Weissweiler 1999, S. 191–245, 263–303; Steegmann und Rieger 1996).

Wenig überrascht mithin das verbreitete kulturelle Urteil über musizierende Frauen. In pathetischen Tiraden las man viel über das zum Komponieren unfähige Wesen der Frau. „That no woman has ever been a great composer is an accepted fact; that she is never likely to become so, more than a probability. [...] Women have invaded so many fields hitherto occupied solely by men. [...] We believe that the reason is to be found in the nature of the art itself. Music may be defined as an imaginative and emotional structure, built in a mathematical foundation" (The Musical Times, 28.02.1887, S. 80 f.; vgl. Curtin 1985).

Im geschlechtlich bewerteten Musikleben sind nennenswerte Differenzen zwischen den Städten und Ländern kaum zu erkennen. Auch die *Signale für die musikalische Welt* lobten zwar, dass in der Berliner Philharmonie zum ersten Male eine „Composition weiblichen Ursprungs", nämlich zwei sinfonische Stücke von Cornélie Oosterzee, aufgeführt worden seien, den Zuhörern jedoch „die weiblichen Geistesproducte" nicht gefielen. Die musikalischen Bemühungen der Frauen seien zwar rundum zu begrüßen, komponieren könnten sie aber leider nicht. Dem weiblichen Geschlecht fehle „melodische Triebkraft und Erfindungsgabe". Ungeachtet „weiblicher Anmuth, Liebenswürdigkeit und Sinnigkeit" sollten sich Frauen erst auf „dem Gebiet der schaffenden Tonkunst" bewähren. Umgekehrt hieß das: Bis zum Erlernen der vollwertigen musikalischen Production müsse sich das „weibliche Geschlecht" allein „auf das Gebiet der Reproduction beschränken" (Signale 55/1897, S. 209–211; vgl. Planert 1998).

Die Vorstellung, dass die Ordnung der Geschlechter aus der Ordnung der Natur stamme, begründete die musikalische Führungskraft des Mannes. In Abgrenzung von den weiblichen Attraktionspotenzialen – Sitte, Moral, Beschränktheit und Unterordnung – bezeichneten manche Journalisten die Anziehungskraft des Mannes als Kondensat der männlichen Tugenden – Handlungsfähigkeit, Mut und Konzentration. „No musician need be unmanly; and the best have almost invariably been remarkable for a robustness of mind and character, if not physique. Travel and adventure and a love of Nature" (The Musical Times, 30.08.1889, S. 460). Diese Beispiele galten für jeden männlichen Musikfreund und umso mehr für die höchsten Häupter der Kultur: Jede Form der Männlichkeit war steigerungsfähig. In Beethovens Person sah man wohl den männlichsten aller Komponisten, Händels Rang folgte dicht auf und auch „Mendelssohn was a wonderfully good all-round man" (ebd.; vgl. Borchard 2005; Mahling 1978; Cooper 1992). Kurzum: Auch ihre Männlichkeit machte männliche Interpreten und Komponisten zu Künstlern.

Regelmäßig trafen die Leser der Zeitungen auf im wahrsten Sinne des Wortes konservierende Idealbilder von Musikerinnen. Die musikalische Weiblichkeit bedurfte der positiv gewendeten Eigenschaften von Kontrolle und Verzicht. Die Asymmetrie der Geschlechter vollzog sich im bürgerlich-moralischen Lob der Frau als Mutter. Die Glorie um Jenny Lind umstrahlte damit nicht allein diese Sängerin, sondern jedes familiär ordentlich lebende Weib. Diese Einbindung der Frau band ihre ungewünschten Triebe. Lind sei diejenige, welche „als reizendes Mädchen von der Opernbühne herab entzückt hatte, – nun als anmutige Frau im Concertsaale. Welche Sagen und Dichtungen drängten sich damals an die fremdschöne, poetische Erscheinung". Heute sei sie „eingetreten in das Heiligthum des Familienlebens, von der Glorie der Mutterwürde umgeben, wie anziehend und schön ist sie auch jetzt!" (Neue Wiener Musikzeitung, 06.04.1854; vgl. Leppert 1988, S. 28–70, 147–175).

Der Glaube an die musikalische Ungleichheit der Geschlechter hatte Folgen. Frauen die kulturelle Partizipation abzuerkennen, negierte nicht nur ihren Stellenwert, sondern zog auch ein Erziehungsprogramm nach sich. Frauen hatten im Extremfall aus dem Musikleben zu verschwinden. Männliche Stimmen wurden laut, die die Position von Frauen eben durch ihr Musizieren abwerteten. Dabei polemisierte man nicht allein gegen Primadonnen, auch alltägliches Klavierspiel vermeintlich höherer Töchter gefährde die Personen wie die Kultur gleichermaßen: „Die weibliche Erziehung ist heut zu Tage für die Gesundheit und das Glück nachtheiliger, als die der männlichen Jugend. [...] Die Wuth, Musik zu treiben, benachtheiligt die Gesundheit und verkürzt selbst das Leben von Tausenden und zehn Tausend des schönen Geschlechts. [...] Ist es möglich, daß ein so mächtiges Erregungsmittel täglich viele Stunden lang auf den zarten Organismus der weiblichen Jugend angewendet werden kann, ohne außerordentliche Wirkung hervorzubringen?" (Oesterreichische Zuschauer, 19.11.1838, S. 1405–1409).

Erziehungs- und Verbesserungspläne auf musikalischem Feld stimulierten den männlichen Sexismus. Das belegen Kritiken über Damenkonzerte. Über eine Wiener Veranstaltung des Jahres 1845 spottete man, dass die singenden Damen zwar schön anzusehen, aber unschön zu hören seien. „Was das Auge anbelangt, so konnte es mit dem gebotenen vollauf zufrieden seyn, denn gewiss ist es ein glänzender Anblick, mitten im kerzenschimmernden Redoutensaale aus mehreren künstlich angebrachten Rosenbüschen einige fünfzig meist junge und reizende Damen im einfach weißen Kleide, das Haar mit einem Kranz geschmückt, hervortreten und in einem Kreis um ihre Leiterin gereiht zu erblicken. [...] Minder befriedigt war das musikalische Gehör" (Osterreichische Zuschauer, 11.04.1845, S. 462 f.).

Die männliche Hegemonie im Musikleben verband sich mit der strategischen Kontrolle möglicher sinnlicher Überschreitungen der Frau. Das verdeutlichte bspw. ein rundum ausführlicher Leserbrief, den die *Times* 1914 druckte. Ein Herr C. A. Cannon (sic) unterbreitete seinen Vorschlag über das Benehmen von Frauen in Wagners *Parsifal*. Im damals diskussionswürdigen und heute allenfalls erstaunlichen Stil warb er nachdrücklich für eine stärkere Selbstkontrolle der weiblichen Opernbesucher. Denn da der *Parsifal* ein christlich religiöses Drama voller Mysterien und Glaubenswünsche darstelle, hätten sich auch viele der unsittsam gekleideten Damen dieser Kulthandlung zu unterwerfen und ihre Häupter während der Vorstellung zu verhüllen. Wie in einem Gottesdienst müsse die Frau sich dem Bühnenweihfestspiel seelisch und körperlich anvertrauen: „Would it not be an honourable act of reverence to the mystery of faith itself [...] if ladies wore mantillas on their heads at the opera on the *Parsifal* nights?" (The Times, 19.01.1914; vgl. Shepherd 1987).

Die wortreichen männlichen Kaskaden im Musikleben machten aber auch etwas anderes deutlich: Eine einheitliche, gar eine in sich geschlossene bürgerliche Musikkultur gab es auch in den Geschlechterverhältnissen nicht (vgl. Döcker 1994, S. 221–230). Vielmehr offenbarten Praktiken der Geselligkeit im Opernhaus, der allabendliche gegenseitige Kontakt einander mehr oder weniger zugeneigter Paare, dass die Kommunikation

Abb. 4: Her Majesty's Theatre, in: Illustrated London Life, 1.4.1843, S. 32

Abb. 5: „Italian opera fashions", in: Punch 12 (1847), S. 194

zwischen Männern und Frauen sich niemals so stringent trennen ließ, wie es die kulturellen Moralapostel einforderten. Selbst das Fachblatt *Signale für die musikalische Welt* schwärmte 1861 von der körperlich vollzogenen erotischen Begierde der Geschlechter. „Nach der Behauptung großer Kenner soll es höchst poetisch sein, bei Spiel und Gesang zu küssen, was einen berühmten Kritiker bewogen haben mag, in seinen Jugendjahren Frauenzimmer im Dunkel der damaligen Logen, auch wider ihren Willen, zu küssen" (Signale, 15.08.1861, S. 445).

Auch die Abbilder der die Musik liebenden Gesellschaft stifteten Geselligkeit. Der Fokus richtete sich auf optisch inszenierte Praktiken zwischen den anwesenden Geschlechtern im Opernhaus. Was die Musik liebenden Männer und Frauen verband, war ihr erotisches Zusammenspiel: Die auf vielen Stichen illustrierte Begierde der Männer bedurfte der augenscheinlich desinteressierten Selbstkontrolle der Frauen. *Illustrated London Life* fing 1843 die männliche Annäherungen an eine schöne Diva auf der Bühne des Her Majesty's Theatre in einer grotesken Darstellung ein (Abb. 4).

Fast alle Operngläser der jüngeren Männer in den Logen waren auf die allein agierende Sängerin auf der Bühne gerichtet. Diese optische Satire offenbart nicht nur den Spott über begierige Männer, sondern zeigt reale Ambitionen der männlichen Zuschauer, die versuchten, körperliche Nähe aus der Distanz heraus zu gewinnen. Ein ähnliches Bild bot im *Punch* ein Mann, der – bewaffnet mit einer als „common garden" (!) beschrifteten Broschüre – mit seinem Opernglas drei Schönheiten in der Nachbarloge anvisierte (Abb. 5).

Der Kommentar spottete über „the anomalies in fashion and dress that prevail in the new establishment" (Punch, 12/1847, S. 194; vgl. Gebhardt Fink 2008). Beide Stiche zeigen jedenfalls das intime Interesse am anderen Geschlecht – gleichzeitig aus der Nähe und aus der Distanz in der Oper.

Libido bedeutete immer Herrschaft. Die Beobachtung der gesellschaftlich akzeptierten, selbstredend aber fragwürdigen Geschlechterverhältnisse im Publikum rief gelegentlich die Polizei und die Zensur auf den Plan. Beinahe harmlos erscheint etwa der Vorschlag des Managers des Her Majesty's Theatre, Benjamin Lumley, den Lord Chancellor um eine bessere polizeiliche Überwachung der Spielstätte zu bitten: „My Lord, I shall be happy to conform to your Lordship's wishes as to the admission of the Police for the better observance of order in Theatres" (London, Public Record Office, LC7/7, Her Majesty's Theatre, 27.01.1847). Weit rigider dagegen traten die Wiener Zensurbehörden vor 1848 auf den Plan. Namentlich das Musiktheater, die zentrale Institution gesellschaftlichen Ranges, hatte als Unterhaltung des bestehenden Systems zu funktionieren. Hier galt es, die Ordnung der habsburgischen Monarchie, Moral und Religion, zu schützen. Zu den verbotenen Dingen rechneten die Verantwortlichen falsche Bühnenwerke und sittenwidrige Interpretationen (vgl. Hüttner 1980; Dietrich 1967; Obermaier 1987).

Die Präsenz der Erotik traf auf staatliche Kontrollversuche. Die Zensurbehörden versuchten, das, was sie als Unordnung bewerteten, in Ordnung zu verwandeln. Weite Teile des Publikums ahnten dagegen oft nur, was genau die Behörden und die Theaterleitung einzudämmen suchten. Tatsächlich orientierten sich viele Zuschauer an den Themen, über die sie kommunizieren wollten. Polizeidienststellen und Zensoren suchten den geltenden Regeln der Geschlechterordnung zu folgen – das Publikum aber oft den eigenen Regeln. Die Akteure in diesem Verhandlungsprozess zwischen Kontrolle und Kontrollverlust lassen sich bestimmen, Erfolge und Misserfolge aber nicht voraussagen. Die heimliche Freude über gesellschaftliche Tabus führte zu einer Selbstzensur einerseits und zu leidenschaftlichem Genuss andererseits. Die Praxis des musikalischen Vergnügens als Akt erotischer Freiheit konnte im liberalen London bestaunt werden. Über die Sinnlichkeit eines Maskenballs im King's Theatre polemisierte die Presse: „We are not so puritanical as to censure public amusements indiscriminately. [...] These are [...] resorts for impurity and immorality. [...] By two or three o'clock, the ‚Rooms' are replete with all that can be debase and corrupt; – poor wine, worse women, and filthy fellows: – in fact, each room is a temporary brothel" (London, The British Library, Theatre Cuttings 43, Haymarket Theatre, Cuttings from Newspapers, Vol. 3 1807–1829, 27.04.1829).

III

Dieser letzte Satz, nachdem die Räume und Logen der Oper zu Bordellen auf Zeit wurden, traf zu. Damit ist keinesfalls allein die Erscheinung sinnlich faszinierender, aber moralisch bedrohlicher Heroinen wie der Violetta in Verdis *La Traviata* – einer Edelprostituierten der Pariser Gesellschaft – oder der in Armut lebenden Mimi in Puccinis *La Bohéme* gemeint. Die Präsenz der Halbweltdamen auf der Bühne entsprach der Präsenz der Kurtisanen im Zuschauerraum (vgl. Leppert 1993, S. 189–211). Prostituierte gingen in den europäischen Opernhäusern bis in die Mitte des 19. Jahrhunderts regelmäßig auf Kundenfang in praktisch allen Bereichen des Auditoriums. Noch genauer: Prostituierte befriedigten die Fantasien und die körperlichen Wünsche der Männer nicht nur vor und nach den Aufführungen, sondern auch während der Vorstellung. „Sex sells", das galt auch für den von manchen Musikfreunden gewünschten und von vielen beobachteten Geschlechtsverkehr im Opernhaus.

Diese aus heutiger Sicht zunächst überraschende Tatsache scheint im scharfen Widerspruch zur distinguierten gesellschaftlichen Rolle dieser Institution zu stehen. Doch die hier schon vielfach beschriebene Pluralität der Publikumsinteressen, die Freude an der neuesten Mode, sowie der gemeinsamen Unterhaltung auf und vor der Bühne, relativiert die Idee einer strikten Ausgrenzung der Prostituierten aus den Opernhäusern. Das Verhalten und die aufreizende Kleidung der Dirnen interessierten jeden (Hall-Witt 2007, S. 62 f.). Der große öffentliche und unterhaltende Stellenwert der Opernhäuser erklärt auch, warum Prostituierte hier weit häufiger anzutreffen waren als im Konzertsaal. Die leichter einsehbare Sitzplatzanordnung im Konzertsaal dürfte im Unterschied zu den Logen und den abgelegenen Rängen im Opernhaus den öffentlichen Akt behindert haben. Dem gelegentlichen Ruf des Musiktheaters als Brutstätte von Unmoral und Laster schadete die Anwesenheit dieser Frauen nur in bekannt gewordenen Ausnahmefällen. Diese Häuser erfüllten im Prinzip die gleiche männliche Nachfrage wie Kneipen und Tanzhäuser. Ein wichtiger Unterschied bestand allenfalls darin, dass die in den Logen, Sitzreihen und Rängen arbeitenden Dirnen genau deshalb nicht als Straßenmädchen bezeichnet werden können.

Zwei Faktoren verschränkten das Wechselspiel von Theater und körperlicher Begierde: Zum einen brachten Sängerinnen eine Form von Leidenschaft auf die Bühne, deren Anschein für manche als frivol oder gar als hurenhaft zu deuten war. Zum anderen gaben viele der in den Opernhäusern auf den Strich gehenden Frauen an, Sängerinnen oder Schauspielerinnen zu sein. Um moralische Werte statistisch zu wenden: In den 1860er Jahren veranschlagten Londoner Schätzungen die Anzahl der Prostituierten in dieser Stadt auf bis zu 80.000 und belegten damit deren Verbreitung außerhalb und innerhalb des Musiklebens (vgl. McDonald 1989, S. 177–180; Horn 1999, S. 66–69).

In praktisch allen europäischen Opernhäusern zeigten sich machtbewusste Männer in den Logen regelmäßig mit ihrer anerkannten Mätresse (vgl. Stendhal 1980, S. 22 f.). Eine weit höhere Akzeptanz in der Öffentlichkeit und einen höheren Status des Liebhabers markierte aber die Unterscheidung zwischen einer Geliebten und einer Gelegenheitsprostituierten. Am erstaunlichsten ist vielleicht die intensive Berichterstattung über Londoner Prostituierte (vgl. Johnson 1975; Teran 1975; Hall-Witt 2007, S. 188 f.). Die Größe der Stadt, der einzigartige Reichtum und eben auch die Anzahl der Spielstätten begünstigten nicht nur die Ausbreitung dieses Geschäftes, sondern auch trotz der öffentlichen Beobachtung einen starken Willen der männlichen Kunden, dieses Geschäft zu genießen.

Selbstredend arbeiteten auch in Wien und in Berlin Prostituierte in anderen öffentlich präsenten Orten – auf den Bällen, in den Tanzlokalen und in den Cafés neben den Musiktheatern. Doch im Vergleich zu London existieren heute nur noch wenige Berichte über ihre Tätigkeit in der Hofoper – vielleicht, weil die musikalische Elite des Habsburgerreiches und Preußens deren Präsenz strenger maßregelte (Häusler und Hitzer 2010). Obwohl weniger deutlich, finden sich aber aktenkundige Ausnahmefälle in der Wiener Hofoper; d. h., Beschwerdebriefe an die Direktion über die in öffentlichen Etablissements arbeitenden unsittlichen Künstlerinnen: „Ich habe mit Mißfallen vernommen, daß unter den bei den Hoftheatern und bei jenen angestellten Schauspielerinnen, Sängerinnen usw.

die Unsittlichkeit zum Skandal des Publikums überhand nehmen." Daher müsse man Personen „mit üblem moralischen Ruf von der Schaubühne entfernen lassen". In mehreren internen und aufgeregten Schreiben verwahrte man sich offiziell gegen diese Unterstellung, in einem Schreiben von Fürst Esterházy vom 6. Februar 1809 hieß es aber, dass „in einzelnen Fällen" bereits die Polizeibehörden eingeschaltet worden seien (Wien, Haus-, Hof- und Staatsarchiv, Karton 4, 1806–1810, Nr. 37: 02.02.1809; vgl. Scott 2002, S. 559).

Ein Besucher des Pariser Opernhauses in der Saison 1802/1803 richtete seinen Blick eher auf die galante Unruhe im Parkett und in den Logen – die jungen Prostituierten nahm er nicht als Bedrohung, eher als eine der üblichen Bereicherungen des Abends wahr: „Die Ungezogenheiten des Parterres machen, dass einer, dem es um Genuss und Ruhe beim Genuss ernstlich zu tun ist, gar nicht auf das Parterre gehen kann, sondern die teuren Logenplätze oder Orchester [...] und wie die Plätze des ersten Ranges alle heißen, besuchen muss" und dabei die herumlaufenden „galanten Mädchen" beschauen konnte (Hentschel 2006, S. 98).

In Berlin durften Prostituierte Theater, Museen und Kirchen nicht betreten, doch die rechtlichen Versuche, die Prostitution unsichtbar zu machen, verhinderten die öffentliche Arbeit der Frauen auch in repräsentativen Gebäuden nicht. Gerade der kulturelle und soziale Rang des Opernhauses erleichterte es vielen Prostituierten, distinguiert auf sich aufmerksam zu machen und die rechtlichen Reglementierungsvorschriften zu unterlaufen. Vor allem erfolgreiche Prostituierte konnten durch ihre teure Kleidung und eine Droschkenfahrt zum Theater demonstrieren, dass sie als ein akzeptierter Bestandteil der musikalischen Gesellschaft galten (vgl. Hitzer 2010, S. 42–50).

Häufiger als Proteste bei der Theaterleitung finden sich in zahlreichen Londoner Zeitungen, Zeitschriften und Broschüren moralische Kanonaden gegen diese Damen und ihre Kunden. Innerhalb und außerhalb des Theaters stritten sich unterschiedliche soziale Schichten über den Zweck derartiger Geschlechterbeziehungen. Einer der darüber in London grübelnden Beobachter war Fürst Hermann von Pückler-Muskau. In seinen Reisebriefen aus England im November 1826 zeigte er sich überrascht und angewidert über die Anzahl und den Auftritt der um ihre Kundschaft konkurrierenden Londoner Prostituierten im Opernhaus: „Ein [...] Grund, der anständige Familien abhalten muß, sich hier sehen zu lassen, ist die Konkurrenz mehrerer hundert Freudenmädchen, welche, von der unterhaltenen Dame an, die sechstausend Pfund Sterling jährlich verzehrt und ihre eigene Loge hat, bis zu denen, die auf der Straße unter freiem Himmel bivouaquieren, in allen Gradationen erscheinen und in den Zwischenakten die großen und ziemlich reichverzierten Foyers anfüllen, wo sie alle ihre Effronterie schrankenlos zur Schau tragen. [...] Dies geht so weit, daß man sich oft im Theater dieser widrigen Venuspriesterinnen, besonders wenn sie betrunken sind, was nicht selten der Fall ist, kaum erwehren kann. [...] Wobei sie auch auf unverschämteste Weise betteln, so daß man oft das [...] junge Mädchen sieht, die nicht verschmäht, einen Schilling oder Sixpence, gleich der niedrigsten Bettlerin, anzunehmen, um am Büffet ein halbes Glas Rum oder Gingerbeer dafür zu trinken" (Pückler-Muskau 1992, S. 76).

Prostituierte in der Oper, so eine weit verbreitete Meinung, machten den familiären Besuch des Hauses unmöglich, sie gefährdeten die Sittlichkeit, v. a. aber die soziale Ordnung. Einige meinten, dass die käuflichen Damen in London sich weniger in den nur den Eliten vorbehaltenen Logen des ersten Ranges als vielmehr auf den weniger einsehbaren höher gelegenen Rängen betätigen sollten: „The scenes which nightly take place in the first circle of this theatre, are disgraceful. No man with any pretension to delicacy can go there with his family. [...] The manner in which this part of the theatre is conducted, is an offence *contra bonos mores*, and should be put down as a nuisance by indictment. If these things must be so, they should be confined to the circle immediately above. It is false to say that the boxkeepers cannot pretend to discriminate" (Figaro, 14.02.1835, S. 32).

Die Damen des käuflichen Gewerbes vollzogen ihre Arbeit meist in den preistreibenden Logen der Elite. Ebenso besuchten sie aber gerade in London Plätze im Parkett und in den oberen Rängen der Opernhäuser. Die Prostituierten gruppierten sich weniger in größeren Ansammlungen als in kleineren Gruppen, sie betraten das Theater durch Seiteneingänge mit den übrigen Zuschauern. Da viele Zuschauer ihre Oper ohnehin allabendlich mehr aus gesellschaftlichen denn aus musikalischen Motiven heraus besuchten, konzentrierte sich ihre Aufmerksamkeit leicht auf die weiblichen Reize und erotischen Angebote im Saal. Wohlhabende Kunden arrangierten zuweilen feste Verabredungen, die durchschnittliche Kundschaft folgte eher spontanen Übereinkünften mit den Frauen. Das Thema der Käuflichkeit von Frauen im Opernhaus beschränkte sich nicht nur auf die hohen Preise der regulären Eintrittskarten. Immer wieder redete man im Publikum von der käuflichen Körperlichkeit der Frauen, von der moralischen Verfehlung der Prostituierten und ihrer Kunden. Und drohte durch sündhaft teure Produktionen dem Opernhaus der finanzielle Kollaps durch fehlende Zuschauer, entdeckten Kritiker leicht eine Verbindung zwischen Spielstätte und Unmoral (vgl. Laermann 1989, S. 135–138; Baer 1992, S. 206–212).

Wenig wissen wir heute über die Vorstellungen, Ängste und Praktiken der Prostituierten aus ihrer eigenen Sicht. Mögliche Briefe, Tagebücher oder Erzählungen haben sich praktisch nicht erhalten. Öffentlich relevant aber waren nicht die Selbstbeschreibungen, sondern die Fremdbeschreibungen. Die Zeitgenossen kleideten diese Frauen in die Topoi der Gesellschaft ein, spannten ein männliches Netzwerk von Fantasien und Stereotypen um die sinnlichen, aber gefährlichen Prostituierten aus der Unterschicht. Die in der Schrift gewandten Männer schilderten das, was sie gelegentlich suchten, indem sie es verdammten. Zu beobachten war ein moralisch geforderter Akt männlicher Kontrolle, der sich vom praktizierten Kontrollverlust unterschied. Vieles war über die sinnliche Entgleisung der Dirnen, ihren angeblichen Alkoholismus und ihre überreizte Kleidung zu lesen (vgl. Walkowitz 1992, S. 15–39, 81–134; Corbin 1995).

Dennoch fielen die moralischen Proteste potenzieller Kunden schwach aus im Vergleich zur öffentlichen Aufregung über die allabendliche Tätigkeit der Dirnen. Ein Leser der *Times* beschwerte sich als ein bekennender Opernfreund in einem Brief über die regelmäßig zu sehenden Prostituierten. Beschämend sei diese geschlechtliche Mode durch ihre starke öffentliche Präsenz, ihre finsteren Praktiken und ihre unattraktive Erscheinung. Dieser Stimme verlieh das Blatt durch eine vollständige Veröffentlichung des Schreibens Ausdruck: „The intrusion or introduction of ladies of a certain class, who, when poor, are called ‚unfortunate females', and, when rich, ‚femines gallantes', in all of the most conspicuous and select parts of the theatre, is, one would have thought, bad enough, but the impunity with which that modern innovation has been allowed to pass has led to a more glaring and offensive nuisance again – namely, the introduction not only of the ‚ladies' above alluded to in numbers unprecedented, but of some of the most notorious and publicly known old procuresses, who, with unblushing fronts, exhibit themselves nightly, accompanied by their young victims, in the most conspicuous of the pit boxes. A notorious old woman, of infamous celebrity, was there last night, exhibiting their wares, to the disgust of all who had mothers, wives, or sisters seated in her vicinity" (The Times, 13.05.1833).

Die Empörung darüber, dass die in der Oper arbeitenden Prostituierten auch gewöhnliche Zuschauer, ja die anwesenden Familien belästigten, bewegte auch einen anderen Besucher. Das Verhalten der Prostituierten im Theater hätte ihn auf einen anderen Platz in den sogenannten Stalls getrieben, seine Frau ohnehin ganz aus dem Haus verbannt. Persönlich ärgerte ihn dann eine dieser sich den vielen anwesenden Männern nähernden Damen, die hier in aller Öffentlichkeit nach ihm griff und sich auf seinen Schoß setzte. An diesem Angebot hatte der Herr offenbar kein Interesse: „I go to the opera, and am too poor to pay for a box, I am married, and my wife likes to go with me [...] but I was obliged to give up the practice. [...] In general those prostitutes who frequent the pit behave with propriety. [...] But one of the ‚ladies', as they are termed, very quietly seated herself in my lap, and on my remonstrating, said all gentlemen gave way to ladies in a crowd, and appeal very coolly to a young whiskered personage who happened to be standing by, and who seemed at first inclined to interfere. [...] This was not all, – she seemed to have more friends than usual, and there were few young men who passed who did not either talk to or wink at her, and some parts of their conversation was not very edifying. [...] If there were a police like that of Paris, then matters would be different" (The Times, 06.02.1829).

Auch in London verfolgte die Polizei manche Prostituierte. Berichte über das juristische Verfahren existieren heute aber nur noch in Ausnahmefällen. Im Londoner Metropolitan Archive hat sich die Gerichtsakte eines Einzelschicksales erhalten. Am 8. September 1829 versuchte der Londoner Polizist Joseph Fryer eine vor dem English Opera House stehende Prostituierte vergeblich zum Weitergehen zu motivieren. Die Frau widersetzte sich seiner Aufforderung vehement, und der Vorfall landete bereits am nächsten Tag vor dem Gericht des Public Office in der Bow Street. Richter Thomas Halls führte den Vorsitz, und mehrere Zeugen waren anwesend, als die Beschuldigte Amelia Neale, die Frau eines James Neale, erschien. Der Polizist Fryer gab zu Protokoll, letzte Nacht gegen 23.00 Uhr die Angeklagte auf Kundenfang vor dem Haupteingang des Theaters höflich angesprochen zu haben. Diese habe sich aber nicht nur geweigert zu verschwinden, sondern habe ihn auch protestierend am Kragen gepackt. Für ihre Tätigkeit und diese Tätlichkeit verhaftete er sie. Die übrigen Zeugen bestätigten Fryers Aussage und ergänzten, dass es sich bei der Aussage und ergänzten, dass es sich bei der Angeklagten um eine jede Nacht vor der English Opera arbeitende Hure handele, die ein lärmendes öffentliches Auftreten gezeigt und den Polizisten zu allem Überdruss mit fürchterlichen Schimpfworten bedacht hätte (vgl. London Metropolitan Archives, MJ/SP/1829/09/008 – Middlesex, Clerkenwell). Leider belegen die Dokumente weder die Aussage Amelia Neales noch das Urteil des Richters gegen sie in diesem Prozess, wohl aber werden öffentliche Möglichkeiten und Grenzen von Prostitution deutlich.

Beschwerden über die Arbeit von Prostituierten gab es in den europäischen Städten immer, staatliche Verbote gegen sie und deren Beachtung dagegen relativ selten. Häufiger zeigten sich neben den Empörungen von privater Seite die Bedenken mancher Veranstalter. Die *Musical World* betonte, es sei an der Zeit, die in der Gesellschaft verankerten Konzerte auch moralisch zu festigen. Konzerte brächten einem großen Publikum nicht nur Musik, sondern auch Geschmack bei. Genau deshalb müsse in Zukunft dem beliebigen Auftritt käuflicher Frauen innerhalb des Publikums kulturell begegnet werden: „There is also, we lament to say, a great allurement to a considerable portion of the congregated thousands, in the ladies of pleasure who mix indiscriminately with the throng, and whom the management could not, if they would, wholly exclude" (The Musical World, 03.12.1840, S. 353).

Schließlich verschwanden Prostituierte aus dem europäischen Musiktheater. Im dritten Viertel des 19. Jahrhunderts griffen Gesetze, staatliche Gesundheitsmaßnahmen und eine neue ärztliche Versorgung ineinander und verstärkten den Kampf gegen sich ausbreitende Geschlechtskrankheiten. Die bürgerliche Gesellschaft kombinierte Erziehung, Rehabilitation und Bestrafung, um die in „moralischer Gefahr" arbeitenden Frauen den geltenden Geschlechteridealen anzupassen (vgl. Scott 2002, S. 559 f.; Walkowitz 1992, S. 229–245; Corbin 1995, S. 84–110). Nach 1840 sah man Prostituierte immer seltener im Zuschauerraum, 1870 waren sie praktisch ganz verschwunden. Unterstützt wurde diese Tendenz durch Bestrebungen nach sittlichen Reformen der Sexualmoral im Zuge der Verbreitung einer körperlichen Selbstbeschränkung nach der Mitte des 19. Jahrhunderts. Darin ist keinesfalls nur eine reine Verbürgerlichung männlicher Verhaltensmuster gegenüber käuflichen Frauen zu sehen. Die Prostitution im Opernhaus verschwand wie der Virtuosenkult durch eine Umwertung akzeptierter Wertesysteme, durch andere Geschmäcker und neue Präferenzen des Publikums. Bis dahin verband der geschlechtliche Blick der Musikliebhaber die Position von Virtuosen und Huren lange miteinander.

IV

Einige Schlussbemerkungen zum emotional motivierten Lernprozess im Musikleben des 19. Jahrhunderts mögen hilfreich sein. Musikalisch motivierte Emotionen sind schwer zu erklären, weil sie einfach zu verstehen sind. Genau deshalb hatten Musikfreunde so viele Möglichkeiten, sich selbst innerhalb der Geschlechterordnung zu disziplinieren. Der Erfolg bestimmter Sänger oder der Prostituierten evozierte Austausch und Imitation – aber auch Widerstand und Ausgrenzungen. Das Publikumsverhalten existierte nicht jenseits aufgeladener emotionaler Deutungen, sondern war gleichsam Teil der Entwicklung. Musikalisch motivierte Emotionen verstärkten nicht nur gegenseitiges Lernen und Toleranz, sondern auch Entfremdung und Abgrenzung.

Nicht die Zerstreuung, sondern die Hingabe der Zuhörer an das Werk wurde nun zur hervorstechenden musikalischen Praktik, die die Teilnehmer einer Werkaufführung durch einen Lernprozess verinnerlichten. Die Auseinandersetzung des Publikums mit der erlernbaren Geschlechterordnung eröffnete Gelegenheiten für ein neues Hörverhalten. Verdi oder Wagner durch erworbenes Verständnis verehren zu wollen, gelang durch Kanonisierung und Kultivierung. Opern zu hören, hieß ihre Bedeutung zu erlernen und die tradierte Unterhaltung zu verlernen. Auch das neue Hörverhalten war eine Form der Unterhaltung, aber erweitert um den Charakter der Bildung. Jeder Hörer bemühte sich nach 1850 immer intensiver darum, Disziplin zu üben und seine eigene spontane Begeisterung nicht öffentlich zu zeigen: Aus Konsumenten musikalischer Unterhaltung sollten Kenner musikalischer Kunst werden (vgl. Bernius 2006; Grazer 1997; Goebel 2006; Bechdolf 2002).

Dass Benehmen nicht nur durch Einzelne zu erlernen war, sondern öffentlich verfügt wurde, belegen viele Zulassungsbeschränkungen im Opernhaus. Dieser Lernprozess mit seinen sozialen Normierungen vollzog sich über Jahrzehnte hinweg, in ihm mischten sich handwerkliche Peinlichkeiten und bildungsbürgerliche Werturteile. Das Medium der Musik entsprach geradezu idealtypisch dem Wertehimmel des aufstrebenden Bürgertums: Die musikalische Harmonie korrespondierte mit der Utopie bildungsbürgerlichen Lernens. In der Struktur der auf gesetzmäßige Wiederholung angelegten Musik erkannte das Bildungsbürgertum seine Ordnungsprinzipien. Damit wurden die körperlichen und moralischen Disziplinierungen zu Elementen einer Selbstkontrolle. Durch distinktive Verhaltensformen machte der eigene Geschmack gebildete Musikkenner als Wertegemeinschaft sichtbar. Gerade der Musikgeschmack hob die eigene Stellung in der Gesellschaft hervor. Und umgekehrt: Die sozialen Eliten kreierten die musikalische Kultur.

Für die Relation zwischen Gesellschaft, Musik und Emotionen heißt das: Man sollte sich der konstruktivistischen Einsicht nicht verschließen, dass musikalische Emotionen nicht nur ästhetischen Reizen folgen, sondern auch kommunikative Produkte sind. Das Publikumsverhalten stellt eine kodierte Praxis dar, mit Hilfe derer die Menschen eigene Erfahrungen und Bedürfnisse artikulieren. Der Erfolg gelernter Emotionen, wenn man mag erschaffener Emotionen, ermöglicht Musikfreunden, Zugehörigkeit und Fremdheit in einer Gesellschaft zu markieren. Musikalische Praktiken schaffen gesellschaftliche Ordnung. Dadurch stellen die Fragen nach dem „richtigen" musikalischen Geschmack und dem „richtigen" Hörverhalten potentiell umstrittene Phänomene dar. Auch wenn die Aneignungen musikalischer Darbietungen sich nicht präzise kalkulieren lassen – Emotionen im Musikleben lassen sich als ein Wille zum kontrollierten Kontrollverlust verstehen.

Anmerkung

1   Mit diesem Ansatz beschäftigt sich inzwischen die Forschungsgruppe „Gefühlte Gemeinschaften? Emotionen im Musikleben Europas" am Max-Planck-Institut für Bildungsforschung in Berlin. Um die historische Entwicklung von musikalisch motivierten Emotionen im 19. und 20. Jahrhundert in Europa zu untersuchen, werden Emotionen als Formen öffentlicher Kommunikation begriffen.

Literatur

Baer, M. (1992). *Theatre and disorder in late Georgian London*. Oxford: Bahlman.
Bechdolf, U. (2002). Ganz Ohr – Ganz Körper. Zuhörerkultur in Bewegung. In e. V. Zuhören (Hrsg.), *Ganz Ohr. Interdisziplinäre Aspekte des Zuhörens* (S. 74–84). Göttingen: Beck
Bennett, S. (1990). *Theatre audiences. A theory of production and reception*. London: Routledge.
Bernius, V. (Hrsg.). (2006). *Der Aufstand des Ohrs – die neue Lust am Hören. Reader neues Funkkolleg*. Göttingen: Verlag Vandenhoeck & Ruprecht.
Biddle, I. (2003). Of mice and dogs. Music, gender, and sexuality at the Long Fin de Siècle. In M. Clayton, T. Herbert, & R. Middleton (Hrsg.), *The cultural study of music. A critical introduction* (S. 215–226). New York: Routledge.

Borchard, B. (2005). Beethoven: Männlichkeitskonstruktionen im Bereich der Musik. In M. Kessel (Hrsg.), *Kunst, Geschlecht, Politik. Geschlechterentwürfe in der Kunst des Kaiserreichs und der Weimarer Republik* (S. 65–83). Frankfurt a. M.
Bradley, A. (2009). *A language of emotion: What music does and how it works*. Bloomington: AuthorHouse.
Brandt, B. (2010). *Germania und ihre Söhne. Repräsentationen von Nation, Geschlecht und Politik in der Moderne*. Göttingen: Vandenhoeck & Ruprecht.
Budd, M. (1992). *Music and the emotions. The philosophical theories*. London: Routledge.
Butler, J. (1990). Performative acts and gender constitution. An essay in phenomenology and feminist theory. In Case, S. E. (Hrsg.), *Performing feminism. Feminist critical theory and theatre* (S. 270–282). Baltimore: Johns Hopkins University Press.
Ciompi, L. (1997). *Die emotionalen Grundlagen des Denkens*. Göttingen: Vandenhoeck & Ruprecht.
Ciompi, L., & Endert, E. (Hrsg.). (2011). *Gefühle machen Geschichte: Die Wirkung kollektiver Emotionen – von Hitler bis Obama*. Göttingen: Vandenhoeck & Ruprecht.
Cook, N., & Dibben, N. (2001). Musicological approaches to emotion. In Juslin, P. N. & Sloboda, J. A. (Hrsg.), *Music and emotion. Theory and research* (S. 45–70). Oxford: Oxford University Press.
Cooper, B. (Hrsg.). (1992). *Das Beethoven Kompendium. Sein Leben – seine Musik*. München: Droemer Knaur.
Corbin, A. (1995). *Time, desire and horror. Towards a history of the senses*. Cambridge: Polity.
Curtin, M. (1985). A question of manners, status and gender in etiquette and courtesy. *The Journal of Modern History, 57*, 395–423.
DeNora, T. (2001). Aesthetic agency and musical practice: New directions in the sociology of music and emotion. In Juslin, P. N. & Sloboda, J. A. (Hrsg.), *Music and emotion. Theory and research* (S. 161–180). Oxford: Oxford University Press.
Dietrich, M. (1967). *Die Wiener Polizeiakten von 1854–1867 als Quelle für die Theatergeschichte des Österreichischen Kaiserstaates*. Wien: Böhlau.
Döcker, U. (1994). *Die Ordnung der bürgerlichen Welt. Verhaltensideale und soziale Praktiken im 19. Jahrhundert*. Frankfurt a. M.: Campus.
Döring, S. A. (2009). *Philosophie der Gefühle*. Frankfurt a. M.: Suhrkamp.
Dollase, R. (2006). Wer sind die Musikkonsumenten? In Jacobshagen, A. & Reininghaus, F. (Hrsg.). *Musik und Kulturbetrieb, Medien Märkte und Institutionen* (S. 113–142). Laaber: Laaber Verlag.
Fay, A. (1996). *Musikstudien in Deutschland. Aus Briefen in die Heimath*. ND der Ausgabe von 1880 – Regensburg: Oppenheim.
Finnegan, R. (2003). Music, experience, and the anthropology of emotion. In M. Clayton, T. Herbert, & R. Middleton. (Hrsg.), *The cultural study of music. A critical introduction* (S. 181–192). NewYork: Routledge.
Frevert, U. (1995). *„Mann und Weib, und Weib und Mann". Geschlechter-Differenzen in der Moderne*. München: Beck.
Frevert, U. (2009). Was haben Gefühle in der Geschichte zu suchen? *Geschichte und Gesellschaft, 35*, 183–208.
Frevert, U., Bailey, C., Eitler, P., Gammerl, B., Hitzer, B., Pernau, M., Scheer, M., Schmidt, A., Verheyen, N. (2011). *Gefühlswissen. Eine lexikalische Spurensuche in der Moderne*. Frankfurt a. M.: Campus.
Gebhardt Fink, S. (2008). Situierte Körper und sexualisierter Raum. In M. Oster, W Ernst, & M Gerards. (Hrsg.), *Performativität und Performance. Geschlecht in Musik, Theater und Medien-Kunst* (S. 168–175). Hamburg: Lit.
Gerhards, J. (1988). *Soziologie der Emotionen. Fragestellung, Systematik und Perspektiven*. München: Juventa.

Goebel, J. (2006). Der Zu-Hörer. In V. Bernius. (Hrsg.), *Der Aufstand des Ohrs – die neue Lust am Hören. Reader neues Funkkolleg* (S. 15–28). Göttingen: Vandenhoeck & Ruprecht.
Gooley, D. (2004) *The Virtuoso Liszt.* Cambridge: Cambridge University Press.
Grazer, W. (1997). Motive einer Geschichte des Musikhörens. In W. Grazer. (Hrsg.), *Perspektive einer Geschichte abendländischen Musikhörens* (S. 9–31). Laaber: Laaber Verlag.
Hall-Witt, J. L. (2007). *Fashionable Acts. Opera and elite culture in London, 1780–1880.* Durham: University of New Hampshire Press.
Häusler, M., Hitzer, B. (Hrsg.). (2010). *Zwischen Tanzboden und Bordell. Lebensbilder Berliner Prostituierter aus dem Jahr 1869.* Berlin: bebra Wissenschaft.
Hentschel, F. (2006). *Bürgerliche Ideologie und Musik. Politik der Musikgeschichtsschreibung in Deutschland 1776–1871.* Frankfurt a. M.: Campus.
Hinz, M. (2008). Kollektive Körperpraktiken und erlaubte Fouls. Das Theaterprojekt *Bodycheck* als szenisch-theatrale Auseinandersetzung mit Gendertheorien und einem alltäglichen Doing Gender. In M. Oster, W. Ernst, & M. Gerards. (Hrsg.), *Performativität und Performance. Geschlecht in Musik, Theater und MedienKunst* (S. 67–75). Hamburg: LIT-Verlag.
Hitzer, B. (2010). Prostitution. In M. Häusler & B. Hitzer. (Hrsg.), *Zwischen Tanzboden und Bordell. Lebensbilder Berliner Prostituierter aus dem Jahr 1869* (S. 7–64). Berlin: bebra wissenschaft.
Horn, P. (1999). *Pleasure & pastimes in Victorian Britain.* Thrupp: Sutton Publishing Ltd.
Hüttner, J. (1980). Theatre censorship in Metternich's Vienna. *Theatre Quarterly, 10,* 61–69.
Hutcheon, L., & Hutcheon, M. (2000). *Bodily charm. Living opera.* Lincoln: University of Nebraska Press.
Johnson, C. D. (1975). That guilty third tier, Prostitution in nineteenth-century American theatres. *American Quarterly, 27,* 575–584.
Juslin, P. N., Sloboda, J. A. (Hrsg.). (2001). *Music and emotion. Theory and research.* Oxford: Oxford University Press.
Kessel, M. (2005). Einleitung. In M. Kessel. (Hrsg.). *Kunst, Geschlecht, Politik. Geschlechterentwürfe in der Kunst des Kaiserreichs und der Weimarer Republik* (S. 7–16). Frankfurt a. M: Campus.
Kühne, T. (Hrsg.). (1996). *Männergeschichte – Geschlechtergeschichte. Männlichkeit im Wandel der Moderne.* Frankfurt a. M: Campus.
Laermann, K. (1989). Die riskante Person in der moralischen Anstalt. Zur Darstellung der Schauspielerin in deutschen Theaterzeitschriften des späten 18. Jahrhunderts. In R. Möhrmann. (Hrsg.), *Die Schauspielerin. Zur Kulturgeschichte der weiblichen Bühnenkunst* (S. 127–153). Frankfurt a. M: Insel.
Leppert, R. (1988). *Music and image. Domesticity, ideology and socio-cultural formation in eighteenth-century England.* Cambridge: Cambridge University Press.
Leppert, R. (1993). *The sight of sound. Music, representation, and the history of the body.* Berkeley: University of California Press.
Mahling, C.-H. (1978). Zur Beethoven-Rezeption in Berlin in den Jahren 1830 bis 1850. In H. Goldschmidt, K.-H. Köhler, & K. Niemann. (Hrsg.), *Bericht über den Internationalen Beethoven-Kongreß 20. Bis 23. März 1977 in Berlin* (S. 351–360). Leipzig: VEB Deutscher Verlag für Musik.
Marx, K. & Engels, F. (1975). *Gesamtausgabe (MEGA), Abt. 3: Briefwechsel, Bd. 1.* Berlin: Dietz.
McDonald, J. (1989). Die Schauspielerin wird Unternehmerin. Frauen im britischen Theater. In R. Möhrmann. (Hrsg.), *Die Schauspielerin. Zur Kulturgeschichte der weiblichen Bühnenkunst* (S. 177–209). Frankfurt a. M: Insel.
de la Motte-Haber, H. (2007). Musikwissenschaft und Musiksoziologie. In H. De La Motte-Haber & H. Neuhoff (Hrsg.), *Musiksoziologie* (S. 19–32). Laaber: Laaber Verlag.
Müller, S. O. (2007). Einleitung. Musik als nationale und transnationale Praxis im 19. Jahrhundert. *Journal of Modern European History, 5,* 22–38.

Müller, S. O. (2010). Analysing musical culture in nineteenth-century Europe: Towards a musical turn? *European Review of History, 17,* 833–857.
Obermaier, W. (1987). Zensur im Vormärz. In *Bürgersinn und Aufbegehren. Biedermeier und Vormärz in Wien 1815–1848, 109. Sonderausstellung des Historischen Museums der Stadt Wien* (S. 622–627). Wien: Museen der Stadt Wien.
Oster, M., Ernst, W., Gerards, M. (Hrsg.). (2008). *Performativität und Performance. Geschlecht in Musik, Theater und MedienKunst.* Hamburg: Lit-Verlag.
Planert, U. (1998). *Antifeminismus im Kaiserreich. Diskurs, soziale Formation und politische Mentalität.* Göttingen: Vandenhoeck & Ruprecht.
von Pückler-Muskau, H. (1992). *Reisebriefe aus England und Irland, 2 Bde.* Berlin: Aufbau Verlag.
Rollka, B. (1985). *Die Belletristik in der Berliner Presse des 19. Jahrhunderts. Untersuchungen zur Sozialisationsfunktion unterhaltender Beiträge in der Nachrichtenpresse.* Berlin: Colloquium.
Scott, D. B. (2002). Music and social class. In Samson, J.. (Hrsg.), The Cambridge history of nineteenth-century music (S. 544–567). Cambridge: Cambridge University Press.
Scott, J. W. (1999). *Gender and the politics of history.* New York: Columbia University Press.
Shaw, B. (1932). *Music in London 1890–1894, 3 Bde.* London: Constable and Company Limited.
Shepherd, J. (1987). Music and male hegemony. In R. Leppert & McClary, S. (Hrsg.), *Music and society. The politics of composition, performance and reception* (S. 151–172). Cambridge: Cambridge University Press.
Sloboda, J. A. & O'Neill, S. A. (2001). Emotions in everyday listening to music. In P. N. Juslin & J. A. Sloboda. (Hrsg.), *Music and emotion. Theory and research* (S. 415–429). Oxford: Oxford University Press.
Small, C. (1998). *Musicking. The meanings of performing and listening.* Middletown: Wesleyan University Press.
Steegmann, M. & Rieger, E. (Hrsg.). (1996) *Frauen mit Flügel. Lebensberichte berühmter Pianistinnen von Clara Schumann bis Clara Haskil.* Frankfurt a. M: Insel.
Stendhal (H. Beyle). (1980). Rom, Neapel und Florenz im Jahre 1817. In *Stendhal: Werke.* (Hrsg.), von C. P. Thiede. Berlin: Rütten & Loening.
Sterne, J. (2003). *The audible past. Cultural origins of sound reproduction 2. Aufl.* Durham: Duke University Press.
Teran, J. R. S. (1975). *The New York opera audience, 1825–1974.* New York: University Microfilms.
Toews, J. E. (1993). Memory and gender in the remaking of Fanny Mendelssohn's musical identity, The corale. *Das Jahr. The musical quarterly, 77,* 727–748.
Vester, H.-G. (1991). *Emotion, Gesellschaft und Kultur.* Opladen: Westdeutscher.
Wagner, C. (2004). Töne und Zwischentöne. Gender Studies in der Musikforschung. In M. Parzer. (Hrsg.), *Musiksoziologie remixed. Impulse aus dem aktuellen kulturwissenschaftlichen Diskurs.* (S. 75–93). Wien: Institut für Musiksoziologie.
Walkowitz, J. R. (1992). *City of dreadful delight. Narratives of sexual danger in late-victorian London.* Chicago: University of Chicago Press.
Weissweiler, E. (1999). Komponistinnen vom Mittelalter bis zur Gegenwart. München: Dtv.
Worbs, H. C. (1982). *Das Dampfkonzert. Musik und Musikleben in der Karikatur.* Wilhelmshaven: Heinrichshofen.

Sven Oliver Müller is Senior Researcher of the Research Group „Felt Communities? Emotions in European Music Performances" at the Max Planck Institute for Human Development, Berlin. Among his research interests are the theories of nationalism, war crimes in the Second World War and audience behavior in modern Europe. Currently he is writing a book about the emotional and political reception of Richard Wagner in 20th Century Germany.

The Expression of the Emotions in Man and Avatars: Zur „Bildung der Gefühle" in virtuellen Umgebungen

Benjamin Jörissen

Zusammenfassung: Avatare werden häufig als „virtuelle Stellvertreter" von Nutzern in „virtuellen" sozialen Umgebungen charakterisiert. Sie sind zugleich erheblich mehr als dies: Im Avatar verschränken sich Kommunikationen, Handlungen und Erfahrungen des Nutzers mit den dynamischen Eigenschaften des digitalen Objekts und seiner Programmierung zu einem Hybrid, das für die emotionalen Aspekte virtueller Umgebungen von maßgeblicher Bedeutung ist. Der Aufsatz bestimmt zunächst entlang der begrifflichen Differenz von „Emotion" und „Gefühl" unterschiedliche Komplexitätsebenen: vom emotionalen Lernen bis zu einer transformativen „Bildung der Gefühle". Diese werden strukturanalytisch differenziert auf Avatartechnologien bezogen, so dass auf verschiedenen Ebenen Potenziale, aber auch Grenzen hybrid-virtueller Körperlichkeit im Hinblick auf emotionale bzw. gefühlsbezogene Bildungsprozesse deutlich werden.

Schlüsselwörter: Medienbildung · Bildung der Gefühle · Emotionales Lernen · Körper · Avatare · Virtualität

The expression of the emotions in man and avatars: on the "education of emotions" in virtual environments

Abstract: Avatars often are characterized as "virtual representatives" of users in "virtual" social environments. But there is more to this phenomenon: communication, action and experience of users are intertwined with the dynamic properties of the digital object and its program code. The result is a hybrid (actor) which has a decisive influence on the emotional aspects of virtual environments. Following Damasios conceptual difference of "emotion" vs. "feeling", the paper first discusses different layers, from emotional learning to complex transformative education ("Bildung") of feeling. The results are interrelated with a structural analysis of avatar technologies, which allows to show, on different layers, the potential effects, but also the limits, of a virtual hybrid corporeality for an education of feeling.

Keywords: Media education · Media literacy · Bildung of feeling · Emotional learning · Body · Avatars · Virtuality

---

© VS Verlag für Sozialwissenschaften 2012

Dr. B. Jörissen (✉)
Institut für Pädagogik, Friedrich-Alexander-Universität Erlangen-Nürnberg,
Bismarckstr. 1, 91054 Erlangen, Deutschland
E-Mail: benjamin@joerissen.name

Dass in den medialen sozialen Interaktions- und Kommunikationsräumen des Internet Emotionen von erheblicher Bedeutung sind, ist vielfach belegt – und kann kaum verwundern, handelt es sich doch um genuine soziale Begegnungsorte mit allen entsprechenden Entwicklungsdynamiken, die von hasserfüllten „flamewars" und „shitstorms" bis hin zu verschiedensten Formen von Liebe und Intimität reichen (Ben-Ze´Ev 2004). Im Folgenden geht es jedoch nicht um die „typischen" Kommunikationsangebote im Internet (wie Online-Communities und soziale Online-Netzwerke), sondern um den weniger bekannten (und auch forschungsseitig weniger erschlossenen) Bereich der „Virtuellen Welten". Darunter sind interaktive graphische Online-Plattformen zu verstehen, die ähnlich wie in vielen digitalen Spielen eine räumliche, zumeist dreidimensionale Mehrbenutzer-Umgebung zur Verfügung stellen.

Im Unterschied zu Spielen wie etwa dem bekannten „World of Warcraft" weisen Virtuelle Welten wie „Second Life" als solche weder Spielregeln noch Spielziele auf. Wenn auch bisweilen auf solchen Plattformen (also innerhalb der Virtuellen Welt) Spiele gespielt und oft auch speziell implementiert werden, erfolgt die Organisation des Sozialen doch eher nach dem Strukturmuster von Online-Communities (vgl. Marotzki 2003): Als visuelle Interaktionsräume sind sie eher „play" denn „game". Sie stellen mithin eine virtuelle Bühne dar, auf der nicht selten ein zweites Alltagsleben inszeniert wird – sei es die Einrichtung des gemeinsamen Hauses, die Strandparty oder der Museumsbesuch. Es

Abb. 1: Strandszene in der Virtuellen Welt „There.com": im Vordergrund der eigene Avatar in typischer Rückansicht; dahinter weitere Avatare anderer Nutzer, die sich mittels Chat-Comicblasen unterhalten

existiert eine Vielzahl virtueller Welten, zumal diese auch zunehmend zum Angebotsportfolio globaler Unterhaltungskonzerne gehören; die Mitgliederzahlen bewegen sich weltweit im deutlich neunstelligen Bereich (vgl. Jörissen 2009a).

Auch ohne genauere Kenntnis einer speziellen virtuellen Welt ist damit recht gut nachvollziehbar, dass solche digitalen Umgebungen als soziale und subkulturelle Räume zugleich auch Räume der emotionalen Inszenierung, Kommunikation, Aushandlung und Erfahrung sind. Sie bieten eine Vielfalt unterschiedlicher Atmosphären (und oftmals die Möglichkeit, diese selbst zu gestalten), Interaktionsmöglichkeiten und Artikulationsangebote (etwa im Sinne virtueller Inszenierungen von Identitäten). Zumindest in solchen Virtuellen Welten, die differenzierte Gestaltungs- und Handlungsangebote bereithalten, ist häufig ein hohes Maß an Involvement gegeben (vgl. Boellstorf 2008).

Hier soll es um einen besonderen Aspekt Virtueller Welten gehen, nämlich weniger um die Welt als erfahrbare Umgebung, sondern um die Repräsentation des Teilnehmers in dieser Welt: den sogenannten „Avatar". Dieser stellt als Strukturelement Virtueller Welten ein Phänomen mit einer sehr spezifischen Charakteristik dar, denn sowohl die immanente Struktur von Avataren im Schnittfeld von Programmcode, Visualität und Interface-Technologien wie auch die Beziehung oder die Verbindung des Teilnehmers mit seinem Avatar (oder seinen diversen Avataren) sind hochkomplex. Je nach konkreter technischer Ausstattung der Avatar-Technologie besteht strukturbedingt ein hohes Potenzial nicht nur der Identifikation, sondern darüber hinaus der Hybridisierung des Teilnehmers mit seiner Figur, und zwar auf den Ebenen der visuellen Artikulation, des Handelns wie auch eines körperlich „appräsenten" (Sandbothe 2001, S. 200) Erfahrens. Avatare stellen in dieser Hinsicht einen besonders spannenden Fall im Schnittfeld von Medienbildung und der „Pädagogik der Dinge" (vgl. Nohl 2011) dar. Zugleich sind sie aber auch kommunikative „Agenten", die für den Gefühlsausdruck in virtuellen Umgebungen wesentlich sind (daher im Titel die Anspielung auf Darwins klassische Abhandlung; vgl. Darwin 1872): Ihre performativen emotionalen Wirkungen können durchaus beachtlich sein.

Im Folgenden werde ich zunächst einen bildungstheoretischen Anschluss an einige Arbeiten Antonio Damasios zur neurowissenschaftlichen Emotionsforschung darlegen, dessen Strukturmodell eines eng verwobenen Zusammenhangs von Körper, Emotion, Gefühl und Denken für eine Anthropologie der Gefühle mir durchaus interessant erscheint – damit aber auch relevant für einen differenzierten Blick auf das, was sich unter einer „Bildung der Gefühle" verstehen lässt. Diese wird im zweiten Teil dann auf Avatartechnologien bezogen.

1 Die Reflexivität des Gefühls und die „Bildung der Gefühle"

Vorauszuschicken ist die in diesem Feld notorische Begriffsproblematik, die sich aufgrund der langen und disziplinär heterogenen Begriffsgeschichte unvermeidbar ergibt (vgl. Gerhards 1988, S. 9; Böhme 1997, S. 528). Ausgerechnet der geisteswissenschaftlich traditionsreiche (und somit bildungstheoretisch sehr relevante) Begriff des *Gefühls* findet in der Übersetzung durchaus gegensätzliche Bedeutungszuweisungen. So findet sich in späteren Auflagen des weitverbreiteten neurowissenschaftlichen Buches *Descartes' Irr-*

tum von Antonio Damasio die Anmerkung des Übersetzers, dass die Begriffe *emotion* vs. *feeling* in diesem Band als *Gefühl* vs. *Empfindung* übersetzt worden seien – im Gegensatz zur aktuellen Praxis, das Begriffspaar als *Emotion (emotion)* vs. *Gefühl (feeling)* zu übersetzen (Damasio 2010a, S. I). Der (reflexive) Prozess eines „feeling of emotion" wurde somit als „Empfinden des Gefühls" übersetzt (Damasio 2010a, S. 185). Damit wurde das tradierte Verständnis der Begriffe *Gefühl* und *Empfindung* geradezu umgekehrt – war doch *Empfindung* im Deutschen, etwa bei Kant, als subjektive Perzeption oder *sensatio* sinnesnah und nicht-reflexiv besetzt (Kant 1983a, S. B 376), während das *Gefühl* in seinem konstitutiven Verhältnis zur Urteilskraft doch als reflexiv bzw. reflexionsnah verstanden wurde (Kant 1983b, S. A XLVIII).

Die moderne Übersetzungspraxis weist dem Begriff *Gefühl* also wieder eine reflexive Position zu. Das Modell, das Damasio seit den 90er Jahren in diversen allgemeinverständlich gehaltenen Publikationen entwickelt hat (Damasio 1994, 2009, 2010b), ist in dieser Hinsicht besonders aufschlussreich, da es die Reflexivität des Gefühls vor dem Hintergrund eines Körpermodells versteht, das letztlich, die cartesianische Trennung von Geist und Körper bzw. die neocartesianische Trennung von Gehirn und Körper zurückweisend, von einem *sich selbst beobachtenden* und sich in der Beobachtung umstrukturierenden Körper ausgeht. Dabei spielt der Zusammenhang von *mentalen Bildern, Emotion* und *Gefühl* eine entscheidende Rolle.

2 Verkörperte „mentale Bilder" als Grundelement aller mentalen Prozesse

„Mentale Bilder" stellen aus der neurowissenschaftlichen Perspektive Damasios die grundlegende Form jeglichen Wissens dar. Dieses Wissen liegt auf neuronaler Ebene in Form „dispositioneller Repräsentationen" vor (Damasio 2010a, S. 150). Damit ist gemeint, dass nicht etwa der Erfahrung *analoge* „Bilder" in „Speichern" abgelegt werden, sondern dass jeglicher mentale Inhalt als spezifisch codiertes Aktivierungsmuster von Bereichen und Systemen im Gehirn repräsentiert ist, die für diesen Inhalt relevant sind: So wird die Repräsentation einer Person nicht „en bloc" abgelegt, sondern diese ist nichts anderes als ein bestimmtes Muster der Aktivierung visueller, auditiver, olfaktorischer, szenisch-aktionaler etc. Aspekte (in den ihnen zugehörigen Bereichen des Gehirns) – plus ihrer neuronalen Zusammenführung, die dann gestaltförmig erfahren werden kann.

Vor allem ist dabei die nach Damasio unhintergehbare *Körperlichkeit* dieser Bilder bzw. Maps zu betonen. Zum einen zeigt er auf, dass „Körper" ein Gefüge mentaler Repräsentationen darstellt. Die Trennung von „Körper" und „Geist" oder „Gehirn" wird nicht (wie so oft) *vorausgesetzt*, sondern sie wird vielmehr als prozesshaftes, fluides und mehrschichtiges Konstrukt eines Organismus sichtbar gemacht, der als unauflöslich und „integriert durch wechselseitig aufeinander einwirkende biochemische und neuronale Regelkreise (zu denen unter anderem das Hormon-, das Immun- und das autonome Nervensystem gehören)" betrachtet werden muss (Damasio 2010a, S. 18). Diese dynamische Repräsentation bildet in mehrfacher Hinsicht (räumlich, zeitlich, motorisch, emotional, kognitiv) die „Grundreferenz", somit das zentrale Dispositiv aller weiteren „dispositionellen Repräsentationen" (ebd., S. 312 f.).

Die potenzielle Komplexität der (somit also im Körper wurzelnden) mentalen Bilder, mittels derer sich sowohl Prozesse des Fühlens als auch Denkens wesentlich vollziehen (Damasio 2010a, S. 152), ist aufgrund der Fähigkeit zur dynamischen „Selbstkartierung", also Kartierung von Kartierungen (Damasio 2010b, S. 70), außerordentlich hoch. Man kann dies m. E. durchaus als neuronales Äquivalent zu den von Bateson (1985) beschriebenen logischen Stufen des Lernens im Sinne von „Um-Rahmungen" von „Strukturmustern der Weltauffordnung" (Marotzki 1990, S. 34 ff.) verstehen: Lernen vollzieht sich aus dieser Perspektive als Transformation mentaler Bilder auf unterschiedlichen logischen Komplexitätsstufen: Bilder einfacher Sachverhalte, Bilder von Ablauf- oder Handlungsmustern, Bilder, die Typen von Mustern repräsentieren, Bilder für einfache oder komplexe logische Verhältnisse zwischen mentalen Bildern etc. Insbesondere interessant ist dabei der Aspekt der stetigen *Um*bildung dieser Bilder bzw. Kartographien, der auf das Moment der Negativität von Lern- und Bildungsprozessen verweist (Koch 1995; Meyer-Drawe 2008).

3 Emotionales Lernen und emotionales Umlernen

Lernen muss vor diesem Hintergrund als doppelter Prozess erstens des Erwerbs solcher Strukturen, zweitens aber der emotionalen *Bewertung* bzw. *Umwertung* derselben betrachtet werden. Hierbei kommt der Körper abermals ins Spiel. Denn Emotionen sind, so Damasio, nichts anderes als „eine Reihe von Veränderungen des Körperzustandes, verknüpft mit bestimmten Vorstellungsbildern", die ein bestimmtes System im Gehirn aktiviert haben (Damasio 2010a, S. 201). Diese Veränderungsreaktionen können entweder genetisch vorgegeben („primäre Emotionen", die auf genetisch festgelegte dispositionelle Reaktionen reagieren) oder aber im Entwicklungs- und Sozialisationsprozess erworben sein („sekundäre Emotionen", die auf erworbenen dispositionellen Reaktionen basieren; vgl. Damasio 2010a, S. 180 ff.).

Damit ist zunächst festzuhalten, dass „emotionales Lernen" als der sozialisatorische Prozess des Erwerbs (jeweils kulturell spezifischer) sekundärer emotionaler Reaktionsmuster in Bezug auf mentale Bilder verstanden werden muss (auch wenn dieser soziokulturelle Aspekt in der neurowissenschaftlichen Perspektive Damasios systematisch ausgeblendet bleibt). Es geht mithin um den erfahrungsbasierten, in der sozialen Interaktion verorteten Erwerb emotionalen Wissens als Form praktischen Wissens, wie er insbesondere in der sozialen Mimesis stattfindet (Gebauer und Wulf 2003). Weiterhin ist damit auch emotionales *Umlernen* impliziert, also die Möglichkeit der Änderung der emotionalen Bewertung mentaler Bilder (mithin also die Änderung derjenigen körperlichen Veränderungsprozesse, die etwa aufgrund bestimmter gemachter Erfahrungen oder mit bestimmten gegenwärtigen Widerfahrnissen einhergehen): Reaktionsweisen können mimetisch übernommen werden und zuvor erworbene Muster ersetzen; Hexis, Gesten und Bewegungen stellen unmittelbar eine neue körperliche Reaktionsweise dar, die zugleich die emotionale Reaktion ändert. So etwa bei der mimetischen Übernahme der elterlichen Reaktionsweisen auf bestimmte Situationen (z. B. Stress- oder Schreckreaktionen).

Dieses Umlernen ist *nota bene* nicht in dem Sinne reflexiv, dass der emotionale Prozess *als solcher* zum Gegenstand der Erfahrung wird: Es geht nicht um ein anderes *Fühlen* der

Emotion, sondern um eine alternative emotionale Bewertung von Sachverhalten. Daher ist diese Form emotionalen Lernens nicht mit der ganzen Bandbreite dessen, was sich unter „Bildung der Gefühle" verstehen ließe, gleichzusetzen: Erstens weisen die emotionalen Reaktionsmuster, um die es hier geht, keine reflexive Struktur auf (bloße „Veränderungen des Körperzustandes, verknüpft mit Vorstellungsbildern" können als solche schwerlich als Medium von Bildungsprozessen dienen). Zweitens geht es hier um „Lernen" als Erwerb bzw. Differenzierung oder Änderung von Reaktionsmustern innerhalb einer *gegebenen* Rahmung (also etwa um emotionales Lernen innerhalb der gegebenen kulturellen Formen einer bestimmten Gruppe, eines bestimmten Milieus etc.), nicht aber um einen reflexiven Prozess, der alte Rahmungen in neuen, übergreifenden Rahmungen „aufhebt", der also Bestehendes, oft krisenhaft, in Frage stellt und *alternative* Sicht- und Handlungsweisen provoziert.

4 Das „Fühlen einer Emotion" als Bedingung emotionaler Bildung

Das *Fühlen* einer Emotion („*feeling an emotion*") ist die *Erfahrung* besagter Veränderungen in Gegenüberstellung oder Überlagerung mit denjenigen Bildern (z. B. visuellen Bildern eines Gesichts oder auditiven Bildern einer Melodie), die diese Veränderung hervorgerufen haben: „That process of continuous monitoring, that experience of what your body is doing *while* thoughts about specific contents roll by, is the essence of what I call a feeling" (Damasio 1994, Chap. 7, Feelings § 4). Gefühle stellen mithin einen parallel ablaufenden (Meta-) Prozess dar, der „*genauso kognitiv wie jedes andere Wahrnehmungsbild* und ebenso abhängig von zerebral-kortikaler Verarbeitung wie jede andere Vorstellung" ist (vgl. Damasio 2010a, S. 217 f.). Dieses permanente „Lesen" situativer emotionaler Zustände ist ein kognitiver Interpretationsprozess, der zu diesen eine prinzipielle Distanz herstellt: „[...] feeling your emotional states, which is to say being conscious of emotions, offers you *flexibility of response based on the particular history of your interactions with the environment*" (Damasio 1994, Chap. 7, Primary Emotions § 3).

Lernprozesse auf dieser Ebene sind also etwas anderes als Lernprozesse auf der Ebene der (sekundären) Emotionen. Das „Lesen" der Emotionen stellt eine zweite Ebene der gefühlsmäßigen Bewertung von Situationen (oder Elementen von Situationen, Erfahrungsgehalten etc.) dar, die nicht zuletzt auch logische Denkprozesse (und mithin im reduktionistischen Wortsinne „kognitives" Lernen) tangiert. Über die Verknüpfung von Vorstellungsbildern mit somatischen Zuständen entstehen – und hierbei spielt zum Dritten der Körper eine maßgebliche Rolle – „somatische Marker", die eine für Denkprozesse wesentliche Komplexitätsreduktion ermöglichen, indem Unwesentliches von Wesentlichem aufgrund gefühlsbasierter Entscheidungen getrennt und so erst eine Fokussierung ermöglicht wird (Damasio 2010a, S. 237 ff.). Das „Sortieren" oder „Arrangieren" der immer kontingenten und komplexen mentalen Bilder ist mithin wesentlich eine körper- und gefühlsbasierte Angelegenheit. Komplexe kognitive Prozesse (Denken, Reflexion) sind insofern zugleich auch Prozesse der (unbewusst) körpervermittelten Selektion „gefühlt richtiger" (vielversprechender, interessanter) Anschlussmöglichkeiten.

Der Körper wird dabei zum buchstäblich „bewegten" *Gedächtnismedium* für gefühlsbasierte Entscheidungsprozesse, also für Relevanzsetzungen der Welt- oder Situationskonstruktion. „Bildung der Gefühle" zielt, wie damit deutlich wird, nicht ausschließlich auf „Bildung" im Sinne eines ganzheitlich reflexiven Selbstverhältnisses, sondern sie ist vielmehr im Sinne komplexer Intuitionen überhaupt eine Angelegenheit kreativen Denkens, insofern dieses auf kognitiv nicht verfügbare, „abduktive" Schlussformen (Reichertz 2011) abstellt.

Als Lernprozess auf dieser Ebene betrachtet, entspricht das so herausgebildete körperbasierte Gedächtnis für gefühlsbasierte Entscheidungen zunächst dem, was in Soziologie und Anthropologie als *Habitus* bezeichnet wird (Bourdieu 1993). Die „Lesart" der Emotionen (die als sekundäre bereits Ergebnis von Sozialisationsprozessen sind) setzt angesichts der Kulturalität von „Gefühl" Sozialisation – im Sinne des Erwerbs kultur- und milieuspezifischer Deutungsmuster – voraus (etwa auch: literarisch oder medial vorgezeichneter Konstruktionen von Liebe, Mitleid, Furcht etc.), die mit entsprechenden Trägheitseffekten einhergehen, grundsätzlich aber auch transformierbar sind (Krais und Gebauer 2002; Alkemeyer 2006).

Versteht man unter „Bildung" vor diesem Hintergrund, wie auch im Sinne aktueller Bildungstheorie, den Prozess „grundlegender Transformationen der Art und Weise [...], wie Menschen sich zu sich selbst verhalten" (Koller 2007, S. 50), so lässt sich dieser transformatorische Gedanke plausibel auch auf Gefühle in ihrer wie aufgezeigt reflexiven Struktur beziehen. Mithin ginge es um *Transformationen der habitualisierten (verkörperten) Deutungsmuster emotionaler Reaktionen.* „Bildung der Gefühle" lässt sich vor diesem Hintergrund als Prozess verstehen, in welchem ein reflexiver Umgang mit den somatisch fühlbaren „Lesarten" emotionaler Reaktionen zu differenzierteren, flexibleren, adäquateren Einschätzungen im Hinblick auf (vergangene oder auch zukünftige) Erfahrungen, Situationen, Probleme, Widerfahrnisse etc. führt.

Eine solche Form von Bildung spielt insbesondere dort eine zentrale Rolle, wo emotionale Kommunikation und differenziertes emotionales Verstehen *anderer* gefordert ist. Während etwa ein kultur- oder milieuspezifischer emotionaler Ausdruck von entsprechend sozialisierten Personen zumeist problemlos decodiert werden kann, ist dies über Kultur- bzw. Milieugrenzen hinweg nicht umstandslos der Fall. Wo die *Grenzen* dieses Verständnisses liegen, ist aber letztlich von pragmatischen Erfordernissen der Situation abhängig. In therapeutischen Settings etwa sind sehr komplexe Fähigkeiten des „Lesens" (eigener) emotionaler Reaktionen erforderlich. „Bildung der Gefühle" bedeutet dann, auch andere Weisen des „Fühlens von Emotionen" fühlend verstehen oder zumindest wahrnehmen zu können, was ein reflexives Verhältnis zum eigenen „Fühlen von Emotionen" zwingend voraussetzt.

Zusammenfassend lassen sich unterschiedliche Komplexitätsebenen einer „Bildung der Gefühle" (im weiteren Sinn) unterscheiden:

1. Lernen auf der Ebene der Emotionen als sozialisatorischer Erwerb sekundärer emotionaler Reaktionen auf mentale Bilder (mentale Repräsentationen von „etwas", seien es innere oder äußere Wahrnehmungen, Erinnerungen, Vorstellungen etc.).
2. Emotionales Lernen als *Umlernen* dieser erworbenen emotionalen Reaktionen, genauer: als Umlernen der emotionalen Bewertung mentaler Bilder, etwa in mimetischen Prozessen.

3. Lernen auf der Ebene des Gefühls als Erwerb von (kultur- und milieuspezifischen) „Deutungsmustern" emotionaler Lagen im Hinblick auf mentale Bilder durch Sozialisation und Enkulturation.
4. „Bildung der Gefühle" als Transformation dieser Deutungsmuster im Sinne einer Differenzierung und Flexibilisierung von „Lesarten" emotionaler Reaktionen im Hinblick auf mentale Bilder.

5 Strukturebenen von Avatar-Technologien

Fragt man allgemein nach den Bildungspotenzialen von Avataren, so geraten verschiedene anthropologische Dimensionen in den Blick: Körperlichkeit und ihre Grenzen, Geschlecht, Identität, Hybridität, Selbstfremdheit, Begehren, (Sub-) Kultur werden (je nach Maßgabe der Komplexität und Offenheit ihrer technologischen Implementation) in performativen (artikulativen, kommunikativen und interaktionalen) Praktiken aufgeführt und verhandelt (vgl. Jörissen und Marotzki 2009, S. 208 ff.). Dieses Spektrum verdankt sich wesentlich der (potenziellen) strukturellen Komplexität von Avatartechnologien, die auf unterschiedlichen Ebenen *zugleich* Identifikations-, Hybridisierung- und Distanzierungseffekte hervorrufen können. Nachfolgend sollen zunächst diese Strukturebenen skizziert werden (vgl. ausführlich: Jörissen 2009b). Im Anschluss werden die oben herausgearbeiteten vier Ebenen emotionaler/gefühlsbezogener Bildung auf Avatartechnologien bezogen diskutiert.

Folgende vier Strukturebenen von Avatartechnologien lassen sich (analytisch) unterscheiden:

1. *Szenische Situiertheit.* Avatare befinden sich notwendig immer in einer Umgebung, von der sie zudem diverse technische, kommunikative, soziale und ästhetische Aspekte „erben" (so etwa die Dimensionalität, den grafischen Charakter, die Aktions- und Interaktionsmöglichkeiten einer digitalen Umgebung). Diese prinzipielle Situiertheit von Avataren bedeutet in Bezug auf Emotionalität und emotionale Kommunikation, dass immer schon ein bestimmtes *atmosphärisches Setting* gegeben ist, in dem Avatare auftreten und dessen Teil sie sind. Auch Nutzer von Avataren sind situiert: vor dem Bildschirm (oder sonstigen Anzeigegerät) mittels mehr oder weniger komplexer Interface-Technologien (von der Tastatur bis zum interaktiven Headset plus Datenhandschuh) und zugleich in der virtuellen Umgebung (s. u.). Die in virtuellen Welten oft gegebene Möglichkeit der weitgehenden Gestaltbarkeit der Umgebung durch die Nutzer ermöglicht somit also, Stimmungen und Atmosphären räumlich und dinglich zu artikulieren, was bereits ein in sich reflexiver Prozess ist (zum Begriff der Artikulation und seiner bildungstheoretischen Bedeutung vgl. Jung 2009; Marotzki 2008). Die in sich differente und hybride (s. u.) Situierung der Nutzer schafft zugleich eine Distanz zur virtuellen Umgebung, die mit einer Neubewertung des dort gegebenen Situationstyps und der Verhaltensweisen (s. u., Proteus-Effekt) einhergeht (Abb. 2).
2. *Visuelle Artikulation.* Avatare werden zumeist von den Nutzern *gestaltet* (bisweilen kann auch nur ausgewählt werden). Die Angebote variieren in den Dimensionen der Grundformen (Menschen, Humanoide, Tiere, freie Gestaltungsformen etc.), der Gestaltungsparameter (typisch etwa: Geschlecht, Körperform, Augenfarbe, Frisur,

The Expression of the Emotions in Man and Avatars

Abb. 2: Szene in der Virtuellen Welt „Playdo.com". Typisch für Welten mit einer „2,5"-Dimensionalität (isometrische Projektion) ist die leichte Vogelperspektive, aus der der eigene Avatar mit den anderen zusammen betrachtet wird (entfernt vergleichbar dem Spiel mit einer Puppenstube)

Kleidung etc.) sowie der Freiheitsgrade der Gestaltung (von wenigen Vorgaben bis hin zu selbst gestaltbaren Körper- und Kleidungsmodulen). Entsprechend stellen sie visuelle Artikulationen dar, die identitätsbezogene Positionierungen und häufig auch emotionale Grundstimmungen zum Ausdruck bringen (vgl. Svarog 2007). Der Grad emotionaler Beteiligung ist dabei wesentlich von den Freiheitsgraden der Gestaltung abhängig (vgl. Chung und Lee 2008).

3. *Hybride Handlungsstruktur.* Avatare führen standardmäßig je definierte Aktionen aus, die von einfachen Gesten bis zu komplexen Handlungsformen reichen können (z. B. Wechsel der Körperpositur, blinzeln, lächeln, atmen, gehen, sprechen, tanzen etc.). Je nach Komplexität und Mächtigkeit des Avatar-Systems bzw. der Virtuellen Umgebung kann der Avatar aktiv Anteile zu Interaktionen beitragen. Das Ergebnis ist eine hybride Interaktion, die Nutzeraktionen und Avataraktionen miteinander verbindet. Da auf dieses Hybrid sowohl andere Nutzer als auch ggf. andere Avatare (durch programmierte Reaktionen) je reagieren, kommt eine Eigendynamik zustande, die Nutzer z. T. als Unvorhersehbarkeit, Unkontrollierbarkeit und Autonomie des Avatars wahrnehmen (Taylor 2002, S. 56). Damit kommt zugleich eine für diese medialen Architekturen spezifische Dynamik emotionaler Kommunikation zustande.

In anspruchsvolleren Systemen ist es zudem möglich, die Gesten nutzerseitig zu programmieren. Dies ermöglicht kollektive Programmierarbeiten an (sub-) kulturtypischen Gesten, die dann quasi als codierte Lesarten emotionaler Zustände oder als

dynamische Aufführungen kultureller Auffassungen von Gefühl im Repertoire der entsprechenden Virtuellen Welt vorhanden und abrufbar sind.
4. *Hybride Präsenz.* Erfahrungsseitig führt die hybride Handlungsstruktur zu Präsenzerfahrungen in virtuellen Umgebungen. Die Avatartechnologie mit ihren an taktil-motorische Interfaces gekoppelten visuell-propriozeptiven Rückmeldungen schreibt sich, wie Mark B. Hansen aufzeigt, als drittes Element in das Verhältnis von Körperschema und Körperbild ein. Ein solcher „body-in-code" (2006, S. 20) ist keine informationelle oder digitale Körperabstraktion, sondern vielmehr ein Körper „submitted to *and constituted by* an unavoidable and empowering technical deterritorialization" (ebd.). Für Lernen und Umlernen von Emotionen als (wie oben dargelegt) mit Vorstellungsbildern verknüpfte Veränderungen des Körperzustandes sind komplexere Avatartechnologien aus diesem Grund sehr relevante Phänomene. Die damit einhergehende Erfahrung der „Appräsenz" der eigenen Person *in* der virtuellen Situation (vgl. Sandbothe 2001, S. 200) führt auch zu sozialen Kopräsenzerfahrungen (Petersen et al. 2002), die allerdings aufgrund ihrer komplex gebrochenen Perspektivität (Avatar-Nutzer-Hybride sind sichtbar, Nutzer sind unsichtbar, fühlen sich aber anwesend) auch eine spezifische Diskontinuität mit sich bringt, die den Beteiligten nicht unbedingt bewusst ist (Boellstorf 2008, S. 130 f.) und zu emotionaler Entkopplung oder auch der Illusion emotionaler Schwingung führen kann (vgl. D'Aloia 2009).

6 Fazit: Emotionales Lernen und transformative Bildung der Gefühle im Kontext von Avatar-Technologien

Im Anschluss an die im vorangehenden Abschnitt herausgearbeiteten vier Ebenen emotionalen Lernens und gefühlsbezogener Bildung sowie an die oben vorgestellten Strukturaspekte von Avataren lassen sich nun unterschiedliche Ebenen und Aspekte von Emotion und Gefühl im Kontext von Avatartechnologien darstellen.

6.1 Avatare und sekundäre Emotionen: Emotionale Kommunikation und emotionales „Um-lernen"

Die Fähigkeit von Avataren zur emotionalen „Performance" hat ein breites Anwendungsfeld emotionaler Kommunikation hervorgebracht. Im Zusammenhang mit Möglichkeiten automatisierter Erkennung emotionaler Ausdrücke seitens der Klienten etwa per Webcam sollen in e-Learning, Gamedesign oder auch e-Business die entsprechenden „emotionalen" Reaktionen der „Dienstleistungs-Avatare" adäquater – und dies bedeutet: persuasiver – gestaltet werden (vgl. etwa Bărbat und Cretulscu 2003; Karpouzis et al. 2003; Ortiz et al. 2009). Unter Aspekten des „emotionalen Lernens" liegen die Lerneffekte eher auf Seiten der angewandten Forschung. Ein emotionales Zu- oder Umlernen der Nutzer spielt de facto dabei keine Rolle, denn das Ziel möglichst universal einsetzbarer emotional kommunizierender Agenten hebt auf Effizienz ab und versucht entsprechend, Lernkurven der Nutzer weitestgehend zu vermeiden.

Aufschlussreicher in dieser Hinsicht ist der Einsatz von Avataren in der sozialpsychologischen Emotionsforschung. Wie die Stanforder Forschergruppe um Nick Yee und

Jeremy Bailenson in einer Reihe von experimentellen Studien aufgezeigt hat, zeigen Nutzer-Avatar-Hybride signifikant andere Verhaltensweisen als die Nutzer selbst, während jedoch in virtuellen Settings grundsätzlich gleiche soziale Normen gelten wie im „real life" (Yee et al. 2007). Dieser „Proteus-Effekt" (Yee 2007) äußert sich etwa darin, dass mit attraktiven, großen Avataren versehene Nutzer sich im Vergleich zu solchen mit kleinen unattraktiven Avataren erheblich enger an andere Avatare heranstellen, diese in Spielen signifikant häufiger zu übervorteilen versuchen etc. (die Mitwirkenden sahen dabei immer nur denselben neutralen Avatar des Probanden, so dass ein Interaktionseffekt ausgeschlossen wurde).

Insofern also Nutzer-Avatar-Hybride unmittelbar andere Verhaltensweisen zeigen, liegen entsprechende Potenziale emotionalen Lernens und Umlernens auf der Hand, die entsprechend im Rahmen therapeutischer Settings Anwendung finden (vgl. etwa Fabri et al. 2007; Konstantinidis et al. 2009).

6.2 Kollektive Artikulation von Gefühlsausdruck und artikulative Bildung der Gefühle

Um mit den Grenzen zu beginnen: Sicherlich ist nicht zu erwarten, dass sich durch bloße Verwendung von Avatar-Technologien umfassende Transformationen habitualisierter emotionaler Deutungsmuster ereignen, wie sie oben in einem anspruchsvollen Sinn als „Bildung der Gefühle" dargelegt wurden. Es wäre bemerkenswert, wenn solche nicht leicht ansprechbaren Prozesse, die etwa Gegenstand psychotherapeutischer Ausbildung und professioneller Reflexion und Übung sind, sich auf diesem Wege allein erreichen ließen. Auf medialer Seite spricht dagegen insbesondere der Umstand, dass gerade die komplexeren Virtuellen Welten dreidimensional gestaltet sind, so dass Nutzer ihren eigenen Avatar in aller Regel *von hinten* sehen (s. Abb. 1). Damit wird der für emotionale Kommunikation wichtige mimische Ausdruck nicht visuell rückgemeldet: Es kommt zu einer Diskontinuität zwischen den eigenen Emotionen und dem Ausdruck des Avatars. Damit aber kommt es auch zu einer Entkopplung und Verselbständigung der emotionalen Kommunikation zwischen den beteiligten Avatar-Nutzer-Hybriden, die mit den emotionalen Lagen der Nutzer nur vermittelt zusammenhängen.

Die Bedeutung dieser Entkopplung erschließt sich in einer defizittheoretischen Lesart allerdings nur bedingt. Entkopplungen beinhalten Potenziale für neue Kopplungen, und möglicherweise losere Kopplungen, die Options- und Gestaltungsräume eröffnen und in dieser Hinsicht durchaus Potenziale aufweisen. Vor diesem Hintergrund lassen sich abschließend folgende Bildungsaspekte hervorheben:

Sozialität: Gerade aufgrund der besagten Entkopplung können in virtuellen Welten sehr leicht positive emotionale Atmosphären entstehen, die, wie bei jeder anderen sozialen Situation, auf die Nutzer zurückwirken und ihre emotionale Lage verändern. Virtuelle Welten sind daher oft ein Ort, an dem soziale Rituale (insbesondere Feste) eine große Rolle spielen: sie erzeugen dann über Atmosphären und positiven emotionalen Ausdruck der Avatare ein Angebot emotionalen Anschlusses, das zugleich auf realweltliche Situationen Bezug nimmt *und* diese verändert oder sogar verfremdet. Dies ermöglicht andere Modi der Teilnahme in virtuellen Situationen, aber potenziell auch einen reflexiven Blick auf kollektives „Emotionsmanagement" in ritualisierten realweltlichen Situationen (Abb. 3).

Abb. 3: Eine Party in der Virtuellen Welt „SecondLife.com": Die Avatare führen Tanzbewegungen aus – entweder je individuell (nutzergesteuert), oder bisweilen auch zentral gesteuert, wodurch koordinierte Gruppentänze ermöglicht werden

Distanz und Reflexivität: Die Entkopplung von körperlicher emotionaler Reaktion und dem relativ standardisierten Ausdruck der Avatare bewirkt auf ähnliche Weise Entfremdungseffekte: Der artifizielle Ausdruck erscheint als Meta-Inszenierung von Gefühlsausdrücken. Er ist immer schon eine Interpretation, die als solche den reflexiven Blick provoziert. Was als Gefühlsausdruck angemessen oder weniger angemessen, artifiziell oder natürlich, authentisch oder übertrieben, subtil oder kitschig oder gendernormierend ist, wird *zugleich* mimetisch nachvollziehbar wie auch reflexiv hinterfragbar.

Artikulation: Ein bildungstheoretisch sehr spannender Aspekt liegt in der Möglichkeit individueller und kollektiver emotionaler Artikulation. In komplexen Welten wie *Second Life* kann emotionaler Ausdruck nicht nur per Interface ausgelöst werden, sondern auch nutzerseitig per „Scriptsprache" programmiert werden. Nutzer können eigene Gesten und Mimiken „schreiben", und somit auch ihre eigenen emotionalen Ausdrücke generieren, die wiederum Gegenstand sozialer Aushandlung sind, so etwa durch direkte Rückmeldung und netzwerkmäßige Verbreitung (Gesten werden von anderen in ihr Ausdrucksrepertoire übernommen). Durch die Möglichkeit kollektiver Bearbeitung (Erstellung eines subkulturell identifikationsfähigen Repertoires an Gesten und Gefühlsausdrücken) können schließlich eigene (Sub-) Kulturen gestischen und emotionalen Ausdrucks entstehen. Beide, individuelle wie kollektive Artikulation, sind per se zugleich reflexive und soziale Formen der Auseinandersetzung mit Gefühlen und ihrem Ausdruck.

Literatur

Alkemeyer, T. (2006). Lernen und seine Körper. Habitusformungen und -umformungen in Bildungspraktiken. In B. Friebertshäuser, M. Rieger-Ladich, & L. Wigger (Hrsg.), *Reflexive Erziehungswissenschaft. Forschungsperspektiven Im Anschluss an Pierre Bourdieu* (S. 110–141). Wiesbaden: VS Verlag für Sozialwissenschaften.
Bărbat, B. E., & Cretulscu, R. (2003). Affordable Affective Avatars. Persuasion, Emotions and Language(s). Proc. of the 1st Balkan Conference in Informatics (BCI'2003).
Bateson, G. (1985). Die logischen Kategorien von Lernen und Kommunikation. In G. Bateson (Hrsg.), *Ökologie des Geistes. Anthropologische, psychologische, biologische und epistemologische Perspektiven* (S. 362–399). Frankfurt a. M.: Suhrkamp.
Ben-Ze'ev, A. (2004). *Love online: Emotions on the internet*. Cambridge: Cambridge University Press.
Böhme, H. (1997). Gefühl. In Ch. Wulf (Hrsg.), *Vom Menschen. Handbuch Historische Anthropologie* (S. 525–548). Weinheim: Beltz.
Boellstorf, T. (2008). *Coming of age in second life*. Princeton: Princeton University Press.
Bourdieu, P. (1993). *Sozialer Sinn. Kritik der theoretischen Vernunft*. Frankfurt a. M.: Suhrkamp
Chung, S., & Lee, J. J. (2008). Avatar customization and emotions in MMORPGs. In H. Prendinger, J. Lester, & M. Ishizuka (Hrsg.), *Proceedings of intelligent virtual agents* (IVA 2008), *LNAI 5208* (S. 479–480). Berlin: Springer.
Damasio, A. R. (1994). *Descartes'error: Emotion, reason and the human brain*. London: Vintage.
Damasio, A. R. (2009). *Ich fühle, also bin ich. Die Entschlüsselung des Bewusstseins*. Berlin: List.
Damasio, A. R. (2010a). *Descartes'Irrtum. Fühlen, Denken und das menschliche Gehirn*. Berlin: List.
Damasio, A. R. (2010b). *Self comes to mind. Constructing the Conscious Brain*. London: William Heinemann.
d'Aloia, A. (2009). Adamant bodies. The avatar-body and the problem of autoempathy. *E|C Serie Speciale, III*(5), 51–56.
Darwin, C. (1872). *The expression of the emotions in man and animals*. London: Murray.
Fabri, M., Awad Elzouki, S. Y., & Moore, D. (2007). Emotionally expressive avatars for chatting, learning and therapeutic intervention. In J. Jacko (Hrsg.), *Human-computer interaction, Part III, HCII 2007, LNCS 4552*. Berlin: Springer, S. 275–285.
Gebauer, G., & Wulf, C. (2003). *Mimetische Weltzugänge. Soziales Handeln – Rituale und Spiele – ästhetische Produktionen*. Stuttgart: Kohlhammer
Gerhards, J. (1988). *Soziologie der Emotionen. Fragestellungen, Systematik und Perspektiven*. München: Juventa.
Hansen, M. B. (2006). *Bodies in code. Interfaces with digital media*. New York: Routledge.
Jörissen, B. (2009a). Strukturale Ethnografie Virtueller Welten. In P. Grell, W. Marotzki, H. Schelhowe (Hrsg.), *Neue digitale Kultur- und Bildungsräume*. Wiesbaden: VS-Verlag, S. 119–143.
Jörissen, B. (2009b). Avatar. In G. Mertens, U. Frost, W. Böhm, V. Ladenthin (Hrsg.), *Handbuch der Erziehungswissenschaft. Bd. III/2: Umwelten. Bearbeitet von N. Meder/C. Allemann-Ghionda/U. Uhlendorff/G. Mertens*. Paderborn: Schöningh, S. 977–991.
Jörissen, B., & Marotzki, W. (2009). *Medienbildung – eine Einführung. Theorie – Methoden – Analysen*. Bad Heilbrunn.
Jung, M. (2009). *Der bewusste Ausdruck*. Berlin: de Gruyter.
Kant, I. (1983a). Werke. v. W. Weischedel (Hrsg.), *Bd. 3/4: Kritik der reinen Vernunft*. Darmstadt: Wiss. Buchges.
Kant, I. (1983b). Werke.. v. W. Weischedel (Hrsg.), *Bd. 8: Kritik der Urteilskraft*. Darmstadt: Wiss. Buchges.
Karpouzis, K., Raouzaiou, A., & Kollias, S. (2003). "Moving" Avatars: Emotion Synthesis in Virtual Worlds. Proceedings of the International Conference on Human-Computer Interaction, Crete, Greece, July 2003.

Koch, L. (1995). *Bildung und Negativität*. Weinheim: Dt. Studien-Verlag.
Koller, H.-C. (2007). Bildung als Entstehung neuen Wissens? Zur Genese des Neuen in transformatorischen Bildungsprozessen. In H.-R. Müller, & W. Stravoravdis (Hrsg.), *Bildung im Horizont der Wissensgesellschaft* (S. 49–66). Wiesbaden: VS Verlag für Sozialwissenschaften.
Konstantinidis, E. I., Hitoglou-Antoniadou, M., Luneski, A., Bamidis, P. D., & Nikolaidou, M. M. (2009). Using Affective Avatars and Rich Multimedia Content for Education of Children with Autism. In: Proceedings of the 2nd International Conference on PErvasive Technologies Related to Assistive Environments (PETRA '09). ACM, New York, NY, USA, Article 58. DOI = 10.1145/1579114.1579172 http://doi.acm.org/10.1145/1579114.1579172
Krais, B., & Gebauer, G. (2002). *Habitus*. Bielefeld: transkript.
Marotzki, W. (1990). *Entwurf einer Strukturalen Bildungstheorie. Biographietheoretische Auslegung von Bildungsprozessen in hochkomplexen Gesellschaften*. Weinheim: Dt. Studien-Verlag.
Marotzki, W. (2003). Online-Ethnographie – Wege und Ergebnisse zur Forschung im Kulturraum Internet. In B. Bachmair,P. Diepold, C. de Witt (Hrsg.), *Jahrbuch Medienpädagogik 3*. Opladen Leske + Budrich, S. 149–165.
Marotzki, W. (2008). Weisen der Artikulation in bildungstheoretischer Perspektive am Beispiel von Web 2.0 Phänomenen. In C. Schachtner, A. Höber (Hrsg.), *Learning Communities. Das Internet als neuer Lern- und Wissensraum* (S. 57–70). Frankfurt a. M.: Campus-Verlag
Meyer-Drawe, K. (2008). *Diskurse des Lernens*. München: Fink.
Nohl, A.-M. (2011). *Pädagogik der Dinge*. Bad Heilbrunn: Klinkhardt.
Ortiz, A., Oyarzun, D., & del Puy Carretero, M. (2009). ELEIN: E-learning with 3D interactive Emotional agents. In M. Chang, R. Kuo,G.-D Chen, & M. Hirose (Hrsg.), *Learning by playing. game-based education system design and development. lecture notes in computer science vol. 5670*, 2009 (S. 294–305). doi: 10.1007/978-3-642-03364-3.
Petersen, A., Bente, G., & Krämer, N. C. (2002). Virtuelle Stellvertreter: Analyse avatar-vermittelter Kommunikationsprozesse. In G.Bente, N. C. Krämer, & A. Petersen (Hrsg.), *Virtuelle Realitäten* (S. 227–253.). Göttingen: Hogrefe, Verl. für Psychologie.
Reichertz, J. (2011). Abduktion: Die Logik der Entdeckung der Grounded Theory. In G. Mey, & K. Mruck (Hrsg.), *Grounded theory reader* (S. 279–297). Wiesbaden: VS, Verl. für Sozialwiss.
Sandbothe, M. (2001). *Pragmatische Medienphilosophie. Grundlegung einer neuen Disziplin im Zeitalter des Internet*. Weilerswist: Velbrück Wiss.
Svarog, F. (2007). Avatar expression. Second life portraits. http://www.lulu.com/product/paperback/avatar-expression/885544. Zugegriffen: 1. April 2012.
Taylor, T. L. (2002). Living digitally: Embodiment in virtual worlds. In R. Schroeder (Hrsg.), *The social life of avatars* (S. 40–62). London: Springer.
Yee, N. (2007). The proteus effect. The effect of transformed self-representation on behavior. http://vhil.stanford.edu/pubs/2007/yee-proteus-effect.pdf. Zugegriffen: 19. Okt. 2007.
Yee, N., Bailenson, J. N., Urbanek, M., Chang, F., Merget, D. (2007). The unbearable likeliness of being digital. nonverbal norms in online virtual environments. http://www.nickyee.com/pubs/Yee,%20Bailenson,%20Urbanek,%20Chang%20&%20Merget%20-%20SL%20NonVerbal.pdf. Zugegriffen: 19. Okt. 2007.

Benjamin Jörissen, Dr. phil., Akad. Rat am Institut für Pädagogik der Friedrich-Alexander-Universität Erlangen-Nürnberg. Arbeitsschwerpunkte: Theorie und Methoden der Medienbildung, Theorien und Probleme der Identität, Historische Anthropologie, qualitative Bildungs- und Sozialforschung. Letzte Publikationen: Raum, Zeit, Medienbildung. Untersuchungen zu medialen Veränderungen unseres Verhältnisses zu Raum und Zeit (VS-Verlag 2012, Hrsg. zus. m. C. Bukow und J. Fromme); Schlüsselwerke der Identitätsforschung (VS-Verlag 2011, Hrsg. zus. m. J. Zirfas).

Protestantisch fühlen lernen

Überlegungen zur emotionalen Praxis der Innerlichkeit

Monique Scheer

Zusammenfassung: Die „protestantische Innerlichkeit" stützt sich zu einem bedeutenden Teil auf Emotionen, die somit zum wichtigen Medium der Gotteserfahrung werden. Emotionen sind allerdings nicht von sich aus „innerlich", sondern müssen dazu gemacht werden. Deshalb ist die Ästhetik des Protestantismus, im Sinne einer Kultivierung der Sinne und Gefühle, besonders stark von einer Grenzkontrolle zwischen innen und außen gekennzeichnet, die in Gefühlspraktiken und Emotionsbegriffen sichtbar wird. Dieses Essay geht den emotionalen Praktiken zweier kontrastierender protestantischer Kulturen nach, um solchen Grenzkontrollen und den ihnen zu Grunde liegenden „semiotischen Ideologien" (W. Keane) auf die Spur zu kommen.

Schlüsselwörter: Protestantismus · Heilsarmee · Charismatisches Christentum · Emotionsgeschichte

Learning to feel protestant – Reflections on the emotional practice of interiority

Abstract: "Protestant interiority" relies heavily on emotions, which are then an important medium for religious experience. Emotions are not, however, naturally "interior", but rather must be made to be such. Thus, the Protestant aesthetic—in the sense of a cultivation of the senses and the emotions—is particularly strongly characterized by a policing of the border between the inner and outer, which becomes evident in emotional practices and concepts. This essay explores the emotional practices of two contrasting Protestant cultures in order to examine the modes in which this policing is accomplished and the "semiotic ideologies" (W. Keane) they are based on.

Keywords: Protestantism · Salvation Army · Charismatic Christians · History of emotions

---

© VS Verlag für Sozialwissenschaften 2012

Jun.-Prof. Dr. M. Scheer (✉)
Ludwig-Uhland-Institut für Empirische Kulturwissenschaft,
Eberhard Karls Universität Tübingen,
Burgsteige 11 (Schloss), 72070 Tübingen, Deutschland
E-Mail: monique.scheer@uni-tuebingen.de

1 Einführung

Das *Beicht- und Abendmahls-Büchlein* von Johann Christian Friedrich Burk, einem erweckungsbewegten Pfarrer aus Württemberg, wollte nach eigener Aussage jungen Menschen Anleitung geben, ihre Gedanken und Gefühle in Gebetsworte zu übertragen (1853, S. 5). Denn die Teilnahme am Sakrament des Abendmahls setzte eine Vorbereitung im Gebet voraus, eine Selbstprüfung, die „längere Zeit und eine geeignete Stimmung des Gemüthes" erfordere (S. 7). Nach den Worten der Bibel solle man sich prüfen: „Habe ich den Herrn, meinen Gott, geliebet von ganzem Herzen, von ganzer Seele und von ganzem Gemüthe? [...] betete ich gläubig, ernstlich und anhaltend? Habe ich von ganzem Herzen mich auf Ihn verlassen, und stets alle meine Sorgen auf Ihn geworfen? [...] Liebe ich um Seinetwillen auch meine Brüder?" (S. 25–27). Nach lutherischem Verständnis vermittelt weder Ritual noch Kirche das Heil, sondern der Glaube des Einzelnen. Die bloße Anwesenheit in der Kirche bei der Beichte vor dem Abendmahl reicht also nicht aus, man muss mit ganzem, und das bedeutet, mit einem vorbereiteten Herzen dabei sein. Der Pfarrer kann die Worte der Absolution sprechen, aber nur dem, dessen Herz sich dabei mit Friede erfüllt, ist dann wirklich vergeben, denn dieses Gefühl ist das Zeichen, „dass der Geist Gottes in deinem Herzen [...] die tröstlichen Worte [gesprochen hat]: Mein Sohn, meine Tochter, dir sind deine Sünden vergeben!" (S. 42).

Die Formierung des moralischen Subjekts im Rahmen einer religiösen Erziehung geschieht in Bezug zu einer Transzendenz, zum Göttlichen, Erhabenen, oder Jenseitigen. Bei allen anderen Funktionen, die Religion haben mag, ist sie dort spezifisch *religiös*, wo sie diesen Gottesbezug erfahrbar macht, wo sie den Zugang zum Heiligen vermittelt. Die Passagen aus dem Konfirmationsbüchlein von Pfarrer Burk erinnern daran, dass diese Vermittlung im Protestantismus keineswegs nur über propositionales Wissen geschah, sondern ebenfalls Praktiken des Gefühls umfasste, die die Aufmerksamkeit nach innen richteten, emotionale Regungen deuteten, bestimmte Empfindungen anstrebten, das z. T. amorphe Innere artikulierten und somit Emotionen konstituierten.[1] Die Beziehung zu Gott sollte durch Liebe, Glaube, Hoffnung entstehen – jedenfalls über eine Verbindung von „innen" heraus. Die Hinwendung zum Inneren, die schon in der Reformation in Abgrenzung zu einer „äußerlichen" katholischen Glaubenspraxis formuliert worden war, zielte nicht nur auf den Verstand, sondern (in Anlehnung an das Matthäusevangelium 22,37) auf das ganze Herz, die ganze Seele, das ganze Gemüt. Das Wort war für deutsche Protestanten im 19. Jahrhundert ein wichtiges Medium für die Vermittlung von Gottes Gegenwart in ihrem Herzen, aber nicht das einzige: Musik, Raumwahrnehmung und Körperhaltungen hingen ebenfalls eng mit der angestrebten Emotionalität zusammen. Deshalb ist die Vermittlung christlichen Wissens, wie im *Büchlein* von Pfarrer Burk, immer im Zusammenhang mit der Vermittlung einer bestimmten emotionalen und körperlichen Praxis zu sehen. Protestantisch glauben lernen hieß: protestantisch fühlen lernen.

Diese These wird vor dem Hintergrund einer vor kurzem abgeschlossenen Studie zur Semantik der Innerlichkeit in allgemeinen Konversationslexika (Scheer 2011) sowie eines laufenden historisch-ethnografischen Forschungsprojekts zu Emotionen in der christlichen Glaubenspraxis des 19. und 21. Jahrhunderts folgendermaßen entwickelt: Die „protestantische Innerlichkeit" stützt sich zu einem bedeutenden Teil auf Emotionen, die somit zum wichtigen Medium der Gotteserfahrung werden. Emotionen sind allerdings nicht von sich aus „innerlich", sondern müssen dazu gemacht werden. Deshalb ist die Ästhetik des Protestantismus (im Sinne einer Kultivierung der Sinne und Gefühle, vgl. Morgan 1998; Schmidt 2000; Koch 2004; Meyer 2010) besonders stark von einer Grenzkontrolle zwischen innen und außen gekennzeichnet, die in Gefühlspraktiken und Emotionsbegriffen sichtbar wird.

In der protestantischen Liturgie- und Frömmigkeitsgeschichte kann ein andauerndes Verhandeln über Mediatisierung beobachtet werden, ein Tauziehen zwischen Wort und Ritus, zwischen Verstand und Sinnlichkeit (siehe dazu Meyer-Blanck 2010). Mein Interesse gilt insbesondere den Prozessen in diesem Tauziehen, die immer wieder unter verschiedenen Namen ihr Gewicht hinter die Gefühlsseite der Frömmigkeit warfen: Pietismus, Erweckungsbewegung, Evangelisations-, Gemeinschafts- und Heiligungsbewegungen, Freikirchen und die charismatische Bewegung. Diese Aneinanderreihung soll alle diese Erscheinungen keineswegs über einen Kamm scheren, sondern die Gemeinsamkeit hervorheben, die sie teilen: ihre besonders starke Betonung der Emotionen in der Glaubenspraxis. Sie werden von der institutionalisierten Staatskirche immer wieder als Problem erlebt, liefern dennoch wichtige Anregungen und Reformimpulse, die evangelische Pfarrer und Laien aufgreifen und in ihre Frömmigkeitsangebote integrieren, je nach Region, je nach Epoche in unterschiedlicher Intensität (Brecht et al. 1993–2004). Das Verhältnis ist deshalb immer ambivalent – die Erweckten scheinen etwas Wertvolles zu haben, aber es droht zu viel davon zu sein: Emotionalität, Engagement, Überzeugung. Dieses immer wiederkehrende Thema erschien ab etwa 1850 als besonders diskussionsbedürftig, weil zunehmend protestantische Freikirchen (in der zeitgenössischen Sprache: „Sekten"), unter anderem von der Second Great Awakening in den USA beflügelt, in Deutschland missionieren durften und dadurch ähnliche Aktivitäten in den Landeskirchen (Gemeinschaftsbewegung, Zeltmission) anregten, die umstritten waren (Ribbat 1996). In evangelischen Zeitungen der zweiten Hälfte des 19. Jahrhunderts lassen sich diese Diskussionen verfolgen, aus denen einiges über bürgerlichen Habitus und über implizite Theorien des Selbst – und somit über den richtigen Umgang mit Emotionen – herausgelesen werden kann. Dabei ist die Haltung dieser bürgerlichen Diskutanten nicht ausreichend mit dem von Norbert Elias beschriebenen Fortschreiten der Affektkontrolle erklärt (Elias 1976), noch ist sie eine rein rationalistische Ablehnung irrational gedachter Leidenschaften. *Dass* die Emotionen als Medium der Gotteserfahrung eingesetzt werden, ist nicht Stein des Anstoßes, sondern *wie*. Emotionen sollen v. a. erkennbar zu einem selbst gehören, deshalb sollen sie im Inneren stattfinden. Diese Innerlichkeit stellt sich jedoch nicht einfach so ein, sondern beruht auf einem gelernten körperlichen Vollzug, und über die Art und Autorisierung dieses Vollzugs wird gestritten. Die Zunahme von Aktivitäten unter erweckten Protestanten in den letzten Dekaden des 19. Jahrhunderts fordert Kirchenvertreter also dazu heraus, eine weitgehend implizite Norm explizit zu formulieren.

2 Unterscheidungspraktiken

Der Protestantismus baut auf eine bestimmte Topologie des Selbst auf, die zwischen „innen" und „außen" unterscheidet (Taylor 1989, S. 111–207). Die Vorstellung vom äußerlichen und innerlichen Menschen ist für Christen unter anderem im zweiten Korintherbrief (4, 16–18) festgehalten, der das Innere dem Geistigen und das Äußere dem Körperlichen zuordnet, also eine klare Unterscheidung von Leib und Seele postuliert, die unterschiedlichen Temporalitäten unterworfen sind – der Körper ist vergänglich, die Seele ewig. Das Muster setzt sich in Martin Luthers Unterscheidung zwischen dem „inneren Menschen", der unmittelbar zu Gott lebt, und dem „äußeren Menschen", der an seinen Leib und seine soziale Umwelt gebunden ist, fort. Emotionen lassen sich nicht restlos und ohne weiteres dem einen oder anderen Bereich zuordnen, sie haben sowohl eine Erfahrungsseite (innen) als auch eine Ausdrucksseite (außen), dessen Verhältnis zueinander nicht von sich aus klar ist. Gerade am Ende des 19. Jahrhunderts wurde die Definition der Emotion von William James – dass man nicht weine, weil man traurig sei, sondern traurig sei, weil man weine (James 1884) – kontrovers diskutiert. Entgegen der gängigen Annahme, dass Gefühle von innen kommen und im Körper lediglich ihren Ausdruck finden, ließ es sich durchaus behaupten, dass Emotionen ihren Ursprung im Körper haben und vom Geist nur wahrgenommen würden. Dies war bereits bei den überlieferten antiken und frühneuzeitlichen Diskursen zu den Leidenschaften der Fall gewesen, die als „mini-agents" erlebt wurden (Dixon 2003, S. 106), über die der Wille und die Vernunft unzureichend Macht haben. Dass die Gefühle auch zwischen Menschen übertragen werden können – dass sie „ansteckend" sind –, ließ ihren Ursprung ebenso zweifelhaft erscheinen. Emotionen konnten scheinbar sowohl von innen als auch von außen kommen.

Klarheit wurde durch eine „semiotische Ideologie" (Keane 2007) geschaffen, die das Verhältnis zwischen Zeichen und Bezeichnetem, Form und Inhalt, Innen und Außen organisiert. Die semiotische Ideologie, die im bürgerlich-protestantischen Milieu zum Tragen kam, ist ein Essenzialismus: Das Wesen der Dinge im „Inneren" ist „wirklich wirklich", während „außen" nur die „Erscheinung" wahrgenommen wird. Das Spirituelle ist das eigentliche Selbst, das mit Gott in Verbindung treten kann, während das Materielle am eigenen Selbst nebensächlich ist; das „Fleisch" führt sogar von Gott weg. In den Begriffsbestimmungen zu „innen" und „außen" in deutschen Konversationslexika ab der Mitte des 19. Jahrhunderts ist die Verflochtenheit von Konzepten aus protestantischer Theologie und deutschem Idealismus erkennbar, die man zusammengenommen als „modern" bezeichnen könnte.[2] In sowohl augustinisch-lutherischer als auch kantianischer Lesart ist das Innen moralisch höherwertig, weil es als frei gilt, während das Außen die Freiheit einschränkt. Übertragen auf das Selbst bezeichnete das „Innere", etwa unter diesem Stichwort im *Universal-Lexikon* von Pierer 1835, „*innere Merkmale*, die auf das Wesentliche deuten, eben so *innerer Charakter*" (Bd. 10, S. 174). Das Subjekt wurde mit solchen Begriffsbestimmungen dezidiert ins Innere platziert: Wer ich bin, das ist das Immaterielle an mir, meine Seele, die eine gewisse Beständigkeit und Kontinuität aufweist. Und die echten Gefühle, die zu mir gehören, finden dort statt, in der Seele, oder genauer – in der Sprache des 19. Jahrhunderts – im Gemüt. Somit lautet die semiotische Ideologie der Emotionen: Das „Innen" ist primär, es ist das „eigentliche Gefühl"; der Ausdruck ist als Abbild davon abhängig.

Zu dieser ideologisch geordneten Topologie gehört eine Unterscheidung und Hierarchisierung der Emotionen, die in den Begriffen ab der ersten Hälfte des 19. Jahrhunderts sichtbar wird. In deutschen Konversationslexika wird unter den Stichworten Affekt, Gemütsbewegung, Leidenschaft, Gefühl usw. eine Einteilung in „leibnahe" und „leibferne" Emotionsarten unternommen (Frevert 2011, S. 31). Die Ausführungen über den Unterschied zwischen Affekt und Leidenschaft waren bspw. im ganzen 19. Jahrhundert hindurch stark von Kants Definition in der *Kritik der Urteilskraft* von 1790 geprägt. Der *Brockhaus* von 1815 erklärte zum Stichwort „Leidenschaft", sie seien zwar „starke Begierden", dennoch „reißen [sie] den Menschen nicht so außer sich, wie die Affecten" (Bd. 5, S. 606). Während die Leidenschaft „gleichsam mit der Seele verschmolzen" sei und vollkommen im Verborgenen wirken könne, sei der Affekt heftig und sichtbar. Er wurde durch primitivste, reaktive Mechanismen des Körpers vollzogen und galt deshalb als oberflächlich, weil er sich schnell wieder verflüchtigte (Scheer 2011, S. 57–62). Der „Affekt" – ein typisches Beispiel wäre die Angst – war vergleichbar mit einem „Trieb" oder einem Körperreflex. Auch die Etymologie verweist auf seinen Ursprung von außen: das Wort kommt von „afficere" – antun – wie auch das „affiziert werden".

Ganz anders das „Gefühl": Vor 1800 hauptsächlich das „Getast" (Gammerl 2011, S. 181), als Sinnestätigkeit der Haut definiert, verwandelte es sich in den Lexika der Biedermeier-Epoche zum Inbegriff der inneren, subjektiv erfahrenen Emotion v. a. geistiger Natur. „Gefühl" war viel komplexer als „Affekt", eine „höhere" Emotion, ganz nah an Begriffen und Ideen. Bestimmte Gefühle konnte man erst durch einen langen Prozess der Gefühlsbildung entwickeln, v. a. ästhetisches Empfinden, das Gefühl fürs Erhabene, und eben auch religiöses Gefühl, für das Mysterium, für die schlechthinnige Abhängigkeit, die für Schleiermacher der Inbegriff des Glaubens war. Anhand von Begriffen wie „Affekt" und „Gefühl" wurden Emotionen also eingeteilt, manche ausgesondert, und nur *bestimmte* Emotionen für die Gottesbegegnung zur Verfügung gestellt: die „geistigen" Gefühle.

Die emotionale Praxis der Innerlichkeit agiert diese Höherbewertung des Immateriellen aus und sorgt für ihre Einverleibung und Habitualisierung.[3] Bereits die Begriffsbestimmungen der Konversationslexika als eminent bildungsbürgerliches Medium konnten auf vorausgesetzten Kenntnissen von bürgerlichen Praktiken des Selbst aufbauen, die mit dem protestantischen Selbstverständnis eng verknüpft waren. Die Introspektion wurde in diesem Milieu etwa beim Schreiben im Tagebuch oder in Briefen kultiviert, die Wahrnehmung der eigenen Gefühle auch bei der Romanlektüre verfeinert (Reckwitz 2006, S. 155–175). Die so hergestellte Interiorität der Seele spiegelte sich in der scharfen Abgrenzung zwischen privat und öffentlich im sozialen Raum. Das Refugium des bürgerlichen Hauses diente als primärer Ort, wo die „sympathetischen Gefühle", das besondere Distinktionsmerkmal bürgerlicher Privatbeziehungen (gegenüber den vermeintlich emotionslosen Zweckgemeinschaften der Aristokratie) in Familien- und Freundschaftsleben erlebt und habitualisiert werden konnten (Reckwitz 2006, S. 134–155; Budde 2009, S. 15–42). In dieses Set von Gefühlspraktiken gehört auch die Religion, oder besser: der Glaube, der tendenziell als höchst privat (bis hin zu seiner schwachen Bindung an die Institution Kirche, vgl. Hölscher 1990) und introvertiert galt. Protestantismus in den Landeskirchen verstand sich als Religion des Ohres, verließ sich auf die Verinnerlichung des Wortes Gottes und kultivierte im Hören der Kirchenmusik erbauliche und feierliche Gefühle, die man aber für sich behielt.

Solche Unterscheidungen – zwischen „leibnahen" und „leibfernen" Emotionen und zwischen privat und öffentlich – gehören zu einer Praxis der strikten Trennung des Spirituellen vom Materiellen, die die moderne semiotische Ideologie vorgab. Aber wie Webb

Keane (mit Latour 1995) argumentiert, ist diese Reinhaltung zum Scheitern verurteilt, denn „this inability to achieve complete purification is *inherent* in the very materiality of semiotic form" (Keane 2007, S. 80). Keane bezieht sich hierbei v. a. auf die Sprache, aber ich möchte seine Idee auf die Emotionen ausweiten, da sie ebenso Immaterielles und Materielles überbrücken und deshalb auch hybride Formen darstellen. Emotionen sind niemals rein „gedanklich", sie involvieren *per definitionem* den Körper, und diese Materialität macht sie im Rahmen der semiotischen Ideologie des Protestantismus umstritten. „The materiality of semiotic forms is inescapable; to the extent that it mediates even inner subjectivity, it renders full purification impossible" (Keane 2007, S. 24). Das bedeutet für die kulturwissenschaftliche Forschung, dass bei jeder noch so spiritualisierten Praxis die damit verbundene Materialität, Körperlichkeit und soziale Verortung auch analysiert werden soll. Für die Akteure bedeutet es, dass das Streben nach dieser Reinhaltung Teil ihrer alltäglichen emotionalen Praxis wird – oder, dass sie sie herausfordern.

3 Grenzziehungen

Die Ablehnung des emotionalen Überschwangs in der religiösen Praxis hat weniger mit einem Bestehen auf Vernunft und Gefühlskontrolle zu tun als mit dem Versuch, einen rein spirituellen Raum im Menschen zu konstituieren und aufrechtzuerhalten, der mit einem transzendenten Raum oder Wesen in Kontakt treten kann. Die Grenze zwischen Innen und Außen, zwischen Geist und Materie, muss deshalb gut bewacht sein. Auseinandersetzungen zwischen Landeskirchen und erweckten Frömmigkeitsbewegungen liefern viele Belege für diese Grenzkontrolle und die Arbeit an der „richtigen" Form protestantischer Innerlichkeit, die nur die „richtigen" Gefühle einbezieht.

Ihr spannungsreiches Verhältnis kommt auch daher, dass die Erweckten eine vertraute und für das protestantische Selbstverständnis zentrale Sprache der Innerlichkeit requirieren, revitalisieren und ernst nehmen, die in der augustinischen Tradition der Mystik steht. Wie der Theologe Krister Stendahl es prägnant und prägend formulierte: Das „introspektive Gewissen des Westens" geht nicht auf Paulus, sondern auf Luthers augustinische Lesart seiner Briefe zurück (1963). Ohne auf die Diskussion über Luthers Verhältnis zur mittelalterlichen Mystik einzugehen, soll hier lediglich darauf hingewiesen werden, dass diese Tradition eine hoch entwickelte Sprache auch für den Protestantismus zur Verfügung stellte, die Erfahrungen der Innerlichkeit konstituierte und autorisierte. Wie die körperlichen Sinne die Außenwelt, tasten in der Mystik „innere Sinne" den Gemütsraum ab; geistige Dinge werden mit dem „inneren Auge" gesehen, dem „inneren Ohr" gehört, dem „inneren Geschmackssinn" geschmeckt (vgl. Largier 2003). Die Begegnung mit dem geistigen Wesen, mit Gott, geschieht in diesem Innenraum, der vornehmlich im Herzen gedacht wird.

Diese Sprache ging, so können wir es bei August Langen (1968) nachlesen, in das pietistische Vokabular ein, das großen Einfluss auf die deutsche Barockdichtung und die Romantik hatte. In den englisch- und holländischsprachigen reformierten Pietismen und Puritanismen ist sie zu finden, im französischen Quietismus bei Madame Guyon, im englischen Methodismus bei John Wesley. Jonathan Edwards, der Protagonist des amerikanischen Great Awakening, schreibt in seinem *Treatise concerning Religious Affections* von 1746 ausführlich über den „spiritual" oder „supernatural sense", der durch die Gnade Gottes in der Seele eines Menschen geweckt werde. Dieser geistige Sinn war, in der Theorie zumindest, gänzlich verschieden von den natürlichen oder physischen Sinnen.

Aber in der Praxis war die Unterscheidung zwischen inneren und äußeren Sinnen nicht immer offensichtlich oder leicht aufrechtzuerhalten. Bekehrungsberichte aus erweckten Kreisen erzählen immer wieder davon, dass man Gottes Stimme ganz deutlich gehört habe, ob mit den inneren oder äußeren Ohren war nicht immer klar auszumachen. Die Grenze zwischen einer Vision und dem natürlichen Sehen konnte verschwimmen, genauso wie die Grenze zwischen Traum und Wirklichkeit; Zeichen und Wunder waren überall zu erkennen. Edwards, Wesley, Spener – Männer, die große Erweckungsbewegungen angeführt haben, kämpften stets mit dem Problem, dass Gott es offenbar doch immer wieder schafft, sich auch den äußeren Sinnen zu präsentieren (Taves 1999). Genauso – vielleicht besonders – schwierig ist die Unterscheidung bei den Emotionen. Woher weiß man, ob die Gefühle, die beim Zuhören einer Predigt hochkommen, rein spirituell sind, potenziell Zeichen der Berührung mit dem Heiligen Geist, oder doch nur von eigenen Vorstellungen angeregt, oder gar eine Übertragung vom Prediger oder den anderen Zuhörern? Es gab einen Namen für Menschen, die den wahren Ursprung ihrer Emotionen nicht erkennen konnten: Sie waren „Schwärmer", Enthusiasten, die einer falschen Inspiration aufgesessen sind. Zu ihnen wollten weder Erweckte noch „Mainstream"-Protestanten gerechnet werden.

Den Begriff „Schwärmerei" hatte Martin Luther schon gegen die Wiedertäufer eingesetzt, und er machte auch in der Aufklärung eine beachtliche Karriere als Pendant zum Aberglauben – beide beruhten auf falschen Vorstellungen und Wahrnehmungen (Heyd 1995). Deshalb waren die Vordenker von christlichen Revitalisierungsbewegungen intensiv damit beschäftigt, untrügliche Kennzeichen von wahrer Inspiration auszumachen. Bei Wesley wurde das in zwei berühmten Predigten zum „Zeugnis des Heiligen Geistes" anhand der Art der Emotionen festgemacht: Liebe, Freude und v. a. die Gemütsruhe, das Fehlen heftiger Aufwallungen (die den Körper involvieren), sind die Kennzeichen, die der Heilige Geist im eigenen Geist hinterlässt (Scheer 2009, S. 198–202). Auch der eingangs zitierte Pfarrer Burk betrachtete den Frieden im Herzen als Zeichen göttlicher Gnade. Die Konversationslexika erkennen ebenso in überaus heftigen Gefühlen ein Zeichen für Schwärmerei, weil sie das Erkenntnisvermögen einschränken, wie in den Nebenbedeutungen sichtbar, die auf das Schwärmen als Rauschen, als Geräusch, das die Sinne verwirrt, oder auf den alkoholischen Rausch anspielen.[4] Die Lexikonautoren weisen bei verwandten Stichworten gerne auf Etymologien hin: Enthusiasmus, von *en-theos*, von einem Geist oder Gott gefüllt; Fanatismus, von *fanatici*, im antiken Griechenland Priester von Besessenheitskulten. Solche Herleitungen bieten Bilder von einem von Geistern oder Dämonen bewohnten Menschen an, der nicht mehr „Herr im eigenen Haus" ist. Die analoge emotionale Invasion von außen wurde oft als Ergebnis von „Ansteckung" gesehen, Gefühle anderer Menschen, die auf einen selbst überspringen. Deshalb galt es, nicht nur den eigenen Körper (in Gefühlsaufwallungen) zu bändigen, um die geistigen Gefühle klarer erkennen zu können, sondern auch eine Grenze zu anderen Körpern zu ziehen, indem man sie privatisierte. Man hatte den anderen die eigenen Gefühle nicht zuzumuten.

Erweckliche Frömmigkeit bezieht sich zwar genauso wie die institutionalisierte Theologie auf die semiotische Ideologie der Innerlichkeit, sie will im Kern eine intensive innere („persönliche") Beziehung zu Gott fördern und sie hegt ähnliche Bedenken gegenüber katholischer „Sinnlichkeit" und Bildfrömmigkeit. Aber in ihrem Bestreben, den „ganzen Menschen" für das christliche Leben zu gewinnen, wird ihre Grenzkontrolle nach außen etwas weniger streng. Die Emotionen, die als Zeichen für Gottes Vergebung der eigenen Sünden erlebt werden, sind Teil der Konversionspraxis, die bei den Erweckten eine zentrale Rolle spielt. Sie zeigen sich bereit, auch die Emotionen in ihren Praktiken zuzulassen, die den Körper stärker involvieren, auch wenn sie noch immer unterscheiden und überwachen, um falsche Inspiration zu vermeiden.[5] Sie sind eher bereit, auf die Seite der Schwärmerei zu irren, wenn sie nicht auf das „Zeugnis", auf die Gewissheit, die eine körperliche Erfahrung vom Heiligen liefert, verzichten müssen. Ihre praktischen Erfahrungen sagen ihnen auch, dass sich starke Emotionen sehr gut eignen, um andere zu überzeugen, weshalb sie sie in der Evangelisierung einsetzen wollen. Die Landeskirche fördert dagegen eine stärkere Grenzkontrolle nach außen, um die emotionalen Höhepunkte im regulären Gottesdienst, bei der Konfirmationsfeier oder dem Abendmahlsritus einzubinden.

Religiöse Institutionen stellen die zur Herstellung der Gotteserfahrung nötigen Medien zur Verfügung – und sie bestimmen darüber, welche Medien und welches Wissen nötig sind. Die „innerliche" Erfahrung soll im Idiom „leibferner" Emotionen erlebt werden, d. h., der Körper soll nicht als Vermittler dienen. Aber die Praxis zeigt, dass diese Reinhaltung nicht gelingt, denn auch die Innerlichkeit ist auf einen körperlichen Vollzug angewiesen: Das Zuhören der Predigt, das Lauschen der Musik, das Singen vertrauter Lieder zusammen mit anderen, die Körperhaltung, die beim Gebet oder bei der Bibellektüre für die nötige Geisteshaltung sorgt, die Wahrnehmung von anderen Körpern und Stimmen um einen herum im Gottesdienst – auch die körpergebundene Ästhetik protestantischer Religionspraxis vermittelt Innerlichkeit. Deshalb wird die Form und Ausübung dieser Praktiken überwacht, um bestimmte Subjektivitäten, die sie hervorbringen, zu autorisieren, andere dafür zu delegitimieren. Geistige Sinne und Gefühle kultivierte man, indem man die körperlichen regulierte. In der Kirche sollte man zur Ruhe kommen, still sein, selbst nicht sprechen, das schärfte das innere Gehör. Die Musik war gediegen, die Körper diszipliniert, weitgehend bewegungslos, Hände gefaltet und eng am Körper. Das kann auch heute in landeskirchlichen Gottesdiensten so beobachtet werden; Kirchenmitglieder einer Großstadt haben mir in Interviews berichtet, dass für sie das erstrebte emotionale Ziel eines Gottesdienstes v. a. die *Ruhe* sei.[6] In ihrer Ethnografie einer ländlichen Kirche im Schwäbischen hat auch Alexandra Kaiser nebst einer in den letzten zehn Jahren „verordneten ‚Rehabilitierung der Sinnlichkeit'" in der protestantischen Glaubenspraxis (2008, S. 119) die Aussage eines Pfarrers festgehalten, dessen Skepsis darüber tief sitzt: Für ihn stellt gerade die Unterbeanspruchung der Sinne, die Stille und die Leere des Kirchenraums, das Heilige dar: „Also ich denk' so […] a schlichtere Kirche oder gar a leere Kirche, dass die mehr Freiraum gibt, ähh, zu mir zu finde, wie so a barocke Kirch'. […] So ein [barocker] Raum, der isch ja eigentlich… extrovertiert […], der lädt zum Nachauße-Gehe ein" (S. 125).

Diese Beruhigung der Sinne mag der Verinnerlichung der Wahrnehmung gedient haben, aber nach den Klagen erweckter Christen zu urteilen, hat sie auch in manchen Fällen die Mediatisierung der Gotteserfahrung schlicht verhindert. Ein charismatischer Christ berichtete von seiner Unzufriedenheit mit einem landeskirchlichen Gebetskreis: „Gott war nicht da."⁷ Er konnte ihn nicht wahrnehmen. Die freikirchlichen Evangelisierungsbewegungen des 19. Jahrhunderts wollten, wie die charismatischen Gemeinden heute, mit einem Kontrastprogramm dieses göttliche Wahrnehmungsorgan schärfen. Phasen der Stille, des konzentrierten Betens wechselten mit Abschnitten ab, die die Menschen nach außen orientierten, zu einer bewegenden Predigt und Musik und v. a. zueinander. Gott spürte man im Herzen, aber auch in der Stimmung, die in der Luft lag. Erweckungsprediger aus der Tradition des Methodismus sprachen dann von der „Salbung", die über die Gemeinde gekommen sei, die das Wirken des Heiligen Geistes bezeichnet, seine Gegenwart sowohl in jedem einzelnen Herzen wie auch über die ganze Gruppe. Wenn heutige charismatische Christen ihr emotionales Ziel beschreiben, dann sprechen sie von einem Erleben von „Kraft" und erinnern sich an das Gefühl: „Das war der Hammer".⁸ Dass diese Wirkung in Seele und Körper zugleich stattfand, zeigte sich bei den Methodisten auf unterschiedliche Weise: Die körperlichen Erscheinungen, die man mit Emotionen verband, wie Hochgefühl, Zittern, Tränenfluss, Herzklopfen, Lachen, Ausrufen waren oft dabei. In manchen Gruppen war es nicht unüblich, in Ohnmacht zu fallen, oder zu erleben, dass der Heilige Geist sich der Gliedmaßen bemächtigte, Arme und Beine bewegte. Heutige charismatische Christen sprechen oft davon, dass sie eine „Energie" spüren, eine Wärme, ein Kribbeln, das sei für sie die Wahrnehmung, dass der Heilige Geist in ihnen präsent ist (vgl. auch Elektrizitätsmetapher bei Meyer 2011, S. 24).

Die Grenze zwischen dem Immateriellen und Materiellen ihres Selbst scheint also bei Erweckten poröser zu sein als bei Besuchern landeskirchlicher Gottesdienste, dafür aber grenzen sie sich stärker gegen die „Welt" ab. Diese Tendenz ist im Pietismus hinlänglich bekannt (Gestrich 2004); bei anderen Erweckten variiert ihre Ausprägung. Gemeinsam ist ihnen die Vorstellung, dass die „Welt" Gott nicht in den Mittelpunkt stellt, dort lauert zudem die Versuchung. Sehen und Hören waren Öffnungen des Selbst in die Welt, die von Gott wegführt, sie waren potenzielle Portale für die Sünde. Die Sinne „reinhalten" bedeutete dann zu kontrollieren, was sie aufnahmen. Man musste aufhören, Weltliches zu hören, damit man Christliches hören konnte (Schmidt 2000, S. 50 f.). Auch heutige charismatische Christen behelfen sich in der massenmedial überfrachteten „Welt" mit eigenen Medien – christliche Fernsehprogramme, Filme, Websites, Popmusik – und ziehen oft die Gesellschaft Gleichgesinnter vor.⁹ In diesem geschützten Rahmen kann die Überwachung der eigenen Außengrenze etwas entspannter ausfallen.

4 Beispiel: „Ekel vor dem Leichten"

Im Juni 1882 erschien in der *Allgemeinen Evangelisch-Lutherischen Kirchenzeitung* ein langer Bericht über die Heilsarmee, eine aus dem Methodismus hervorgehende Freikirche (Jg. 15, Sp. 553–555; 579–581; 605–607). Die war zu diesem Zeitpunkt noch nicht in Deutschland aktiv, aber ihr „Anmarsch" über die Schweiz wurde gerade intensiv von den Landeskirchen beäugt. Um ihre Versammlungen rankten sich etliche Gerüchte, nicht zuletzt, weil Nachbarn und Passanten merkwürdige Geräusche vernahmen, die auf ein höchst bedenkliches Treiben hindeuteten.¹⁰ Der ungenannte Autor, wie die meisten Autoren in dieser Zeitung vermutlich ein evangelischer Pfarrer, bot deshalb so etwas wie einen

Undercover-Bericht aus London an, von wo aus die Bewegung ihren Ursprung genommen hatte.

„Um 8 U. wird die Versammlung eröffnet: der Leiter derselben stimmt ein Lied an, das in aufregender Weise abgesungen wird; jetzt kniet alles nieder, und jener spricht ein Gebet, unter fortwährenden Rufen der Uebrigen: Amen, Halleluja und sonstigen Aeußerungen der Zustimmung. Es war interessant, das Gebahren der Betenden zu beobachten: die einen unbeweglich, andere die Augen wie verzückt nach oben richtend, andere aufs lebhafteste agierend. An das Gebet schloß sich die Verlesung des 51. Psalms an und eine kurze Ansprache darüber [...] [Danach] forderte der Vorsitzende jedermann auf, durch das Ablegen eines Zeugnisses von seiner Heilserfahrung die anderen zu erbauen" (Sp. 579).

An dieser Stelle schilderte der Autor einige Eindrücke von diesen Zeugnissen: Mehr als 20 Personen hatten geredet, „darunter eine ziemliche Anzahl Frauenzimmer, die einen ganz kurz, die anderen länger, einige ruhig und ansprechend, die meisten aber überspannt: besonders fiel ein Mann auf, der durch sein Aussehen und ganzes Benehmen unheimlich an Irrsinn erinnerte; er schrie mit der vollen Kraft seiner Stimme, lief dabei wüthend auf und ab, schlug bald mit den Fäusten auf den Tisch, bald warf er sich auf die Knie nieder" (ebd.).

Eine Frau habe behauptet „Ich habe jetzt eine vollkommene Liebe", eine weitere: „so glücklich wie gerade im Augenblick habe [ich mich] noch nie gefühlt." Der Autor bemerkt: „So oft die Redner und Rednerinnen irgendeinen starken Ausspruch thaten, wurde Beifall geklatscht und lustig gelacht. Bei ganz besonderen Kraftstellen ließ der Leiter der Versammlung plötzlich Gesänge anstimmen, die mit ihren stürmischen Melodien und ihren Refrains ganz geeignet waren, die Gefühle der Anwesenden noch weiter aufzuregen und zu steigern" (Sp. 580).

Die Heilsarmee meldete regelmäßig ans „Hauptquartier" eine erkleckliche Anzahl von Bekehrungen, aber, so fragt der Autor des Berichts, was ist von ihnen zu halten? Er äußert einige Bedenken: „Es ist einfach als unevangelisch zu bezeichnen, wenn man die Bekehrung durch gewaltsame Gefühlserregung bewirken und sie dann augenblicklich zu einer fertigen Thatsache machen will", schreibt er (Sp. 606) und zweifelt somit die Echtheit der Bekehrungen an. Er findet darüber hinaus das Zeugnisablegen problematisch; ein „nicht geringer Mangel an christlichem Zartgefühl, an wahrhaft frommer Scheu, dass diese Leute sich so gar nichts daraus machen, ihre innersten Herzenserfahrungen, wenn überhaupt solche vorhanden sind, vor aller Welt zum besten zu geben" (ebd.). Er nimmt Anstoß am Sprechen der Frauen und verweist auf das paulinische Verbot; er appelliert an den Sinn für Anstand, dass man sein Innerstes nicht vor anderen so nach außen kehrt und impliziert, dass die Heilsarmee ihrer Erziehungspflicht nicht nachkommt, sondern geradezu die Unzivilisiertheit der unteren Schichten ausnutzt. Die Informalität der Predigt, in der man laut schreien dürfe oder zwischenrufen, das wilde Singen, auf den Tisch springen, die allgemeine Unordnung reiße die Menschen zu sehr außer sich, so sein Argument, so dass sie sich auf die eigenen Gefühle nicht besinnen, sie nicht wahrnehmen könnten – das Ergebnis ist „Selbsttäuschung" (ebd.). Hinzu kommt, dass sie genötigt würden, Zeugnis abzulegen, was „unvermeidlich Unlauterkeiten und Unwahrheiten veranlassen" würde (ebd.), denn das Innere muss *vor* dem Geäußertwerden bestehen, um ehrlich zu sein – es kann unmöglich im Zuge einer Äußerung zustande kommen. In dieser Kritik steckt also einiges an bürgerlicher Tugend und Moral, an Grenzziehungen zwischen privat und öffentlich, aber auch am eigenen Leib zwischen Innen und Außen, an der Konstruktion und Aufrechterhaltung moderner bürgerlicher Subjektivität. Die Kritik am Verhalten der Heilsarmeemitglieder impliziert eine Pflicht zur Erziehung der „Unterschichten" *zur* bürgerlichen Subjektivität.

Dieses Beispiel bündelt Themen, die bei der Besprechung ähnlich emotionsbetonter Evangelisationsveranstaltungen in dieser Zeit immer wieder vorkamen. Die bürgerlichen Beobachter sahen dort keine erhabenen sittlichen Gefühle, sondern ein sehr körpergebundenes Lachen und Weinen. Im Revival wurde die semiotische Ideologie des bürgerlich-modernen Protestantismus verletzt: Innen und Außen wurden nicht deutlich genug voneinander getrennt. Im Tun der Heilsarmee erkennt der Kritiker keine Innerlichkeit, keine Schärfung der inneren Sinne, keine Stärkung des eigenen Gemüts gegen äußerliche Einflüsse. Die Ästhetik des Revivals erscheint den landeskirchlichen Pfarrern als „Emotionsmaschine", die das Seelenleben von außen beeinflusst, aber keine wirkliche innere Wandlung verursacht. Bereits 1875 hatte sich ein Kommentator in der *Allgemeinen Evangelisch-Lutherischen Kirchenzeitung* über eine methodistische Evangelisationsveranstaltung beschwert: „Der Apparat, der aufgewendet wird, [ist] die auf großer Kenntniß des Seelenlebens beruhende berechnete Vertheilung von Singen, Beten, Reden, Seufzen, Tonfall, Gebärden, Steigerung des Gefühls auf die Erwartung eines großen unmittelbar eintretenden Segens" (Jg. 8, Sp. 401). Diese Gefühle waren also mit „methodistischem Kalkül" erzeugt worden, waren keine Gefühle, die durch den Heiligen Geist verursacht waren; sie waren nicht einmal Gefühle, die ihren Ursprung in den Seelen der Menschen hatten, sondern eher „Affekte": rein körperliche und somit oberflächliche, schnell verfliegende Ergebnisse einer gekonnten Manipulation.

Solche Berichte gewähren auch einen Einblick in das implizite Körperwissen der Akteure, in den bürgerlichen Habitus der Pastoren. Die Kritik an der Heilsarmee appelliert bspw. an „Anstand" – an den größtenteils einverleibten, unausgesprochenen Sinn für das, was sich ziemt. Dieser Appell bringt Empörung und Ekel über öffentlich zur Schau getragene, unkontrollierte Körperregungen zum Ausdruck – der Autor weiß auch deshalb, dass das nicht richtig sein kann, was er beobachtet, weil es sich nicht richtig anfühlt. Er rekurriert damit auf eine Haltung, die Bourdieu als „Merkmal der Herrschenden" bezeichnet hat: die „Absage an Natürlichkeit" oder Weigerung, sich den unmittelbaren sinnlichen Eindrücken und Gefühlen hinzugeben („man muß sich zu beherrschen wissen", Bourdieu 1982, S. 80). Die bürgerliche Ästhetik findet ihren Sitz im bürgerlichen Körper, so Bourdieu, im „Ekel vor dem Leichten", „einem physischen Widerwillen" (ebd., S. 758). Seine Beschreibung dieses Körperwissens der Oberschicht macht deutlich, wie sehr sie auch die religiöse Ästhetik im bürgerlich-protestantischen Milieu prägt, wie sie die Kodierung von „innen" und „außen" aufgreift: „Die Ablehnung alles Leichten im Sinne von ‚einfach', ‚ohne Tiefe', ‚oberflächlich' und ‚billig' [erfolgt] deshalb, weil seine Entzifferung mühelos geschieht, von der Bildung her wenig ‚kostet', [es ist] *unmittelbar zugänglich* und deshalb als ‚infantil' oder ‚primitiv' verschrien". Die Performanz der Emotionen bei den Heilsarmeemitgliedern ekelte den Autor des Berichts offenbar an: Er sah darin „Überspanntheit" und „Irrsinn", keine „wahren Gefühle", sondern v. a. oberflächliche Sinnesreizung und Manipulation, infantile Glücksbekundigungen und primitive Wutausbrüche. Die Konversionen der Heilsarmeemitglieder waren allzu leicht in dem Sinne, dass sie sehr schnell erfolgten, aber auch in Bourdieus Sinne von zu simpel: „Ueber ihrem Bestreben zu erwecken, vernachlässigt die Heilsarmee offenbar die mühsamere Arbeit der Erbauung" (AELK Jg. 15, Sp. 606). Das Wissen um die Funktionsweise der Emotionsmaschine fand seinen Widerhall in der einverleibten Abneigung gegen Oberflächliches und im Gefühl, dass das nichts sein kann, was dem Geist nichts abverlangt.

5 Schlussbemerkung

Es ist mehrfach beklagt worden, dass die heutige Sprache wenige Wörter für Emotion kennt. Diese Verarmung der Gefühlssprache sei auf den Einfluss der Naturwissenschaften zurückzuführen, die mit dem Einheitsbegriff „Emotion" die frühere Vielfalt der Gefühlsbegriffe überdeckten (Frevert u. a. 2011; Dixon 2003). Aber die Einteilung der Bandbreite an Gefühlserfahrungen war nie wertfrei, sondern immer auch in einem „moralischen Narrativ der Moderne" (Keane 2007) eingebunden. Die Unterscheidung verschiedener Emotionserfahrungen diente dem Programm der Entwertung der Materie, um Freiheit für das Subjekt zu erlangen. Die Herstellung von Innerlichkeit kann als eine „Technologie des Selbst" im Sinne Foucaults (1993) betrachtet werden, die zum Set der Disziplinierungstechniken gehört, die mit dem Entstehen des modernen Staates zusammenhängen. Insofern kann den Versuchen der Naturwissenschaft, Emotionen anders zu definieren, ein emanzipatorisches Moment abgewonnen werden. Da sie mit dem bürgerlich-modernen Subjektbegriff brechen, eröffnen sie Möglichkeiten, neue Subjektivitäten zu entwerfen.

Erweckte Christen fordern die bürgerlich-moderne Subjektivität auf andere Weise heraus, denn sie greifen das Primat der Innerlichkeit nicht an, sondern betreiben eine andere Praxis ihrer Herstellung, eine, die weniger auf die Einhegung des Körpers als auf eine „Spiritualisierung des Alltags" (Gleixner 2005, S. 13) inklusive der Körpererfahrung abzielt. Diese erfordert eine andere Art der Disziplinierung, die im bürgerlich-modernen Modell als primitiv bis verwerflich – weil zu sehr von außen kommend – betrachtet wird. Ihr Erfolg zwingt die Landeskirche zur Auseinandersetzung mit der Erweckungsbewegungen, und manche Impulse werden aufgenommen. Es gibt eben unterschiedliche Wege, protestantisch zu fühlen.

Die Aufnahme solcher Forderungen nach „mehr Sinnlichkeit im Gottesdienst" verlagert diesen Streit dann innerhalb der Landeskirchen. Zurzeit kann eine öffentliche Diskussion über den „Wohlfühlprotestantismus" beobachtet werden, der unter anderem bei Kirchentagen und in „sinnlich orientierten" Liturgie-Elementen zum Vorschein kommt und nach Meinung der Kritiker die christliche Botschaft trivialisiert (Graf 2011). Abgesehen vom darin eingebetteten Seitenhieb gegen eine vermeintliche „Verweiblichung" der Kirche – zu viel schwammiges Gefühl, zu wenig strenge Analyse – greift diese Diskussion die Sorge um die „richtige" Form der Herstellung von Innerlichkeit auf, die nicht zu körperbetont und nicht im Rahmen einer „Eventisierung" stattfinden soll. Diese immer wiederkehrende Diskussion zeigt, dass es dabei nicht nur um Geschmacksfragen geht, über die man ohnehin angeblich nicht streiten könne, sondern um mehr: um die Grenzen des Selbst, um seine Autonomie – und deshalb um zutiefst moralische und religiöse Fragen.

Anmerkungen

1 Mit dieser Formulierung wird eine Auffassung von Emotionen angesprochen, wie sie in weiten Teilen der kulturwissenschaftlichen Emotionsforschung akzeptiert ist, dass nämlich Emotionen im Zusammenspiel mit kognitiven Vorgängen entstehen (Hochschild 1979; Reddy 2001; Solomon 2007). Für die kritische Lektüre des vorliegenden Essays und ihre scharfsinnigen Anmerkungen dazu danke ich Bettina Hitzer, deren profunde Kenntnisse der protestantischen Glaubenspraxis im Kaiserreich mir auch in vielen Gesprächen in den vergangenen Jahren eine große Hilfe gewesen sind.

2 Der Kulturanthropologe Webb Keane, dessen Begriff „semiotische Ideologie" mich zu diesen Überlegungen angestoßen hat, macht darauf aufmerksam, dass Protestantismus und Moderne in zweierlei Hinsicht miteinander verbunden sind: Es gilt das klassische Weber'sche Argument, dass die Moderne ohne den Beitrag des Protestantismus nicht denkbar ist, aber die Religion wird nicht durch die Moderne überwunden, sondern gehört – entgegen der allgemeinen Auffassung – konstitutiv zu ihr dazu (Asad 2003). Das wird v. a. in der ethnologischen Literatur deutlich, die die „modernisierende" Wirkung der protestantischen Mission beschreibt (z. B. van der Veer 1996; Robbins 2004).

3 Für eine ausführliche Diskussion der Idee der „emotionalen Praxis" und „Gefühlspraktiken" siehe Scheer 2012. Sie ist angelehnt an die Ansätze von Reddy 2001 und Reckwitz 2006.

4 Beispielsweise in Johann Christoph *Adelung*: Grammatisch-kritisches Wörterbuch der Hochdeutschen Mundart, Bd. 3. Leipzig 1798, S. 1717, Stichwort: Schwärmer, Schwärmerey.

5 Man wurde bspw. bei den Methodisten im 19. Jahrhundert von anderen Gläubigen (der „Klasse") bei dieser Aufgabe unterstützt, die ihre Emotionen in der religiösen Praxis und ihre allgemeine Lebensführung gegenseitig beobachteten und beurteilten, vgl. Scheer 2009, S. 200–204.

6 Leitfaden-gestützte Interviews mit 15 aktiven Mitgliedern einer evangelischen Kirchengemeinde in Stuttgart im Frühjahr 2010.

7 Dieses Zeugnis, das ich am 27.6.2010 in Stuttgart im Rahmen eines Gottesdienstes gehört habe, ist typisch. Immer wieder erzählten mir charismatische Christen, dass die landeskirchlichen Gemeinden den Zugang zu einer wirklichen Erfahrung Gottes durch die Art ihres Gottesdienstes verhindern würden.

8 Bspw. im Gruppengespräch mit Mitgliedern einer charismatischen Gemeinde in Stuttgart am 14.9.2010.

9 Diese Einschätzung habe ich aus Predigten sowie vielen informellen Gesprächen und Beobachtungen in der charismatischen Gemeinde in Stuttgart gewonnen.

10 Vgl. hierzu als Beispiel den Brief eines besorgten Bürgers an den Staatsrat Dr. v. Griesinger vom 1. Februar 1887 im Hauptstaatsarchiv Stuttgart, E 14 Bü 1585.

Literatur

Asad, T. (2003). *Formations of the secular: Christianity, Islam, modernity*. Stanford: Stanford University Press.
Bourdieu, P. (1982). *Die feinen Unterschiede: Kritik der gesellschaftlichen Urteilskraft*. Frankfurt a. M.: Suhrkamp.
Brecht, M., Deppermann, K., Gäbler, U., & Lehmann, H. (Hrsg.). (1993–2004). *Geschichte des Pietismus. 4 Bde.* Göttingen: Vandenhoeck & Ruprecht.

Budde, G.-F. (2009). *Blütezeit des Bürgertums: Bürgerlichkeit im 19. Jahrhundert.* Darmstadt: Wissenschaftl.Buchgesell.
Burk, C. F. (1853). *Beicht- und Abendmahls-Büchlein 7. Aufl.* Stuttgart: J. F. Steinkopf.
Dixon, T. (2003). *From passions to emotions: The creation of a secular psychological category.* Cambridge: Cambridge University Press.
Elias, N. (1976). *Über den Prozeß der Zivilisation: Soziogenetische und psychogenetische Untersuchungen.* Frankfurt a. M: Suhrkamp.
Foucault, M. (1993). Technologien des Selbst. In L. H. Martin, H. Gutman, & P. H. Hutton (Hrsg.), *Technologien des Selbst* (S. 24–62). Frankfurt a. M.: Fischer.
Frevert, U. (2011). Gefühle definieren. In Frevert, U. u. a. (Hrsg.), *Gefühlswissen: Eine lexikalische Spurensuche in der Moderne* (S. 9–39). Frankfurt a. M: Campus-Verlag.
Gammerl, B. (2011). Gefühlte Entfernungen. In: Frevert, U. u. a. (Hrsg.), *Gefühlswissen: Eine lexikalische Spurensuche in der Moderne* (S. 179–200). Frankfurt a. M.: Campus-Verlag.
Gestrich, A. (2004). Pietistisches Weltverständnis und Handeln in der Welt. In M. Brecht, K. Deppermann, U. Gäbler, & H. Lehmann (Hrsg.), *Geschichte des Pietismus*, Bd. 4 (S. 556–583). Göttingen: Vandenhoeck & Ruprecht.
Gleixner, U. (2005). *Pietismus und Bürgertum: eine historische Anthropologie der Frömmigkeit, Württemberg 17.–19. Jahrhundert.* Göttingen: Vandenhoeck & Ruprecht.
Graf, F. W. (2011). *Kirchendämmerung. Wie die Kirchen unser Vertrauen verspielen.* München: Beck.
Heyd, M. (1995). *Be sober and reasonable: The critique of enthusiasm in the 17th and early 18th centuries.* Leiden u. a.: Brill.
Hochschild, A. R. (1979). Emotion work, feelings rules, and social structure. *The American Journal of Sociology, 85,* 551–575.
Hölscher, L. (1990). Die Religion des Bürgers: Bürgerliche Frömmigkeit und protestantische Kirche im 19. Jahrhundert. *Historische Zeitschrift, 250,* 595–630.
James, W. (1884). What is an emotion? *Mind, 9,* 188–205.
Kaiser, A. (2008). *In der Kirche im Dorf: Eine ethnographische Studie zur sinnlichen Dimension des protestantischen Kirchgangs.* Saarbrücken: Vdm.
Keane, W. (2007). *Christian moderns. Freedom and fetish in the mission encounter.* Berkeley u. a.: University of California Press.
Koch, A. (Hrsg.). (2004). Themenheft: Ästhetik – Religion – Kunst. *Münchener Theologische Zeitung, 55*(4), 343–353.
Langen, A. (1968). *Der Wortschatz des deutschen Pietismus 2. Aufl.* Tübingen: Niemeyer Max Verlag GmbH.
Largier, N. (2003). Inner senses – outer senses: The practice of emotions in Medieval Mysticism. In C. S. Jaeger, & I. Kasten (Hrsg.), *Codierungen von Emotionen im Mittelalter* (S. 3–15). Berlin: de Gruyter.
Latour, B. (1995). *Wir sind nie modern gewesen: Versuch einer symmetrischen Anthropologie.* Berlin: Akademie.
Meyer, B. (Hrsg.). (2010). *Aesthetic formations: Media, religion, and the senses.* Basingstoke: Palgrave.
Meyer, B. (2011). Mediation and immediacy: Sensational forms, semiotic ideologies and the question of the medium. *Social Anthropology, 19,* 23–39.
Meyer-Blanck, M. (2010). Liturgiegeschichte als Theatergeschichte. Ein Gang durch die Geschichte des evangelischen Gottesdienstes mit Seitenblick auf die Theatergeschichte. In I. Mildenberger, K. Raschzok, & W. Ratzmann (Hrsg.), *Gottesdienst und Dramaturgie. Liturgiewissenschaft und Theaterwissenschaft im Gespräch* (S. 61–77). Leipzig: Evangelische Verlagsanstalt.
Morgan, D. (1998). *Visual piety: A history and theory of popular religious images.* Berkeley u. a.: University of California Press.

Reckwitz, A. (2006). *Das hybride Subjekt: Eine Theorie der Subjektkulturen von der bürgerlichen Moderne zur Postmoderne.* Weilerswist: Velbrueck Gmbh.
Reddy, W. M. (2001). *The navigation of feeling: A framework for the history of emotions.* Cambridge: Cambridge University Press.
Ribbat, C. (1996). *Religiöse Erregung: Protestantische Schwärmer im Kaiserreich.* Frankfurt a. M.: Campus.
Robbins, J. (2004). *Becoming sinners: Christianity and moral torment in a Papua Guinea society.* Berkeley: University of California Press.
Scheer, M. (2009). Empfundener Glaube: Die kulturelle Praxis religiöser Emotionen im deutschen Methodismus des 19. Jahrhunderts. *Zeitschrift für Volkskunde, 105*(2), 185–213.
Scheer, M. (2011). Topografien des Gefühls. In U. Fretver u. a. (Hrsg.), *Gefühlswissen: Eine lexikalische Spurensuche in der Moderne* (S. 41–64). Frankfurt a. M: Campus-Verlag.
Scheer, M. (2012). Are emotions a kind of practice (and is that what makes them have a history)? A Bourdieuan approach to understanding emotion. *History and Theory, 51,* 193–220.
Schmidt, L. E. (2000). *Hearing things: Religion, illusion, and the American enlightenment.* Cambridge: Harvard University Press.
Solomon, R. C. (2007). *True to our feelings: What our emotions are really telling us.* Oxford: Oxford University Press.
Stendahl, K. (1963). The Apostle Paul and the introspective conscience of the West. *Harvard Theological Review, 56,* 199–215.
Taves, A. (1999). *Fits, trances, and visions: Experiencing religion and explaining experience from Wesley to James.* Princeton: Princeton University Press.
Taylor, C. (1989). *Sources of the self: The making of the modern identity.* Cambridge: Harvard University Press.
Van Der Veer, P. (1996). *Conversions to modernities: The globalization of Christianity.* New York: Routledge.

Gefühlsraum Nation
Eine Emotionsgeschichte der Nation, die Grenzen zwischen öffentlichem und privatem Gefühlsraum nicht einebnet

Dieter Langewiesche

Zusammenfassung: Ohne Emotion keine Nation. Davon war die Nationsforschung des 19. Jahrhunderts ebenso überzeugt wie es die heutige ist. Gemeinsam ist ihnen auch, dass sie die Wirkungsmacht nationaler Gefühle theoriefern im Sinne einer common-sense-Psychologie voraussetzen, nicht aber empirisch analysieren. Dies wird im ersten Abschnitt an Autoren aus den Natur-, Sozial- und Geisteswissenschaften gezeigt. Anschließend wird an zwei Briefserien deutscher Bildungsbürger aus dem Ersten Weltkrieg untersucht, wie in einer Zeit, in der die Nation als Letztinstanz auftritt, der private Raum sich gegen die nationalemotionale Hochrüstung im öffentlichen Raum sperrt. Abschließend werden die Ergebnisse in einige allgemeine Folgerungen für eine Emotionsforschung des Nationalen umgesetzt.

Schlüsselwörter: Emotionsgeschichte · Historische Wirkungsforschung · Nationstheorie · Nationalgefühl · Erster Weltkrieg

"Nation" as an emotional space – An emotion history of "nation" not ignoring the borders between public and private

Abstract: No feelings, no nation. Research was just as convinced of this in the nineteenth century as it is today. Common to both is also the fact that they assume an efficacy of national feelings in a theory-free manner, in the sense of a common-sense psychology, which is not empirically investigated. This will be shown using authors from natural, social and humanities sciences in the first section of the paper. Following on from this, two series of letters from the German bourgeoisie during World War One will show how, at a time when the nation presented itself as the ultimate authority, private space bars itself against the national-emotional "armament" in the public arena. The paper will close using the results to formulate some consequences for researching the nexus between nation and emotion.

Keywords: Emotion history · Historic effect research · Theory of nations · National feelings · First World War

© VS Verlag für Sozialwissenschaften 2012

Prof. Dr. D. Langewiesche (✉)
Wilhelmstr. 36, 72074 Tübingen, Deutschland
E-Mail: dieter.langewiesche@uni-tuebingen.de

Ohne Gefühle keine Nation. Davon war man im 19. Jahrhunderts überzeugt, und das blieb so bis in die Gegenwart. Starke Gefühle. Hass und Liebe dürften die meistgenannten Emotionen sein, die man im Nationalgefühl wirken sieht. Es sind aber zumeist metaphernreiche Zuschreibungen, keine Analysen. Auch dies eine Kontinuität bis heute.

Analysiert wurden und werden die vielen Formen der Instrumentalisierung des Nationalgefühls in der Hoffnung, so Wirkungsspuren dieser Kraft erkennen zu können, deren Kern sich nicht präzise bestimmen lässt, an deren Existenz aber kaum jemand zweifelt. Dazu werden etwa nationale Feste untersucht, Nationaldenkmäler, nationale Mythen, Medien und Propaganda, Werbung oder Todesanzeigen, Briefe, Tagebücher, Erinnerungen, und anderes mehr.

Thematisch am ergiebigsten sind Kriegszeiten. Dann wird der Gefühlsraum Nation auf vielen Bühnen ständig bespielt, denn im Ausnahmezustand des Krieges stellt die Nation – in Gestalt derjenigen, die beanspruchen, für sie zu sprechen und zu handeln – die höchsten Anforderungen an den Einzelnen. Die Nation tritt im Krieg als Kampf- und Opfergemeinschaft auf, sie verlangt den Einsatz des Lebens und verheißt als Sakralgemeinschaft ewiges Leben im Gedenken.

Ganz anders im Alltag des Friedens, im erhofften Normalleben. Hier verflüchtigt sich die Nation. In der politischen Arena wird sie zwar weiterhin eingesetzt, doch der Einzelne benötigt sie nicht, um sein Leben zu gestalten. Für das alltagspraktische Rollenverhalten aktivieren wir unsere Zugehörigkeit zu einer Nation, unser Nationalgefühl nicht. Michael Billig hat in seinem Buch *Banal Nationalism* zwar auf Alltagsphänomene aufmerksam gemacht, die unmerklich national aufgeladen sind, etwa die Wetterkarte im Fernsehen, Münzen, Sportberichte oder die Namen von Banken, doch was es konkret bedeuten soll, wenn er Ernest Renans (1882) berühmte Metapher von der Nation als täglichem Plebiszit übersetzt in „a nation must be put to daily use" (Billig 1995, S. 95), das bleibt dunkel. In den Quellen, die ich studiert habe, wird die Nation im täglichen Gebrauch der Bürger in aller Regel nicht sichtbar. Wer zur Fußballweltmeisterschaft sein Gesicht mit den Farben seiner Nation bemalt, kommt nach dem Event, zurück im Alltag, gut ohne die Nation und ihre Zeichen aus.

Diese Alltagsresistenz gegenüber der Erregungskraft des Nationalen scheint in Zeiten hoher nationalpolitischer Sensibilität, als der eigene Nationalstaat noch jung und ungefestigt war, nicht anders gewesen zu sein. Für die Bildungsbürger im deutschen Kaiserreich, eine Sozialgruppe, die zu den Wortführern des Nationalen gehörte, ist das eingehend untersucht worden. In ihrer Studie „Das nationale Ich?" hat Günther (2004) nachgewiesen, dass individuelles und öffentliches historisches Gedächtnis im Kaiserreich nicht übereinstimmten; selbst dort nicht, wo es um Phänomene geht, die als nationalgeschichtliche Schlüsselereignisse gelten, etwa die 48er Revolution oder die Befreiungskriege. Diese Diskrepanz zwischen öffentlichem und individuellem Erinnern hat nichts mit politischen oder weltanschaulichen Wertungsunterschieden bei den untersuchten Personen zu tun. Sie zieht sich durch alle Gruppen.

Was bedeutet es für die Nationsforschung, wenn ihre Hauptergebnisse – gewonnen aus Quellen, die auf den öffentlichen Raum zielen – in den biographischen Selbstdeutungen nationalpolitischer Protagonisten keinen Widerhall finden? Oder doch nur marginal, und meist dann, wenn sie in ihren Lebenserzählungen den öffentlichen Raum betreten. Die Nationsforschung beansprucht, Aussagen machen zu können über die Wirkung nationaler

Ideen, die sie als gesellschaftliche Handlungsdispositionen begreift. Doch was ist, wenn diese angenommenen Wirkungen nicht einmal die autobiographischen Sinnkonstruktionen derer durchdringen, die als Sprecher der Nation auftreten?

Vor dieser methodischen Herausforderung hat sich die Nationsforschung bislang gedrückt. Für die Erkundung des Gefühlsraumes Nation ist es wichtig, sich ihr zu stellen, um nicht den öffentlichen Emotionshaushalt mit dem privaten zu verrechnen und beide zu einer Wirkungskette kurzzuschließen. Sonst würde die Wirkungszuschreibung nationaler Gefühle, die in den Quellen des öffentlichen Raums auf Schritt und Tritt suggeriert wird, ungeprüft übernommen. Eine historische Emotionsforschung des Nationalen, die sich nicht damit begnügt, die bekannten vielfältigen Formen von *Nationalgefühl* lediglich mit neuem Vokabular zu beschreiben, um fit für den *emotional turn*[1] zu sein, sollte nach Wegen suchen, die Wirkungen dieses Gefühle-Syndroms im Privatem und in der Öffentlichkeit zu analysieren und zu fragen, ob und wie diese beiden Arenen, die private und die öffentliche, verbunden sind. Die Emotionsgeschichte der Nation sollte als eine Wirkungsgeschichte des Emotionalen angelegt werden, in der die öffentlichen Gefühlsinszenierungen, mit denen eine emotional geeinte Nation suggeriert und eingefordert wird, nicht mit den privaten Gefühlsräumen gleichgesetzt werden.

Eine solche Gefühlsgeschichte des Nationalen gibt es nicht.[2] Daran versucht haben sich jedoch bereits unsere Altvorderen. Wie sie es gemacht haben, wird zunächst skizziert, bevor im zweiten Schritt zwei Briefserien aus dem deutschen Bildungsbürgertum, geschrieben in der Zeit des Ersten Weltkrieges, auf ihren Emotionsgehalt getestet werden. Den Abschluss bilden einige Überlegungen, was eine Emotionsgeschichte des Nationalen leisten kann und was nicht.

1 Nationalgefühl als common sense-Psychologie in der Nationsforschung

Wie haben diejenigen, die als Sprecher der Nation aufgetreten sind oder sie erforscht haben – nicht selten war beides eng verknüpft –, Nation und Emotion verbunden? Ich beginne mit einem prominenten Autor, im letzten Drittel des 19. Jahrhunderts wohl einer der berühmtesten deutschen Wissenschaftler: Emil Du Bois-Reymond (1818–1896), Mediziner, Physiologe. Einer großen Öffentlichkeit wurde er bekannt, weil er immer wieder sein Fachgebiet überschritten und zu geistigen Fragen der Zeit Stellung bezogen hat, stets mit dem Anspruch des Naturwissenschaftlers, sich dazu objektiv äußern zu können (vgl. zu ihm Bayertz 2007; Veit-Brause 1999). So auch in seiner Rede von 1878 *Über das Nationalgefühl*; unter diesem Titel gehalten an einem deutschen Zentralort der Wissenschaft, in der Königlich Preußischen Akademie zu Berlin (Du Bois-Reymond 1912). Ritueller Anlass war der Geburtstag des Königs und Kaisers am 28. März, doch der Ort der Rede galt als Garant für ihre Wissenschaftlichkeit.

Diesen Anspruch signalisiert Du Bois-Reymond sogleich, indem er das menschliche Nationalgefühl naturwissenschaftlich in der Evolution verankert. Seine Ursprünge seien in der Tierwelt aufzufinden. Für sie war er Experte, er hatte über die „thierische Electricität" geforscht und viel publiziert. In der Tierwelt gebe es „etwas dem Stammgefühl Ähnliches", einen „Geselligkeitstrieb", der dem „Nationalgefühle" vorausgehe. „Wer könnte dann die Grenze ziehen zwischen den Empfindungen eines Steinzeitmenschenhäuptlings beim Kampfe seiner Horde um einen Jagdgrund oder eine Austernbank, und denen Rostopschin's, als er Moskau brennen sah?" (ebd., S. 656).

So gradlinig hier Du Bois-Reymond die menschliche Frühgeschichte mit Tolstois *Krieg und Frieden* verbindet, so direkt lässt er das „Stammgefühl" von Tieren und frühen Menschen in das „Nationalgefühl" übergehen als „einer der mächtigsten Triebfedern unserer Handlungen" (ebd.). Ein Verweis auf Darwin sichert dieser Evolutionskette die höchste wissenschaftliche Autorität, die damals aufgeboten werden konnte. Damit ist für den Naturwissenschaftler die Naturhaftigkeit des Nationalgefühls gesichert, und er kann dazu übergehen, diese Erkenntnis, naturwissenschaftlich beglaubigt, auf die Geschichte der Menschheit von der Antike bis in die Gegenwart anzuwenden. Dem „hellenischen Nationalgefühl" (S. 658), so führt er aus, entsprangen die „Kriegs- und Geistestaten des Griechentums" (S. 657), dem „zum Wahne verkehrten Nationalgefühle" der Römer hingegen deren „Chauvinismus", der in der Gegenwart wiedergekehrt sei (S. 659). Wer dieser Wiedergänger der chauvinistischen Römer in der Gegenwart war, verstand sich von selbst. Der berühmte Professor begründete in der angesehenen Akademie wissenschaftlich, was jeder Deutsche ohnehin zu wissen wähnte.

In seiner Geschichtsrevue unter dem Titel Nationalgefühl macht Du Bois-Reymond das, was in der nationalpolitischen Argumentationsweise üblich ist. Er arbeitet mit Gegensatzpaaren, um die Nationen scharf gegeneinander abzugrenzen: gesund bei den Griechen, „krankhaft erregt" bei den Römern (S. 658); die nationalen Unterschiede versöhnend „im mittelalterlichen Abendland", von Beginn an unduldsam bei den Semiten und, so sagt er, „gleich einem verzehrenden Wüstenwind" hervorbrechend im Islam; auch hier wirkungsmächtig, denn die vielen islamischen Völker mit ihren disparaten „Rassengefühlen" werden zu „Einem künstlichen Volkstum zusammengeschweißt", das vereint der Welt der Ungläubigen gegenübersteht (S. 659).

Seit der Französischen Revolution, genauer: seit der *Levée en masse* 1792 sei „das Nationalgefühl auf lange Zeit zum wichtigsten Hebel der Weltgeschichte" (S. 664) geworden. Er spricht von der „Volkspsychose des Chauvinismus" auf Seiten der Franzosen als Beweis für die enorme Wirkung des Nationalgefühls. Es wird bei ihm zum großen Akteur auf der Bühne der Weltgeschichte. Die Völker „im zertretenen Europa" führt es in den Krieg, zertreten von Napoleon, dem „wiedererstandenen Römertum", und die Geschichte des 19. Jahrhunderts macht der „brausende Völkersee" vollends zur „Geschichte nationaler Kämpfe" (S. 665).

Diese preußisch-nationale Geschichtsdeutung, die sich vom damals Üblichen nicht abhebt, muss hier nicht weiter ausgeführt werden; es genügt festzuhalten: Du Bois-Reymond erzählt Geschichte in weltgeschichtlicher Absicht auf vermeintlich gesicherter naturwissenschaftlicher Grundlage. Im Fach verliert damals die Weltgeschichte ihr Ansehen, den methodischen Standards nicht mehr genügend; als Laien-Geschichtsschreibung im naturwissenschaftlichen Gewand lebt sie jedoch weiter und darf sogar im hehren Tempel der reinen Wissenschaft präsentiert werden, in der Akademie. Der Naturwissenschaftler erhebt das Nationalgefühl zum Fundament aller menschlichen Geschichte, evolutionär in der Tierwelt begründet, in der eigenen Gegenwart kulminierend. Du Bois-Reymond kennzeichnet diese Gefühlsevolution keineswegs nur positiv. Er spricht vom „*Furor nationalis*" der „halbgesitteten, untergeordneten Nationen" (S. 670), preist die Weltbürgerlichkeit der Wissenschaft, natürlich am reinsten verkörpert im deutschen

Wissenschaftler, den er abgrenzt vom „wissenschaftlichen Chauvin" anderer Nationen (S. 675).

Letztlich aber kapituliert der Naturwissenschaftler vor dem selbstgewählten Thema seiner Akademierede: Das Nationalgefühl, so führt er aus, „entbehrt" „einer bestimmt angebbaren, tatsächlichen Grundlage" (S. 669). Die „menschliche Natur" fordere nämlich nicht „die Spaltung der Kulturmenschheit in lauter feindseligen Blickes einander messende Nationalitäten" (S. 669), doch das Nationalgefühl mache die Nationen unvermeidbar zu Feinden. Denn „Anrufung des Nationalgefühls ist Anrufung des Nationalhasses" (S. 656). Nationalhass also als emotionales Zentrum dessen, was eine große Bevölkerungsgruppe zur Nation zusammenfügt – diese Überzeugung darf man als Gemeingut nationalen Denkens bezeichnen, im 19. Jahrhundert und darüber hinaus.

Bei Arndt (1813) z. B. erwächst der „Volkshaß", darüber hat er 1813 einen flammenden antifranzösischen Aufruf geschrieben, aus der Anthropologie der Verschiedenheit, die den Fortschritt erst ermögliche.[3] Ebenso entschieden fordert 1871 De Saint-Victor (1871) von allen Franzosen, Preußen zu hassen, denn dieser „Haß ist nur die andere Seite der größten und erhabensten aller Lieben", die Liebe zur eigenen Nation (S. 318). Verlöscht dieser „heilige Haß", „dann stirbt das Leben unserer Nation" (S. 313). De Saint-Victor begründet diesen „Erb-Haß" (S. 314) (cette haine héréditaire) modern naturwissenschaftlich-evolutionär mit Darwin.

Arndt oder der italienische Republikaner Giuseppe Mazzini haben früher geschrieben. Sie mussten noch Gott bemühen, um – so Mazzini 1831 in seinem Pflichtenheft für das *Junge Italien* – aus dem „allen Menschen angeborenen Haß gegen Schlechtigkeit, Ungerechtigkeit, Usurpation und Willkür" den Willen zur Nation zu rechtfertigen: „wo Gott eine Nation gewollt", und Italien habe er diese „Mission" gegeben, dort lege er jedem die Pflicht auf, sich notfalls als „Märtyrer der heiligen italienischen Sache" zu opfern (Mazzini 1831, S. 109 f.). Nicht anders sieht Merkel (1796, 1998, v. a. S. 24 ff.), dessen Schrift *Die Letten* von 1796 später zu einem Grundbuch der lettischen Nationalbewegung werden sollte, im Hass auf alles „Teutsche" den Kern des Eigenbewusstseins der unterdrückten lettischen Nation, und nicht anders erklärt der Brahmane Vinayak Damodar Savarkar in seiner 1923 zunächst anonym publizierten Schrift *Hindutva: Who is a Hindu?* den Hass auf den gemeinsamen Feind zur Grundlage der eigenen Nation, die er gestalten will, die Hindu-Nation (Auszüge in Jaffrelot 2007, S. 85–96). Die Programmschriften für eine arabische Nation sind ebenfalls durchzogen von emotionalen Appellen. Hass auf die Unterdrücker und Liebe zur eigenen Nation sind auch hier miteinander verwoben (Haim 1976).

Diese Wertschätzung der Machtressource Nationalgefühl – es geht stets um die Fähigkeit, sich gegenüber anderen Nationen zu behaupten – ist im Laufe der Zeit keineswegs zurückgegangen. Mit Blick auf Max Weber wurde zwar argumentiert, dass im bürgerlichen Wertekanon des 19. Jahrhunderts die Emotionalität zugunsten der als komplementär angenommenen Rationalität an Ansehen eingebüßt habe (Trepp 2002, S. 97), doch Webers berühmte Freiburger Antrittsvorlesung von 1895 grenzt die polnische und die deutsche Nationalität auch emotional scharf voneinander ab (Weber 1895). Er spricht von massenpsychologischen Vorgängen (S. 478), von „der Variabilität physischer und psychischer Qualitäten einer Bevölkerung" (S. 481), er plädiert gegen den „weichen Eudämonismus" (S. 494) der Spätgeborenen, die den Kampf um den Nationalstaat nicht mehr selber erleben durften, und er fordert, sich zu den „*großen* Leidenschaften" und „großen Instinkten" zu bekennen, die erst emporheben zur „ernsten Herrlichkeit des nationalen Empfindens" (S. 495). Auch bei Max Weber bleibt also die Emotion im Zentrum der Nation. Ohne starke Emotion keine Behauptungskraft der Nation. Das ist übernationales Gemeingut der nationalen Vordenker. Überall. In Europa und anderswo.

Über diese Einsicht in den emotionalen Kern der Nation – das Gefühl, eine Einheit in Abgrenzung nach außen zu bilden – ist auch die moderne Nationalismusforschung nicht hinausgekommen. Sie formuliert es nur anders. Zwei Grundmuster sind zu erkennen: auf der einen Seite diejenigen, die diesen Emotionskern der Nation bewerten, meist ablehnend, auf der anderen Seite jene, die sich um eine wertneutrale Funktionsanalyse bemühen. Wie dieser Emotionskern entsteht und woraus er sich zusammensetzt, wird hingegen nie analysiert.

Beide Grundmuster fragen nach Funktionen und Wirkungen des gesellschaftlichen Leitbildes Nation und auch nach der Wirkkraft der Emotionen, die dieses Leitbild durchziehen. Dass es diese Emotionen gibt, wird als selbstverständlich vorausgesetzt; man nimmt sie zur Kenntnis, analysiert sie aber nicht. Es wird vielmehr eine direkte Wirkungskette hergestellt zwischen dem, was geschieht, und den Emotionen, von denen man die Akteure geleitet sieht. Dieses Verfahren wird man common sense-Psychologie nennen dürfen. Sie baut auf eine Plausibilität, die jedem einleuchtet, weil jeder sie im Alltag selber immer wieder erlebt. Diese Plausibilität besagt: Menschliches Verhaltens wird von Gefühlen gesteuert, also auch nationales Verhalten.

Ein Beispiel bietet Johan Huizingas berühmtes Buch *Im Bann der Geschichte*, 1942 erschienen. Im Angesicht der nationalsozialistischen Expansion und der Revisionspolitik anderer Staaten, die sich dem Eroberungskrieg anschlossen, entwarf der Niederländer eine europäische Nationalgeschichte des Verfalls, den er Ende des 18. Jahrhunderts einsetzen lässt. Die „Vorstellungen Vaterland und Volk" hätten nun „immer mehr Inhalt, Farbe, Pathos, Herzblut bekommen" und überall, wo die Grenzen von Volk und Staat nicht übereinstimmten, „eine schmerzliche Disharmonie fühlbar" gemacht (Huizinga 1942, S. 188). Huizingas Übersetzer, der Schweizer Historiker Werner Kaegi – ihm verdanken wir vorzügliche Studien über die Rolle der Kleinstaaten im Prozess der Nationalisierung Europas –, wählte einen anderen, bis heute immer wieder von vielen Autoren beschrittenen Weg, der Nation Emotionen zuzuordnen. Er nannte die Nation „eine der folgenreichsten Fälschungen historischen Denkens", nicht minder verwirrend für das „geschichtliche Wissen der europäischen Gebildeten", so schrieb er 1938, wie die pseudoisidorischen Dekretalen und alle Papstfabeln des Mittelalters".[4]

Heute würde Kaegi vermutlich von der Nation als einer interessengeleiteten oder die Interessen verhüllenden Konstruktion sprechen, denn ihm kam es darauf an, den modernen Nationalstaat von den nationalen Ursprungserzählungen zu lösen, um ihn als Machtstaat zu charakterisieren. Deshalb sah er seinen Emotionskern im „triebhaften Urcharakter der Macht".[5] Indem er forderte, diesen Trieb zu mäßigen, zielte er auf Emotionsdämpfung als politisches Zivilisierungsprogramm. Im Gehäuse des kleinen Staates hielt er das am ehesten für möglich. Diese Überzeugung wurde zu einer Art Schweizer Geschichtscredo (zur heutigen Sicht s. Zimmer 2003). Karl Schmid, Philologe, eine Zeitlang Rektor der ETH Zürich, entwickelte 1957 in seinem „Versuch über die schweizerische Nationalität" die „Psychologie einer Nation", die das „Nicht-Bewußte" im *Verhalten der Nation*" in den Vordergrund rückt. Im „kleinen Kreis", wie er Gliederungen unterhalb des Staates nennt, sah er „Affekte" wirken, die das „ideelle Astwerk von Selbstbestimmung, Freiheit, Demokratie, Rechtsstaatlichkeit, Souveränität, Wehrhaftigkeit und so fort" bilden. Dass dieser Affekt-Diagnose analytische Klarheit fehlt, war ihm bewusst. Er bekannte, dass er „diesen seelischen Sachverhalt", wie er ihn nannte, nur umschreiben, nicht aber erklären könne (Schmid 1957, S. 25, 26, 33, 31).

Vor allem aber ging es ihm darum, den Kleinstaat als das bestmögliche Gehäuse für die Nation nachzuweisen, sofern sie auf staatsbürgerliche Freiheit ausgelegt ist. Der Kleinstaat reguliere den Gefühlshaushalt der Nation so, dass er den Machttrieb am wirksamsten zügelt, nach innen und nach außen. Eine Überzeugung, die schon Jacob Burckhardt (1982) in seinen berühmten *Weltgeschichtlichen Betrachtungen* entfaltet hatte.[6] Bei Karl Schmid wird sie konkretisiert: „Als Kleinstaat bekommt die Nation *Körperlichkeit*. Das Gefühl, und erst recht das Bewußtsein, eine Nation zu sein, das *Ich-Gefühl und Ich-Bewußtsein der Nation* also, sind an das Bild dieser kleinstaatlichen Körperlichkeit gebunden" (Kaegi 1942, S. 54, die folgenden Zitate S. 54, 57). Das „*Kleinstaats-Gefühl*" präge das Selbstbild der Nation und des Einzelnen, soweit er durch die Nationalität bestimmt wird. Nicht aus einem „bewußten staatsbürgerlichen Credo" seien die Besonderheiten der Schweizer Demokratie entstanden, sie erwachse vielmehr aus den „*inneren Auswirkungen* dieses Kleinstaatsgefühls".

Die Schweizer Nation – das Geschöpf einer emotionalen Grundhaltung, die in der Kleinräumigkeit ihren Rückhalt und dort ihre historischen Gestaltungen angenommen habe. Diese Art, Emotion und Nation, Emotion und Staatlichkeit, Emotion und Bürgerverhalten zu verbinden, erreicht gewiss nicht das theoretische Niveau der heutigen historischen Emotionsforschung. Denn Emotion wird wie eine *blackbox* verwendet. In sie kann man nicht hineinschauen. Was sich in ihr vollzieht oder was von ihr ausgeht, wird an der Geschichte abgelesen, genauer: an der Geschichtsdifferenz zu anderen Nationen. Die Schweizer Nation erkennt ihre Besonderheit im Kontrastbild der anderen. Und diese Differenz wird aus einem spezifischen Gefühlshaushalt erklärt, der im kleinen Raum am besten gedeiht, aber nicht in einzelne Emotionskomponenten zerlegt werden kann.

Genau dies hatte ein Jahrhundert zuvor auch der Naturwissenschaftler Du Bois-Reymond erklärt. Das Nationalgefühl bestimme die gesamte historische Entwicklung, doch woraus es bestehe, lasse sich nicht genau angeben. Der Naturwissenschaftler suchte die Erklärung in einer Evolutionsdeutung, die das Nationalgefühl des Menschen aus dem „Stammgefühl" einer Frühzeit herleitet, zu der auch bestimmte Tierarten gehören; der Geisteswissenschaftler greift auf eine Deutung zurück, die menschliche Verhaltensformen als Ausdruck emotionaler Einstellungen aus spezifischen Raumverhältnissen ableitet. In beiden Fällen geht es um Phänomene langer Dauer, die den Gefühlsraum Nation erschaffen und ihn so ausstatten, dass er historischem Wandel standhält. Veränderungen ja, aber die nationalen Grundmotionen, Hass gegen das Fremde und Liebe zum Eigenen, gelten als beständig. Aus ihnen bestehe das Nationalgefühl.

Solche Zuschreibungen um den Emotionskern Nationalgefühl herum, der die Nation als gesellschaftliche Gestaltungskraft dauerhaft binde, finden wir auch bei den Autoren, die in der heutigen Nationsforschung international allgegenwärtig sind. Isaiah Berlin, Ernest Gellner, Anthony D. Smith gehören zu diesem kleinen Kreis englischsprachiger Autoren mit globalem Einfluss.

Isaiah Berlin (1993; orig. 1990) nennt den Nationalismus „Haß auf die großen Gleichmacher" (S. 154), verursacht sei er meist durch „Wunden oder Kränkungen", „durch irgendeine kollektive Demütigung" (S. 155). Berlin sagt nicht, diese emotionale Grundlage des Nationalismus sei nicht analytisch zu erfassen und theoretisch zu erklären. Doch die „großen Meister" (S. 157) der Gesellschaftstheorien im 19. Jahrhundert hätten seine Bedeutung allesamt nicht prognostiziert und ihn in ihre Theorien nicht aufgenommen. Das „Bewußtsein verletzter Würde" (S. 169), wie er den emotionalen Antrieb aller nationalen Unabhängigkeitsbewegungen nennt, in der Vergangenheit wie in der Gegenwart, umschreibt auch er theoriefern als common sense-Psychologie: „eine pathologische Form von Widerstand zum eigenen Schutz" (S. 172), „Hunger nach ‚Anerkennung'" (S. 173), „ein Sichaufrichten aus einer gebückten Haltung, wie das Strecken eines Rückens [...], Rache für ihre beleidigte Humanität" (S. 174), verbunden mit der Neigung zur „kollektiven Selbstanbetung" (*collective self-worship*, Berlin 1998 (dt. 1994), S. 593).

Im Gegensatz zu Isaiah Berlin verfährt Ernest Gellner in seinen Nationalismusstudien theoretisch anspruchsvoll. Der moderne Nationalismus verlange kulturelle Homogenität des Nationalstaates. Warum das so ist, analysiert Gellner theoretisch und mit weitem historischen Blick eindringlich. Doch den emotionalen Kern dieser weltgeschichtlich so überaus wirksamen Entwicklung lässt auch er als einen erratischen Block stehen. Wie alle anderen Autoren, die genannt wurden, und die vielen anderen, die ich nicht nenne, vertraut Gellner offensichtlich darauf, dass dieser emotionale Kern des Nationalismus, auch er nennt ihn „National*gefühl*" (Gellner 1991, S. 8), für jeden Plausibilität besitzt. „Nationalismus als Empfindung" (ebd.), als „leidenschaftliche Identifikation mit großen, anonymen Gemeinschaften gleicher Kultur und gleicher kultureller Bildwelten" (Gellner 1993, S. 41) lege fest, wie die Menschen darauf reagieren, wenn sich Staat und Nation nicht decken. Den Nationalismus definiert er – hier weicht er nicht von den alten Vorstellungen ab, von denen zuvor Beispiele angeführt wurden – als „die Empfindung von Zorn über die Verletzung des Prinzips" Einheit von Staat und Nation „oder von Befriedigung angesichts seiner Erfüllung. Eine nationalistische *Bewegung* wird durch eine derartige Empfindung angetrieben" (Gellner 1991, S. 8).

Diese Emotionen, die er gesellschaftspolitisch für so außerordentlich wirksam hält, genauer zu analysieren, versucht er nicht. Und wo er es tut, da verweist er wie die anderen erwähnten Autoren auf eine Vorgeschichte, die sich im Dunkeln verliert: „*Der Mensch macht die Nation*", eine alte Einsicht, auch wenn das Wissen darum verloren gegangen war und erst unter den Formeln *imagined communities* und *invention of tradition* zurückgekehrt ist.[7] Doch Nationen sind, fährt Gellner unmittelbar darauf fort, „die Artefakte menschlicher Überzeugungen, Loyalitäten und Solidaritätsbeziehungen."[8] Also ein Geflecht von Emotionen, die, hier unterscheidet sich Gellners Deutung von anderen, nicht kulturell festgelegt seien, sondern ihre Bedeutung erst durch die wechselseitige Anerkennung erhalten. Nation ist, was als Nation anerkannt wird. Und zur Nation gehört, wer als zugehörig gilt, weil er die gemeinsamen Emotionen teilt.

Die Nation – ein voluntaristischer Akt, aber auf der Grundlage von Emotionen, die dem Willensakt vorgelagert sind. Genau so hatte es schon Ernest Renan (1882) im 19. Jahrhundert gesehen. Er sah die Emotionen, die Menschen zu einer Nation zusammenfügen, in der Geschichte angelegt. Die Nation – eine Gemeinschaft aus Willen und Emotion, so sieht es auch Smith (2003, S. 22: Nation als „communities of will and emotion, and not just of imagination"). Er leitet die nationalen Emotionen aus den religiösen Vorstellungen ab, die er jeder Nation zugrunde liegen sieht. Die Nation – eine Gemeinschaft des Glaubens; nur so sei ihre lange Dauer zu verstehen, eine Synthese alter religiöser Glaubensvorstellungen, moralischer Gefühle und geheiligter Riten, in denen diese Gemeinschaft immer aufs neue emotional gefestigt würde. „The result is a national community of faith and belonging, a sacred community" (ebd., S. 23). An die Stelle von Emotionsanalyse tritt hier die religiöse Deutung nationaler Ideen und Bewegungen. Der Gefühlsraum Nation wird zum religiösen Raum, dessen Rituale Smith als Wirkungsnachweis für die Stärke der religiös fundierten nationalen Emotionen bewertet.

2 Erster Weltkrieg: emotionale Hochrüstung in der nationalen Öffentlichkeit – Emotionshegung im privaten Gefühlsraum

All diese Versuche, sich den nationalen Emotionen zu nähern, zielen auf den öffentlichen Raum, in dem das Nationalgefühl inszeniert, mobilisiert und organisiert wird. Die Individuen erscheinen wie Gefangene dieses Raumes. Sie denken, fühlen und handeln so, wie es dieser Raum vorzugeben sucht. Eine Emotionsforschung, die sich damit begnügt, würde nur wiederholen, was man allen Formen strukturalistischer Geschichtsschreibung und ebenso der Ideengeschichte vorgeworfen hat: Der Einzelne als Akteur verschwindet, er geht auf in Kollektivgrößen, hier im Gefühlsraum Nation. Um das zu vermeiden, sollte eine Emotionsforschung der Nation in zwei Richtungen fragen; beide zielen auf Wirkungsanalysen:

1. Die Rolle von Emotionen in politischen Entscheidungssituationen bei Akteuren, die institutionell handlungsmächtig sind. Es geht um einen akteursbezogenen, aber doch institutionellen Zugang; staatliche Institutionen und andere.

2. Die Rolle nationaler Emotionen in nationalpolitischen Krisensituationen bei Menschen, die nicht an den zentralen politischen Entscheidungen beteiligt sind, die sogenannten kleinen Leute. Welche Bedeutung besitzt für sie das Nationalgefühl in einer Situation, in der die Nation als gesellschaftliche Letztinstanz auftritt und der Gefühlsraum Nation unter Hochspannung steht? Das ist im Krieg der Fall. Dazu nun im zweiten Schritt einige empirische Beobachtungen an zwei Briefserien, die sich über den gesamten Krieg hinziehen. Geschrieben von Bildungsbürgern, also einer Gesellschaftsgruppe zugehörig, die es gewohnt war, als Repräsentant der Nation aufzutreten, für sie zu sprechen und über sie nachzudenken.

Im Mittelpunkt der einen Briefserie steht ein junger Altphilologe, zu Kriegsbeginn 24 Jahre, frisch promoviert, unverheiratet, noch ohne Berufserfahrung, im Laufe des Krieges zum Leutnant der Reserve befördert. Er schrieb regelmäßig seinen Eltern, gelegentlich auch seinen Brüdern, Freunden und Bekannten (Ludwig 2002). Die andere Briefserie dreht sich um einen Mediziner, bereits beruflich arriviert, Chefarzt, 39 Jahre zu Kriegsbeginn, verheiratet, vier Kinder (Gudehus-Schomerus et al. 2010). Er korrespondierte mit seiner Ehefrau; sie kommt aus einer wohlhabenden Hamburger Familie. Wir blicken also in gebildete bürgerliche Kreise, die auch im Krieg wirtschaftlich gut situiert bleiben. In beiden Fällen sind die Brief vollständig[9] erhalten; auch die Gegenbriefe.

Die Briefe zeugen durchweg vom Willen zur bürgerlichen Emotionshegung. Man exaltiert sich nicht. Auch nicht für die Nation. Sie betritt ab und zu die Briefbühne, aber selten direkt, und auch dann maßvoll. Meist bleibt sie die große Abwesende. Und wenn sie auftritt, dann nicht erhebend und fordernd, denn der Krieg selber erhebt nicht, auch nicht emotional.

Der Krieg nationalemotionaler Hochrüstung, den damals gerade Bildungsbürger im öffentlichen Raum zelebrieren, der Krieg der nationalen Gemeinschaft, die im Krieg wiedererschaffen und geeint wird, der Krieg, der verblichene Ideale wiederbeleben, eine neue Zukunft herbeizwingen will – diesen Krieg, der den öffentlichen Gefühlsraum Nation ausfüllt, ihn gibt es in den Kriegsbriefen unserer Bildungsbürger nicht. Für sie ist der Krieg eine Gefahr. Nicht allein eine Todesgefahr für sich selbst, Freunde, Bekannte. Ihr blickt man gefasst entgegen, trifft Regelungen (Ludwig 2002, S. 86), schreibt vorsorglich den Abschiedsbrief und übergibt ihn einem Freund, „ein Abschiedsbrief zartester & edelster Art", so berichtet der Vater des jungen Altphilologen von einem Gefallenen aus der Familie (ebd., S. 133).

Auch für die Überlebenden wird der Krieg als Gefahr begriffen, eine Gefahr für die bürgerliche Selbstzivilisierung, für die erstrebte Bürgerlichkeit gezügelter Emotionalität. Der Arzt erzählt seiner Frau von dieser Gefährdung, vertraut sich ihr an: „Der Krieg ist etwas abscheulich Hartes" (S. 57), er darf „nicht zu lange dauern, weil man zu sehr verroht" (S. 51). Er erzählt ihr von niedergebrannten, verwüsteten Dörfern, deren Bewohner „sämtlich füseliert oder gehängt" worden sind, weil auf Soldaten geschossen worden war (S. 56). „Wir sind wie Heuschrecken über das Land gekommen und haben alles aufgegessen und getrunken. Die Bevölkerung hungert" (S. 58). Er erkennt auch seinen individuellen Anteil an dieser Form der Kriegführung. „Wir liegen in Häusern mit unserm Medicinischen Personal [...] Wir sind bei einem ärmlichen Bauern, der natürlich völlig kahl gefressen wird, die Leute sind sehr zu bedauern und verfluchen den Krieg. Hühner, Kaninchen, Ochsen, Kühe werden geschlachtet, die Pferde aus den Stellen geführt und alle ihre Räume belegt, wo sie selber bleiben, darum kümmert sich kein Mensch. Man wird zur Bestie im Krieg" (S. 78).

Schließlich bereitet er sie darauf vor, wie ihn der Krieg verändert habe, und er bittet sie diskret um Hilfe: „man wird zum Raubtier im Krieg. Hoffentlich hast du später nicht zu viel Not mit mir, um mich wieder zu einem leidlichen Menschen zu machen" (S. 103). Nur einmal bricht der Mediziner aus dem Wertegehäuse maßvoller Bürgerlichkeit aus. Als er an der Ostfront, in der Ukraine, auf Juden trifft. „Das Volk Israel ist mir hier erst so von Herzen wiederlich [sic!] geworden. Ich kann die russischen Pogrome wohl verstehen. Wenn ich jahrelang mit diesem Pack verkehren sollte, würde ich sie alle entgegen meinem Doctoreid systematisch vergiften. Sie sind eine Pestbeule der Menschheit" (S. 616).

Seine Ehefrau reagiert auf diesen singulären Gefühlsausbruch mit Schweigen, obwohl sie selber bürgerlich gedämpft antijüdischen Stereotypen anhängt (S. 87). Ein stiller Ordnungsruf, so wird man dieses Schweigen deuten dürfen, denn ansonsten geht sie ein auf seine Ärgernisse im Kriegsalltag, und sie widerspricht ihm auch in politischen Einschätzungen, wenn sie etwa seine Friedenshoffnung, die er 1917 in das Treffen der Sozialistischen Internationalen setzt, mit einem nationalen Stereotyp abweist: keinen „Scheidemannfrieden", mahnt sie, sonst würde sich die „deutsche Schwäche" nur wiederholen. „Es ist immer dieselbe Geschichte von Siegfried", der durch „ganz unangebrachte

Rücksicht ums Leben kommt." Diesen Rückgriff auf einen deutschen Nationalmythos, so beteuert sie, habe sie „nicht jetzt irgendwo gelesen!" – den öffentlichen Inszenierungen der Nationen misstrauen beide –, dieses Bild habe sie schon als Kind aufgenommen, und seit Kriegsbeginn gehe es ihr immer im Kopf herum (S. 635 f.). Kriegseuphorisch war sie keineswegs. Früh hatte sie die Kriegschancen des Deutschen Reichs angesichts der Gegner skeptisch eingeschätzt und dem damaligen Optimismus ihres Mannes widersprochen (S. 47) „Es wäre doch besser, wenn wir Weibsen das Heft in Händen hätten" (S. 87).

Nationale Vorstellungen sind also durchaus gegenwärtig. Die Eheleute bestärken sich in ihrer Abneigung gegen die „beefs" (S. 63), die Engländer, und sie schreibt, sie suche der kleinen Tochter „klarzumachen, daß, wenn nicht alle Väter loszögen, die Russen und Franzosen über uns kommen würden" (S. 69). Man nimmt also Anteil an dem schon in der Vorkriegszeit immer wieder öffentlich beschworenen Gefühl, von Feinden eingekreist zu sein. Doch im Krieg erwachsen daraus und aus den Kriegserlebnissen keine nationalen Emotionen, die das briefliche Zwiegespräch der Eheleute auch nur annähernd in jenen Gefühlsraum Nation eingefügt hätten, wie er öffentlich inszeniert wird.

So auch in den rund 200 Briefen, die während der gesamten Kriegsdauer zwischen dem jungen Altphilologen und seinen Eltern, Geschwistern und Bekannten gewechselt wurden. Hier tritt nationales Pathos vornehmlich gattungsspezifisch auf. Gattungsspezifisch in zweierlei Hinsicht:

Erstens, im Blick aus der Ferne. Mit der Distanz zum Kriegsgeschehen wächst die Bereitschaft, sich den Gesinnungsanforderungen einzufügen, die der Gefühlsraum Nation an jeden Einzelnen richtet. Ein Bruder, der beruflich in Lateinamerika lebt, wird vom Krieg in Argentinien überrascht. Sein Brief ruft die vertrauten national-pathetischen Emotionsformeln des öffentlichen Raumes auf: eine Welt von Feinden, die „Gleich hungrigen Wölfen [...] über unser Deutsches Vaterland herfallen", Scham, nicht am Krieg mit der Waffe in der Hand teilhaben zu können, „während meine deutschen Brüder drüben für die Ehre des Reichs kämpfen dürfen." Und mit Blick auf den leiblichen Bruder, der eingezogen wurde: „Kämpft er noch oder ist er bereits den Heldentod gestorben? Ich hoffe zu Gott, dass er noch wacker streiten möge und noch manchem schurkigen Engländer das Lebenslicht ausblasen hilft!" (Gudehus-Schomerus et al. 2010, S. 33 f.).

Dieser Brief aus der Ferne spricht die emotionale Sprache der Öffentlichkeit in der Heimat, und – er wird ein Teil von ihr. Denn diesen Brief lässt der Vater in der angesehensten bürgerlichen Zeitung Württembergs veröffentlichen, im *Schwäbischen Merkur*, allerdings gereinigt von den Fremdworten, die der Sohn benutzt hatte (ebd., S. 33). Indem der Brief publiziert wird, scheint er für die Gleichheit des Nationalgefühls im privaten und im öffentlichen Raum zu bürgen. Doch *diesen* Ton gibt es in den vielen Briefen der Familie kein zweites Mal. Sie beteiligt sich also an der öffentlichen Inszenierung des Gefühlsraumes Nation, entzieht sich ihm aber im Privaten. Mit Ausnahme des zweiten Bereichs, der im bildungsbürgerlichen Milieu gattungsspezifisch ebenfalls die Sprache nationaler Emotionalität fordert: in literarischen Äußerungen über den Krieg. Paul, der junge Altphilologe, dichtet gelegentlich, und er liest, was andere Schriftsteller über den Krieg schreiben. Doch er notiert auch: „Je länger der Krieg dauert, desto weniger Geschmack findet man an Kriegsliteratur" (S. 106) Sein erstes Kriegsgedicht „Grenzwacht", im November 1914 verfasst, endet noch mit dem Pathos, das diese literarische Form erwarten läßt:

Gilt's erst: „Hurrah ins Feindesland!" Leb wohl
Du alt Gemäuer schuttbeladen!
Verzweifeln soll die Grande Nation
An unseres deutschen Gottes Gnaden. (S. 629)

Auch dieses Gedicht wird veröffentlicht. Die Familie nimmt also erneut teil an der Inszenierung nationaler Emotionen, die in ihrem privaten Innenraum selten sind. Auf literarische Pathosvorbilder greift Paul auch zurück, wenn er seinem Vater, ein protestantischer Pfarrer, die eigene Todesangst anvertrauen möchte. In den Kämpfen vor Verdun zitiert er aus Hölderlins Ode „Der Tod fürs Vaterland", und er sucht diesen Ton zu halten, um über seine Furcht schreiben zu können, „untätig verschüttet zu werden im Unterstand ohne sich erquickt zu haben am Morgenrot des neuen größeren Vaterlands" (S. 112).[10]

Diese national-emotionale Hochtönung bleibt auf wenige Ausnahmen beschränkt. Ansonsten fehlt in diesen Briefen alles, was den öffentlichen Gefühlsraum Nation im Ersten Weltkrieg kennzeichnet, etwa Gott als Schlachtenhelfer, den die inszenierte Nation auf allen Seiten ins Feld führt. Er wird in den Briefen der württembergischen Pastorenfamilie nur sehr selten angerufen. Der Mutter gibt Gott Trost und Hoffnung auf das Überleben des Sohnes; dem Sohn hingegen ist Gott abwesend, und er verschont seinen Vater, den Geistlichen, nicht mit seinem Zweifel. Er kleidet ihn in einen drastischen Zynismus, der wie ein verzweifelter Hilferuf klingt: „Es ist ja heute gleich, ob man auf Hasen zielt, die vor dem Drahthindernis rammeln, oder auf Menschen, die den anbrechenden Tag mit frommen Wünschen begrüßen. Es fällt der Brave u. der Böse, Arme u. Reiche, Dumme u. Gescheite gleichermaßen, u. es hält schwer, an das Walten einer göttlichen Vorsehung zu glauben" (S. 99 f.). Und dennoch, sie alle, die gesamte Familie ist stolz auf den Kriegsdienst des Sohnes. Aber worauf richtet sich der Stolz?

Der Vater sieht die „militärische Ehre der Familie" „wacker behauptet", als der Sohn das Eiserne Kreuz erhält (S. 81), doch er rät ihm ab, seinen Sold in Kriegsanleihen anzulegen; allenfalls einen kleinen Betrag, damit „die eiserne Zeit für Dich also doch wenigstens noch einen goldenen Niederschlag" findet (S. 108).

Für den Sohn ist es nicht die Nation, es ist die Nähe, mit der man sich verbunden fühlt, weil sie emotional anrührt. In seinen Kriegsbriefen an die Eltern versenkt er sich in die Natur. Sie erlebt er als geschunden durch den Krieg, und sie erzeugt das Gefühl von Heimat. Es ist eine Heimat, die alle aufnimmt, die dort leben, ihn, den fremden Soldaten, den der Krieg dorthin gezwungen hat, und auch die Menschen, die dort wohnen. Die Nationalität tritt zurück. Auch Menschen aus der Nation, gegen die man Krieg führt, gehören zur Heimat. Deren Zerstörung schmerzt, und wer sie verlassen muss, dem gehört sein Mitgefühl. Heimat verbindet emotional über die nationalen Grenzen hinweg, selbst im Krieg.

Ein Stellungswechsel seiner Kompanie stört die Aneignung eines Ortes als Heimat. Er spricht von der „seelischen Dissonanz", die er empfindet (S. 101). Der neue Ort muss erst wieder Heimat werden. Wie? Indem der Ort mit „gemütlichen Erregungen" aufgeladen wird, Erregungen des Gemüts (S. 106). Der fremde Ort wird emotional in Besitz genommen. Diese Emotion ist keine nationale. Sie ist bei dem jungen Leutnant aus Stuttgart schwäbisch bestimmt. Die Mannschaft, für die er verantwortlich ist, besteht aus Schwaben. Sie zeichnen sich, so notiert er, durch besondere „Stammeseigentümlichkeiten" aus, die es ihnen ermöglichen, die „lothr[ingische] Grenzbevölkerung für sich zu gewinnen" (S. 102). Als sie den Ort Vic verlassen, ziehen sie mit „Spiel und Sang aus unserem lieben Städtchen" hinaus, und die Bewohner, die „zum Abschiedsgruß an den Straßen" stehen, werden sprachlich in die eigene Gefühlswelt eingemeindet. Er nennt sie die „jungen u. alten Philisterien, die langsam aber stetig in den 15 Monaten unseres Dortseins an schwäbischem Werk und Wesen ihre Freude gewonnen hatten (S. 102). Der Altphilologe ist nämlich Mitglied einer akademischen Verbindung, die für ihn auch zur Heimat gehört. In sie nimmt er die Bewohner des französischen Städtchens auf, in dem er und seine Mannschaft über ein Kriegsjahr gelebt hatten. Sie alle wünschen ihm, so schreibt er seinen Eltern, „daß es von den Greueln des Kriegs so verschont bleiben möge wie bisher" (S. 103).

Der neue Ort, in den sie verlegt werden, muss erst wieder zur Heimat anverwandelt werden. Aber keineswegs nur mit Blick auf die Franzosen, die dort leben. Wenn es um Heimat geht, stehen in diesen Kriegsbriefen nicht Nationen einander gegenüber; nicht von ihnen gehen hier die „gemütlichen Erregungen" aus, sondern von kleineren Einheiten, näher im Leben, vertrauter. In unserem Fall muss der Schwabe Heimat gegen die abziehenden Bayern gestalten. Auch im Krieg wird die deutsche Nation von den Soldaten als eine Föderativnation wahrgenommen. Klemperer (1989, S. 366) berichtet in seinem Buch *Curriculum Vitae* erstaunt von den regionalen Zerklüftungen im deutschen Heer, die er im Ersten Weltkrieg miterlebt hatte. „Nein, hier stand eine Scheidewand zwischen Stamm und Stamm. Und die Isolierung der Gruppen ging noch viel weiter, man fühlte nicht nur regional, sondern jede Stadt, jedes Dorf hatte ein eigenes Gefühl der Zusammengehörigkeit, eine eigene Prätention, eine eigene Antipathie den andern Städten und Dörfern gegenüber."

Klemperer glaubte, das sei nur bei den einfachen Soldaten so: „Vaterland war ein Allgemeines, das die Gebildeten erdacht hatten und das nur sie im Herzen tragen konnten" (ebd.). Doch der promovierte Altphilologe aus Schwaben unterschied sich hier keineswegs von den einfachen Soldaten. Bayern, das bedeute für sie alle: „Schlendrian und Schlamperei"; mithin – nicht schwäbisch. Bayern sind wie die Serben, notiert er, und so nennen er und seine Soldaten sie auch. Ein Kosename, schreibt er abmildernd (S. 106). Es störte ihn offensichtlich nicht, das in Friedrich Lienhards vielgelesenen Kriegsgedichten, die er zuvor von seinem Vater erbeten hatte, deutscher Stolz und Zorn „dem Drachengift, dem Serbenbiß" gegenübergestellt wird (Lienhard 1915, S. 27). Die bayerischen Soldaten, diese kleinen Serben, gehören zur deutschen Nation, aber Heimat gewinnt der Schwabe auch im Krieg auf Feindesboden nur gegen sie.

Eindrucksvoll bezeugen die Briefe des jungen Leutnants, wie ihn die Schlachten vor Verdun emotional erregen. Doch es ist auch hier eine Erregung, die nicht national codiert wird. „Es ist wohl der größte Moment meines Lebens; ein Erleben, dessen Tiefe mir erst in späten Tagen ganz zu Bewußtsein kommen wird. [...] Täglich erschließen sich mir neue weltbewegende Gestaltungen und Geschehnisse – ich erlebe sie mit, ohne davon aufgerieben zu werden. Das ist das Unvergleichliche an unserer derzeitigen Stellung – wir halten mit u. sind doch in gewissem Maß blos Zuschauer" (S. 113). Das „Schlachtenpanorama" (S. 113), wie er es beschreibt, entzieht sich jedem Pathos. Zwar schreibt er, „das Schauspiel [ist] zu grandios, um nicht davon erhoben u. beflügelt zu werden." Doch ihm erschließt sich die Größe dieser Schlacht in der Natur, die zerstört wird und doch überlebt: „eine Landschaft von unbeschreiblicher Linienführung, groß u. mächtig wie die Ereignisse, die in ihr geschehen. Man kann sich nicht satt sehen" (S. 114).

Die Natur, der er emotional aufnimmt, führt ihn in eine Bewertung des Kriegsgeschehens, die sich den Forderungen der eigenen Nation an ihn gänzlich verweigert. „Zu Haus mögen die ersten Blumen kommen – auf dem geschundenen Ackerland wächst nichts mehr. Der Boden ist dürr u. steinig. Blumen sind Luxus. Gott sei Dank, daß sich die Vögel nicht drausbringen lassen. Sie kehren sich einen Dreck um unsere Narretei" (S. 115).

Er nutzt jeden Augenblick der Ruhe, um sich dieser „Narretei" zu entziehen. Mein Hund, schreibt er der Mutter in einem ruhigen Augenblick während der Kämpfe vor Verdun – er hatte diesen Hund von einer Französin anvertraut erhalten, deren Wohnort „total zusammengeschossen" worden war; sie konnte das Tier bei der Evakuierung nicht mitnehmen (S. 90) – „Mein Hund streckt alle viere von sich u. läßt seinen Winterpelz anscheinen. Ich setze mich vor das Loch des gewichenen Poilu u. tue dasselbe! Friedensbild. Ab u. zu schrecken wir auf – das dumme störende Geschieße u. dann verfallen wir wieder beide in träumerischen Gleichmut" (S. 115).

„Apathie" und „Kriegsmüdigkeit" nennt er seine innere Verfasstheit, in der er die Schlacht um Verdun überlebt hat (S. 120). Der „physische und psychische Druck, unter dem alle wahren Lebensregungen verkümmern müssen" (ebd.), macht ihn kritisch gegen den Ton, der im öffentlich inszenierten Gefühlsraum Nation weiterhin vorherrscht: „Es ist ein Wahn von einer Ertüchtigung u. Läuterung des deutschen Volkes zu reden – die Männer, die wochenlang unter dem hämmernden, zermürbenden Geschoßhagel im Schützengraben ausharren, sind berufener, darüber zu urteilen. Stumpf und gleichgültig, arm an Leib u. Seele, unfähig zu großen, begeisternden Entschlüssen, roh u. ungeschlacht, am Ende krank u. matt – so wirkt der Krieg, wie wir ihn führen u. nicht erhebend, ertüchtigend, stählend und dgl. Reden mehr" (ebd.).

Seit 1916 überwiegt diese Einstellung, bei ihm und bei anderen, mit denen er sich schreibt.[11] Man ist nicht der „Gefühlsprolet", schreibt ein befreundeter Leutnant, auch er aus einer Pastorenfamilie, für den man als Soldat „gehalten wird". In dieser emotionalen Atmosphäre entsteht eine Haltung, in der sich der junge Altphilologe aus dem schwäbischen Pastorenhaus, traditionell eine feste Burg deutscher Monarchientreue und deutschen Nationalgefühls, langsam, schrittweise gegen die monarchisch geführte Nation stellt. Die Nation tritt als Akteur und als Gefühlsraum in den Kriegsbriefen kaum auf, doch sie wird gleichsam zum fernen Adressaten der Briefe. Denn sie wird von der Kriegserfahrung des Soldaten beschädigt, in ihrem Anspruch an ihn unglaubwürdig.

Paul kritisiert nun die Erinnerungen eines „geistreichen Kirchenmannes" an das Kriegsjahr 1916,[12] der Vater hatte sie ihm geschickt, als byzantinisch in „seiner monarchischen Gesinnung". „Das Beste in diesem Krieg haben nicht unsere Fürsten u. allerhöchsten Herrschaften geleistet, sondern der einfache Mann aus dem Volk. Die Privilegien des Standes werden in den meisten Fällen bei ihren Inhabern nicht das adäquate Maß von Pflicht- und Verantwortungsgefühl finden. Ich gehe mit der höchsten Achtung vor den stillen kleinen Leistungen des gemeinen Mannes aus dem Krieg u. mache kein Hehl aus meiner durch u. durch demokratischen Gesinnung" (S. 139). Als er für einige Tage in Brüssel Urlaub machen kann, schreibt er zwar von der „französisierenden Halbwelt" dort, doch von der „künstlichen Steifung des flämischen Volks- und Nationalbewußtseins, der sich unsere Heeresleitung [...] u. ein Stab Akademiker mit Eifer und Hingabe widmen", hält er nichts (S. 142).

Der Vater sucht ihn in mehreren Briefen auf den rechten protestantisch-nationalen Weg zurückzuführen (S. 143–145, 146 f., 148, 151, 164), doch der Sohn lässt nicht ab, als Reserveoffizier über den „Kastendünkel" (S. 145) der Berufsoffiziere zu klagen. Er konfrontiert seinen Vater sogar damit, dass er das, was in Russland 1917 geschieht, hoffnungsvoll einen „staatspolitischen Wandlungsprozeß von ungeheurer Tragweite" nennt und erfreut von der „offenkundigen Linksschwenkung befreundeter Res.Offiziere" schreibt; er selbst eingeschlossen (S. 145). „Im Grund meines Herzens lebe ich mehr im Frieden wie im Krieg; innerlich bin ich mit der Kriegführung überhaupt zerfallen, trotz aller sog. Notwehr" (S. 146). Nach „40 Monaten Frontdienst", schreibt er am 4. Nov 1917 dem Vater nach überstandener Todesangst auf einem Vorposten, kann er die „sinnlose Brutalität" eines „,Helden'todes" nicht mehr akzeptieren. „Mein Innerstes bäumte sich auf gegen diesen elenden Abschluß meines Lebens. Gott, Heimat, Berge jagten durch mein Gehirn" (S. 156). Nicht die Nation. Obwohl sie in seinem Brief gegenwärtig ist, wenn er abfällig von der „französischen Art" spricht, die nur „viel Lärm, viel Bombast" erzeuge, und von dem „perfiden Italiener", über den der „furor teutonicus" einmal hereinbrechen möge (S. 157). Indem er im Schlusssatz Friedrich Schiller aufruft – „Die Weltgeschichte bleibt doch das Weltgericht" –, gewinnt sein Brief, der wie eine Kündigung an die Kriegsdramaturgen des Gefühlsraums deutsche Nation klingt, doch noch eine nationalpolitisch hoffnungsvolle Färbung. Sie mochte dem Vater Trost über den Sohn geben, der sich von der vertrauten monarchischen Nation loszusagen schien.

Diese Mischung aus Ausstieg aus der eigenen Nation, wie sie im öffentlichen Raum auftritt, und dem Festhalten an Nationsstereotypen, die dort allgegenwärtig sind, bleibt lange bestehen. Erst in den allerletzten Kriegsmonaten löst sie sich auf. Auch bei dem Vater. Er war auf das plötzliche Eingeständnis der deutschen Kriegsniederlage nicht vorbereitet. Zu lange sei alles „vertuscht & verheimlicht" worden, und deshalb „ist eine ungeheure seelische Depression bei uns eingekehrt" (S. 179). Nicht aber bei dem Sohn an der Front. Seine letzten beiden Briefe vom Oktober und November 1918 sind an die Mutter gerichtet, nicht an den Vater: „die Stunde der Erlösung hat geschlagen!" Der Krieg ist zu Ende. Und er hat überlebt. „Glück muss man haben." „Heute Heidelberg", und morgen „dann betreten wir schwäbischen Boden" (S. 180).

Einhundert Jahre zuvor hatte ganz ähnlich ein bayerischer Überlebender aus Napoleons Rußlandheer seine Gefühle ausgedrückt, als er bayerischen Boden erreichte: zurück in der Heimat, nicht in der Nation (Murken 2004, S. 113, 2006, S. 134). Die polnisch-preußische Grenze hatte er zuvor emotionslos überschritten. Er fühlte sich noch in der Fremde. Die deutsche Nation wurde erst in der retrospektiven Geschichtsdeutung zum großen Akteur der napoleonischen Ära und zum emotionalen Hoffnungsort der Deutschen erhoben. Eine grandiose Geschichtsrevision, und zweifelsohne außerordentlich wirkungsmächtig – politisch und emotional. Aber wie lassen sich diese Wirkungen empirisch erfassen? Dazu zum Abschluss ein thesenhafter Ausblick. Er greift auf Ergebnisse des Tübinger Sonderforschungsbereichs Kriegserfahrungen zurück (näher ausgeführt in Langewiesche 2009).

3 Wirkungen nationaler Gefühle – einige Probleme und Fragen

Die Emotionsforschung steht, wenn sie nach den Wirkungen nationaler Gefühle fragt, vor zwei Problemen, die auch die Erfahrungshistorie ständig begleitet haben.

1. Der individuelle Erfahrungsraum lässt sich nicht auf den kollektiven hochrechnen, und umgekehrt. Im öffentlichen Gefühlsraum Nation handeln die Akteure nach anderen Regeln, unter anderen Bedingungen, folgen anderen Leitbildern und Werten als im privaten Raum. Und dies auch dann, wenn es sich um ein und dieselbe Person handelt. Die unterschiedlichen Rollen, die der Einzelne im öffentlichen und im privaten Raum wahrnimmt, sind für ihn und für sein Umfeld wohl auch mit unterschiedlichen Emotionen besetzt. Dies zu untersuchen, hat sich für die Erfahrungshistorie gelohnt[13] und wäre auch für eine Emotionshistorie lohnend.

2. Die Ergebnisse von Erfahrungsprozessen, die immer auch durch Emotionen bestimmt werden, sind nicht dauerhaft. Man sollte ihnen zumindest nicht per se eine beständige Verhaltenssteuerung zuschreiben. Wir wissen z. B. nicht, ob und wie die Enttäuschung über die Monarchie und ihre Institutionen, die der Altphilologe Paul Ludwig in seinen Briefen im Laufe des Krieges entwickelt hatte, nach Kriegsende sein Verhalten geprägt hat. Vielleicht hat er in der Weimarer Republik demokratisch optiert, vielleicht ist er ins nationalkonservativ-protestantische Milieu zurückgekehrt, in dem er als Pastorensohn aufgewachsen war, vielleicht hat die „Erlösung", als die er das Kriegsende empfand, ihn zum Pazifisten gemacht, vielleicht aber zu einem Gefolgsmann des neuen Populismus, der sich gleichermaßen gegen die Vergangenheit und die Gegenwart stellte, oder vielleicht hat er sich enttäuscht gänzlich der Politik ferngehalten. Aus seiner Kriegserfahrung lässt sich das nicht ableiten. Sie ist offen für höchst unterschiedliche Optionen, wie auch die Emotionen, die aus seinen Briefen sprechen. In ihrem Zentrum steht „Heimat". „Heimat" umschreibt aber einen Gefühlsraum, der wirkungs- und verhaltensoffen ist, wie auch der Gefühlsraum Nation.

Deshalb sollte eine Emotionsforschung des Nationalen, die nach überindividueller Wirkung fragt, situativ angelegt sein. Es geht um Emotionen zu einer bestimmten Zeit, in einer bestimmten gesellschaftlichen Situation. Eine generelle Verhaltensdisposition kann daraus nicht abgeleitet werden. Sonst würden wir nur die alte common sense-Psychologie der Nationsforschung in neue Emotionsschläuche füllen.

Der US-amerikanische Ökonom George A. Akerlof, 2001 ist er mit dem Nobelpreis ausgezeichnet worden, sieht das anders. Er plädiert dafür, Gefühle in ökonomische Modelle einzubeziehen, da sie die Menschen zu einem Verhalten veranlassen, das ökonomisch nicht rational ist, und er meint, diese Modellerweiterung um die menschliche Gefühlswelt sei mit mathematischen Methoden möglich, wenn sie nur hinreichend komplex sind (Akerlof 2009). Er geht von fünf „animal spirits" aus, die für ökonomische Entscheidungen zentral seien: Vertrauen, Fairness, antisoziales Verhalten, Geldillusionen und die Erzählungen, die jeder über das Geschehen in der Welt ständig aufnimmt (Akerlof und Shiller 2010). Ob sich diese Bereiche verhaltensprägender Wahrnehmungen hinreichend präzise verallgemeinern lassen, um sie in mathematische Ökonomiemodelle einbauen und für Wirtschaftsprognosen nutzen zu können, bleibt abzuwarten. Vielleicht gelingt den Ökonomen der Zukunft zugewandt, was Historiker rückwärts blickend nicht vermögen: menschliche Gefühle so zu entschlüsseln, dass ihre gesellschaftlichen Wirkungen prognosefest werden. Es würde allerdings aller bisherigen Geschichtserfahrung widersprechen. Deshalb täte die historische Emotionsforschung gut daran, bescheidener anzusetzen.

Anmerkungen

1 Als Einstieg in die historische Emotionsforschung mit Literaturhinweisen s. Frevert 2009; Rosenwein 2002; Trepp 2002; Borutta und Verheyen 2010.
2 Das gilt auch für François et al. 1995.
3 Ernst Moritz Arndt 1813. Vorzüglich zum Thema Nationalhass sind die Analysen des Austromarxisten Otto Bauer: Die Nationalitätenfrage und die Sozialdemokratie (1907 und 1924), erneut in Bauer 1975. Nationalbewusstsein brauche Erfahrung von Differenz. Der „unerhörte Verkehrsreichtum" (S. 199) in seiner Gegenwart lasse die Zugehörigkeit zu einer nationalen Kulturgemeinschaft und damit auch die Distanz nach außen immer mehr Menschen bewusst werden. Die eigene Nation wird zum zweiten Ich. „Wer die Nation schmäht, schmäht damit mich selbst; wird die Nation gerühmt, so habe ich an dem Ruhm meinen Teil. Denn die Nation ist nicht, außer in mir und meinesgleichen. Das stärkste Lustgefühl wird so mit der Vorstellung der Nation verbunden: Nicht, wie man zuweilen geglaubt hat, wirkliche oder angebliche Interessengemeinschaft mit den Nationsgenossen, vielmehr die Erkenntnis des Bandes der Charaktergemeinschaft, die Erkenntnis, daß die Nationalität nichts als meine eigene Art ist, gesellt der Vorstellung der Nation ein Gefühl der Lust, erweckt in mir die Liebe zur Nation" (S. 202). Liebe zur Nation ist mithin Selbstliebe, die empfänglich ist für Hass auf den Fremden.
4 Kaegi 1942, S. 256, 254. Dem Text „Der Kleinstaat im europäischen Denken", aus dem die Zitate stammen, liegen drei Vorträge aus dem Jahr 1938 zugrunde (S. 253, Anm. 2).
5 Kaegi, Entstehung der Nationen (1940), ebd., S. 9–37, hier S. 25.
6 Die unter diesem Titel erstmals 1905 aus dem Nachlass veröffentlichte Vorlesung liegt wissenschaftlich ediert vor (Burckhardt 1982).
7 Das habe ich näher ausgeführt in Langewiesche 2008. Anderson (1993, S. 154) bezieht anders als Gellner und Berlin die „gefühlsmäßige Verbundenheit" der Nation, den „amor patriae" und alle nationalen „Gefühle der Zuneigung", konkret auf die gemeinsame Sprache, die bei ihm den Gravitationskern der Nationalbildung stellt.
8 Gellner 1991, S. 16. Gellner ist, das ist zu betonen, an der Funktion des Nationalismus als Instrument zur kulturellen Homogenisierung interessiert, nicht an den Emotionen, die daran beteiligt sind. Sie zu erforschen würde in die Irre führen. Gellner musste dies annehmen, denn der Nationalismus und sein Geschöpf, die Nation, definiert er als historisch junge Gebilde, die menschliche Psyche hingegen, darin zweifelt er nicht, sei seit Jahrtausenden unverändert. Und deshalb können Nationalismus und Nation „keine sehr tiefen Wurzeln in der menschlichen Psyche" haben (ebd., S. 57). Die Sprecher der Nation, Gellner nennt sie ihre Propheten, sehen das anders, doch das sei nur falsches Bewusstsein. Das nationale Selbstbild verkehre die Realität (S. 183). Damit wischt er alle Ansätze beiseite, die nach den Selbstbildern nationaler Gruppen fragen. Sie sind durchweg emotional stark aufgeladen.
9 Ein einziger Brief fehlt in der Sammlung Treplin. Er enthielt Vorwürfe an die Ehefrau, die ihn deshalb wohl vernichtet hat (S. 15 f.).

10 Pietisten sahen das ganz anders, wie Trauthig (1999) zeigt. Sie verarbeiteten ihre Kriegserfahrung nicht als Mahnung, im Kriegstod religiöse Erfüllung zu finden. Unter ihnen war noch nicht eingetreten, was Philippe Ariés als ein Merkmal der Moderne charakterisiert hat: die Tabuisierung des Todes. Der Tod war noch allgegenwärtig und wurde als Erlöser begrüßt. Nicht der schnelle Tod, wie ihn der „moderne" Mensch ersehnt, sondern der leidvolle, bewusst erlebte, langsame Tod war das Ideal der Kirchentreuen in Württemberg. Todesfurcht galt als Glaubensschwäche.

11 Ludwig 2002, S. 129 f. Leutnant Karl Dopffel, Sohn einer schwäbischen Pastorenfamilie, sein Vater war damals Prälat in Heilbronn, schreibt vom Suizid seines Bruders Helmut, der in der deutschen Verwaltung in Litauen eingesetzt war. Ein „Nervenversagen" habe ihn überwältigt. Der Bruder nennt ihn „eine Art Idealtyp des homo Germanus modernus", um so schwerer sei sein Tod zu ertragen. Der Glaube bringe nicht darüber hinweg, „wenn man doch nicht ganz der Gefühlsprolet ist, für den man gehalten wird".

12 Ebd., S. 139: von Bezzel 1917. Die Front hatte Bezzel nicht gesehen. Er schwelgt in panegyrischen Huldigungen an den Kaiser, den er im deutschen Hauptquartier besuchen durfte. Diesen Teil hat Paul als byzantinisch empfunden, während er die Charakterisierung von Land und Leuten in Lothringen als feine Charakterisierung des „französischen Nationalcharakters" (S. 139) empfindet. Auch hier also die Mischung aus Distanz und Nähe mit Blick auf den deutschen Gefühlsraum Nation, wie er öffentlich inszeniert wird. Bezzel fühlte sich „geborgen", als das Auge des Kaisers auf ihn ruhte (blasphemisch für einen Geistlichen? Fühlt sich ein Christ im Herrn geborgen oder auch im weltlichen Herrn?).

13 Wie deutsche Feldgeistliche ihre Kriegswahrnehmung nach Adressatenkreis unterschiedlich formuliert haben und wie sich im zeitlichen Verlauf ihre Kriegserfahrung veränderte, analysiert auf die einzelnen Personen bezogen vorzüglich Rak 2004.

Literatur

Akerlof, G. A. (2009, Mai 25). Interview mit G. A. Akerlof. *Frankfurter Allgemeine Sonntagszeitung, 43,* 33.
Akerlof, G. A., & Shiller, R. J. (2010). *Animal spirits: how human psychology drives the economy, and why it matters for global capitalism.* Princeton: Princeton University Press.
Anderson, B. (1993). *Die Erfindung der Nation. Zur Karriere eines erfolgreichen Konzepts.* Frankfurt a. M.: Campus.
Arndt, E. M. (1813). Ueber den Volkshaß. In E. M. Arndt (Hrsg.), Ueber den Volkshaß und über den Gebrauch einer fremden Sprache (S. 3–21). Leipzig: Reclam. (o.O., im Internet verfügbar bei open library; auch in Jeismann, M., & Ritter, H. (Hrsg.) (1993) Grenzfälle. Über neuen und alten Nationalismus (S. 319–334)).
Bauer, O. (1975). *Werkausgabe, Bd. 1.* Wien: Europaverlag.
Bayertz, K. (Hrsg.). (2007). *Weltanschauung, Philosophie und Naturwissenschaft im 19. Jahrhundert Bd. 3: Der Ignorabimus-Streit.* Hamburg: Meiner.
Berlin, I. (1990). The crooked timber of humanity. In H. Hardy (Hrsg.), *Chapters in the history of ideas* (S. 238–261). Princeton: Princeton University Press.
Berlin, I. (1993). Der gekrümmte Zweig. Über den Aufstieg des Nationalismus. In M. Jeismann & H. Ritter (Hrsg.), *Grenzfälle. Über neuen und alten Nationalismus* (S. 147–174). Leipzig: Reclam.
Berlin, I. (1994). *Wider das Geläufige. Aufsätze zur Ideengeschichte. Hrsg. v. H. Hardy* (S. 467–494). Frankfurt a. M.: Fischer-Taschenbuch-Verlag.

Berlin, I. (1998). Nationalism. Past Neglect and Present Power. In I. Berlin. (Hrsg.), *The Proper Study of Mankind. An Anthology of Essays. Ed. by H. Hardy & R. Hausheer* (S. 581–605). New York : Farrar, Straus and Giroux.
von Bezzel, H. (1917). *Erinnerungen aus Berufsreisen an die Front März und August 1916*. Leipzig: Krüger.
Billig, M. (1995). *Banal Nationalism*. London u. a.: Sage.
Borutta, M., & Verheyen, N. (Hrsg.). (2010). *Die Präsenz der Gefühle. Männlichkeit und Emotion in der Moderne*. Bielefeld: Transcript.
Burckhardt, J. (1982). *Über das Studium der Geschichte. Der Text der „Weltgeschichtlichen Betrachtungen" auf Grund der Vorarbeiten von Ernst Ziegler nach den Handschriften, hg. v. P. Ganz*. München: Beck.
De Saint-Victor, P. (1871). *Barbares et bandits. La Prusse et la Commune*. Paris: Michel Lévy Frères. (2. Aufl. 1872; beide Auflagen im Internet verfügbar bei *open library*; dt. nach dem Abdruck bei Jeismann, M. & Ritter, H. (Hrsg.) (1993) *Grenzfälle. Über neuen und alten Nationalismus* (S. 311–318). Leipzig: Reclam).
Du Bois-Reymond, E. (1912). Über das Nationalgefühl. In der Sitzung der Akademie der Wissenschaften zur Geburtstagsfeier des Kaisers und Königs am 28. März 1878 gehaltene Rede. In Reden von Emil Du Bois-Reymond in zwei Bänden. Erster Band. 2. vervollständigte Auflage, hg. v. Estelle Du Bois-Reymond (S. 654–677). Leipzig: Veit. (im Internet verfügbar: http://vlp.mpiwg-berlin.mpg.de/library/data/lit3460?).
François, E., Sigrist, H., & Vogel, J. (Hrsg.). (1995). *Nation und Emotion. Deutschland und Frankreich im Vergleich 19. und 20. Jahrhundert*. Göttingen: Vandenhoeck und Ruprecht.
Frevert, U. (2009) Was haben Gefühle in der Geschichte zu suchen? In *Geschichte und Gesellschaft 35* (S. 183–208).
Gellner, E. (1991). *Nationalismus und Moderne*. Berlin: Rotbuch-Verlag.
Gellner, E. (1993). Aus den Ruinen des Großen Wettstreits. Bürgerliche Gesellschaft, Nationalismus und Islam. In M. Jeismann & H. Ritter (Hrsg.), *Grenzfälle. Über neuen und alten Nationalismus* (S. 30–44). Leipzig: Reclam (orig. Merkur 521, 1992).
Gudehus-Schomerus, H., Recker, M.-L., Riverein, M. (Hrsg.). (2010). *„Einmal muß doch das wirkliche Leben wieder kommen!" Die Kriegsbriefe von Anna und Lorenz Treplin 1914–1918*. Paderborn: Schöningh.
Günther, D. (2004). *Das nationale Ich? Autobiographische Sinnkonstruktionen deutscher Bildungsbürger des Kaiserreichs*. Stuttgart: Niemeyer.
Haim, S. G. (1976). *Arab Nationalism. An Anthology (1. Aufl. 1962)*. Berkeley u. a.: University of California Press.
Huizinga, J. (1942). *Im Bann der Geschichte. Betrachtungen und Gestaltungen*. Nijmegen: Pantheon.
Jaffrelot, C. (2007). *Hindu-Nationalism. a reader*. Princeton, NJ: Princeton University Press [u. a.].
Kaegi, W. (1942). *Historische Meditationen*. Zürich: Fretz und Wasmuth.
Klemperer, V. (1989). *Curriculum Vitae. Jugend um 1900, Band II*. Berlin: Siedler.
Langewiesche, D. (2008). Was heißt „Erfindung der Nation"? Nationalgeschichte als Artefakt – oder Geschichtsschreibung als Machtkampf. In D. Langewiesche (Hrsg), *Reich, Nation, Föderation. Deutschland und Europa* (S. 15–35). München: Beck.
Langewiesche, D. (2009). Nation, Imperium und Kriegserfahrungen. In G. Schild & A. Schindling (Hrsg.), *Kriegserfahrungen – Krieg und Gesellschaft in der Neuzeit. Neue Horizonte der Forschung* (S. 213–230). Paderborn: Schöningh.
Lienhard, F. (1915). *Heldentum und Liebe. Kriegsgedichte. – 2. Aufl.* Stuttgart: Greiner und Pfeiffer.
Ludwig, W. (Hrsg.). (2002). *Der Erste Weltkrieg in Briefen. 201 Briefe aus der Korrespondenz von Paul Ludwig in den Jahren 1914–1918. – Schriften zur südwestdeutschen Landeskunde 41*. Leinfelden-Echterdingen: DRW-Verlag.

Mazzini, G. (1831). Allgemeine Unterweisung für die Verbrüderten des jungen Italien. In G. Mazzini (Hrsg.), *Politische Schriften. Ins Deutsche übertragen und eingeleitet von S. Flesch. Bd. 1* (S. 101–111). Leipzig: Reichenbach.
Merkel, G. H. (1796). *Die Letten vorzüglich in Liefland am Ende des philosophischen Jahrhunderts. Ein Beitrag zur Völker- und Menschenkunde. Hg., mit einem Stellenkommentar u. einem Nachwort versehen v. T. Taterka. Wedemark 1998.* Wedemark: Hirschheydt.
Murken, J. (2004). Von „Thränen und Wehmut" zur Geburt des „deutschen Nationalbewußtseins". Die Niederlage des Russlandfeldzugs von 1812 und ihre Umdeutung in einen nationalen Sieg. In H. Carl, H.-H. Kortüm, D. Langewiesche, & F. Lenger (Hrsg.), *Kriegsniederlagen. Erfahrungen und Erinnerungen* (S. 107–122). Berlin: Akad.-Verlag.
Murken, J. (2006). *Bayerische Soldaten im Russlandfeldzug 1812. Ihre Kriegserfahrungen und deren Umdeutungen im 19. und 20. Jahrhundert – Schriftenreihe zur bayerischen Landesgeschichte 147*. München: Beck.
Rak, C. (2004). *Krieg, Nation und Konfession. Die Erfahrung des deutsch-französischen Krieges von 1870/71*. Paderborn: Schöningh.
Renan, E. (1882). Qu'est-ce qu'une nation? In E. Renan (Hrsg.), *Œuvres Complètes de Ernest Renan. 2 Bände. Édition définitive établie par Henriette Psichari* (Bd. 1, S. 887–906). Paris: Calmann-Lévy.
Rosenwein, B. H. (2002). Worrying about Emotions in History. In *American Historical Review 107* (S. 821–845).
Schmid, K. (1957). *Aufsätze und Reden*. Zürich: Artemis.
Smith, A. D. (2003). *Chosen peoples*. Oxford: University Press.
Trauthig, M. (1999). *Im Kampf um Glauben und Kirche. Eine Studie über Gewaltakzeptanz und Krisenmentalität der württembergischen Protestanten zwischen 1918 und 1933. – Schriften zur südwestdeutschen Landeskunde, 27*. Leinfelden-Echterdingen: DRW-Verlag.
Trepp, A.-C. (2002). Gefühl oder kulturelle Konstruktion? Überlegungen zur Geschichte der Emotionen. In *Querelles. Jahrbuch für Frauen- und Geschlechterforschung 7* (S. 86–103).
Veit-Brause, I. (1999). *Scientists and the cultural politics of academic disciplines in late nineteenth century Germany. Emil Du Bois Reymond and the controversy over the role of the cultural sciences*. Berlin: MPI für Wissenschaftsgeschichte.
Weber, M. (1895). Der Nationalstaat und die Volkswirtschaftspolitik. In Politische Reden. Bd. II: 1869-1914. Hg. v. P. Wender unter Mitarbeit von I. Schlotzhauer. – Bibliothek der Geschichte und Politik, 25. Frankfurt a. M.: Deutscher Klassikerverlag. 1990, S. 472–495, 804–815.
Zimmer, O. (2003) *A Contested Nation. History, Memory and Nationalism in Switzerland, 1761–1891*. Cambridge: Cambridge University Press.

Dieter Langewiesche wurde 1943 in Österreich geboren. Studium: Politikwissenschaft, Germanistik, Geschichte in Heidelberg 1966–71; 1978 Professor Neuere Geschichte Universität Hamburg, 1985–2008 Universität Tübingen. 1997–2000 Prorektor der wiedergegründeten Universität Erfurt und Gründungsdekan der Philosophischen Fakultät.

Ausgewählte Schriften zum Thema Nation

Nation, Nationalismus, Nationalstaat in Deutschland und Europa. 2000
Reich, Nation, Föderation. Deutschland und Europa. 2008
Staat, Nation und Föderation in der europäischen Geschichte. Gerda Henkel Vorlesung. 2008
Föderative Nation. Deutschlandkonzepte von der Reformation bis zum Ersten Weltkrieg. 2000 (Hg. mit G. Schmidt)
Nation und Religion in der deutschen Geschichte. 2001 (Hg. mit H.-G. Haupt).
Nation und Religion in Europa. Mehrkonfessionelle Gesellschaften im 19. u. 20. Jahrhundert 2004 (Hg. mit H.-G. Haupt), spanische Ausgabe 2010

Der Krieg in den Gründungsmythen europäischer Nationen und der USA. 2004 (Hg. mit N. Buschmann)

Unschuldige Mythen: Gründungsmythen und Nationsbildung in Europa im 19. u. 20. Jahrhundert, in: K. v. Lingen (Hg.): Kriegserfahrung u. nationale Identität in Europa nach 1945. 2009, 27–41

The Nation as a Developing Resource Community: A Generalizing Comparison, in: H.-G. Haupt/J. Kocka (eds.): Comparative and Transnational History. Central European Approaches and New Perspectives. 2009, 133–148

Fühlen(d) Lernen: Zur Sozialisation und Entwicklung von Emotionen im Kulturvergleich

Leberecht Funk · Birgitt Röttger-Rössler · Gabriel Scheidecker

Zusammenfassung: Forschungen zur Sozialisation und Ontogenese von Emotionen sind in der Sozial- und Kulturanthropologie bisher weitestgehend vernachlässigt worden. Entwicklungspsychologen beschäftigen sich dagegen intensiv mit diesem Thema, wobei sich jedoch das Gros ihrer Studien auf euro-amerikanische Gesellschaften beschränkt und somit kaum Aussagen über interkulturelle Divergenzen zulässt. In diesem Artikel vergleichen wir die Sozialisation von Emotionen in zwei nicht-westlichen Gesellschaften: den Bara in Madagaskar und den Tao auf der taiwanesischen Insel Lanyu. Es wird aufgezeigt, wie folk models von Person, Emotion und Entwicklung mit den jeweiligen lokalen Erziehungspraktiken verknüpft sind. In beiden Gesellschaften werden von den Bezugspersonen Sanktionierungsstrategien angewendet, die mit einem hohen Maß an emotionaler Erregung einhergehen. Während bei den Bara „Furcht" induziert wird, kommt es bei den Tao zu einer Evokation von „Angst" und „Scham". Eine wichtige Frage ist, inwieweit diese „sozialisierenden Emotionen" an der Herausbildung eines kultur-spezifischen Emotionsrepertoires beteiligt sind.

Schlüsselwörter: Sozialisation von Emotionen · Emotionale Entwicklung · Folk models · Kulturvergleich · Taiwan · Madagaskar

Learning (by) feeling: socialization and development of emotions in cross-cultural studies

Abstract: Research on socialization and ontogeny of emotions has been widely neglected in social and cultural anthropology. In contrast, developmental psychologists are occupied intensively with this subject but the majority of their studies focus on Euro-American societies and thus do not explain intercultural differences. In this article we compare the socialization of emotions in two non-western societies: the Bara in Madagascar and the Tao on the Taiwanese Island of Lanyu. It will be illustrated how folk models of person, emotion, and development interrelate with local child rearing practices. In both societies sanctioning strategies are used by care-givers who operate with high levels of emotional arousal. While "fear" is induced among the Bara, in the Tao's case the evoked emotions are "anxiety" and "shame". An important question, among others, is to what extent these "socializing emotions" play a role in the development of a culture-specific emotional repertoire.

Keywords: Socialization of emotion · Emotional development · Folk models · Cultural comparison · Taiwan · Madagascar

1 Einleitung

Die in der Biologie des Menschen angelegten basalen emotionalen Kapazitäten oder Affekte werden in unterschiedlichen Kulturen und Gesellschaften auf sehr differente Weise ausgeprägt, mit Bedeutungen und Wertungen belegt und in komplexe „Gefühlsregeln" eingebettet, die vorschreiben, wer welche Emotionen wann und mit welcher Intensität empfinden und wem gegenüber wie aus- oder unterdrücken sollte. In der sozial- und kulturwissenschaftlichen Emotionsforschung wird die enorme inter- und intragesellschaftliche Vielgestaltigkeit emotionaler Verhaltens- und Ausdrucksweisen zwar mehrheitlich als Ergebnis komplexer bio-kultureller und psycho-sozialer Interaktionsprozesse gesehen, es mangelt jedoch an Studien, die diese Wechselprozesse systematisch und in fachübergreifender Form in den Blick nehmen. Besonders eklatant ist der Mangel an Studien, die sich mit der Sozialisation von Emotionen beschäftigen, d. h. sich der Frage widmen, wie Kinder in unterschiedlichen sozialen und kulturellen Kontexten das emotionale Repertoire ihrer jeweiligen Gemeinschaft erlernen. So lassen sich z. B. innerhalb der Ethnologie, die sich dezidiert der kulturellen Diversität von Emotionen widmet, keine Arbeiten finden, die sich mit der emotionalen Entwicklung und Erziehung von Kindern in verschiedenen Kulturen beschäftigen.[1]

In der Entwicklungspsychologie bildet dagegen der Zusammenhang zwischen Sozialisation und emotionaler Entwicklung ein etabliertes Thema, allerdings bezieht sich das Gros der entsprechenden empirischen Studien auf den euro-amerikanischen Kontext und hier primär auf Untersuchungen innerhalb der Mittelschichten (Holodynski 2004, 2009; Holodynski und Friedlmeier 2006; Shiman und Zehman 2001).[2] Lediglich zu einzelnen Aspekten wie z. B. dem Einfluss von mütterlichen Erziehungsstilen auf die kindliche Regulationsfähigkeit von Emotionen liegt interkulturelles Datenmaterial vor (Friedlmeier und Trommsdorff 1999; Cole et al. 2002; Eisenberg et al. 2001). Vergleichsweise wenige Studien konzentrieren sich explizit auf den Zusammenhang zwischen Erziehungspraktiken und emotionaler Entwicklung, erwähnenswert sind hier v. a. die auf China (bzw. Taiwan) bezogenen Studien von Chang et al. (2003), Fung (1999) sowie Lieber et al. (2006). Doch auch diese Arbeiten aus dem Bereich der kulturvergleichenden Entwicklungspsychologie betrachten nur einzelne, aus dem Gesamtkontext gelöste Aspekte und nähern sich dem Zusammenhang von Kultur und Emotionsentwicklung nicht aus einer holistischen Perspektive an. Es mangelt somit auch in der kulturvergleichenden Entwicklungspsychologie an Studien, die gezielt die Interdependenzen zwischen kulturspezifischen Wertvorstellungen, Emotionskonzeptionen, Erziehungskonzepten und –praktiken sowie sozio-ökonomischen Strukturen und Bedingungen betrachten (Trommsdorff 2003).

Die skizzierten Forschungslücken innerhalb der ethnologischen sowie entwicklungspsychologischen Emotionsforschung gaben den Anstoß für die Konzeption eines bidisziplinären Forschungsprojektes zur „Sozialisation und Ontogenese von Emotionen im Kulturvergleich".[3] Das primäre Ziel dieses Projektes bestand zunächst darin, empirisches Material zu kulturspezifischen Formen der Emotionssozialisation zu erheben, um eine solide – und bisher fehlende – Datenbasis zur Beantwortung der fachübergreifenden Frage nach kulturbedingten Unterschieden in der Emotionsentwicklung zu schaffen. Im Rahmen parallel durchgeführter, jeweils über zwölfmonatiger ethnologischer Feldstudien in drei unterschiedlichen Kulturen wurde untersucht, auf welche Art und Weise Kinder das Emotionsrepertoire ihrer jeweiligen Gesellschaft erwerben und welche expliziten sowie impliziten kulturellen Transmissionspraktiken und Erziehungsmethoden hierbei eine Rolle spielen. Als Vergleichskulturen wurden die Minangkabau in West-Sumatra/Indonesien, die Bara im Süden von Madagaskar sowie die Tao auf der taiwanischen Insel Lanyu ausgewählt. Alle drei Gesellschaften weisen gravierende Unterschiede in ihrer Sozialstruktur, verwandtschaftlichen Organisation, Ökonomie, religiösen Orientierung sowie den Graden formaler (Schul-) Bildung auf, weshalb deutliche Differenzen in den jeweiligen Sozialisationsverläufen zu erwarten waren. Der „kleinste gemeinsame Nenner", der diese Kulturen verbindet, ist ihre linguistische Zugehörigkeit zur west-austronesischen Sprachfamilie.

Aus diesem noch laufenden Forschungsprojekt soll im vorliegenden Beitrag ein Teilaspekt präsentiert werden, der den Zusammenhang zwischen emotionalisierenden, d. h. mit einem hohen emotionalen Erregungspotential arbeitenden Erziehungspraktiken wie Ängstigen, Beschämen, Loben, Verspotten, Aufziehen etc. und emotionaler Entwicklung fokussiert. Die Konsequenzen, die sich aus dem kulturspezifischen Einsatz emotional erregender Erziehungsmethoden für die Ausdifferenzierung von Emotionen innerhalb der Ontogenese ergeben, stellen eine emotionstheoretisch hochrelevante, aber bisher kaum untersuchte Thematik dar. Aus Platzgründen beschränken wir uns darauf, diese Fragestellung hier nur in Bezug auf zwei der von uns untersuchten Gesellschaften zu diskutieren: die Bara (Madagaskar) und die Tao (Taiwan).

Wir werden nachfolgend zunächst einige theoretische Grundüberlegungen sowie unser methodisches Vorgehen skizzieren, um dann ausgewählte Ergebnisse unserer Feldstudien in Madagaskar und Taiwan zu präsentieren.

2 Theoretische Überlegungen

Der Ausgangspunkt unserer Überlegungen stützt sich auf den Artikel *Universals of Child Rearing* der amerikanischen Kognitionsethnologin Naomi Quinn, der 2005 in *Anthropological Theory* erschienen ist. In dieser wegweisenden Studie hat Quinn neurowissenschaftliche Erkenntnisse über Lernprozesse zum Anlass für ein „close reading" ethnografischer Texte genommen, welche Erziehungspraktiken in verschiedenen Kulturen beschreiben. Sie hat sich intensiv mit neurowissenschaftlichen Erkenntnissen über Lernprozesse – v. a. mit den Arbeiten des Hirnforschers LeDoux (2002) – auseinandergesetzt und diesen Studien vier zentrale Mechanismen entnommen, die Lernprozesse aus neurologischer Sicht außerordentlich effektiv machen, da sie zu besonders dauerhaften synaptischen Verbindungen führen. Es handelt sich hierbei um a) Prädispositionales Priming (*predispositional priming*), b) Konstanz der Erfahrung (*experiential constancy*), c) Billigung/Missbilligung (*approval/disapproval*) und d) emotionale

Erregung (*emotional arousal*). Vor diesem Hintergrund hat Quinn sozialisationsbezogene ethnologische Studien wie z. B. die Arbeiten von Miller et al. (1996, 1997) zur taiwanesischen Mittelschicht, von Lutz (1988) zu den Ifaluk, von Briggs (1982, 1998) zu den Inuit und von LeVine und LeVine (1966) zu den Gusii in Kenya etc. durchgesehen. In allen Texten hat sie klare Belege für die Anwendung dieser vier Erziehungstechniken gefunden, was diese zu starken Universalienkandidaten avancieren lässt und ihre – von der Neurowissenschaft behauptete – Effektivität zu bestätigen scheint. Quinns Studie deutet also an, dass in den unterschiedlichsten Kulturen mit den unterschiedlichsten sozialen Strukturen, Verhaltensstandards, Wertsetzungen und damit auch Erziehungszielen ein limitiertes (neuronal „sinnvolles") Set von Erziehungspraktiken zum Einsatz kommt, um Kinder den jeweiligen gesellschaftlichen Standards entsprechend zu sozialisieren bzw. „for rearing children to be valuable adults" (2005, S. 490).

In unserem Beitrag knüpfen wir v. a. an Quinns Überlegungen zum Lernmechanismus der emotionalen Erregung im Rahmen von kulturspezifischen Erziehungspraktiken an. Sie hebt hervor, dass Erfahrungen, die im Zustand emotionaler Erregung gemacht werden, zu besonders dichten neuronalen Bahnen führen, was mit den hierdurch ausgelösten biochemischen Prozessen zusammenhängt.[4] Affektiv erregende Erziehungspraktiken bewirken demnach, dass sich einem Kind die hiermit verbundenen Lektionen besonders fest und dauerhaft einprägen.

Wir gehen davon aus, dass emotionalisierende Erziehungspraktiken nicht nur eine zentrale Rolle bei der Werte- und Normsozialisierung spielen, sondern zugleich auch die emotionale Entwicklung entscheidend beeinflussen. Da Erziehungsstrategien wie Ängstigen, Verunsichern, Aufziehen, Beschämen oder Loben auf unterschiedlichen emotionalen Qualitäten basieren und je nach Kultur verschiedene Erziehungsstrategien dominieren können, dürfte die jeweils vorherrschende Erziehungspraxis zu einer kulturspezifischen Emotionsentwicklung beitragen.

Emotionen, die durch emotionalisierende Erziehungspraktiken direkt induziert werden und unmittelbar an der Sozialisation beteiligt sind, indem sie Individuen dazu veranlassen, sich an den Werten und Normen ihrer Kultur zu orientieren, nennen wir *sozialisierende Emotionen*. Neben der Induktion einer sozialisierenden Emotion kann es in vielen Fällen allerdings auch zu weiteren emotionalen Reaktionen auf Seiten des Kindes kommen, die nicht von Bezugspersonen intendiert sind. Strategien der Beschämung oder des Ängstigens können nicht nur Scham und Angst als sozialisierende Emotionen, sondern bspw. auch Traurigkeit oder Wut hervorrufen. Diese bezeichnen wir als *sozialisierte Emotionen*.

Folgende Fragen und Untersuchungsebenen werden von uns in diesem Beitrag erörtert:

1. Indigene Entwicklungstheorien: Welche Vorstellungen bestehen in den untersuchten Gesellschaften über die kindliche Entwicklung im Allgemeinen und die Emotionsentwicklung im Besonderen und welche Entwicklungsaufgaben resultieren daraus? Welche Emotionsdisplays sind bei Kindern in welchem Alter und in welchen Kontexten sozial erwünscht bzw. unerwünscht?
2. Indigene Erziehungspraktiken: Welche Erziehungsstile und -methoden herrschen in der jeweiligen Kultur vor und mit welchen emotionalen Qualitäten arbeiten diese? Auf welche Weise führen diese Erziehungsmethoden zur Herausbildung von *sozialisierenden* Emotionen einerseits und *sozialisierten* Emotionen andererseits?

3 Methodisches Vorgehen

Um den jeweiligen kulturellen Besonderheiten gerecht zu werden, verfolgten wir einen relativ offenen und explorativen methodischen Ansatz. Mit dem Ziel, die Vergleichbarkeit der Ergebnisse zu gewährleisten, haben wir jedoch im Vorfeld eine Reihe von Methoden ausgewählt, von denen die folgenden letztlich in beiden Kulturen angewendet werden konnten:

1. Teilnehmende Beobachtung zur Erschließung allgemeiner sozialer und kultureller Zusammenhänge.
2. Haushalts-Surveys zur Erhebung soziodemographischer Daten, die Rückschlüsse auf die sozialen und häuslichen Lebensbedingungen der Kinder ermöglichen.
3. Erhebung der indigenen Emotionsbegriffe mittels *freelisting* Verfahren und Erhebung von Kurzgeschichten zu sämtlichen genannten Emotionswörtern zur Bedeutungsanalyse des lokalen Emotionsvokabulars (*natural definitions*-Ansatz).
4. Unstrukturierte, semistrukturierte und strukturierte Interviews mit Erwachsenen zur Erhebung lokaler Vorstellungen von Emotion, kindlicher Entwicklung und Erziehung sowie mit Kindern zu ihren Erziehungserinnerungen.
5. Systematische Beobachtung und Dokumentation von Emotionsepisoden[5] zwischen kindlichen Akteuren sowie zwischen Kindern unterschiedlichen Alters und ihren Bezugspersonen.

Das so erhobene Datenmaterial wurde (bzw. wird) in gemeinsamer Abstimmung v. a. nach den Prinzipien der *Grounded Theory* (Strauss und Corbin 1990) ausgewertet. Das Material zu den Tao konnte aufgrund des erst im August 2011 beendeten Feldaufenthaltes noch nicht vollständig analysiert werden, so dass die hier aufgeführten Ergebnisse als vorläufig angesehen werden müssen.

4 Sozialisation von Emotionen bei den Bara (Madagaskar)[6]

Die etwa eine halbe Million Menschen umfassende ethnische Gruppe der Bara siedelt vorwiegend im südlichen Hochland von Madagaskar in einer trockenen Gras- und Baumsavanne. Reisanbau und Viehhaltung bilden die Grundpfeiler der wirtschaftlichen Aktivitäten – Reis dient als Hauptnahrungsmittel, Rinder werden als „Wertspeicher" genutzt und sind zudem von großer sozialer und religiöser Bedeutung. Im Unterschied zu vielen anderen madagassischen Gruppen ist die Gesellschaft der Bara segmentär strukturiert, wobei relativ klar abgegrenzte Patrilineages die zentralen sozialen Einheiten darstellen. Idealerweise entspricht die Patrilineage der Bevölkerung eines Dorfes, doch in verhältnismäßig fruchtbaren Regionen teilen sich mehrere Verwandtschaftsgruppen eine Siedlung. Patrilineages umfassen i. d. R. drei bis vier Generationen lebender Menschen und – berücksichtigt man die emische Perspektive – zwei bis drei Generationen von Ahnengeistern, welche die zentralen religiösen Instanzen darstellen. Die sozialen Interaktionen innerhalb der Patrilineage orientieren sich am Senioritätsprinzip und der Verpflichtung zur Kooperation. Intersegmentäre Beziehungen folgen hingegen stärker dem Egalitätsprinzip und lassen offen ausgetragene Konflikte und Rivalität zu.

Nationalstaatliche Institutionen und moderne Infrastruktur sind in der Forschungsregion bislang wenig verbreitet. Im Zeitraum der Forschung existierten weder eine Straßenanbindung noch ein Schulsystem und auch christliche Kirchen waren nicht vorhanden. Seit einigen Jahren sind in der Nähe des Forschungsortes Gendarmen stationiert, die aber nicht als Organ des Staates, sondern vielmehr als individuelle Marodeure wahrgenommen werden. Industriell gefertigte Güter wie Kleidung, alkoholische Getränke, Zucker oder synthetische Medikamente sind in bescheidenem Ausmaß in der Region verfügbar.

4.1 Kulturelle Modelle der Ontogenese und Erziehung

Die Ontogenese wird in der Bara-Kultur als ein relativ kontinuierlicher Wandlungsprozess konzipiert, den Huntington als eine Reise vom mütterlichen Leib (als Fötus) in das väterliche Grab (als Ahnengeist) darstellt (1988, S. 28). Institutionell oder rituell markierte Statusübergänge wie etwa die Initiation in eine Altersgruppe fehlen vollständig und auch das kulturelle Bedeutungssystem sieht kaum Einteilungen in verschiedene Entwicklungsphasen vor. Lediglich für Säuglinge in den ersten drei Lebensmonaten existiert eine besondere Bezeichnung (*zaza mena* – rotes Kind), Kinder ab drei Monaten bis zur Geschlechtsreife werden durchgängig als *zaza* bezeichnet. Orientiert man sich zusätzlich an markanten Veränderungen der Interaktionsmuster, so lassen sich weitere Phasenübergänge im Alter von knapp zwei Jahren (Entwöhnung) und im Alter zwischen vier und fünf Jahren (Beginn der dezidierten Normvermittlung) festmachen.

Die expliziten elterlichen Erziehungsziele kommen v. a. in dem kulturellen Konzept *mahitsy* zum Ausdruck. *Mahitsy* bezeichnet ein ideales und folglich in der Erziehung angestrebtes kindliches Verhalten, dass sich durch Fügsamkeit und die Bereitschaft zur Unterordnung auszeichnet. Konkret umfasst es folgende Facetten: Unwidersprochene Folgsamkeit gegenüber älteren Lineage-Mitgliedern, gestischer und verbaler Ausdruck der untergeordneten Position gemäß der Altershierarchie und eine emotionale Bereitschaft, ältere Mitglieder aus der eigenen Verwandtschaftsgruppe zu fürchten (*matahotsy*). Obwohl *mahitsy* i. d. R. zur Charakterisierung von Kindern verwendet wird, behalten die damit bezeichneten Verhaltens- und Einstellungsideale auch im Erwachsenenalter Gültigkeit. Selbst Angehörige der ältesten Generation sind davon nicht ausgeschlossen, da sie gegenüber den Ahnengeistern die Rolle von Junioren einnehmen.

4.2 Entwicklungsphasen, Interaktionsmuster und Sanktionspraktiken

Säuglingsphase (0–2): Die ersten beiden Lebensjahre sind durch eine körperlich enge, aber nicht exklusive Mutter-Kind-Beziehung charakterisiert. Diese basiert v. a. auf einem hohen Maß an Körperkontakt sowie rhythmischer Körperstimulation und einer großzügigen Befriedigung körperlicher Bedürfnisse. So werden Säuglinge nach Bedarf und häufig auch proaktiv, d. h. noch vor der Bedarfsäußerung, gestillt. Negative Emotionen treten v. a. aufgrund der nahezu permanenten körperlichen Verfügbarkeit der Mutter relativ selten auf und werden zudem umgehend und effektiv herunterreguliert. Schnelles Wachstum und motorische Entwicklung sowie Gesundheit stehen im Fokus der mütterlichen Bemühungen. Das Teilen positiver Emotionen und der explizite Ausdruck gegenseitiger Liebe spielt hingegen eine untergeordnete Rolle. Insgesamt dominiert ein *proximaler* gegenüber einem *distalen* Interaktionsstil (Keller 2007, S. 143).

Kleinkindphase (2–4/5): Das Abstillen im Alter von durchschnittlich knapp zwei Jahren zieht häufig eine relativ abrupte Distanzierung zwischen Müttern und Kleinkindern nach sich und leitet zugleich eine schnelle Eingliederung der Kleinkinder in die Gruppe der Gleichaltrigen ein. In der Regel geht dieser Ablösungsprozess mit der Geburt eines weiteren Kindes einher, dem die Mutter dann ihre volle Zuwendung schenkt. In dieser Entwicklungsphase machen Kinder größtenteils die ersten Sanktionserfahrungen, die häufig auch die körperliche Distanzierung von der Mutter forcieren. So können Kleinkinder einen Klaps erhalten oder gekniffen werden, wenn sie Mütter bei ihrer Arbeit stören, indem sie ihre körperliche Nähe suchen, Hausrat durcheinanderbringen oder Nahrungsmittel verschütten bzw. verunreinigen. Häufig werden sie parallel zu diesen Körpersanktionen dazu angehalten, mit ihren Altersgenossen zu spielen.

Kindheitsphase (4/5–14): Ab dem Alter von vier bis fünf Jahren wird von Kindern normkonformes Verhalten und Handeln sowie das regelmäßige Ausführen von Aufgaben im Rahmen der Nahrungszubereitung erwartet. Missachtung dieser Verhaltensanforderungen wird nun in systematischer Weise sanktioniert. Diese Interaktionsumstellung begründen Eltern häufig damit, dass Kinder ab diesem Alter die Fähigkeit erlangten, Normen zu verstehen und die Sanktion mit dem eigenen Normverstoß in Verbindung zu bringen. Während der gesamten Kindheit ist die Körpersanktion des Schlagens (*mifofoky*) das zentrale Erziehungsmittel. Schlagen wurde von sämtlichen Gesprächspartnern als vorzuziehende und wirksamste Sanktionsform dargestellt, am häufigsten als Reaktion auf kindliches Fehlverhalten genannt und als adäquate Sanktion für alle möglichen Formen von Normverstößen dargestellt. Aufgrund der Prävalenz des Schlagens gegenüber anderen Sanktionsformen steht die Praxis des Schlagens im Mittelpunkt der nachfolgenden Abschnitte.[7]

Jugendphase (ab 14): Ab dem Jugendalter wird die Sanktionierung durch Schlagen eingestellt, weil die Gefahr gesehen wird, dass sich die körperlich ebenbürtigen Jugendlichen zur Wehr setzen. Mädchen dürfen ab der Geschlechtsreife nicht mehr von verwandten Männern geschlagen werden, weil dies eine Verletzung der zwischengeschlechtlichen Meidungsgebote bedeuten würde. In der Vorstellung der Akteure wird die Sanktionsverantwortung in diesem Alter von Ahnengeistern übernommen, deren Zorn Krankheiten oder andere Formen des Unglücks auslösen. Die Betroffenen befürchten einen schleichenden und letztlich tödlichen Verlauf der so verursachten Krankheiten, sehen aber die Möglichkeit, die Ahnen durch Darbietungen von Alkohol- oder Rinderopfern zu besänftigen und damit die Krankheitsursache aufzuheben sowie die Lebensbedrohung abzuwenden.

4.3 Die Sanktionspraxis des Schlagens

Im Unterschied zur Körperstrafe des Klapsens beinhaltet die Sanktionsform des Schlagens i. d. R. eine Reihe von einzelnen Schlägen, die meist mit einem Hirtenstock ausgeführt werden. Zumeist unterstreicht die sanktionierende Person die Schläge durch einen intensiven Wutausdruck (*meloky*) und droht dem Kind damit, es im Fall von wiederholtem Fehlverhalten heftiger zu schlagen oder gar zu töten. Veranlasst wird diese Form der Körperstrafe nach Auskunft von Eltern und von Kindern am häufigsten durch a) die Weigerung, aufgetragene Aufgaben auszuführen, b) Widerworte oder Zurückschlagen als Reaktion auf eine Sanktion, c) respektloses Verhalten gegenüber älteren Verwandten, d) aggressives Verhalten gegenüber jüngeren Geschwistern und e) durch Stehlen von Hühnern oder Nahrungsmitteln. Dabei ist zu betonen, dass diese Verhaltensweisen nur dann konsequent als Normverstöße sanktioniert werden, wenn sie sich auf die patrilineare Verwandtschaftsgruppe des Kindes beziehen.

Mädchen und Jungen können gleichermaßen der Körperstrafe unterzogen werden, allerdings ist die Vorstellung verbreitet, dass Mädchen weniger stark und seltener geschlagen werden müssen, da sie sich leichter fürchten würden. Am häufigsten führen Väter die Körpersanktion des Schlagens aus, aber auch andere männliche Mitglieder der Patrilineage können vertretungsweise die Rolle des Sanktionierenden übernehmen. Besonders bei kleineren Kindern treten auch Mütter in dieser Rolle auf.

In der Regel werden Kinder unmittelbar nach der Körperstrafe von ihren Müttern oder anderen weiblichen Verwandten getröstet (*mitambitamby*), indem diese bspw. den Kopf des Kindes streicheln, es vor der sanktionierenden Person in Schutz nehmen oder ihm deutlich machen, dass sich die Sanktion lediglich auf sein Fehlverhalten bezieht und es weiterhin geborgen ist. Die Rollen des Sanktionierenden und Tröstenden werden keinesfalls von derselben Person übernommen und sind für jedes Kind auf bestimmte Personen festgelegt.

4.4 Körpersanktion und Emotionsentwicklung

Aus den Befragungen von Erwachsenen zu ihrer Sanktionspraxis sowie von Kindern und Jugendlichen zu ihren Sanktionserfahrungen geht eindeutig hervor, dass die Sanktion des Schlagens intensive Furcht (*matahotsy*) auslöst. Es ist davon auszugehen, dass die wiederholte Erfahrung geschlagen zu werden und die damit einhergehende akute Furcht vor Schmerzen und körperlicher Beeinträchtigung zur Herausbildung einer kulturspezifischen Furcht*disposition* beiträgt. Aufgrund dieser Furchtdisposition antizipiert das Kind den Zorn einer Autoritätsperson, die Bestrafung durch Prügel sowie die körperlichen Schmerzen als Folge eines Normverstoßes, für welchen es in der Vergangenheit sanktioniert wurde. Diese Antizipation löst Furcht aus und motiviert so das Kind, die entsprechende Norm auch im Widerspruch zu seinen etwaigen anderen Motiven und Emotionen zu befolgen, um der Sanktion zu entgehen.

Im Übergang zum Jugendalter durchläuft die Furchtdisposition offenbar eine entscheidende Transformation: Furcht wird in diesem Alter zunehmend aufgrund der Antizipation von Sanktionen durch Ahnengeister ausgelöst und auf diese Weise mit religiösen Vorstellungen verknüpft. Das heißt, nicht mehr aufgrund der Sanktionierung durch reale Personen, sondern allein durch die Imagination bestrafender Ahnengeister wird nun Furcht ausgelöst. Diese Umwandlung ist für die Funktionalität der Furchtdisposition im Erwachsenenalter entscheidend, da aufgrund der physischen Ebenbürtigkeit ab der Jugend reale Autoritätspersonen die Körpersanktion einstellen und folglich nicht mehr als solche, sondern lediglich als Repräsentanten der Ahnen gefürchtet werden.

Die Körpersanktionen tragen also zur Herausbildung der Emotionsdisposition *matahotsy* bei, die als eine kulturspezifische Form der Furcht das Individuum veranlasst, die sozialen Normen der Bara-Gesellschaft eigenständig zu befolgen. Somit ist *matahotsy* als eine zentrale sozialisierende Emotion in der Bara-Gesellschaft anzusehen.

Bemerkenswert ist, dass in den Interviews zu Sanktionserfahrungen kaum Gefühle der Scham oder der Erniedrigung als Folge der Körpersanktion berichtet wurden. Dies dürfte u. a. mit folgenden Vorkehrungen zusammenhängen: a) Die Körpersanktion wird unter Ausschluss Unbeteiligter, insbesondere Gleichaltriger durchgeführt. b) Gemäß dem Senioritätsprinzip besteht von vornherein ein Unterordnungsverhältnis zwischen der sanktionierenden und der betroffenen Person. c) Die Betroffenen werden von einer nahestehenden Person auf die beschriebene Art und Weise getröstet. Potentielle Nebeneffekte der Körperstrafe wie die Erfahrung von Erniedrigung oder sozialem Ausschluss können auf diese Weise offenbar minimiert werden.

Kinder und Jugendliche berichten jedoch durchgehend, dass sie während einer Züchtigung neben Furcht stets auch intensive Wut (*maseky*) gegenüber der Sanktionsperson empfunden hätten. Die wiederholte Erfahrung der Körpersanktion dürfte damit eine relativ hohe Wut- oder Aggressionsbereitschaft fördern, was einem Review von Gershoff (2002, S. 541) zufolge eine generelle, kulturübergreifende Konsequenz der Körperstrafe zu sein scheint. Wut und Aggression sind allerdings nicht nur eine Reaktion auf die Körperstrafe, sondern oftmals auch der Anlass für ihre Anwendung. Wie die angeführten Anlässe der Körpersanktion zeigen, wird aggressives Verhalten in Abhängigkeit vom sozialen Kontext, in dem es auftritt, sanktioniert. Diese auf Wut und Aggressionen bezogene Sanktionspraxis dürfte zu einer Ausdifferenzierung der zunächst unspezifischen Wut in drei Subgruppen beitragen, was abschließend nur kurz skizziert werden kann:

1. Aggressives Verhalten gegenüber dem sanktionierenden Erwachsenen gilt ab dem Alter von ca. fünf Jahren als inakzeptabel und wird durch eine Fortsetzung oder Wiederholung des Schlagens konsequent sanktioniert. Auf diese Weise lernt das Kind, seine aggressiven Tendenzen gegenüber Autoritätspersonen zu unterdrücken und durch ein weniger offensives Ausdrucksverhalten zu ersetzen. Dies dürfte zur Ausbildung einer Gruppe von Ärger-Emotionen beitragen, die sich dadurch auszeichnen, dass sie auf Autoritätspersonen gerichtet sind und in ein spezifisches Ausdrucksverhalten anstelle einer aggressiven Handlung münden. Entsprechungen hierfür auf der Konzeptebene sind bspw. die Emotionsbegriffe *mimotso* und *mihindrotsy*. Während *mimotso* mit einem Spitzen der Lippen assoziiert ist und damit dem deutschsprachigen „Schmollen" ähnelt, geht *mihindrotsy* mit einem Zusammenziehen und Anheben der Augenbrauen einher, wofür offenbar kein Emotionswort in der deutschen Sprache existiert.
2. Aggressives Verhalten gegenüber nichtverwandten Gleichaltrigen wird i. d. R. nicht sanktioniert und teilweise werden Kinder sogar von Bezugspersonen dazu ermutigt, sich körperlich gegen Gleichaltrige durchzusetzen. Zudem berichten einige Kinder, ihre Wut infolge der Körpersanktion an anderen Kindern ausgelassen zu haben. Beides dürfte zur Ausbildung einer Reihe von aggressiven Wut-Emotionen beitragen, von welchen eine als *may fo* bezeichnet wird, was wörtlich *heißes Herz* bedeutet.

3. Wut und daraus resultierende Handlungen gegenüber jüngeren Geschwistern werden sanktioniert, wenn sie einen aggressiven Charakter haben und unberechtigt sind, nicht aber, sofern sie sich in einem angemessenen Maß auf Fehlverhalten der Jüngeren beziehen. Zusammen mit dem Lernvorgang der Rollenübernahme dürfte dies die Herausbildung von sanktionsmotivierenden Ärger-Emotionen begünstigen, die auf der konzeptuellen Ebene u. a. durch den Begriff *meloky* fassbar werden, der sich mit Zorn im Sinne von gerechtfertigter Wut übersetzen ließe.

Die Praxis der körperlichen Züchtigung in der Bara-Gesellschaft begünstigt also nicht nur die Entwicklung einer spezifischen Furcht (*matahotsy*) als (selbst-) sozialisierende Emotion, sondern trägt auch zur Ausdifferenzierung von unspezifischer Wut in drei Cluster mit diskreten Wut- bzw. Ärgeremotionen als sozialisierte Emotionen bei. Die Emotionen des dritten Clusters motivieren sanktionierendes Verhalten wie die Körperstrafe und haben somit eine (fremd-) sozialisierende Funktion. Die emotionalen Konsequenzen der Körpersanktion begünstigen letztlich also auch eine Weitergabe der Praxis der Körperstrafe von einer Generation an die nächste.

5 Sozialisation von Emotionen bei den Tao (Taiwan)[8]

Die Tao stellen mit insgesamt etwa 3500 Personen eine verhältnismäßig kleine Untersuchungsgruppe dar. Ihre Vorfahren besiedelten vor 800 Jahren von den nordphilippinischen Batan-Inseln aus die Vulkaninsel Lanyu, die sich etwa 75 km südöstlich von Taiwan befindet. Das Innere der Insel besteht aus steil aufragenden Bergen, die von subtropischem Regenwald überzogen sind. Im Sommer können Taifune eine vernichtende Wirkung entfalten. Die Tao pflanzen Taro und Süßkartoffeln in ihren Gärten an und betreiben Fischfang, dem große rituelle Bedeutung beigemessen wird. Im alltäglichen Leben spielt die Kernfamilie eine wichtige Rolle, sie bildet die zentrale Sozialeinheit. Diesbezüglich unterscheiden sich die Tao von den Bara, bei denen die Großfamilie dominiert. Die soziale Organisation weist egalitäre Züge auf, soziale Ränge oder politische Ämter sind unbekannt. Die Tao verfügen über schwach ausgeprägte Patrilineages, deren Mitglieder idealiter bei der Produktion von Nahrung kooperieren. Zwischen den verschiedenen Abstammungsgruppen bestehen rivalisierende Beziehungen, die in der Vergangenheit zu Gruppenkämpfen geführt haben. Aufgrund des pazifizierenden Einflusses der Polizei ist es jedoch in den letzten 30 Jahren zu keinen größeren Kampfhandlungen mehr gekommen. Heute sind die meisten Tao zum Christentum konvertiert. Der traditionelle Glaube an übelwollende Geister (*anito*), von denen eine ständige Gefahr ausgeht, ist jedoch nach wie vor sehr bedeutsam.

Während der japanischen Kolonialzeit (1897–1945) wurde eine Politik der Nichteinmischung betrieben, so dass die Tao ihren traditionellen Lebensstil bis in die zweite Hälfte des 20. Jahrhunderts weitgehend beibehalten konnten. Ein rasanter gesellschaftlicher Umbruch setzte erst um 1970 ein, als sich immer mehr junge Tao in die Arbeitsmigration nach Taiwan begaben, wo sie als ungelernte Arbeitskräfte in der Landwirtschaft und im Baugewerbe Geld verdienen konnten. Bei ihrer Heimkehr führten sie zuhause die monetäre Wirtschaftsform und den bis dahin unbekannten Alkohol ein. Ein modernes Schulsystem besteht erst seit den 1960er Jahren. 1982 wurde unter dem Vorwand, eine Fischkonservenfabrik zu errichten, eine Atommülllagerstätte auf Lanyu gebaut, in der Taiwan trotz massiver indigener Proteste bis heute seine radioaktiven Abfälle deponiert. Die Kompensationszahlungen des nationalen Energiekonzerns Taipower, der auch als ein wichtiger Arbeitgeber fungiert, sind heute eine bedeutende Einnahmequelle der sechs Inselgemeinden.

5.1 Kulturelle Modelle der Ontogenese und Erziehung

Kindheit (*no kakanakan*) wird von den Tao als ein kontinuierlicher Entwicklungsprozess verstanden, der nicht in abgrenzbare Phasen unterteilt werden kann. Die Tao gehen davon aus, dass die Seele eines Kindes zunächst „schwach" und hochgradig anfällig für diesseitige sowie jenseitige Gefahren ist und sich erst nach und nach im Körper verfestigt bzw. erhärtet, wodurch sich ihre Anfälligkeit reduziert. Die noch weichen Seelen von Neugeborenen und kleinen Kindern können z. B. durch die Wahrnehmung eines Geistwesens (*anito*) derartig erschreckt werden, dass sie aus dem Körper des Kindes austreten und davonfliegen (*somalap so pahad*). Ein Kind, das seine Seele verloren hat, weint ununterbrochen und ist nicht mehr zu beruhigen. Die ersten Lebensmonate verbringen Kinder deshalb im Schutz des Hauses, wo sich eine Bezugsperson – zumeist die Mutter – immer in ihrer Nähe aufhält.[9] Säuglinge schlafen in einer aus alten Reissäcken gefertigten Wiege und dürfen unter keinen Umständen allein gelassen werden. Sobald das Kind mit 7–8 Monaten selbstständig sitzen kann, wird ein Ritual durchgeführt, bei dem es ein Schutzamulett erhält, welches es weniger anfällig für Geister machen soll. Von nun an wird es gelegentlich mit nach draußen genommen, bleibt aber nach wie vor immer in der Nähe der Mutter.

In den ersten beiden Lebensjahren besteht den Tao-Konzeptionen gemäß die Hauptaufgabe der Eltern darin, ihre Kinder zu nähren und vor den vielfältigen Gefahren, die auf sie lauern, zu beschützen. Je älter und motorisch sicherer sie werden und je mehr ihre Seele sich verfestigt, desto größer werden die Bewegungsspielräume der Kinder. Sie verlassen nun zunehmend die Obhut der Erwachsenen und erwerben die unterschiedlichsten Fertigkeiten durch Beobachtung und selbstständiges Ausprobieren. Erwachsene mischen sich nur selten in kindliche Explorationen ein, vor allen Dingen aber steuern sie diese nicht gezielt. Erst wenn Kinder anfangen, die „Dinge zu verstehen", setzt eine explizite Unterweisung in kulturspezifische Wissens- und Arbeitsformen ein. Heute geht man davon aus, dass Heranwachsende hierzu erst mit 12 Jahren in der Lage sind, wenn sie die 6-stufige Grundschule abschließen. In früheren Zeiten, als die Lebensweise der Tao noch primär durch die Subsistenzwirtschaft geprägt war, beteiligten sich Kinder bereits mit etwa 8 Jahren regelmäßig an der Nahrungsmittelproduktion. Die aktive Mithilfe galt als Indikator für die „geistige Reife" der Kinder und damit als geeigneter Zeitpunkt, um mit systematischer Unterweisung und Belehrung der Heranwachsenden zu beginnen. Aufgrund der Ganztagsschule ist Kindern heute das Mithelfen auf den Feldern kaum noch möglich, wodurch sie viele überlieferte Fertigkeiten sowie Wissensformen nicht mehr erwerben können.

5.2 Entwicklungsphasen, Interaktionsmuster und Sanktionspraktiken

Auch wenn die Ontogenese aus emischer Sicht nicht in klare, explizit benannte Phasen unterteilt wird, so lassen sich aus etischer Perspektive dennoch drei Entwicklungsphasen unterscheiden. Diese Phasen lassen sich an veränderten Interaktionsformen der Erwachsenen mit den Kindern festmachen, die sich an der kognitiven Reifung des Kindes zu orientieren scheinen, d. h. an der Entwicklung seines Sprachverständnisses und der Herausbildung einer *theory of mind*, die es dem Kind ermöglicht, sich in andere Personen oder Wesen hineinzuversetzen.

Säuglingsphase (0–2): Die ersten beiden Lebensjahre des Kindes zeichnen sich durch eine enge Mutter-Kind-Beziehung aus. Die Mutter umsorgt das Kind auf proaktive Weise, indem sie auf alle seine physischen Bedürfnisse achtgibt und sie zu erfüllen versucht, bevor sich das Kind durch Weinen bemerkbar machen muss. Von Kindern wird allgemein erwartet, dass sie sich ruhig verhalten (*mahanang*), den Autoritätspersonen gehorchen (*mamizing*) und sie achten und sich ihnen gegenüber respektvoll verhalten (*kanig*). Bereits mit knapp einem Jahr werden quengelige Kinder durch wütende Gesichter und drohendes Klatschen auf den Holzboden diszipliniert. Im Verlauf des zweiten Lebensjahres bekommen Kinder bei Normüberschreitungen Klapse auf die Hand oder gegen das Bein. In dieser Zeit wird auch die drohend erhobene rechte Hand eingeführt, die Bereitschaft zu schlagen ausdrücken soll. Weibliche Bezugspersonen imitieren mit ihren Fingern „Krabbelspinnen", die sich bedrohlich auf Kleinkinder zubewegen. Männliche Bezugspersonen halten kleine Kinder dicht vor ihr Gesicht und verziehen dieses abwechselnd zu lächelnden und wütenden Grimassen. Kinder, die gerade laufen gelernt haben, werden manchmal von ihren Bezugspersonen mit dem Finger in den Rücken oder ins Bein gepiekt, doch wenn sie sich dann irritiert umdrehen, ist hinter ihnen niemand zu sehen. Dieser Vorgang wird zur Belustigung der Versammelten mehrmals wiederholt, bis sich das Kind ganz still verhält. Bezugspersonen verhalten sich gegenüber kleinen Kindern oft auf eine irritierende, ambivalente und Angst einflößende Weise.

Kleinkindphase (2–4): Wenn Kinder zwei bis drei Jahre alt werden, entfernen sie sich von ihren Müttern. Dies ist ein allmählicher Prozess, der mit einer sukzessiven Erweiterung ihres Aktionsradius einhergeht. Trotzdem werden sie von Müttern oder anderen Bezugspersonen in diesem Alter immer im Blick behalten. Ab drei Jahren können Kinder von ihren älteren Geschwistern zu kurzen Ausflügen oder Erledigungen innerhalb des Dorfes mitgenommen werden.

Das Belehren (*nanaon*) gilt bei den Tao als ideale Erziehungsmethode. Worte dürfen nie einfach nur dahergesagt werden, da sie in Form von Segnungen und Flüchen auf das Geschehen Einfluss nehmen können. Sobald Kinder mit etwa zwei Jahren ein erweitertes Sprachverständnis erwerben, werden sie darüber belehrt, was sie alles nicht tun dürfen. Mit zunehmendem Alter werden die Ermahnungen immer komplexer und nehmen schließlich – aus der Perspektive einer westlichen Mittelschicht – den Charakter von Drohungen an. So sagt man zu kleinen Kindern z. B.: „Geh nicht zu nah an den Käfig heran oder das Huhn wird dir die Augen auspicken!"; „Leg das Messer aus der Hand oder du wirst dich verletzen!" Diesen Sprüchen ist gemein, dass sie ein Szenario entwerfen, in dem die körperliche Unversehrtheit der Kinder bedroht ist. Tritt irgendwann eine der Prophezeiungen tatsächlich ein, wird dies dann sowohl von den Bezugspersonen als auch den

Kindern selber als Strafe für die Missachtung der Belehrungen gewertet. Bedeutsam ist, dass hier nicht die Bezugspersonen, sondern die gesamte natürliche und supernatürliche Umwelt des Kindes als potentielle Sanktionierungsinstanz auftritt.

Kleine Kinder sollen sich immer in der Nähe des Dorfes aufhalten, was sicherlich eine berechtigte Forderung ist, wenn man sich die gefährliche naturräumliche Umgebung Lanyus vergegenwärtigt: Die Küste besteht aus messerscharfem Korallengestein und in der Wildnis der Bergwelt kann man sich leicht verlaufen und den Weg in die menschliche Ansiedlung nicht mehr zurückfinden. Die Erwachsenen warnen ihre Kinder deshalb häufig vor übelwollenden Geistern, die dort lauern und nach ihren Seelen trachten. Für die Tao, die von der Existenz der übernatürlichen Geschöpfe überzeugt sind, stellen diese Warnungen eine Form des Belehrens dar, als „Ängstigen" werden sie nicht gewertet, wie in den Interviews zu den Erziehungsmethoden deutlich wurde.

Von zwei Jahren an, also mit beginnendem Sprachverständnis, wird mit Kleinkindern geschimpft. Eine verbreitete Form des Schimpfens ist das Anblaffen (*ioya*). Dabei positioniert sich der Sanktionierende vor dem Kind, beugt seinen Oberkörper mit erhobener rechter Hand nach vorne und lässt im Stakkato eine Schimpftirade auf das Kind herab. Die Stimme bleibt nie lange erhoben und auch die Dauer des Ausschimpfens ist eher kurz. Die sanktionierende Person hat ihren Ärger (*somozi*) dabei unter Kontrolle. Anblaffen (*ioya*) muss von einem länger anhaltendem Anschreien (*amlololos*) unterschieden werden. Letzteres deutet auf einen Kontrollverlust der Bezugsperson hin und sollte vermieden werden, obwohl es in der Realität durchaus vorkommt. Eine typische kindliche Reaktion auf das Anblaffen ist das Weglaufen, das vom fünften Lebensjahr an vermehrt zu beobachten ist. In der Regel nehmen Kinder sofort Reißaus, sobald einer der Erwachsenen seine rechte Hand zu einer Drohgebärde erhebt. Anlässe für das Anblaffen liegen vor, wenn Kinder zum wiederholten Mal den Aufforderungen der Erwachsenen nicht Folge leisten oder Haushaltsgegenstände beschädigen.

Man kann oft beobachten, wie ein älteres Kind oder eine erwachsene Person sich von hinten an ein Kleinkind heranschleicht und es dann plötzlich mit beiden Händen am Rücken berührt. Wenn das Kind eine schreckhafte Reaktion zeigt, wird es von den umstehenden Personen ausgelacht. Auch Zweijährige, die sich wegen eines lauten Geräusches erschrecken und zu weinen anfangen, werden von den Anwesenden verspottet. Bereits mit zwei bis drei Jahren haben sich die meisten Kinder in solchen Situationen unter Kontrolle und lassen sich kaum eine Reaktion anmerken. Die Tao glauben, dass sich die Intensität der empfundenen Angst (*maniahey*) im Laufe des Lebens immer weiter verringert. Diese Vorstellung korreliert mit der Konzeption von Kindheit als einem Aushärtungsprozess der Seele.

Kindheitsphase (ab 4): Mit vier Jahren verbringen Kinder die meiste Zeit mit ihren Altersgenossen. Die Interaktion mit den Eltern reduziert sich auf das Einnehmen der Mahlzeiten. Am Nachmittag nach der (Vor-) Schule bleiben ihnen nur wenige Stunden zum Kräftemessen und zum Ausüben von Geschicklichkeitsübungen. Früher mussten sie vor Einbruch der Dunkelheit wieder zuhause sein, da nach indigener Vorstellung dann die *anito*-Geister vermehrt in der Umgebung des Dorfes erscheinen. Seitdem die Dörfer Lanyus jedoch über eine Elektrizitätsversorgung verfügen, sind die Gassen hell erleuchtet, so dass die Kinder auch noch abends draußen spielen können.

Es kommt häufig vor, dass eines der Kinder von seinen Spielkameraden „schikaniert" wird (*jyasnekan*[10]). Die Bandbreite dieses Verhaltens reicht über Verspotten, Einsperren, gewaltsame Entwendung von Kleidung, Steine werfen, Verprügeln bis hin zum gewaltsamen Untertauchen beim Spielen in der Meeresbucht. Ältere Kinder drohen den jüngeren Schläge an, wenn diese ihnen nicht bestimmte Snacks aus dem Dorfladen kaufen, oder sie nehmen ihnen ihr Kleingeld ab. Ein Kind kann sich nie sicher sein, ob es nicht im nächsten Moment von seinen Altersgenossen geärgert wird. Jede Unachtsamkeit kann zum Verhängnis werden. Oft bekommen die Erwachsenen gar nicht mit, was sich in einer Kindergruppe abspielt. Sie greifen nur ein, wenn ernstliche Verletzungsgefahr für ein Kind besteht. Kinder machen in diesen Kontexten häufig die Erfahrung, dass sich plötzlich ihr gesamtes Umfeld gegen sie wendet, niemand ihnen zur Hilfe kommt und sie auf sich allein gestellt sind. Bereits Vierjährige haben ihre gesamte Umgebung ständig im Blick, um aufkommende Bedrohungen frühzeitig zu erkennen und meiden Alleinsituationen, die generell als gefährlich und unsicher empfunden werden.

Wenn ein schikaniertes Kind wütend (*somozi*) wird oder anfängt zu weinen (*amlavi*), wird es von seinen Peinigern ausgelacht. Generell gilt, dass negative Emotionen, zu denen auch Traurigkeit zählt, nicht gezeigt werden dürfen. Wenn vier- bis sechsjährige Kinder traurig (*marahet so onowned*) sind und ihre Tränen nicht mehr zurückhalten können, verkriechen sie sich hinter den Schweineställen oder einem am Straßenrand geparkten Auto, um im Verborgenen zu weinen.

Heute wird in vielen – jedoch nicht in allen – Familien die Erziehungsmethode der körperlichen Züchtigung (*kabakbak*) angewandt. Die Interviews zu den Erziehungserinnerungen älterer Personen belegen allerdings, dass Schlagen früher verpönt war. Man befürchtete, dass sich die Kindesseele erschrecken und davonfliegen könnte. Systematisches Schlagen wurde während der japanischen Kolonialzeit eingeführt und dann von den Tao übernommen. Für die Anwendung der Körperstrafe müssen schwerwiegende Gründe vorliegen, wie z. B. Diebstahl. Das Schlagen mit dem Stock beginnt mit vier bis fünf Jahren. Bei der Häufigkeit und Intensität der Schläge scheint es ein beträchtliches Maß an Varianz zu geben, sodass man nicht von einem klar erkennbaren Muster sprechen kann. Der weit verbreitete Alkoholkonsum führt heute dazu, dass manche Eltern beim Schlagen die Beherrschung verlieren und Kinder misshandeln. Dies widerspricht allerdings dem Ideal von Erziehung, demzufolge Bezugspersonen sich immer unter Kontrolle haben müssen und nie wirklich *somozi* (wütend) werden dürfen. Meistens übernimmt der Vater die Rolle des Sanktionierenden.

Kinder, die von ihren Bezugspersonen ausgeschimpft oder geschlagen worden sind, richten mitunter ihre Aggressionen auf jüngere und schwächere Personen. Dies geht aus informellen Gesprächen mit Kindern hervor, die angaben, in solchen Situationen ihre jüngeren Geschwister zu schlagen bzw. zu schikanieren.

Eine weitere Form der Sanktionierung besteht im Ignorieren eines sich fehlverhaltenden Kindes. Obwohl diese Form der Disziplinierung bereits vom dritten Lebensjahr an eingeführt wird, erfährt sie erst in der Kindheitsphase ihre eigentliche Ausprägung. Die Tao regulieren generell viel über ihr Blickverhalten. Personen, die man verachtet (*ikaoya*), schaut man nicht an und redet auch nicht mit ihnen.

5.3 Erziehungsziel und Emotionsentwicklung

Das zentrale Erziehungsziel der Tao besteht darin, Kinder für die vielfältigen Gefahren ihres Lebensumfeldes zu sensibilisieren und ihnen eine beständige misstrauische Achtsamkeit zu vermitteln. Kinder müssen lernen, stets auf der Hut zu sein, um drohende Gefahren rechtzeitig zu erkennen. Bedrohungen lauern dabei nicht nur in der naturräumlichen Umgebung, sondern gehen auch von sozialen sowie übernatürlichen Akteuren aus. Eine Person kann sich nur dann vor den vielfältigen Gefahren schützen, wenn sie immer alles im Blick hat und kein Risiko eingeht. Boote können von Meeresströmungen erfasst und aufs offene Meer hinausgetrieben werden; ein falscher Tritt auf dem Korallengestein kann zu Verletzungen führen und wer nicht genau abwägt, an wen er das Fleisch eines geschlachteten Schweins verteilt, ruft unter seinen Mitmenschen Missgunst hervor, die ihm zum Nachteil gereichen kann.

In den ersten beiden Lebensjahren des Kindes leiten die Bezugspersonen durch Demonstration von Ärger, laute klatschende Geräusche sowie irritierende und ambivalente Praktiken die Sozialisation von *maniahey* (Angst) ein. Zusammengenommen können diese Strategien als prädispositionales Priming im Sinne von Quinn (2005) verstanden werden. Die Angstdisposition des Kindes wird durch die Beschränkung auf die häusliche Sphäre und die nur sehr langsam erfolgende sukzessive Ausweitung des kindlichen Aktionsradius noch verstärkt, da es seine Umwelt als potentiell gefährlich wahrnimmt.

Kinder müssen in physischer und psychischer Hinsicht abgehärtet werden. Wenn sie sich verletzt haben, dürfen sie nicht weinen und müssen den Schmerz ertragen, da sie ansonsten ausgelacht werden. Bereits zu einem sehr frühen Zeitpunkt im Leben müssen Kinder lernen, alle negativen Emotionen zu regulieren. Nur so kann verhindert werden, dass sie den Attacken der *anito*-Geister anheimfallen. Zu Abhärtungszwecken werden schon zweijährige Kinder systematisch von ihren Bezugspersonen erschreckt. Obwohl Mütter mit ihren weinenden Kindern Mitleid (*ikasi*) empfinden, demonstrieren sie in solchen Situationen oft Gleichgültigkeit oder Ärger (*somozi*), da das vorrangige Sozialisationsziel in einer Verfestigung der Seele besteht. Heranwachsende müssen lernen, ihre Angst zu regulieren und Furcht einflößend (*masozi*) auftreten. Personen, die *masozi* auftreten, gelten als weniger anfällig für Krankheiten – die wiederum mit den übelwollenden Geistern in einem Zusammenhang stehen. Das Ergebnis dieser emotionalen Sozialisation sind Individuen, die vor nichts Angst haben außer vor der Angst. Unter keinen Umständen dürfen körperliche Symptome von Angst eintreten oder sichtbar werden, wie z.B. ein pochendes Herz oder schneller Atem. Dies wird als ein Indiz dafür verstanden, dass die Seele sich fürchtet (*maniahey so pahad*) und ist gleichbedeutend mit dem Austreten der Seele aus dem Körper oder der Besessenheit von einem übelwollenden *anito*-Geist.[11]

In einem Experiment wurden 14 Schülern der 5. Klasse gebeten, 20 Emotionswörter, die ihnen gerade durch den Kopf gingen, aufzuschreiben. Die Emotion Angst wurde dabei nur ein einziges Mal genannt.[12] Bei der Erhebung des Angst-Vokabulars in der Tao-Sprache gaben einige erwachsene Personen an, dass sie keine Angst empfinden würden oder gar noch nie Angst gehabt hätten. Diese Daten deuten an, dass die emotionale Dimension der Angst in der Tao-Gesellschaft ausgeblendet bzw. aufgrund der negativen Bewertung von Angst und Angstdisplays nicht „zugegeben" wird.

Durch die Induktion von *maniahey* werden Tao-Kinder für die Unberechenbarkeit ihrer Umwelt sensibilisiert und lernen sich an die sozialen Normen und Verhaltensstandards sowie an die zahlreichen Tabus zu halten. Wir bezeichnen *maniahey* deshalb als sozialisierende Emotion. Die Sozialisation von Angst überlappt sich mit der Sozialisation von *masnek* (Scham), die als zweite zentrale sozialisierende Emotion im späteren Verlauf der Ontogenese bei der Vermittlung und Übernahme sozialer Normen eine wichtige Rolle spielt. Die Schamdisposition der Tao-Kinder wird ebenfalls in der oben genannten Priming-Phase vorbereitet. Später kommt es zu einer Intensivierung der Scham-Erfahrung, wenn das Kind bei mangelnder emotionaler Kontrolle von den *peers* und seinen Bezugspersonen ausgelacht wird. Auch die Praxis des Schikanierens sowie die Erziehungsmethode des Ignorierens tragen zu einer Schamdisposition bei. Aus Platzgründen kann die Schamsozialisation hier nur kurz gestreift werden.

Bedingt durch das *folk model* der Tao, das zur Verfestigung der zunächst schwachen Kinderseele die Regulation negativer Emotionen in ihrer Gesamtheit vorsieht, ergibt sich eine relative Konturlosigkeit der emotionalen Qualitäten *somozi* (Ärger, Wut), *marahet so onowend* (Trauer; negative Emotionen), *maniahey* (Angst) und *masnek* (Scham). Diese Konzeptverschmelzung wird auf der linguistischen Ebene durch den übergeordneten Begriff *marahet so onowend* (negative Emotionalität), der jede der genannten emotionalen Qualitäten umschließt, zum Ausdruck gebracht. Wir fassen deshalb *somozi* (Ärger, Wut) und *marahet so onowned* (Trauer; negative Emotionen) als durch die beiden zentralen sozialisierenden Emotionen *maniahey* (Angst) und *masnek* (Scham) kulturell überformte Emotionen auf. Kinder als auch Erwachsene gaben bei Befragungen zu Erziehungsmethoden und Erziehungserinnerungen sowie in informellen Gesprächen am häufigsten *somozi* und *marahet so onowned* als ihre emotionale Reaktion auf die Evokation von Angst oder Scham an. Die vorläufige Auswertung von über 250 Protokollen systematischer Beobachtung von Emotionsepisoden kann dieses Ergebnis auch auf der Handlungsebene bestätigen. Ein Zusammenhang zwischen Angst und Scham einerseits und den emotionalen Reaktionen Wut und Trauer andererseits wurde schon von vielen Autoren angemerkt (z. B. Lewis 1995; Scheff 1988, 1990; Rosaldo 1984; Robarchek und Robarchek 2005; Casimir 2009; Röttger-Rössler im Druck).

Interessanterweise lassen sich bei der Ausdifferenzierung der Ärger-Emotionen der Tao Sub-Typen finden, die grob denen der Bara entsprechen. Da Kinder gegenüber älteren Personen der eigenen Verwandtschaftsgruppe Ärger nicht offen zeigen dürfen – wer Widerworte gibt, wird umso härter sanktioniert –, hat sich auch bei den Tao eine Form des Appell-Ärgers herausgebildet. So dürfen Kinder, die beim Essen zu wenig zugewiesen bekommen haben, ihren Unmut (*mindok*) nur auf eine passive Art und Weise demonstrieren, indem sie ihren zu geringen Anteil beiseite schieben. Die appellierende Wirkung von *mindok* kann durch das Spitzen des Mundes (*ikalangongoy*) weiter betont werden. Das Furcht einflößende Auftreten (*masozi*) v. a. der Männer nach außen hin hält dagegen die Geister in Schach und ist zugleich eine Demonstration von Stärke, die an andere Lineages oder benachbarte Dörfer gerichtet ist. Da ein offenes Ärger-Display generell verpönt ist, artikulieren viele Personen ihren Ärger, indem sie seine Verachtungskomponente (*ikaoya*) betonen und den anderen weder ansehen noch mit ihm reden.

6 Diskussion

Die Untersuchungen zu den emotionalisierenden Erziehungspraktiken bei den Bara und Tao und ihren Auswirkungen auf die emotionale Entwicklung der Kinder haben ergeben, dass es zwischen beiden Kulturen sowohl Unterschiede als auch Gemeinsamkeiten gibt. In beiden Kulturen werden Säuglinge zunächst auf proaktive Art und Weise von der Mutter umsorgt. Während sich Bara-Kinder bereits in der Kleinkindphase von der Mutter distanzieren und sich den *peers* zuwenden, setzt diese Entwicklung bei den Tao-Kindern erst mit ca. drei bis vier Jahren ein. Bara-Eltern gehen davon aus, dass ihre Kinder bereits mit vier bis fünf Jahren soziale Normen begreifen und die Sanktion darauf beziehen können; dieser Entwicklungsschritt tritt in der Vorstellung der Tao erst mit 8 bis 12 Jahren endgültig ein. Die Phasenübergänge unterscheiden sich lediglich graduell.

Obwohl in beiden Kulturen Kindesentwicklung als ein kontinuierlicher Prozess begriffen wird, unterscheiden sich die jeweiligen kulturellen Modelle von Entwicklung maßgeblich in der Wahrnehmung der Person-Umwelt-Bezüge: Bei den Tao gilt die Kindesseele als „schwach" und muss vor den Übel wollenden *anito*-Geistern bis zum Ende der Kindheit geschützt werden. Diese kulturelle Notwendigkeit führt zu einem grundsätzlich anderen Entwicklungsverlauf als bei den Bara, bei denen Vorstellungen einer derart fragilen Kindesseele fehlen. So ist die von den Bara primär angewandte Erziehungsmethode des Schlagens bei den Tao traditionell verpönt, weil nach indigenen Vorstellungen sich die noch „schwache" Kindesseele bei Gewaltanwendung fürchtet (*maniahey so pahad*) und aus dem Körper auszutreten und davonzufliegen droht. Um dies zu vermeiden, müssen die Tao ihre Kinder emotional abhärten, damit ihre Seelen einen festeren Halt im Körper erhalten. Eine Gegenüberstellung der Bara und Tao verdeutlicht, welchen Einfluss die spezifischen *folk models* auf die jeweils angewendeten Sozialisationspraktiken und die emotionale Entwicklung der Kinder haben können.

Bei den Bara und Tao sind Furcht bzw. Angst (*matahotsy* bzw. *maniahey*) die zentralen sozialisierenden Emotionen. Ab dem Kleinkindalter werden Bara- und Tao-Kinder sensibilisiert, sich auf eine furchtsame und respektvolle Art und Weise gegenüber ihren Bezugspersonen zu verhalten. Das entsprechende Verhaltensideal wird bei den Bara durch das Konzept *mahitsy* und bei den Tao durch die Konzepte *mahanang, mamizing* und *kanig* zum Ausdruck gebracht. Die Erziehung bei den Bara vermittelt klare Regeln und erscheint berechenbarer als bei den Tao. Die Furcht auslösende Körperstrafe, die bei den Bara als dominierendes Erziehungsmittel fungiert, kann von den Kindern vermieden werden, wenn sie sich an die bestehenden sozialen Normen halten. Die Bara-Kinder sind somit in der Lage, eindeutige Kausalzusammenhänge für Bestrafungen herzustellen.

Dagegen erscheint der Prozess der Sozialisation bei den Tao vielgestaltiger und diffuser: Einige der frühkindlichen Sozialisationspraktiken (Grimassen ziehen, Verursachen lauter klopfender Geräusche, Aufziehen) haben einen absichtlich irritierenden und ambivalenten Charakter, der Kinder für die Unberechenbarkeit des Lebens sensibilisieren und eine grundsätzliche misstrauische Vorsicht – im Sinne eines existentiellen affektiven Weltbezugs („existential feeling", Ratcliffe 2008) – gegenüber der Umwelt sozialisieren soll. Durch die Induktion von Angst (*maniahey*) werden Tao-Kinder also zunächst auf die vielfältigen Bedrohungen der als grundsätzlich gefährlich konzipierten naturräumlichen, sozialen und übernatürlichen Umwelt vorbereitet und erwerben das im Tao-Kontext erforderliche grundlegende Misstrauen.

Matahotsy bei den Bara und *maniahey* bei den Tao stellen unseres Erachtens aufgrund ihrer unterschiedlichen kulturellen Einbettung und Sozialisationsfunktionen zwei deutlich differente Emotionsqualitäten dar. Da *matahotsy* die Reaktion auf die Wahrnehmung einer konkreten Bedrohung und somit gerichtet ist, haben wir diese Emotion im vorliegenden Beitrag mit „Furcht" übersetzt. Das mit der sozialisierenden Emotion *maniahey* bei den Tao assoziierte generelle Misstrauen lässt i. d. R. jedoch eine klare Gerichtetheit vermissen, so dass wir in diesem Artikel *maniahey* mit „Angst" übersetzen. Obwohl in der deutschen Umgangssprache eine Differenzierung zwischen „diffuser Angst" und „objektbezogener Furcht" nicht üblich ist, sind diese Begriffszuschreibungen in der Philosophie und Psychologie durchaus verbreitet. Angst leitet sich etymologisch von lateinisch *angustia* (Enge, Beklemmung, Schwierigkeit) ab und drückt somit auch das Gefühl einer Enge im Brustkorb oder eines Abschnürens der Kehle aus, beides Metaphern, die auf eine veränderte Atmung beim Erleben dieser Emotion verweisen. Genau dies ist der Fall, wenn die Seele nach den Vorstellungen der Tao aus dem Körper austritt.

Die Tatsache, dass bei den Tao neben *maniahey* (Angst) auch noch *masnek* (Scham) in der Sozialisation eine dominierende Rolle spielt, mag eine weitere Erklärung für den bei ihnen anzutreffenden diffusen Charakter der Angst sein. Im Gegensatz zu den Bara, bei denen Kinder hauptsächlich die durch die Körpersanktion hervorgerufenen physischen Schmerzen fürchten müssen, kommt bei den Tao noch eine weitere Angst-Dimension hinzu: die Angst vor sozialer Ausgrenzung. Wir sahen, dass bei den Tao Scham (*masnek*) induzierende ausgrenzende Sozialisationspraktiken wie Verspotten, Verlachen und Ignorieren vorrangig dann zum Einsatz kommen, wenn Kinder die von ihnen ab einem bestimmten Alter sozial erwartete emotionale Kontrolle vermissen lassen, insbesondere, wenn sie ihre Angst noch nicht beherrschen können. Bei den Tao lassen sich also zwei zentrale Entwicklungsschritte voneinander abgrenzen: zunächst wird mittels der sozialisierenden Emotion Angst (*maniahey*) das als notwendig erachtete existentielle Misstrauen sozialisiert, also eine Angstdisposition herausgebildet, deren Beherrschung und Überwindung den zweiten bedeutenden Entwicklungsschritt darstellt. Hier kommt dann die sozialisierende *masnek* (Scham) ins Spiel: Kinder, die ihre Emotionen noch nicht zu kontrollieren wissen, die Angst zeigen und weinen oder ihre Wut nicht beherrschen, müssen mit Beschämung, d. h. mit Spott, Schikane und Ausgrenzung rechnen, eine weit verbreitete und effektive Sozialisationspraktik (Quinn 2005; Deonna et al. 2012; Röttger-Rössler im Druck, Röttger-Rössler et al. im Druck).

Ein weiterer Entwicklungsschritt, der hier nur angedeutet werden kann, besteht dann in dem sukzessiven Erwerb von *masozi*, d. h. der Fähigkeit, aggressiv und Furcht einflößend aufzutreten, was als zentrale Kompetenz in der Auseinandersetzung mit der bedrohlichen Umwelt angesehen wird. In diesem Kontext erscheint auch das Provozieren und „Schikanieren" (*jyasnekan*) jüngerer Kinder durch Ältere sinnvoll: Beide Seiten erlernen in den *jyasnekan*-Interaktionen „Härte".[13]

Wie im ethnographischen Teil zu den Bara dargestellt, empfinden geschlagene Bara-Kinder aber nicht ausschließlich *matahotsy* (Furcht), sondern auch *maseky* (Wut) gegenüber dem strafenden Erwachsenen. Die Sanktionierung von aggressivem Verhalten führt zu einer kulturspezifischen Ausdifferenzierung von Wut. Da Wut gegenüber Autoritätspersonen harsch sanktioniert wird, lernen Kinder diese aufgrund von Furcht zu unterdrücken. Sie steht also in einer direkten Relation zu der induzierten Furcht und wird von uns deshalb als sozialisierte Emotion bezeichnet.

Bei den Tao sind die beiden sozialisierenden Emotionen *maniahey* und *masnek* zusammen an der Sozialisation von *somozi* (Ärger, Wut) und *marahet so onowned* (Trauer, negative Emotionen) beteiligt. Aufgrund der kulturellen Vorstellung eines allmählichen Aushärtungsprozesses der kindlichen Seele müssen im Prozess der Sozialisation negative Emotionen in ihrer Gesamtheit so reguliert werden, dass sie im Display der Personen nicht mehr als solche wahrnehmbar sind. Diese Regulationsleistung wird durch die Angst und Scham induzierenden Sozialisationspraktiken der Tao in die Wege geleitet.

Sowohl bei den Bara als auch bei den Tao konnte am Beispiel des Ärger-Clusters dargestellt werden, wie sich die indigenen Ärger-Begriffe in Sub-Typen ausdifferenzieren. So gibt es in beiden Gesellschaften eine Form des Appell-Ärgers (*mimotso* und *mihindrotsy* bzw. *mindok*), der sich durch eine Art Schmollen bemerkbar macht und an eine statushöhere Person gerichtet ist. Während aggressive Wut (z. B. *may fo*) bei den Bara gegen Nichtverwandte aus anderen Lineage-Segmenten gerichtet ist, treten Tao-Männer gegenüber Geistern und rivalisierenden Lineages auf eine Furcht einflößende Art und Weise (*masozi*) auf.

Die Fokussierung auf emotionalisierende Erziehungsmethoden eignet sich in besonderer Weise, um den Zusammenhang von Kultur und Emotionsentwicklung zu untersuchen. Hierbei halten wir eine holistische Perspektive für unabdingbar. Nur wenn kulturelle Wert- und Überzeugungssysteme, unterschiedliche *folk theories* über Emotion, Sozialisation und kindliche Entwicklung sowie angemessenes emotionales Ausdrucksverhalten in Relation zu den jeweiligen sozioökonomischen Strukturen und kosmologischen Vorstellungen ausreichend berücksichtigt werden, lässt sich ein tieferes Verständnis kulturspezifischer Emotionscodierungen und emotionaler Kompetenzmodelle erreichen. In diesem Zusammenhang scheint es uns hilfreich, zwischen *sozialisierenden* und *sozialisierten* Emotionen zu trennen. Diese analytischen Kategorien erlauben es, die vielgestaltigen bio-kulturellen sowie sozio-psychologischen Prozesse, die sich in der ontogenetischen Emotionsausbildung verschränken, systematischer zu fassen. Es bedarf allerdings noch zahlreicher weiterer und feiner ziselierter Studien, um diese komplexen Zusammenhänge genauer zu durchdringen.

Anmerkungen

1 Dies spiegelt in paradigmatischer Weise der von LeVine und New herausgegebene aktuelle (2008) Sammelband „Anthropology and Child Development" wider: Unter den 24 Beiträgen dieses Readers, der für die Zusammenarbeit von Ethnologie und Entwicklungspsychologie plädiert, findet sich kein einziger Aufsatz, der Sozialisation und Entwicklung von Emotionen eigens thematisiert.

2 Vgl. auch die Kritik von Henrich et al. (2010) an der v. a. in der Psychologie vorherrschenden reduktionistischen Beschränkung auf die Untersuchung von Angehörigen euro-amerikanischer Mittelschicht.

3 Dieses Forschungsprojekt wird von der Ethnologin Birgitt Röttger-Rössler (Freie Universität Berlin) in Kooperation mit dem Entwicklungspsychologen Manfred Holodynski (Universität Münster) geleitet. Es wird aus Mitteln der DFG im Rahmen des Exzellenzclusters „Languages of Emotion" gefördert; s. a.: www.languages-of-emotion.de/de/sozialisation-ontogenese.html.

4 Biochemische Botenstoffe, die durch emotionale Erregungsprozesse freigesetzt werden, führen zu einer Stärkung der entsprechenden synaptischen Verbindungen, während sie dagegen andere neuronale Vernetzungen abschwächen oder auch ganz auflösen, s. LeDoux 2002, S. 200–234.

5 Unter einer Emotionsepisode verstehen wir eine emotional bedeutsame Interaktion zwischen zwei oder mehreren Akteuren, wobei entweder ein klar erkennbarer Emotionsanlass vorliegt oder zumindest einer der Akteure durch Ausdruckszeichen eine emotionale Erregung sichtbar werden lässt.

6 Die Feldforschung bei den Bara wurde von Gabriel Scheidecker in insgesamt zwei Aufenthalten von Juni 2009 bis April 2010 sowie von Mai bis August 2011 durchgeführt.

7 Die Darstellung der Körpersanktion basiert v. a. auf Interviews mit 64 Kindern zu ihren Erfahrungen mit der Körpersanktion und mit 22 Erwachsenen zu ihrem Umgang mit 20 verschiedenen Formen von kindlichem Fehlverhalten.

8 Die Forschungen bei den Tao wurden von Leberecht Funk von Oktober 2010 bis August 2011 durchgeführt.

9 Für die Versorgung und Erziehung des Kindes ist generell die Mutter zuständig. Wenn sie jedoch Essen zubereitet oder sonst etwas zu erledigen hat, springt der Vater ein und kümmert sich um das Kind. Insgesamt verbringen Väter relativ viel Zeit mit ihrem Nachwuchs. Zu dem Kreis der Bezugspersonen gehören häufig auch die Großeltern sowie die Schwestern der Mutter. Aufgrund der Arbeitsmigration nach Taiwan wächst heute ein beträchtlicher Teil der Kinder bei ihren Großeltern auf.

10 Die Bedeutung von *jyasnekan* kann am besten mit „verachten", „respektlos behandeln", „provozieren" oder „schikanieren" wiedergegeben werden.

11 Den Tao-Konzeptionen zufolge befindet sich das Selbst in unmittelbarer Gefahr, wenn körperliche Symptome von Angst auftreten, die den potentiellen Austritt der Seele anzeigen. Eine Person, die erkennen lässt, dass sie Angst hat, muss zudem noch soziale Ausgrenzung fürchten. Bekommt z. B. ein Mann beim Fischen Angst und wird dies für die anderen Fischer ersichtlich, so haben sich die *anito* seiner Seele bemächtigt, was für alle zur Gefahr werden kann, da diese „Geister" sich dem Boot und der Besatzung anheften könnten. Niemand will den Ängstlichen deshalb weiter an Bord haben. Aus indigener Sicht besteht hier also eine Notwendigkeit zur sozialen Ausgrenzung, was den Druck für die betroffene Person enorm erhöht.

12 Da Personen unter 35 heute der Muttersprache nicht mehr mächtig sind, wurden die Schüler gebeten, die Emotionswörter auf Chinesisch aufzuschreiben. Die chinesische Entsprechung von *maniahey* ist ≥ (haipa).

13 Für Mädchen bzw. Frauen gilt das jedoch nur in eingeschränktem Maße. Es sind hauptsächlich Männer, die *masozi*-Kompetenzen erwerben müssen, was sich u. a. durch die funktionale Arbeitsteilung der Geschlechter erklären lässt: Es sind die Männer, die am weitesten in die Wildnis vordringen, um aus dem Meer Nahrung zu beschaffen oder in der unwegsamen Bergwelt Holz für die Boote zu schlagen. Ihr Furcht erregendes Auftreten ist somit eine zentrale Kompetenz, um in der feindlichen und bedrohlichen Umwelt bestehen zu können. Durch die Demonstration ihrer Kraft und Aggression sind sie zudem in der Lage, rivalisierende Lineages in ihre Schranken zu verweisen. Die Genderspezifik der Emotionsentwicklung kann jedoch hier nicht näher behandelt werden.

Literatur

Briggs, J. L. (1982). Living dangerously. The contradictory foundations of value in Canadian Inuit Society. In E. Leacock & R. Lee (Hrsg.), *Politics and history in band societies* (S. 109–131). Cambridge: Cambridge University Press.
Briggs, J. L. (1998). *Inuit morality play. The emotional education of a Three-Year-Old.* New Haven: Yale University Press.
Casimir, M. (2009). Honor and dishonor and the quest for emotional equivalents. In B. Röttger-Rössler & H. Markowitsch (Hrsg.), *Emotions as bio-cultural processes* (S. 281–316). New York: Springer.
Chang, L., Schwartz, D., Dodge, K., & McBride-Chang, C. (2003). Harsh parenting in relation to child emotion regulation and aggression. *Journal of Family Psychology, 17*(4), 598–606.
Cole, P. M., Dennis, T. A., Mizuta, I., & Zahn-Waxler, C. (2002). Self in context. Autonomy and relatedness in Japanese and U.S. mother-preschooler dyads. *Child Development, 73*(6), 1803–1817.
Deonna, J., Rodogno, R., & Teroni, F. (2011). *In defense of shame. The faces of an emotion.* Oxford: Oxford University Press.
Eisenberg, N., Pidada, S., & Liew, J. (2001). The relations of regulation and negative emotionality to Indonesian children's social functioning. *Child Development, 72*(6), 1747–1763.
Friedlmeier, W., & Trommsdorff, G. (1999). Emotion regulation in early childhood. A cross-cultural comparison between German and Japanese toddlers. *Journal of Cross-Cultural Psychology, 30*(6), 684–711.
Fung, H. (1999). Becoming a moral child. The socialization of shame among young Chinese children. *Ethos, 27*(2), 180–209.
Gershoff, E. T. (2002). Corporal punishment by parents and associated child behaviors and experiences: a meta-analytic and theoretical review. *Psychological Bulletin, 128*(4), 539–579.
Henrich, J., Heine, S. J., & Norenzayan, A. (2010). Most people are not WEIRD. *Nature, 466,* 29.
Holodynski, M. (2004). Die Entwicklung von Emotion und Ausdruck. Vom biologischen zum kulturellen Erbe. *ZiF-Mitteilungen, 6,* 1–16.
Holodynski, M. (2009). Milestones and mechanisms of emotional development. In B. Röttger-Rössler & H. J. Markowitsch (Hrsg.), *Emotions as bio-cultural processes* (S. 139–163). New York: Springer.
Holodynski, M., & Friedlmeier, W. (Hrsg.). (2006). *Development of emotions and emotion regulation.* New York: Springer.
Huntington, R. (1988). *Gender and social structure in Madagascar.* Bloomington: Indiana University Press.
Keller, H. (2007). *Cultures of infancy.* Mahwah: Lawrence Erlbaum.
LeDoux, J. (2002). *The synaptic self. How our brains become who we are.* New York: Viking. Deutsche Ausgabe: LeDoux, J. (2006). *Das Netz der Persönlichkeit.* München: DTV.
LeVine, B. B., & LeVine, R. A. (1966). *Nyansongo. A Gusii community in Kenya.* New York: Wiley.
LeVine, R. A., & New, R. S. (Hrsg.). (2008). *Anthropology and child development. A cross-cultural reader.* Malden: Wiley-Blackwell.
Levy, R. I. (1984). Emotion, knowing, and culture. In R. A. Shweder & R. A. LeVine (Hrsg.), *Culture theory: Essays on mind, self, and emotion* (S. 214–237). Cambridge: Cambridge University Press.
Lewis, M. (1995). *Shame. The exposed self.* New York: Free Press.
Lieber, E., Fung, H., & Leung, P. W. L. (2006). Chinese child-rearing beliefs: Key dimensions and contributions to the development of culture-appropriate assessment. *Asian Journal of Social Psychology, 9*(2), 140–147.
Lutz, C. (1983). Parental goals, ethnopsychology, and the development of emotional meaning. *Ethos, 11*(4), 246–262.

Lutz, C. (1988). *Unnatural emotions. Everyday sentiment on a Micronesian atoll and their challenge to Western Theory.* Chicago: University Of Chicago Press.

Miller, P. J., Fung, H., & Mintz, J. (1996). Self-construction through narrative practices: A Chinese and American comparison of early socialization. *Ethos, 24*(2), 237–280.

Miller, P. J., Wiley, A. R., Fung, H., & Liang, C.-H. (1997). Personal storytelling as a medium of socialization in Chinese and American families. *Child Development, 68*(3), 557–568.

Quinn, N. (2005). Universals of child rearing. *Anthropological Theory, 5*(4), 477–516.

Ratcliffe, M. (2008). *Feelings of being: Phenomenology, psychiatry and the sense of reality.* Oxford: Oxford University Press.

Robarchek, C., & Robarchek, C. (2005). Waorani grief and the witch-killers rage. Worldview, emotion, and anthroplogical explanation. *Ethos, 33*(2), 206–230.

Rosaldo, R. (1984). Grief and a headhunter's rage: On the cultural force of emotions. In E. Brunner (Hrsg.), *Text, play and story: The construction and reconstruction of self and society* (S. 178–195). Washington, DC: American Anthropological Association.

Röttger-Rössler, B. (im Druck). In the eyes of the other: Shame and social conformity in the context of Indonesian societies. In B. Sére & J. Wettlaufer (Hrsg.), *Shame between punishment and penance. Micrologus.*

Röttger-Rössler, B., Scheidecker, G., Jung, S., & Holodynski, M. (im Druck). Socializing emotions in childhood: A cross-cultural comparison between the Bara in Madagascar and the Minangkabau in Indonesia. *Mind, Culture, and Activity. An International Journal* (Special issue on „Psychology of Emotions and Cultural Historical Activity Theory").

Scheff, T. (1988). Shame and conformity: The deference-emotion system. *American Sociology Review, 53*(3), 395–406.

Scheff, T. (1990). Socialization of emotions: Pride and shame as causal agents. In T. Kemper (Hrsg.), *Research agendas in the sociology of emotions* (S. 281–304). Albany: State University of New York Press.

Shipman, K. L., & Zehman, J. (2001). Socialization of children's emotion regulation in motherchild dyads: A developmental psychopathology perspective. *Development and Psychopathology, 13*(2), 317–336.

Strauss, A., & Corbin, J. (1990). *Basics of qualitative research: Grounded theory procedures and techniques.* Thousand Oaks: Sage.

Trommsdorff, G. (2003). Kulturvergleichende Entwicklungspsychologie. In A. Thomas (Hrsg.), *Kulturvergleichende Psychologie: Eine Einführung* (S. 139–179). Göttingen: Hogrefe.

GPSR Compliance

The European Union's (EU) General Product Safety Regulation (GPSR) is a set of rules that requires consumer products to be safe and our obligations to ensure this.

If you have any concerns about our products, you can contact us on

ProductSafety@springernature.com

In case Publisher is established outside the EU, the EU authorized representative is:

Springer Nature Customer Service Center GmbH
Europaplatz 3
69115 Heidelberg, Germany

www.ingramcontent.com/pod-product-compliance
Lightning Source LLC
LaVergne TN
LVHW010339260326
834688LV00036B/792